# 中國知青半個世紀的血淚史（五）血淚史

青春延續的苦難

自由兄弟 編纂

Contents
目次

# 第一章
# 回城時的淒迷和代價

## 第一節　剛回城的寒酸與夢想

　　由於農村農場的生活艱難，每個知青回城都顯得有幾分寒酸。甘肅知青伊美在〈一場夢，我終於醒了〉回憶：「爸、媽，哥哥嫂子他們回來了，回來了！三姐快、快幫我拿一下……」小妹這樣興奮地叫著，一路的興奮，一路跑跳著上了樓。

　　我突然間愣在了那裡，有些恍惚地流著淚：「這到底是夢，還是真的？多少年來，我做了無數次這樣的夢，夢中的情景竟和現在一模一樣？……」

　　我站在我丈夫家的門口，那是天津市和平區甘肅路的一個年代久遠的小二層樓的房子。聽我丈夫說過，這棟房子在解放後曾經是天津百貨大樓老闆家的大管家的房子。後來把這一棟房子分給了七八戶人家。

　　「嫂子，你怎麼還不上來？」小妹這樣問著我。

　　「哦，猛猛快走！」我忽然醒悟地喊著跟在身後的兒子，懷中還抱著我不到兩歲的女兒。「爸爸，媽媽，我們回來了。猛猛，快叫爺爺、奶奶。」我說著，順手把女兒放到二姐手上。猛猛睜著那雙大眼，面無表情地望著爺爺奶奶。

　　「快叫啊！」猛猛還是愣在那裡，這時他已經快八歲了。

身上穿著大姐兩年前寄去的灰色小格子襯衣，袖子剛剛過了胳膊肘，襯衣扣子幾乎已經繫不上了。可是這件衣服還是我第一次捨得給兒子穿。

這時，二姐懷中的女兒莫名其妙地嚇得「哇、哇」的大哭起來，我趕快又抱了回來。「這孩子認生。」我這樣說著，有些不好意思地扯了扯女兒的褲腿⋯⋯

因為女兒身上穿的褲子，用現在的叫法應該算是七分褲了，一大截的腿在外露著。臉頰因為在西北的氣候下凍得通紅，還乾得脫了一層皮，鼻涕一直在流。更為可憐的是，女兒快兩歲了，還不大會走路，就是站在原地輕輕一碰也會摔倒。並且頭髮很少，單瘦的身子撐著一個大大的腦袋。讓人看了好是憐愛心疼。現在想來主要是缺乏營養，並且嚴重缺鈣造成的⋯⋯

「媽媽，我要吃饃。」兒子小聲的說著，其他在場的家人都用疑惑不解的眼神看著兒子和我。「孩子餓了，」還是婆婆理解了孫子的話語，她急忙說道。「猛猛可能看到桌子上有饅頭，才說要吃饃。」其他人這才明白兒子說的意思笑了起來⋯⋯

「當初我就不同意你們去甘肅，這倒好，一去就是十五年，一個人走的，四個人回來。」公公的語氣有點生氣，可又夾帶著可憐、心疼的情感⋯⋯

「這不都回來了嗎？還是得感謝鄧小平啊！要不，他們一家四口在甘肅那窮山溝裡還不知道猴年馬月才能與我們團聚呢？」婆婆說著竟然抱著狼吞虎嚥地吃著饅頭的猛猛流著老淚。生怕誰人再將她的孫子搶走了似的。

是啊，不是鄧小平發話讓我們知青回城，我們真不知道還要在甘肅生活幾個15年？更不敢想像，我和丈夫，還有一雙兒女今後會是怎樣情景？⋯⋯但如今，我總算回到了這個生我養我的城

市，回到了日夜思念的親人身旁。開始了新的奮鬥，新的生活。

　　這就是一九七九年我返城回到家中的情景。雖然過去了30多年，但卻依然歷歷在目，記憶猶新。那個當年將饅頭誤認為饃饃的傻小子猛猛，如今正在美國打拼，不知道他還能不能記得剛隨父母回到家中這個啼笑皆非的瞬間？！

　　**類似的窘境在知青西山老農的〈回城知青實錄（一）【回家】〉中也有回憶：**一九七九年的春天是個陽光明媚的春天，千千萬萬的知青隨著政策的落實紛紛返回了城市，我拉著十年前帶去的木箱子走出輪船碼頭，一眼就看見了父親的身影，父親微笑著一邊提過箱子綁在自行車的後座上，一邊說：「回來了？」

　　是啊，回來了，回來還是一個十年前隨我下鄉的木箱子。輪船碼頭離家不遠，我和父親默默地走著，大街還是我熟悉的模樣，曾經相識的人們卻比我想像的衰老了許多。弄堂的人們見了我都招呼著：「回來了？」

　　「回來了」，是啊，回來了，十年了，終於回來了，走的時候還是十多歲的小孩子，如今卻是一個鬍子拉碴的壯小夥了，我終於幸運的回來了。

　　當天晚上，父母在家擺了一桌子菜，邀請了幾個親戚，以此來慶祝我的回城，就如我不是下鄉，倒像幹了什麼大事業一般，我不知道人們的心中是否和我一樣的酸楚和慶幸，為逝去十年的日子欲哭無淚，為真正結束無望的鄉村生活而欣喜。

　　夜深了，人們都已經進入了夢鄉，我悄悄的走出門外，站在門前的小院子內，悄悄的在大腿上擰了一把，生疼生疼的，這一切都是真的，不是做夢。我害怕這不是真的。曾經的夢有無數次，這一次是真的。

　　月亮在雲朵裡穿梭著，大地無聲的變換著，一個寧靜的世

界。「我回來了！我回來了！」我雙手伸向天空，「回來了」心裡邊在吶喊。這時候卻有一股想哭的衝動，又有一股想把院子內一顆小樹拔起來的衝動。聽老人說邊遠的農民曾經親吻失而復得的土地，那是一份無法割捨的情緣，如今我回來了，我愛我的家鄉。

月亮被雲層遮蓋了，大地一片漆黑，院子內的小方桌和凳子也顯得朦朦朧朧的，我坐在小凳子上，掏出一支煙點上，點燃的火柴光亮在黑夜中顯得格外的刺眼。從今後我將開始我新的生活，今後的生活將會怎樣也不得而知。啊，生活，就如一本永遠無法解開的天書。月亮從雲層中露出金黃金黃的臉龐……

**記者在〈30多萬冰城知青曾下鄉〉描述**：「高高的白樺林裡有我們的青春在流淌」，在那火紅的年代裡，一代熱血青年將青春時光獻給了蒼茫的黑土地，北大荒那山頭、那牧場、那一塊塊荒地都留下了他們的印跡。

知青是一個特殊的群體，在他們的身上負載了一個時代的重量，這重量改變了他們的命運，也塑造了他們的性格。誰也無法否認，在那個紛亂的年代裡，他們遭受了理想與現實錯位的磨礪，而且這種沉重的磨礪，定格了許多人的一生。

知青返城後，感覺自己比別人矮半截。一九六八年，《人民日報》發表了最高指示，要求「知識青年到農村去，」，千百萬年輕的初高中畢業生懷揣著建設祖國的理想與激情，被送到各地的農村從事「光榮的勞動」。一九六九年，十七歲的初中畢業生王秀辰成了「熱血青年」中的一員，河北高碑店的一個小村，成了她的落腳點。

「那時候很瘦，而且從來沒有做農活的經驗，實在幹不動，」王秀辰回憶，「在那裡心情不舒暢，因為心裡頭老不認

同，生活特別單調。」

一九七七年，「下鄉」八年的王秀辰通過一個親戚的關係，在當地醫院辦了一個假的病退，當年六月，終於如願回到北京大柵欄的老家。

可是，在王秀辰的眼中，北京變陌生了，「當時覺得比別人矮半截，離開北京前的玩伴都有了正式工作，組建了新的家庭，可自己二十多歲了還什麼都沒有」。

待業在家的日子，王秀辰每天都做很多家務，儘量不去想找工作的事情，也不再去找曾經的好友。

「很理解她的心態，在農村漂了那麼多年，好不容易回城了，急於獲得一種安穩的生活。而穩定生活的前提就是一份穩定的工作。什麼工作最穩定，當然是國家的職工。」王秀辰後來的同事王建輝說。

在王秀辰看來，成為一名國營工廠的職工是當時所有待業青年的理想，可是機會太難得了，「工廠的招工指標太少，一個指標有幾十、數百人在搶，有關係有門路的才能拿到，而且還要排隊。」

## 第二節　因回城而失落的愛情

據生活新報網記者在〈五〇後的黃花閨女〉講述：年齡較大的單身者，由於生理和心理都相對獨立，對家庭的需求較少，所以更能享受單身生活。而且，隨著年齡增長，單身並非等於沒有伴侶或沒有性生活，這種狀態也促成了單身狀態的形成。

每天清晨八九點，在天河體育館的游泳場，總能看到一群退休工人來游泳。其中有一位體態略為發福，但身姿依舊矯健的

中年婦女，她就是五十七歲的劉夏（化名）。「我也希望等到緣分，等了一年又一年」，夏姨說。三十年前上山下鄉時的初戀，隨著知青回城後而兩地分隔。她苦苦等待五年卻等來戀人的喜帖，從此單身一人……

一九六九年，夏姨離開廣州成為海南建設兵團的一分子。正值二十年華的她，在海南農場遇到了同樣來自廣州的男知青，這就成了她的初戀，也是今生唯一的一次戀愛。

一九七四年，夏姨回城，但男友仍要留守海南。分別時兩人依依不捨，她哭著告訴男友：「我一定會想辦法幫你調回廣州！」後來，夏姨讀上了中專，又分配到大型國企。與此同時，她一直為男友回城的事情奔走，卻一直不成功。

當時夏姨單位有個條件不錯的男同事向她表白了愛意。「其實我對他也挺有好感，但當時的觀念是，如果和誰談戀愛，然後分手，就是作風不正派。」於是她就坦言拒絕了。

漸漸，在海南的男友認為已經回城無望，覺得自己配不得夏姨，就和另一留守的廣州女知青談起戀愛。整個農場都知道這件事，只是夏姨蒙在鼓裡。

一九七九年，兩地相隔五年後，夏姨終於等到男友回城，但同時等來的是一張結婚請帖。而那位曾對她表白的同事也有了女朋友。之後幾年，夏姨把自己封閉起來，拒絕了所有相親。「那道初戀的傷口，我過了三十歲才不再回想。」她硬著頭皮，一定要女友陪伴才去相親。但相親十多次，雖然相親對象都在追求她，她卻總覺得不適合。

「我羨慕現在的小年輕，有了感覺就在一起」，夏姨說，「我找一個對象，都要考慮很周全才肯在一起」。「傷過一次，就不要傷第二次了」，夏姨不經意說了一句。

　　三十多歲時，是「人言可畏」的高峰期。母親催她幾年就去世了，有些親戚出於關心，也會常問結婚的事。同事和她因工作發生衝突時，有時會以「嫁不出去的老姑娘就是這麼壞」來譏諷她。

　　但四十歲後，這種壓力逐漸消失了。有些上有老下有小的同齡人反而羨慕她無牽無絆。五十歲退休後，不甘寂寞的她還到深圳的民營公司兼職，還很快被升為小負責人。一年半後又回廣州，她還嘗試做月嫂、家政等鐘點工，「我退休前在國企也算個管理人員，願意做這些『打雜』工，只是為了多接觸社會，和年輕人交朋友，這才有活力！」她表示，如果六十歲後還有精力，還會繼續打工。

　　近幾年，因為同齡人的孩子都工作了，她的聚會也多了起來。「我極少獨自出外吃飯，都是約三五知己一起聊聊天。」有時還和朋友集體到處旅遊，還去過新加坡、泰國等國家。她坦言一個人花費不多，每月的伙食費三五百元就夠了。另外，每個週六都是「家庭日」，和哥哥、姐姐的家人一起爬白雲山，風雨不改。

　　她還每年花2萬元買保險，經常去做桑拿浴，說是「保命」。夏姨現在和外甥一家住在一起，以求有個照應。只是每當大年初一，她還是會失落，「兄弟姐妹各有家庭，沒空陪我。」一到那時候，她就會故意讓自己忙起來，聽著新年鐘聲，搞衛生搞到一點多才睡。

　　「動心？自初戀以來，我都沒動心過了。」夏姨坦言。近三五年來，她只相親過兩三次，「那些人好像只是想找個老伴，太隨意了」。今年五月，她跟某報社一個管理人員相親，對方稱自己去年喪偶，希望今年七月結婚。夏姨覺得不用這麼急，如果合

適就明年再結婚。但夏姨私下找到熟人幫忙，查到對方的妻子是今年四月去世的，還曾因超生被開除。「老婆死了一個月就想再婚的人，不能信任！」她說，要能找到合適的老伴也好，但首要條件是志趣相投，另外就是要有一定的經濟基礎。

知青蔡子琛在〈失落的愛情人生的拐點(一)她的故事〉中講述：她，也是上山下鄉華僑學生，是我的同班同窗，來自千島之國。母親是位非常成功的實業家，地地道道的資本家，開辦經營了七個工廠，據說是給生養的七個子女預備的，不偏不倚每人一個。母親是當地僑領，很愛國。一九六〇年僑居地當局排華，母親毅然把七個子女全都送回國內，排行最小的她那時剛滿十三歲。一九六三年待我和她同室求學時，她已從帶著紅領巾的大隊長成長為帶著團徽的優秀共青團員、團支部書記，再後來她被選為校團委委員，被列為入黨培養對象。如果沒有文化大革命，她無疑會成為一名光榮的共產黨員。

她虔誠地信仰革命，努力地改造自己的思想，期盼自己從非無產階級家庭脫胎換骨成真正的無產階級革命者。她讓自己的思想感情貼近工農大眾：天下暴雨，她會擔心農田受澇；天出酷日，她會憂慮莊稼受旱。有一回下鄉勞動，她因來例假被老師批准回駐地休息，半道上看見引水的土渠有缺口漏了水，便忍著肚痛用手把缺口堵上，被老鄉看見反映到老師那裡。學雷鋒做好事，她總是領先帶頭。她還帶領我們到時傳祥清潔隊體驗生活，背著糞桶挨家挨戶掏糞。她想做一名徹底的無產者，把從國外帶回來的電光紙優質練習本整捆地拿出來放到教室後面的公用桌上，讓全班同學使用；她把整桶的黃油放到餐廳桌上，讓全班同學享用。那會兒，我真體驗到了有福同享的樸素共產主義生活。在她身上根本看不到一個千金小姐養尊處優的點滴痕跡。

就這樣一位善良、纖弱、真誠的好學生，文革一來，輝煌不再，被污為「修正主義黑苗子」，從優秀的頂峰一落千丈，甚至被拒於紅衛兵大門之外。對文革，她十分不解，曾要我陪她（因是晚上，怕不安全）到北京市委群眾接待站謀求答案，不過效果並不理想。現在想來，接待的幹部恐怕也是滿腹疑竇，大家都一腦袋的混沌和問號，誰又能解救得了誰呢？

後來，她和我們一起去了八五六農場，即便是這樣非常激進的革命舉動，也沒有能夠稍許改變一下她（包括其他僑生）在政治信任、申請入黨、選拔當幹部等方面受到的限制或歧視。為了和家庭劃清界限，她像其他僑生一樣，不敢同海外親友通信，也不敢接受海外親人匯款。她始終實心實意地繼續接受沒完沒了的「改造」，盼望有朝一日改造成「仙」，脫穎而出加入夢寐以求的共產黨。加工廠的聶指導員還算不錯，雖然政治上不敢重用，但生活上還比較照顧，沒有懲罰性地分派她幹重體力勞動。

**女知青年過二十就算待嫁閨中，談婚論嫁提到日程。後面這**段故事是和她一起的女伴事後轉述的：這時有位長得白淨、體格健壯、勤勞能幹的「白馬王子」走進她的視野（具體的戀愛過程我就講不來了，因為女伴轉述故事時沒有仔細描述，有點對不起讀者）。總之，她和那位白馬王子祕密地在地下來往，直到有一天黨支部要發展階級出身好的白馬王子入黨，知道了這事，立即嚴肅地指出，她出生於剝削階級家庭，想要她就不能入黨。這位「白馬王子」可沒有「為了愛情捨棄一切」的勇氣和膽識，在現實面前退縮了。可想而知，這對於她是多麼沉重的打擊。政治生涯前途未卜，連起碼的正常人生活怕也無望企及，要付諸東流。在這種精神壓抑下，身體每況愈下。對生活完全喪失信心、沒有了熱情的她，採取了常人想像不到的「自殘」，拒絕去醫院檢查

治療，任其病況惡化，試圖以這樣的方式消滅自己的肉體。幸虧和她在一起的女伴強制地押著她上了醫院，這才查明患了嚴重的腎炎。

恰在這時，借尼克森訪華國門開啟之機，國外華僑紛紛回國觀光，相當一大部分是回國來尋覓多年音訊全無的孩子，她母親也在其中之列。她接到通知，立馬趕回北京見母親，她走得如此匆忙，本以為還會回來，連女伴都沒有來得及告別。母親見到自己最疼惜的「千金」這副病魔纏身、精神萎靡的模樣，其疾首痛心可想而知，當即決定辦了手續，帶她去香港。

從此，她離開了大陸，少年時代起樹起來的「解放全人類」理想沒有了，「報效祖國」的願望實現不了了，人生道路從此拐了個大彎，我們再也沒有謀面。據悉，她到了香港精神更加抑鬱，她是這樣虔誠地信仰共產主義理想，可是現實打碎了她心中作為神聖的夢，她疑惑、她不解，她在腦子裡自己與自己糾纏，自己與自己搏鬥，奮力想打開心中解不開的結。她開始還偶有與同學來往，見面時就絮叨自己被騙、被利用，再後來索性拒絕與同學見面。我去香港時也設法聯繫過，想見她一面終未如願。

毋庸置疑，命運對她開了個悲劇的玩笑。她的學習好，尤其文科好，政治、語文都不錯。文筆流暢，尤其擅寫政論文，說理清楚，邏輯嚴密。如果沒有文革，她會入黨、會上大學，會沿著筆直的路去實現報效祖國的美好願望：可以成為一個很好的理論工作者，研究馬列主義毛澤東思想，研究社會主義共產主義；或許可以去參與黨的僑務工作，成為一名優秀的僑務幹部，即便回到僑居地接手母親的家業，也可以像她母親一樣成為一名愛國僑領，團結僑胞在祖國周圍，在壯大華僑愛國統一戰線方面有所作為，做出貢獻。

可惜啊，文革打碎了那個時代所有青年人的夢想，自然她也就無法倖免於難，一顆本來璀璨的生命就這樣湮沒無聞，悄聲無息地被隱埋了。如果沒有那麼多的趙太爺「不准阿Q革命」，她的愛情或許不會失落，進而摧毀掉生活的信心，會在如意郎君廝守下，等待到祖國命運轉折的一天，開啟自己生命的新航程……一切的一切，不是可以用善良的願望來假設的。無情的文革迫使她離開了原來的生活軌跡，走進她原來批判、否定的資本主義世界，她所執著的追求拋棄了她，可是，她又心有不甘，於是抑鬱；思解不開，更加的抑鬱；最終活在抑鬱心結中，生命失去了色彩與光鮮，隕落了、消融了，變得暗淡無光……這是個人命運的悲劇？抑或是國家時運的悲劇？

早年，自己失戀時，曾謅謅了首順口溜以自憐，恐怕與她當年的心境是相通的：遺憾生在此家庭/一生不該有愛情/入團入黨更甭提/只該歸天一身輕。當然，這裡的「歸天」飽含著悲愴的不甘與憤懣。

## 第三節　因回城而拆散的家庭

知青為了一份可憐的職業所作出的忍痛犧牲，家庭，孩子，甚至戀人、愛情等。我在一本書中發現這樣的文字：雲南某農場有知青9000余人，在一九七八年十月以前，有415人登記結婚，7000餘人未婚同居。在一九七九年春夏知青大返城時，有300多人辦理了離婚手續，絕大多數未婚同居者分道揚鑣……如黎明農場三連，原有知青115人，大返城時，已婚10人，未婚同居者104人。單身者是一位心靈受過創傷，心態不健康的女知青。由於這些已婚或未婚同居的知青來自不同的城市，大返城時，結婚的10

對全部離婚，未婚同居的說聲再見就各奔前程⋯⋯

在未婚知青心目中返城第一，愛情和婚姻第二。在「第一」希望渺茫，甚至絕望時，他們才會考慮在農場談戀愛和成家。

**知青劉炳德故事就充分說明這一點：**有花好月圓，就有悲歡離合。特殊的年代，造就了特殊的情感經歷。在知青的愛情字典裡，有著更多的眼淚與苦澀。知青劉炳坤當年為返城假離婚沒想到從此天各一方。

多少年過去了，那個曾經深愛過的姑娘，似乎已經從劉炳坤的腦海銷聲匿跡。然而，當他向記者回首那段黑土地的戀情時，卻泣不成聲。如今，他和她都已經各自重新組建家庭。

30年前，劉炳坤為了能順利從黑龍江返城，不得不與當時的妻子李玉珍辦理假離婚。當時，他們的女兒已經三歲。兩人互相許下諾言，一定要重新團聚，給孩子一個穩定的家。然而，等待他們的，卻是永遠的分別。

一九八二年，劉炳坤順利回到了天津。「剛回來的時候，那個滋味真難過啊！沒有工作，沒有經濟來源，同父母和弟弟幾個人擠在一個小四合院裡，日夜思念著她們。我想盡辦法找工作，賺錢，但卻十分不如意。」劉炳坤回憶道。

按照當時的回城政策，知識青年必須是未婚，或是離婚，才能滿足條件。不少知青被迫辦理了假離婚手續，待一切妥當後夫妻雙方再復婚。

然而，劉炳坤下鄉所在的農場，是黑龍江佳木斯附近的一個偏遠農場，距中俄邊境只有二三百公里。交通不便，電話不通，劉炳坤對李玉珍和孩子的情況只能通過書信得知。慢慢地，他發現妻子的信越來越少。她是不是病了？孩子是不是該上學了？連續4年，劉炳坤都未能回黑龍江看上她們一眼，一直在天津忙著

生計。

在黑龍江煎熬著的李玉珍，也過著度日如年的生活。一個人帶著女兒，一邊還要工作。時間長了，就有親戚來勸她再找一個合適的。

劉炳坤想將李玉珍和孩子辦回天津來的想法，也遭到了父母親的強烈反對。母親自開始就反對劉炳坤在黑龍江娶一個農村姑娘。現在更是反對他們再重新走到一起。一夜一夜的失眠，眼淚打濕了枕巾。劉炳坤只能在夢裡見到女兒那天真的笑臉。莫非，真的要永遠天各一方了嗎？

為了不「拖」劉炳坤的後腿，李玉珍在一九八六年給他寫了最後一封信，向他講述了自己這些年艱苦的等待、受到的委屈和親戚朋友的不理解。最後她決定，兩個人還是真正的分手更加現實。

「那封信，皺皺巴巴的，是被她的淚水打濕後晾乾了才寄出來的。」劉炳坤無奈地搖了搖頭，嘴唇都被自己咬紫了。現實真的太殘酷！

三十歲回城的劉炳坤，一直到四十歲都沒有再結婚。直到聽說李玉珍在黑龍江再婚的消息，才下決心娶了現在的妻子，並生下一個女兒。思念，就此也只能永遠地埋在劉炳坤的心裡。

**記者孫春龍在〈留守陝北的北京知青〉也揭示了因回城而拆散家庭相同的境遇**：在宜川縣工作的袁京紅和付育華同歲，他們有著類似的經歷，不同的是，袁京紅的父母在生下她之前已經結婚，已經得到了法律上的認可，這讓她不必擔負私生子的惡名。如今，當精子庫、試管嬰兒、代孕媽媽這些超越婚姻和感情的詞語充斥這個社會的時候，我們又該如何審視私生子這個詞語和背後的那段歷史。在延安的許多角落，還有很多當年北京知青遺落

的種子，如今已逾而立之年的他們，在這片依然荒涼的黃土地上，默默地繼續著自己的生活。

袁京紅在很早的時候就知道了自己的身世。在上小學以前，袁京紅一直把自己的奶奶叫媽媽。該上學時，奶奶讓她改了口，她並不清楚這其中的祕密。直到有一天，袁京紅和同學吵起架來，同學說她沒有媽媽。她哭著跑回去問奶奶，「我為什麼沒有媽媽？」奶奶告訴她，她的媽媽在她只有八個月大的時候去了北京。

「那時候，我就開始恨我的媽媽，她怎麼不管我，為什麼非要走？」袁京紅說。為此，她自做主張，改掉了媽媽給她起的「京紅」這個名字。幾乎世界上每一個語言學者，都不得不佩服中國漢字的玄妙和又深邃，袁京紅碰到過好多和她同名的人，她驚奇地發現，他們的年齡、經歷有著驚人的相似之處。喜歡琢磨歷史的袁京紅始終覺得，其實歷史不會消失，它會悄悄地藏起來，藏在每一個角落，甚至會藏在虛無的夢境中或者流動的空氣裡。

袁京紅的母親是當年插隊宜川縣的一名北京知青。在和當地的一位農民結婚生下袁京紅不久後，她得到了一個返城的指標。她曾經也期望自己回京後再將丈夫的戶口遷到北京，但她回京後發現，那簡直比登天還難。北京的工作安置好之後，袁京紅的母親回到宜川縣，辦理了離婚手續。

一九九五年，正在延安一所中專學校讀書的袁京紅突然收到了一封來自北京的信，寫信的人告訴她，他是她的外公。袁京紅至今還記的，那是一封掛號信，信封背面，貼滿了面值八分錢的長城郵票。那封信很短，在信裡，外公告訴她，她的母親在回京一年後就精神失常。

一九九六年七月，袁京紅中專畢業，她告訴父親，她想去找她的母親。那時候延安至北京還沒有直達的火車，父親借錢買了一張從延安至北京的飛機票。臨走前，奶奶拉著袁京紅的手問，你還會不會回來？袁京紅肯定地說，她會回來的，在袁京紅的心目中，她真正的母親就是她的奶奶。

從艙窗上看陝北，幾乎每個人都會有一種難以名狀的心情，土黃色的山丘之上，或者是繞著一圈一圈的田地，從高處看，就像紋理密佈的手指，或者是大片大片的坡地，像補丁。有一個笑話，說是一位農民到北京看自己的兒子，北京人總是看不起他，總有人像審視小偷一樣問他是幹什麼的，後來當有人問他是幹什麼的時，他理直氣壯地回答：修地球的。從飛機上看陝北的時候，每個人都會有這種豪邁，都會從內心佩服人類的偉大和頑強。當年插隊陝北的北京知青，絕大多數都做過修地球的工作，扛著鑤頭，拉著木製的兩輪架子車，開荒造田、劈山推路。若干年後，因為水土流失問題日益嚴重，陝北又成了退耕還林的重要區域，當年開墾的荒山又長滿了蒿草，人類的發展就是這樣一個又一個的輪回。

那是袁京紅第一次坐飛機，延安和北京，僅僅從飛機上俯視，就能看出這兩個地方的差異。中國這個最貧苦最荒涼的地方，和這個最繁華最現代的地方，因為那段歷史被緊緊地聯繫在了一起。

袁京紅來到北京，見到神情呆滯的母親，她問母親，「你認不認識我？」母親竟然用陝北話回答她：「你就是我陝北的女子。」外公告訴袁京紅，她的母親回到北京後，工作不是很順暢，另外，自己的孩子又被丟在了陝北，讓她心理負擔很大，最終導致精神失常。袁京紅在北京住了兩個星期，臨近回陝北時，

在火車站，年邁的外公再一次問她，「你覺得北京好還是陝北好？」袁京紅說還是我們那兒好。外公非常失望。回到宜川後，她聽奶奶說，她去了北京後，她的父親三天沒有睡覺。但在她回去後，父親從來沒有問過她母親的事情。

兩年後，袁京紅帶著男朋友再次去了北京，她馬上就要結婚了，她想讓母親看一看女婿，那位憨厚善良的陝北小夥子，沒想到的是，母親告訴她，「你不要結婚！」

那次從北京回來後，袁京紅曾給外公寫過一封信，但沒有回音，雙方從此沒有書信往來。母親曾給她留下家裡的一個電話，但她不敢打，因為聽外公說，只要母親一聽別人提起她，就會離家出走。袁京紅曾撥通過一次電話，她聽到母親接電話的聲音，她一句話也沒敢說，就掛了電話。

如今，三十三歲的袁京紅已經是一個七歲孩子的母親了，做了母親之後的袁京紅不再埋怨自己的母親了。袁京紅的兒子經常纏著她，讓她講一下她小時候的故事。她告訴兒子，等你懂事了媽媽再告訴你。不過，她覺得現在兒子已經很懂事了，有一次他們夫妻兩個吵架，兒子對她說，你千萬不要像電視上的那樣，一吵架就離家出走。她告訴兒子，媽媽永遠也不會離開你。做了母親的袁京紅還有一個心願，她想帶著兒子去趟北京，她想告訴母親，她結婚了，而且生活得非常幸福，她希望能借此打開母親那個心結。

在歷時14年的採訪中，朱曉軍共計採訪了將近100多位留守知青，而整理成文章的只有20多位。「採訪過程很辛苦，條件差，但是真的是很感人，這麼想想，也就都值了。」朱曉軍笑著說。隨後他說起了一位鶴崗知青的故事：

老太太叫趙玉珠，朱曉軍見到她時，她已經頭髮花白，彎著

腰，後腦勺梳著個髻，在車站附近晃晃悠悠地走來走去。朱曉軍問她：「您是趙玉珠嗎？」

她看看他，沒有吱聲。朱曉軍接著問：「您當過知青嗎？」

她還沒吱聲，繼續在路上走著。後來身邊的人介紹說，她丈夫是上海知青，丈夫為返回上海跟她辦了假離婚。結果那男的走後杳無音訊，趙玉珠瘋了。她瘋瘋癲癲獨自一個人拉扯著女兒，過了這麼些年。

朱曉軍在見到趙玉珠的女兒時，她已經是個十八歲的大姑娘了。朱曉軍問她，「你恨過你父親嗎？」

她回答說：「不恨他，只是很想見見他。」後來她托朱曉軍幫忙找自己的父親，她說：「我快結婚了，我想找他，不是想讓他為我做點什麼，就是想他在我結婚的時候，能夠拉著我的手，把我親手交給我的丈夫。」

## 第四節　寄人籬下的生活屈辱

知青回城面臨的還有一個就是住房難。黑龍江兵團知青子蘊在〈我的母親〉中有這麼一個片斷：如果說上一次的果斷十年後得到彌補，那麼另一次果斷的後果至今沒辦法讓母親的心平靜。我返城後沒有房子住，一家三口和母親住在一起，哥哥幫忙把三間平房一個獨院換成了和平里地區的兩居室。

那時候我己考進北京經濟學院幹修班上大學了。母親也剛剛退休，每天放學時母親在楊柳依依的陽臺上等我回家，兒子也已經在地壇小學上四年級了，那一段的生活非常快樂溫馨。

不知什麼原因，大概是我和先生總住在母親家，一直沒拿自己當外人，母親怕房子落在外姓人手裡吧。總之母親和哥哥商量

又把哥哥住的兩間平房和母親的兩居室合在一處換到西單一個大三居，母親又和哥哥一家搬到了一處。

雖然換房之前我和姐姐苦苦相勸，母親執意不聽堅持要換。換房的結果是我們一家三口沒有了住房，開始了一段居無定所的借住生活。母親又一次後悔了，開始了和哥哥一家長達二十多年的矛盾和解不開的疙瘩，這一次母親和哥哥均付出了代價。

時至今日，我也從未埋怨過母親和哥哥，誰家女兒自己成了家不自己解決住房，住在母親家還是應該的？！況且，塞翁失馬焉知非福？如果沒有這次挫折，我和先生還不會努力，更不會找單位要房和自己買房，說不定還賴在母親家呢。

**類似的情景，在南方人物週刊《我到底是哪裡人？》也有介紹：**……一個月裡，吳祥志們又送走了6位老人。秋天時，他去看望唐長根。那時，老唐戴著呼吸機，煩躁地躺在床上。老唐肺癌已到晚期，而醫保卡裡的3萬塊報銷額度早就用光了。那個下午，他抱怨起悲哀的人生，憤憤不平地講述四處求助均被拒絕的遭遇。但除了等待，他別無選擇。末了，他掏出一件襯衣。

吳祥志愣住了——襯衣被染過似的，滿是大片大片的血跡。「那是被我弟弟打的。」老唐說。從新疆退休回來後，他住在了母親家。不久，母親病逝，遺囑裡把房子留給了他。這是兄弟反目的開端。為房子今後的繼承問題，兄弟倆大打出手，直到遍體鱗傷的老唐被送進醫院。老唐盯著血衣，往事就像家中那些腐朽的空氣，充斥在回憶中。沉默了許久，他冷冷地說：「親兄弟。」

35天后，老唐死了。開追悼會那天，天色驟變，上海下起了大雨。吳祥志帶著幾十位老人一同為老唐送行。他們並不認識老唐，但他們有著共同的標籤：上海知青。

他們都是一九六三年至一九六六年間，被送往新疆生產建設兵團的十萬分之一。那時，國家剛剛經歷過大饑荒，邊疆依舊動盪貧窮。而被視為道德墮落之所的城市，發展規模被嚴格限制，大量城市青年被剩餘出來，無法被計畫到就業和升學中去。在浪漫的鄉村理想和發展現實的雙重策動之下，知識青年遠赴窮鄉僻壤的藍圖被勾勒出來。10萬上海知青進疆的成功，拉開了此後文革期間上山下鄉運動的序幕。

七十年代末，隨著運動的破產，這10萬知青，有一萬多名順利回到了故鄉，剩下的人，或紮根新疆；或滯留上海，退休回城，為戶口為晚年保障，長年累月地奔波。

去年上半年，老唐還是奔波群體中的一員。吳祥志眼前閃現他的身影，彷彿那才是昨天的事情。吳祥志滿臉滄桑，表情倔強，像懸崖邊上彎曲的樹。二〇〇七年，他六十歲，按照政策，終於可以正式退休回到上海。然而，二〇〇三年隨退休的妻子回城時，戶口問題就開始成為他的困擾。當時，上海中心城區的老家正在動遷，如果戶口順利遷入，他將可以得到一套新房子作為賠償。嫂子提出，必須交20萬，才能入戶。隨著房價猛漲，要價又開到了50萬。

親情在利益面前撕開了不堪的面目。他試圖向嫂子說情：三十多年前，兄弟倆必須有一個去新疆，是他代哥哥做出了犧牲。「那是你自願去的」，嫂子並不領情；他又去街道反映情況，「這是家庭矛盾」，街道不願管。就這樣，他只能在上海打工，租房子，四處討說法。

在上海，他「像個皮球被踢來踢去」。幾年後，他找到了知青群體，終於有了歸屬感。他還扮演起送葬人的角色。誰重病了，他代表大家送上100元的慰問金；誰死了，他組織追悼會、

送花圈……

這些年裡，他似乎習慣了悲傷，「今天還一起參加追悼會，過幾天就成了被追悼的對象。」他看著當年前赴後繼踏上通往新疆火車的少年們，如今前赴後繼地死去，彷彿看著自我生命的一部分在被悄然帶走。

為什麼要回上海？這成了他經常追問自己的問題。而每當深夜來臨的時候，新疆總到夢裡造訪：熟悉的道路，地裡的勞作，和妻子縫製褲子的場景……

**知青田小野在〈何處是歸程〉記敘：**張玲在北京女一中讀初中時，騎一輛輕便的二六女車，她喜歡作文，游泳特別棒，那時候她大大的眼睛、黑黑的圓臉、齊耳短髮，很是引人注意。誰也沒想到，一九六八年她到內蒙古農區插隊，一九六九年就嫁給了農民，這其中的原因，恐怕與她家庭當時的處境有很大的關係。張玲出身於資本家家庭，文化大革命爆發時父親被遣返回農村老家，母親一個月40多元的工資，還要接濟農村的父親。

知青插隊的第一年，吃的是國家提供的商品糧，第二年吃自己的勞動所得。但是女知青一年的勞動掙不回自己的口糧，這就是說，需要北京的父母給予補貼，拿出錢來買口糧，買油鹽醬醋。張玲所在的知青小組同樣遇到這個問題。張玲沒有後援，拿不出錢來。每到吃飯的時候，她都不吃菜，拿起兩個窩窩，找個沒人的地方，一邊吃一邊掉眼淚。

一九六九年春天，張玲回北京治風濕病，在家住了沒兩天，就發現母親開始賣家具，甚至把睡覺的木床也賣了，她再也無法住下去。她一回到農村，就主動找到隊裡的青年保管員剛小，提出要嫁給他。那家真是喜出望外，娶個有文化的北京媳婦，特別是省了一大筆財禮錢。

辦喜事的前一天，張玲晚上跑到村外大野地去，痛哭了一場。婚後，張玲很快發現丈夫有賭博的惡習。為此，張玲自殺過，一瓶安眠藥100片，吃過4片，剩下的96片她一口氣全吞了下去，慢慢的就兩腿發軟，動也動不了了，這時候，她又不想死了，她還年輕啊！……

一九七九年，張玲離開農村，抽調到呼和浩特鐵路局屬下的一個工廠當工人，丈夫也隨之轉移到呼和浩特，做些殺豬宰羊，販賣雞蛋的生意。一九八八年，在知青返京潮中，張玲通過假接收單位，把戶口辦回北京，這樣，她在北京有了戶口，卻丟了在呼市的工作，所以，她實際上一直在內蒙，與丈夫一起做小生意。丈夫多年難改賭博惡習，每當日子剛剛好過一點，錢馬上就會被丈夫輸光。

一九九五年，張玲的丈夫因心臟病去世，此時她的一對兒女已成人。她隻身到小湯山打工，去年回到北京。我去北京張玲的母親家找張玲，她母親已經七十六歲，在大雜院裡住一間8平方米的小耳房，張玲擠在老母親的單人床上一起睡，她對我說，天熱了，就去她二姐家睡。我不知道張玲現在算不算是回到了北京。如果是，她在北京不僅沒有工作，甚至於沒有一張屬於自己的小床，如果不是，那麼，何處是歸程？

類似張玲這樣回城後沒有住房的知青在當時可以說是一種普遍現象。木蘭聞笛在〈居無定所的回顧──寫給我的六十歲生日〉述說：一九六八年離開父母下鄉插隊，一開始住的是老鄉家的木板房，後來住的是泥巴磚壘的知青房。一九七〇年在栢林水庫挑土建大壩，住的是木頭和毛竹搭的棚子，籬笆牆上糊了泥巴，上下兩層，睡的是通鋪，男女之間只用稀疏的籬笆隔開。一九七〇年末至一九八一年在某電信支局，住過泥巴和竹子糊的棚

子，也住過磚瓦房的集體宿舍，還住過招待所。

一九八一年返城，與家人蝸居。一九八二年至一九八五年，讀電大期間，有一段時間寄居在媽媽朋友家，快畢業的那年借了一個好心人的一間木板房，這間房只能放一張床和一張寫字桌。一九八五年至退休，一直與家人蝸居。在我與我父親蝸居的日子裡，也搬過一次家，詳見拙作〈遠離鬧市的住房〉。

直到二〇〇二年已退休，單位大批建房，我才買了一套76平米的兩室一廳。本來有了自己的房子，便可安下心來養老了，豈料，那套一樓的房子並不適合我，只要住上兩天就生病，只好逃離。我把房子租給別人，自己再另租房。期間，因租到的房子不合適，共搬遷過四次。

**當年從海南回城的知青，除了找工作不容易，還有一個比較大的難題，就是找住房困難。據農友過客在〈有誰知道當年潮州知青棚區大火的往事？〉一帖中回憶：**……當年許多農場知青回城後，不少潮州知青家庭因住房緊張，只好在潮州城外韓江水邊搭起了棚屋居住。由於搭建的人越來越多，韓江邊上竟形成了潮州特色的知青木屋棚區。

知青木屋棚區的居住衛生條件當然很差，成了當地政府的一塊心病。曾多次以停水停電等手段想迫使知青遷離木屋，但都沒達到清除該棚區的目的。後來原因不明的一場大火，把棚區燒個精光。棚區大火的慘烈讓人很容易想起以前澳門木屋區大火的情景。當年和我一同開拖拉機的場友曾貴青談起此事，還心有餘悸：「那場大火，差點把我燒死了！」

火災後，當地政府對這些陷入困境的知青家庭都作了臨時安置，並規劃了土地建起了知青解困樓房。我的知青場友曾貴青比較幸運，單位先是騰出一間辦公室讓他一家臨時居住，後來還分

給了他一套住房。我還去過曾的家，一房一廳，有四十多平方。當年能有這樣的居住條件，算是很不錯了。

其實，類似景觀的「知青棚屋」，當時在廣州市郊也曾有過。據說七年代末期，在廣州市郊的珠池「三不管」地帶，有一段時間曾陸陸續續地冒出了一片竹子木條搭成的簡易棚屋，當地人戲稱為「海南知青村」。因為棚子裡住的多數是從海南農場病退、困退回城的知青夫婦，這些知青拖兒帶女地回到廣州後，一下子沒辦法在原來的家裡找到安身立足之地，只好暫且在此棲居再作打算。

許多知青藉著這一地方當局睜眼閉眼的臨時「難民營」，開始了在淒風苦雨中疲於奔命的艱苦創業歷程。每天清晨四點多鐘，夫妻倆就踩著三輪車去郊區菜農地裡批發收購各類蔬菜鮮果，然後再載於各農貿市場擺賣，晚上再四處打聽交流有無其他穩定的工作或更為發財的路子。一旦認為可行，就會另謀高就，改做他行。

漸漸地，隨著改革開放帶來的勃勃生機，一些知青先後融入了雨後春筍般的合資或私營企業之中。更有許多人，因為積累了經商經驗和一定資金，自己開始當起了小老闆。我曾認識一個做建材生意的富商，就是從這樣的棚區走出來的海南兵團知青。只是如今，他實在很不願意回憶這段艱難的歲月。因為在那段風雨泥灣打拼的歲月，夫婦倆光顧著在外忙於生計，將不懂事的兒子鎖在家中，結果孩子年幼無知，摸到了裸露的電線，夫妻倆回來見到慘狀後幾乎暈絕⋯⋯

## 第五節　兩地分居造成的隔閡

知青李冰在〈上大學分居八載，團聚後難以適應〉說：張樹令和李嘉夫婦是在黑龍江下鄉時結的婚，在知青返城時，他們最渴望的就是能像別人一樣回到家鄉天津。

經過刻苦複習，張樹令一九七九年考上了石家莊工業學院。而李嘉此時卻剛好懷孕，在家待產。為了能讓丈夫完成學業，李嘉托人從黑龍江將自己調到了河北唐山的農村。

「沒想到，這樣的兩地分居生活，一過就是八年」。已經五十六歲的李嘉現在說起這件事還不住搖頭。

孩子夜裡發燒，村裡沒有診所，李嘉只能抱著孩子走上20里路，去縣裡的醫院給孩子輸液。等輸完液退燒了，天也就亮了，李嘉再抱著孩子往回走。為了省下車錢，這一個來回就是40里路。等回到家，李嘉的兩條腿都腫了。而此時，張樹令也在學校裡熬夜苦讀。為了給孩子省下奶粉錢，他每餐都是饅頭鹹菜。

有時沒有錢給孩子買奶粉，李嘉就從鄰居要一些小米熬米汁餵孩子，心疼得自己直落淚。丈夫不在身邊，一個女人帶孩子的日子真難熬啊！夜裡，李嘉時常會從睡夢中哭醒。好在唐山離天津還算近一些。每個學期放假，張樹令都能回來。下地幹幹活，或是帶帶孩子。

在黑龍江下鄉時，李嘉就養成了寫信的習慣。每週，夫妻二人只能靠鴻雁傳書寄託相思互報平安。

「我們的兒子會笑了。」

「兒子會叫爸爸了。」

「今天，我從玉米地裡摘了很多玉米。孩子也開始學走路

了。」

捧讀著妻子一封又一封來信，在學校裡的張樹令也不斷地回信。幾年下來，他們的書信重達數十公斤。

然而，李嘉一直盼望著自己的丈夫能夠早日工作，一家在天津團聚。沒想到的是，當張樹令工作後回到天津市，由於兩人別離太久，而生活環境的落差太大，夫妻倆也產生了不小的隔閡與分歧。

「那幾年我們一見面，他就讓我去理髮店燙頭髮，或者是去買衣服。」李嘉回憶說，「我那時候一直在黑龍江和河北農村生活，早就習慣了穿粗布衣褲，短頭髮，褲子永遠是那條洗得發白的藍布褲子，鞋子就兩雙，一雙是白布鞋，一雙是黑布鞋。可是天津女孩穿的要洋氣多了。」

有一次張樹令和同學聚會，他特地要妻子去燙個頭髮，並說他們班裡的女同學都燙頭髮，希望自己的妻子也能注意形象。李嘉聽了很難接受，夫妻倆大吵一架。

「那時我就想，一個在農村一個在城市，兩個人終於因為分離時間太長，而產生了隔閡與差距。我很生氣，大哭一場，抱著孩子跑回了農村。」李嘉回憶道，「夫妻感情再好，在那種條件下，也會有矛盾。」

幸運的是，幾年後李嘉工作調動回到天津。夫妻倆的感情也逐漸好轉和睦。

二〇〇八年三月七日，在浙江知青網論壇有位網名dingyongming的代為浙江知青沈某某在網上刊登了〈一封還沒有發出的信〉中述說：這是闊別二十五年後的思念，一位知青真實的故事，與孩子離別時孩子只有五歲……

民：今年你已經三十歲了，到了能夠明辨事理的年齡了，

作為你身生父親的我，想和你說一些事情。如果你看過電影「孽債」的話就會瞭解當年你父母親有著知青那段同樣的遭遇，這不是我們意願的選擇，而是歷史強加到我們(包括你)頭上的不幸！

當年你母親支農分配到黑龍江，那裡天寒地凍，生活環境極其惡劣。你母親當時是一位上海小姑娘，人小力薄難以勝任農民的勞作，生活上不習慣，勞動不能勝任加上遠離親人十分想回南方，那怕離上海近些也行。而當時除了嫁人一條路外別無辦法，於是成就了你父母親的這一段婚姻。

我十分理解你母親麗的無奈，因為我也是知青，只是比你母親幸運支農在本省。經人介紹我與你母親於一九七七年結婚，你母親順利從黑龍江遷戶口到我所在農場，實現了離開黑龍江的願望，次年(七八年)我們有了婚姻結晶生下你，成了我們三位一體的至親骨肉。本來我們會幸福地生活在一起……

但是這時，全國各地遠離家鄉的眾多知青思鄉心切，為爭得這份回家的權利作了許多鬥爭和努力，有的甚至獻出了生命，終於上海知青首先爭得了返鄉的權利。當時政策歸定必須是單身沒有結婚的人才能返回上海原地。你母親已經和我結了婚，自然不符合條件。回鄉是我們知青人人心裡的迫切願望，當你母親和我商量以「假離婚」讓她獲得「單身」身分時，我十分理解並且支持你母親……

於是，我和你母親在婚後十分恩愛的情況下說：「性格不合、經常吵架、婚姻破裂而協議離婚」。讓你母親終於圓了返回上海的夢，這也是你姓錢的緣故……

新婚不久便兩地分居的我們各自成了「單身」，這對我、對你母親造成許多不適和痛苦是可以想像出來的。當時的情況和條件不比現在，農場工資十分低，我每月只有45元，每月寄上海30

元我已十分緊迫了。你母親帶著幼小的你在上海沒有工作，30元兩個人生活也過得十分緊張，這種生活為時勢所逼，並非我們心甘情願。在這種情況下，為生活所迫，也為分居兩地慢慢造成的隔閡，你母親對我產生了種種埋怨，後來我來上海也和我分居，實際上是對生活的埋怨和難以忍受的痛苦。好好的一個家分割成兩部分，她不能見丈夫我不能和妻子兒子一起生活，這樣的生活十分艱辛痛苦，這是歷史造成，罪責不在你母親、也不在我！

最終，「假離婚」變成了真離婚，一九八五年你母親為生活所逼選擇了再婚，雖然我無法接受，但靜心想來我還是能夠理解，只教民兒你好就行。

歲月如水般流去，作為你父親的我一直獨身至今，因為有了兒子民，儘管你我不曾往來，但我相信血濃於水，我想再婚的話會失去心中的你。雖然，也有人見我獨身可憐多次介紹對象，但我對婚姻失去信心，儘管你母親再婚有了新家，而我自「假離婚」變真離婚後始終一人生活至今……

期間點點滴滴知道你一些情況，你生長的情況對我都是十分開心的消息，知道你大學畢業，有了工作，已經結婚，生活順利……

我想說的話說完了，你會問為什麼一直不來看你、找你，或許你母親會對你說什麼什麼我的不是，我不想分辯，只把事情實況擺放在你面前：你母親再婚的現實和你年紀幼小怕影響你成長，是不來看你的最主要原因，一直不和你通音訊，是想等你成熟了，再告訴你我們的生活實況……

現在我已經六十四歲，到了該告訴你實況的時候了，生命終久會逝去，我——你身生父親會在某一時刻去世，但在這個人世上你是我心裡最親近的人！你血管裡流的是我的血！我是你身生

父親是不爭的事實！

我認為(事實也如此)這是錯誤歷史造成的惡果，在我們三人心裡造成無法彌補的創傷，我們三個人都是受害者！我想說的是親愛的兒子，儘管你我沒有一起生活過，但你永遠是我心裡疼愛的寶貝兒子！你的生身父親在杭州！

你的父親沈某某

**巴山農夫在〈漫漫回城路〉講述：**地處巴山腹地的竹溪中學，是大躍進時開辦的一所初級中學。受地理條件限制，學校建在一個山凹裡，四周群山環抱、層巒疊嶂，門前有一條彎彎曲曲的小河，清澈河水四季流淌。不是門前掛了一塊校牌，人們還不知道這裡有所學校。

龔亦渠的老家在重慶近郊，本來進的省城一所非師範院校、學的歷史專業，文革中因參加了「造反組織」，畢業分配時，被「發配」到竹溪中學，當了一名語文教師。他身材清瘦，圓臉龐、濃眉毛、大眼睛、高鼻樑，帶一副寬邊深度近視眼鏡。看似一個文弱書生，卻從小就愛好田徑、登山等體育活動，自從分配到竹溪中學後，每天早晨，他都要在學校的操場裡跑跑步、做做操；每個星期天，他都堅持去攀登一次學校背後那座陡峭的九曲山。

在九曲山半山腰的小路邊，有兩間土牆瓦房，裡面住著一名插隊落戶的重慶女知青。她名叫常漫露，生於解放那年，下鄉時才十五歲，父母親都是重慶一所大學的教授。她身材苗條，皮膚白皙，五官秀麗，加之能歌善舞，活潑大方，很逗人喜愛。她是在文革前下鄉的，當時這批重慶知青，統一安置在竹溪公社紅專林場。文革中，他們起來造反，把林場「造」垮了。成立「革委會」後，上級要求他們到生產隊去落戶，常漫露便落戶在了竹溪

中學背後的九曲山生產隊。

龔亦渠攀登九曲山，必須從常漫露的屋門前經過。從見到常的第一次起，他就喜歡上了這個女孩子，並暗戀上了她。他通過四處打聽，得知了她的一些基本情況，但因他有些靦腆，對她性格又不瞭解，一直不好意思主動接近她，更不敢貿然向她表示自己的愛意。也許是「天意」，那年初夏的一個星期天早上，他在登山的途中，快到常的屋門前時，天上突然下起了大雨，沒帶雨具的他，只好跑到常的屋簷下躲避。剛起床的常漫路開門一看，見他淋得像個落湯雞，立即把他叫到屋內，馬上給他生火取暖。

兩人一邊烤火，一邊聊天，越聊越投機。原來，相互間都早已注意到了對方，只是沒有機會在一起，傾訴各自的心思。今天相逢，好像都有說不完的話。他們一直談到中午，吃了午飯，龔亦渠才返回學校。從那以後，兩人經常見面，不久就正式確定了戀愛關係。第二年春節，兩人結為了夫妻。那時，雖物資匱乏，但他們在生活上互相體貼、十分恩愛，加之都愛好文學、音樂、體育，婚後兩人相處得十分和諧，人們都說他們是郎才女貌、天生的一對。結婚第二年，常生下一個男孩，給這個幸福的家庭，更增添了許多歡樂。

不久，縣上成立毛澤東思想文藝宣傳隊，經過從下至上的層層推薦選拔，能歌善舞的常漫露，首先被選中，調到宣傳隊裡當了一名專業演員。當時，兩人雖說都有了正式工作，並成了家、有了孩子，但山裡的條件實在是差，不論交通或就醫都不方便，又遠離父母、親人，他們內心都想離開大巴山，調回重慶去工作。

那時，夫妻在一個縣內工作，要想調離十分困難。常漫露的舅舅，在重慶市一個區的文化部門當領導。她專程去找他幫

忙，他當場答覆：「只能接受她一人，並要未婚。」這並不是舅舅有意為難她，而是當時「控制城市人口，穩定知青隊伍」的大政策。常原原本本地將她舅舅的話，告訴了龔亦渠。他經過認真分析研究，覺得這是一個難得的機會，並與常反復商量，想出了「假離婚」的辦法，即兩人先「離婚」，讓常帶著孩子回到重慶後就復婚，然後再以夫妻分居為由，來活動龔的工作調動。

那個年代，離婚被視為不光彩的事，管得非常嚴格。他們只有以「夫妻感情不合」作為離婚的理由，要想「離脫」難度很大。好在常漫露進縣文藝宣傳隊後，認識了幾位縣上的領導。她多次去找這些領導，請他們出面給民政部門打了招呼，才給他們辦理了離婚手續。半年後，常漫露就在她舅舅的幫助下，辦好了有關調動手續，如願以償的帶著兒子回到了重慶。但他們兩人從此就像「牛郎織女」一樣，過起了兩地分居的生活，每年只有寒、暑假才能團聚。當時交通、通訊都非常落後，兩人全靠「鴻雁傳書」，傾訴思念之情。

那個年代，人們的「政治覺悟」很高，兩人離婚不久，就有人議論他們是「假離婚」，是要走「曲線調回重慶」的路子。那時的知識份子，特別顧及面子和影響。聽到人們的議論，加之龔要調去的工作單位，還沒有聯繫好，他們便把復婚的事，暫時擱了下來。

常漫露回到重慶後，上有父母，下有孩子，都需要她照顧。而龔亦渠遠在千里之外，平時一點忙也幫不上。她的工作單位，又離家比較遠，每天上下班，趕公車至少要一個多小時。很快她就感覺到：回到重慶，成天忙忙碌碌，像打仗似的，比在山裡工作還辛苦得多！更令他們沒有想到的是，兩人因長期不在一地工作生活，相互缺乏溝通，竟然慢慢地產生了隔閡。

開初，還只是為一些雞毛蒜皮的小事，造成一些小的誤會，只要作些解釋，相互作些讓步，隔閡很快就消除了。從第二年暑假開始，兩人卻真的鬧起了矛盾，並且越鬧越大，到了難以調和的程度。事情的起因是：那年暑假，龔亦渠回到重慶不幾天，常漫露的大姨媽匆匆忙忙地來到他們家，神祕兮兮地把常喊進寢室，說有要事給她商量。大約半個小時後，兩人才從寢室裡出來，臉上都表露出不快。大姨媽走時，還生氣地說：「我是一片好心，這是你的事，自己看著辦！」

龔亦渠見兩人臉色不對，以為是常做了什麼對不起大姨媽的事，便以關心的口吻詢問她。她開始不講，在他的再三追問下，她才說：「大姨媽見我單身一人，給我介紹了一個對象，是個營職軍官，現在駐渝部隊工作，從未結過婚，也是老三屆的大學畢業生。」常漫露講得很平淡，龔亦渠卻聽得很認真。在他的心中，本來對兩地分居，就有幾分擔心，聽說大姨媽在為常介紹對象，陡然產生了一種危機感。他迫不及待地問她：「你是啥態度呢？」常以玩笑的口氣答道：「你兩年內調不到重慶，我就只有走這條路了！」

龔是一個書生氣十足的人，從聽到這句話起，成天都是悶悶不樂的。常漫露知道是自己那天開玩笑造成的，曾多次向他解釋，並賭咒發誓：「自己如與你離婚，出門就被汽車撞死！」龔亦渠口頭雖沒說啥，但內心的「疙瘩」，卻越結越大。假期還沒結束，就藉故提前返回了學校。新學期裡，兩人的通信，雖像以前一樣頻繁。但龔總是有些放心不下，每次都要寫幾句酸溜溜的話。這無疑對常漫露造成了極大傷害，她在回信中，便針鋒相對地予以回擊。兩人就這樣，你來我往，在信中不停的爭吵。三個月後，乾脆斷絕了通信。

　　當然，龔亦渠也意識到，自己如不能儘快調到重慶，兩人早遲都可能分手。恰在這時，自上而下開始了「評法批儒」運動。開初，許多領導幹部缺乏歷史知識，對「法家」和「儒家」的一些基本常識也不瞭解。為加強對各級領導幹部的輔導，地委專門成立了「評法批儒宣講組」。龔亦渠有位大學同學，在地委宣傳部工作。他知道龔學的歷史專業，對「法家」有過專門研究，具有一定造詣。便極力舉薦，把龔借調到了宣講組。龔非常珍惜這次機會，到宣講組後，就忙於收集資料、撰寫講稿、四處宣講，連信也沒顧得上給常寫一封。

　　常還是從龔的一位同事那裡，得知他被借調到了地區宣講組。那個寒假又正是「宣講」的高潮，龔自然休不成假期。她見他假期沒來重慶，便以為他地位變了，心也變了，於是給龔去了一封信，假稱自己：「已與那位軍官見了面，相互感覺還不錯……」

　　龔收到這封信後，卻當了真，不僅將常的來信撕得粉碎，而且立即提筆回信，說常「水性揚花、見異思遷」，狠狠地把常挖苦諷刺了一番。兩人都是有個性的人，加之都才三十來歲，年輕氣盛，都不願主動去溝通意見。一度時期，他們間基本失去了聯繫。

　　龔亦渠是一個能說會道、才華橫溢的人，在宣講組已有較大名氣。當時地區一位老領導的女兒楊紅蓮，是一個年輕漂亮的姑娘，比龔小五歲，因性格孤傲，曾有一段短暫的婚姻。她是憑藉父親的關係，從一所小學借調到宣講組來的。經過一段時間的接觸，她對龔崇拜得五體投地，得知龔離異後一直未成家，便想招他為婿。她不僅主動向他發起了「攻勢」，而且通過其父找宣講組領導出面做工作，但龔都予以了婉言拒絕。

　　「評法批儒」開展不到兩年，便隨「四人幫」的垮臺而停止。在緊接著的「抓綱治國」、清理「幫派體系」等政治運動中，龔亦渠等人被列為「幫派骨幹」，被「掛」了起來，住進了學習班。經過半年審查，才將他送回竹溪中學作清潔工，交師生監督改造。面對這次沉重的打擊，龔亦渠已變得心灰意冷，精神極其沮喪。常漫露從朋友那裡得知他的處境後，立即趕進山裡看望他。見面後，不僅耐心的開導他，而且提出立即與他辦理復婚手續。她的這些舉動，給了他莫大安慰，兩人間的誤會也隨之消除。

　　那幾年中，他們為調到重慶，想盡了苦方，但不僅未能如願，還吃了不少苦頭。值得慶幸的是：改革開放後，給龔恢復了名譽，落實了政策；不久，他通過公開招考，考進了重慶一所大學當老師；尤其是他們的愛情，歷經這些考驗，變得越來越牢固。而今，他們都已從工作崗位上退了下來，過著幸福的晚年生活。每當回想起這段漫漫的回城路，兩人都感慨地說：「真是一場噩夢啊！」

# 第二章
# 饑不擇食的就業競爭

## 第一節　龐大等待就業的隊伍

　　與房子婚姻等問題相比，知青回城最為揪心的還是就業問題。自由兄弟回憶：……然而，我高興得太早了一些。當時我並不知道，李慶霖的這封去信，為成千上萬知青的返城打開了艱固鐵門的一條裂縫，許多知青猶如洪水般地千方百計向這條裂縫擠來，想盡一切辦法回城！回城！回城！離開連隊，離開農場，離開海南，返回故鄉，返回城鎮，返回親人身旁。這是我回城後，多次找到知青安置部門請求安排工作的過程中才逐漸感覺到的，因為當時由於文革的破壞，百業凋零，缺少崗位，縣知青辦通過努力，前後兩次替我找到過接收單位。

　　先是安排到氮肥廠去做上料工，這工作要推著百把兩百斤的斗車順著斜坡幹七八個小時，伯父擔心我的身體吃不消，不同意。後來我百無聊賴想試試，一問，早有人頂缺。後來知青辦通知理髮行業招工，我嫌丟臉，不願去。待了幾天想通了，跑去報名，早招滿了，而且都是回城的知青。此後，隨著時間的推移，返城知青越來越多。安排工作越來越難。連清掃街道的工作都得走後門。我真是感到有些莫名其妙，百思不得其解。無奈，伯父只好提前退休，讓我頂職回到了鐵路。

其實，我當時並不知道，如同當年上山下鄉一般，海南兵團，不！應該是整個廣東，乃至中國，都在漸漸刮起一陣知青大回城的風潮，而這場風潮比上山下鄉運動10年時間還要漫長。從一九七三年起，直至八十年代中期，方才平息。

**新京報記者黃玉浩實習生朱柳笛北京報導：**……其實，回城後苦悶的，不止是王秀辰一個人。一九七八年，中央調整政策，改變了「文革」中要求城市知識青年上山下鄉的做法，允許中學畢業生留在城市升學和就業，同時放鬆了上山下鄉知識青年因病、因家庭困難返回城市的限制（當時稱為病退、困退）。

作家梁曉聲把當時知青返城稱為「颶風」。他在小說《今夜有暴風雪》中，描寫了知青返城驚心動魄的場景：「知識青年大返城的颶風，短短幾周內，遍掃黑龍江生產建設兵團。某些師團的知識青年，已經十去八九。百萬知識青年的返城大軍，猶如錢塘江潮，勢不可擋。一半師、團、連隊，陷於混亂狀態。」

這一年，四十萬的就業大軍湧回了京城，一個新的名詞「待業青年」悄然誕生。但他們回城的欣喜很快被現實的嚴峻所淹沒：北京市一九七九年調查了10個區7萬多名待業青年的情況，其中，家庭平均生活費在15元以下的有7000多個，約占10%

「工廠根本安置不了這麼多人，當時沒有實行合同制，工人都是終身制，父親退休了，子女可以自動頂上去，一個工廠根本騰不出指標來安置這些待業青年。」如今七十四歲的齊賓，曾是大柵欄街道辦知青科的科長，當時她主要管著知青返城的檔案管理與工作安置，「當時來街道辦申請工作安置的人，站滿了整個院子」。

齊賓說，許多知青把美好的青春都交給了各地的農場，千方百計回到城市以後，發現其他同齡人工作、住房什麼都有了，

而自己是一無所有，心理很難平衡，給當時的社會治安也帶來了隱患。「有一個三十多歲的返城知青找到我，說如果再找不到工作，他要麼自殺要麼就去犯法了。」這種情況，也引起了高層的注意。

一九七九年二月五日，上海發生回城知青臥軌攔截火車的事件，再次驚動中央。這時，城市累積了大批待業者，就業壓力很大。要求回城的還不只是知青，據全國調查，要求回城和複職的人員有九類之多。除下鄉知青外，還有六十年代初精簡回鄉的職工要求復工；「社來社去」的大學和中專畢業生要求國家統一分配；一九六九年前後，各地在戰備疏散中遷往農村的城市居民要求返城；「文革」初期戴「黑五類」帽子下放農村的人員；右派改正後要求回城工作；歷次運動中下放農村的人員其隨同子女；從沿海調大三線工作的職工要求解決夫妻兩地分居；有些臨時工要求轉為正式工等。其中人數最多的，除了上山下鄉知青以外，就是六十年代初精簡下放了2000多萬。對於這些下放人員來說，回城是改變自己一生命運的唯一道路。不過，這幾類人員中許多人最終沒能如願。

六月四日，中共中央、國務院發出〈關於處理當前部分人員要求複職回城就業等問題的通知〉。各方面欠帳很多，特別是勞動就業問題是一個很突出的矛盾，要審慎地妥善地處理。落實黨的政策，解決「文革」以前遺留下來的問題，要著重從政治上解決問題，經濟問題原則上不作清退。對於這些人員回城就業的要求，〈通知〉規定原則上不予解決。這個政策下去後，許多人被擋在回城的門外，包括過去曾經許願將優先安排回城的一批人。一九八〇年一月十五日，薄一波在全國黨校工作座談會上講話談到：「給一九五七年以前參加工作的230多萬回鄉的工人是許了

願的。說以後經濟形勢好轉了，國家招工時優先錄用，現在他們要求回來。」這批人最終也沒有如願。

但知青回城的潮流不可阻擋，一九八〇年以後，中央下決心徹底終結持續二十五年之久的知識青年上山下鄉運動。城鎮就業形勢十分嚴峻，已經回城的知青無業可就，引發出一系列問題。北京市的一份調查說：「部分青年經濟非常困難，難以維持正常生活。精神負擔和壓力很重，許多人思想苦悶，悲觀失望。家庭爭吵，婚姻困難，個別青年想自殺。大批青年無所事事，遊蕩在社會上，惹事生非，犯罪率上升，敗壞社會風氣。」就業問題不僅是一個社會問題，甚至可能演變成一個政治問題。一九七九年四月五日，李先念在中央工作會議上描述就業形勢時說：「大批人口要就業，這已經成為一個突出的社會問題，如果處理不當，就會一觸即發，嚴重影響安定團結。」

**出路何在？廣開就業門路：**面對嚴峻的就業壓力，各城市為解決就業問題使出渾身解數。辦法大體有三種：辦法之一，號召未達到退休年齡的職工提前退休，允許子女頂替。辦法之二，實行分片包乾，限期解決。為了解決就業問題，要求各個機關、企業、事業單位把職工子女中的待業青年包下來，沒有招工指標的，就收進來當長期臨時工，提倡一個人的工作兩個人幹，三個人的飯五個人吃。辦法之三，組織待業青年積極發展城市集體所有制企業，廣開就業門路。國務院還採取了一項措施：趕走農民工。一九七九年四月十六日，國務院批轉國家計委〈關於清理壓縮計畫外用工的辦法〉，要求當年在已經清理壓縮計畫外用工的基礎上，再清理壓縮200多萬人。動員壓縮下來的計畫外用工回農村，來自農村的臨時工、合同工、協議工、亦工亦農人員等都要堅決進行清退，今後不得再使用。

一九七九年十月四日，鄧小平針對回城知青的安置問題提出：要扶助城市安排知識青年就業。國務院知青辦很快提出了具體落實措施：將每年的3億多元知青工作經費，由主要用於安排上山下鄉的知青，轉而逐步用於安置知青返城就業問題。

「政府的意見是，能安排工作的要安排工作，沒有永久的工作就找臨時的，沒有臨時的就帶著這些人自謀生路。」齊賓稱，街道辦的任務很重，政府撥付的經費很少，當時區裡要求他們必須設法解決轄區的待業青年就業問題。

在中國草根網，自由兄弟看到了一則天圓地方網友寫的〈知青三輪車夫〉的帖子：八十年代中期，有一次，我在大德路為公司買了一批不銹鋼彎頭等配件，太重了，自己拿不動，就在附近叫了一輛三輪車。

三輪車運貨，我騎自行車帶路。那時踩三輪的多是四鄉人，跟我運貨的卻講著一口地道的廣州話。我很好奇，就問他：「你是廣州人嗎？」

「是的。如假包換。」「怎麼也踩三輪車？」

「要吃飯呀！」他說，「踩三輪車不用起早床。有什麼不好？」

原來，他是去海南農場的知青，八二年才辦「困退」回廣州。有組織有步驟的下鄉、辦正式手續的回城，回城後卻找不到哪個部門能真正管他的事。正如一個在運動會中參加環城長跑的運動員，到外面跑了一圈後，終於回到了終點。起跑時的組織者，裁判員和參賽的許多充滿活力的選手都沒了蹤影，運動會也沒有了下文。

「回得太遲了，招工輪不到我，又沒有什麼後門，就踩三輪車了」他接著說，「靠勞動養活自己，不會有錯。」

知道他是落難知青，我很後悔叫車的時候把價錢壓到最低。我問：「幹一個月能有多少收入？」

「很難說得准。勤快一些、不怕辛苦，四、五百元不成問題。」

聽到他收入還可以，我暗暗地鬆了一口氣，彷彿踩三輪車的人就是我！那時，廣州工薪階層人月收入大多在三百元左右。

「不過，碰到颱風下雨，交警抓車那就難說了……」他說話的聲調開朗，但我還是從他的臉上讀出「無奈」兩個字來。

卸完貨，我告訴他，我也是農場知青，請他坐下來聊聊，他以「三輪車不能在外面停得太久，怕城管扣車」為理由，婉言拒絕了。我想把運費提高一些付給他，他堅決不受。

後來，我又多次在大德路買配件，卻再也沒有碰上他。但願他找到了更好的工作！

這則故事雖短，但卻是海南兵團許多知青剛回城時自立自強和不卑不亢的縮影。類似的經歷相信許多知青都有過。廣州鐵路東站副站長的亞東在回答鳳凰衛視記者的採訪時，就坦坦蕩蕩地告訴說，他回城之初也曾靠踩三輪車糊口，不少熟人，甚至也是海南的知青都坐過他的車，而且還是在遠離家鄉的韶關。因為廣州市幹這行的人實在太多……

## 第二節　無可選擇的就業崗位

知青子蘊在〈我的第一份正式工作——賣大山楂丸的日子〉中講述的事實就可證明當時知青就業的困境：從圖書館回到家，我開始反思：為什麼鋤頭都扛得，卻不能進服務行業？為什麼別人能當八大員而我就當不得？明知不可為而為之，豈不是和自己

較勁？不管自己內心有多少不甘，我還是決定聽天由命，不能再企盼什麼，還是腳踏實地，服從分配吧！這樣想了以後，心總算平靜下來。我又回到知青學習小組，繼續「提高思想認識」，等待分配。

那時我的生活確實很艱難，因為母親還沒退休，幫不上我什麼忙。我每天騎一個24型小車接送兒子，還要自己做飯幹家務。搞衛生洗衣服我還可以，飯我是橫豎不做的。每天下午五點我到托兒所接上兒子後就在外面糖豆大酸棗的亂買，兒子跟著我冷一口熱一口的胡吃，原本白胖胖的兒子，幾個月就讓我「飼養」成小猴崽子了。而且在經濟上我從來是有今天沒明天，有時候到月底一看，明天母親該發錢了，D也該寄錢來了，我手裡還有幾元錢，我就把兒子一抱：走，媽媽給你買好吃的去，直到花得一分錢不剩才肯回家。

因為我家住平房，是獨自的一個小跨院，院裡有一棵棗樹一棵柳樹，遇到風雨天，外面樹影搖曳刷啦啦亂響很是怕人。這一年的清明節，我的親娘大概沒時間去天津給姥姥掃墓，她老人家居然在我家院子裡給姥姥燒開了紙，燒紙時是晚上我本就有些害怕，燒完紙她老人家又不管不顧的走了(忘記她上弟弟還是姐姐家了)。這天夜裡姥姥來了，姥姥還是那麼和藹可親，說話還是那麼慢條斯理兒，她推開門，笑嘻嘻的說：誰在這兒哪？我頓時驚出一身冷汗，一下子坐了起來，隨即我聽見外屋桌椅板凳嘩啦啦一陣響，姥姥也像一縷清風一下子沒影了。姥姥是我最愛的人，我本不該害怕，可當時我卻寒毛倒豎，腦袋都大了。我緊緊的抱著兒子，大氣兒也不敢出，就這樣一直坐到大天亮。事後我告訴母親，沒想到母親全然不考慮我的感受，甚至說：「姥姥那麼疼你，怕誰你也不該怕姥姥啊！」我愕然，無話可說。

　　還有一次，兒子發燒了，一大早我抱著兒子乘公車去東單三條兒童醫院。因為恰好是上班高峰，等車的人太多，我抱著兒子好容易擠上車門，還沒擠上臺階，後面一個小夥子大概急著上班，一把把我拉下來，他上去了。我氣極了，把兒子往地上一放，掄圓了拳頭衝他後背(車太擠，門關不上)一拳拳打了過去，一邊打一邊「壞蛋！流氓」的亂罵，因為我的舉動太出人意料，連我自己都沒料到，也大概因為我的瘋狂嚇壞了車上的小夥子，總之，小夥子並沒下來和我理論動粗，倒是車上車下的人都樂彎了腰。

　　那時平房燒煤氣罐，換煤氣罐對我來說是一大難事。每到沒有煤氣了，我就用一個小車推著空罐到煤氣站去換。工作人員在煤氣本上蓋上章收了錢，把舊罐收了，就讓我上一米多高的檯子上把灌滿氣的罐子自己搬下來。我不知道滿罐煤氣有多少公斤，但每次我都恨不得頭朝下跟煤氣罐一起折下來，而賣煤氣的人誰也不肯上來幫一把，這興許就是計劃經濟時期服務行業的通病，賣貨的是買貨的祖宗，別說服務意識，就是最起碼的職業道德都談不上。

　　**藥店學徒**這一年的秋天，我們終於分配了，我記得有上海餐館有副食品商店有土特店有藥店等等許多服務行業的單位，我跟母親說，您不是認識區委的蔡展阿姨嗎，讓她跟勞動局說說，反正都是八大員，讓我去藥店賣藥得了，還有點技術含量。母親去找了蔡展阿姨，於是我被分配到了東四北大街的紅日藥店(後恢復老名宏仁堂，現成了永安堂連鎖藥店)，從此我成了一名藥店職工，我戲稱自己是賣大山楂丸的。

　　和我一起分到藥店的有七八個人，其中只有我和一個姚姓女孩是下鄉回來的，其餘都是北京應屆高中生。藥店員工大約三四

十人，來源有三部分：其中五十多歲的老藥工都是解放前就在藥店學徒，雖沒什麼文化，但有豐富的實踐經驗，對每味中草藥治什麼，每種中成藥的成分都有什麼倒背如流，幾個老師傅看起病來真一點不比中醫大夫遜色。第二部分三四十歲，都是文革前後分配來的北京的社會青年及各屆畢業生。第三部分就是我們這一撥兒人。藥店的經理，書記叫劉世賢，三河縣人，不知為什麼，當時的老藥工都是三河人，就像解放前三河縣出老媽子(保姆)一樣，三河縣還出藥工。從這一天起，我穿上了白大褂，開始了我的賣藥生涯。

紅日藥店還有個分店，在東四八條口上。藥店前臺門臉兒有丸散組，飲片組，後店有庫房，加工製藥和中藥代煎。沒有培訓也沒有學習，我們就全部分到飲片組了，飲片就是草藥，在草藥組有師傅帶著邊抓藥邊認藥，從幹中學從學中幹，一年年下來，慢慢從學徒熬成師傅，這就是這一行業的慣例。新學員的工資是每月二十八元錢，我雖然有十年工令，但進了藥店和應屆學徒工一樣「享受」這個待遇。我當時並沒覺得不平衡，因為千萬個和我一同返城的青年都同樣命運，我能有正式工作就很知足了。

我在飲片組學徒僅一個星期，還沒抓過藥，剛剛學會包一副副中草藥包，我就被告知，丸散組的兩位老師傅點名要我調過去，理由是我踏實穩重有文化，讓顧客看著放心。丸散組是直接和顧客打交道的，要具備「問病吃藥」的本事，大部分顧客不直接買藥，而是告訴你他有什麼症狀，讓你介紹對症的藥給他，因此是有很大責任的。丸散組點名要我的師傅一名姓張，叫張士儀，五十多歲，一名叫劉茂林已七十多歲快八十了，也算鎮店之寶了，因此店裡始終不讓他退休，一直留用，是店裡的大腕兒。張師傅出身不好，不准公開帶徒弟，而我和兩名十七八歲的應屆

生焦吉琴，朱燕雲就成了店裡唯一和劉茂林簽約的入室弟子了，這在店裡也算一件大事。周圍群眾買藥都找劉師傅張師傅，兩位師傅選中我，我當然倍感榮幸，但有得必有失，一是我馬上遭到一部分老員工的白眼：我們都抓了幾年藥了，還沒怎麼樣，你才來一星期就跑丸散部了，太不公平了，由此一直和我關係不睦。二是因為我沒在飲片學過徒，所以雖在藥店待過，但不認識中草藥，不會識別，這是令我非常遺憾的一件事。

張師傅雖不是名正言順的我的師傅，但教我很用心，除了讓我記中成藥的分類，擺放位置，藥價外，讓我沒事時把中成藥的藥方主治，禁忌等等逐一背下來，並在他們賣藥時，看他怎麼解決顧客的問病吃藥，他也經常在櫃檯前隨機考我，看我解答的對不對。劉師傅年今大，不太主動教，我就認真聽，每次他答覆完顧客，我就問他為什麼，他就會耐心的講給我聽。關於中醫的四診合參：望聞問切怎麼回事，對病人察顏觀色應略知一二的基本常識，兩位師傅都不時的講給我聽。

劉師傅雖七十多歲，但滿面紅光，身板筆直，思維敏捷。我問他養生的秘訣，他說：家有父母包辦的恩愛小腳賢妻，從沒氣生。二是每天八小時工作，生活規律，三是每天清晨一大蘭邊碗白糖水，晚一杯十全大補酒，多少年沒間斷過。劉師傅是有名的嚴師，要求我們非常嚴格，批評人不留情面，大家都怕他，外號老員警。我們站櫃檯，前不准趴後不准靠，更不准坐下。一天八小時下來，累的腿腳都腫了。除此以外，收款不准手心朝上向顧客要錢，不准聊天交頭接耳，對待顧客，劉師傅說，那是衣食父母，不能慢怠……總之清規戒律非常多。

我們仨徒弟特別爭氣，不僅學習用心，事事都幹在頭裡。我就不用說了，三十多歲的人了，又在兵團鍛鍊過，不用師傅發

話，處處模範帶頭;焦吉琴性格潑辣，手腳麻利，腦子聰明，搞衛生盤庫換價簽不用師傅動嘴，全做的妥妥貼貼。朱燕雲是那種非常安靜，乖巧，說話慢聲細語，特別容易與顧客溝通的人，這一年的年底，我們四人被評為模範師徒，店裡開了表彰會，我寫了發言稿，朱燕雲代表師徒四人發言，(實際張師傅功不可沒，可惜出身不好，沒有名分)我們還一人得到一對枕巾作獎勵！

我有一個好習慣，愛整潔愛收拾屋子，因此一看到店裡地面不乾淨，我就拿掃帚去掃，一天要在眾目睽睽之下打掃好幾遍。看到對面飲片組方劑多，忙不過來，只要師傅同意，我就過去幫忙包藥捆包。開始一些人接受不了，以為我有什麼目的，經常挖苦我幾聲，日子長了，大夥瞭解了我的為人，習以為常，還給我起了一個善意的外號「掃帚大叔」，這是當時放映的一個朝鮮電影裡的人物，而這個外號一直跟到我離開藥店。

**知青山西山老農在〈回城知青實錄(二)上班〉也揭示了當時知青回城後就業的無可選擇：**回城了，就如一縷陽光照耀在心底，晚上一覺醒來常常會感覺還是睡在插隊時的紅磚紅瓦的小房子裡。整整十年了的農村，再怎麼也無法攆走那陰影，這時候才會真正感覺到無望的生活才是世界上最令人窒息的生活。鄉村的人們還惦記著一個城裡來的知青嗎？還會在田間勞動時候說起曾經的我是那樣的頑皮嗎？那搖搖欲墜的小木橋還沒有修理嗎？隔壁的地主是不是默默地望著天空不說一句話呢？生產隊的王隊長是不是看人們不注意時常常摸女人的胸脯呢？我常常在他夜深人靜的時候會不自主的想起他們，樸實的人們，你們沒有錯，十年了，我給你們添麻煩了。

回城的知青沒有好工作，特別是一些體格還健壯的愈加分不到好工作，分配工作的通知單來了，我被分配在一家水電安裝工

程隊，不知道這工程隊是幹什麼的，反正苦力是一定的。

上班報到了，一起報到的竟然有五十多人，都是返城的知青，每人填了一張表格，說暫時不分配工種，工程隊內部要造房子，讓大家挖造房子的基礎。沒想到在農村挖土，回城了還讓我們挖土，這些怨言也就隨著大家彼此熟悉了也就自然而然的越來越沸騰起來，雖然怨聲載道，土還是挖的，我們幹的很歡，挖這個土和當初在田間挖土有本質的區別。

**知青吐不出象牙來感歎地跟帖說：**樓主，你就知足吧！你回城以後，還能在地面工作，俺下鄉五年半，回城當礦工。我們村有十一個男知青，其中六個當上了「地下的普羅米修斯」。記得我們報到那天，一共一百多人，全部是知青，五天的安全教育之後，就分配到了各個單位，俺分到了機電科。按說機電科應該不錯吧，誰知道科里有一個安裝隊，專司機電安裝搬運。人們管安裝隊叫做「勞改隊」。上班正好一個月，就出了事故，我的小命差點沒了。

說說那次事故，請大家不要笑話。那時，正在搞會戰，「四五翻番」進入決戰時期，（所謂的四五翻番，就是第四個五年計劃中，要實現原煤產量比設計能力翻一番）當時的口號是「身在井下八百米，胸懷世界三十億」，「活著幹，死了算，困難再大也不變」。

我們安裝隊負責安裝德國進口的液壓支架，每個支架重量是5噸。從地面運到井下以後，開始組裝，然後用絞車牽引到採面。當時要求現場班接班，每天早上四點多從家裡出來，五點以前就下井，六點到達工作面接班。下午二點下一班來接班，我們才離開工作面，三點多才到地面，然後乘坐火車到礦裡，洗澡，換衣服，四點準時開會，一般情況，四點半結束，每天五點多到家。

　　那天和平常一樣，按時到了井下，開始工作。組裝好一組支架以後，開始牽引進入採面，牽引能力14噸的絞車，7分的鋼絲繩，牽引5噸重的液壓支教，緩緩的前行。突然，一聲巨響，鋼絲繩斷了，只見一條火龍向我撲來，根本沒有任何反應，就被鋼絲繩抽倒在地，頓時失去知覺。等我醒來的時候，只見工友們抱著我，大聲的呼叫著。他們問我傷在哪裡，我痛苦的告訴他們「小便」。

　　一會兒，井下的醫生來了，號稱是「蒙古大夫」，基本什麼都不會。他扒開俺的褲子，驚叫起來「不好了！趕快向領導彙報！」

　　這時，我又昏迷過去了。後來別人告訴我，下井醫生向調度室彙報說：「我們這裡出事故了，一個小新工，叫鋼絲繩把雞巴蛋子全抽沒了。」調度室的人說：「趕快找去，你必須找到！給我拿上來！」

　　醫生，工友們滿地找我的那個對象，沒有找到。等我再次醒來的時候，礦山救護隊已經到了現場。救護隊員用擔架抬著我，下大眼，（所謂的「大眼」就是斜井）礦山救護隊的擔架與眾不同，是用竹片做的，把人包裹起來，幾個人抬著走。到了巷道，小火車在那裡等著呢，上了小火車，直奔井口，大罐也在井口等著呢，到了地面，馬上上了救護車，一路警笛，直奔醫院，中途，我又昏迷過去……

## 第三節　十多年的背糞桶生涯

　　中國青年報記者王偉群一九九四年在〈最後的糞桶：背糞桶的人全都是老知青〉中講述：

當年，北京還剩7只糞桶，背糞桶的都是老知青。

早晨六時三十分，天還是黑的。氣象預報說今天最低溫度零下八度。東直門外斜街，沿東北方蠕往前，不多會兒就到了環衛局的清潔隊。進大門，院裡的地面結了一層冰。清潔車噴著熱水，整裝待發。

上車，照顧我，讓我坐駕駛室。剩下五六人爬上車，斜倚在後面的車罐上，旁邊放了四個糞桶。第一站在東四南大街的少兒出版社宿舍，這條大街是北部最繁華的商業中心，再往南，被稱為「銀街」。

清潔車停在街沿上，邊上停著幾輛奧迪、藍鳥、桑塔納什麼的，閃著緞子般的光。幾個人從車上卸下糞桶，那糞桶上寬下窄，差不多有一米高，木桶四周用鐵片箍得緊緊的，瓷瓷實實。誰也沒有理會周圍人的詫異的目光，他們一人背一桶穿過窄道進樓群裡去了。

化糞池的蓋子凍上了，樊用石頭砸了半天，再用鐵杆把井蓋挑開，上面一層是黑色的硬塊，用鐵杆捅半天，把硬塊搗碎，然後用糞杓把它們舀到糞桶裡，背桶的人下蹲，把背帶背上肩，右腳一使勁站起來，桶就上肩了。

每個人背了十幾桶後，第一車裝滿了，司機馬師傅去卸糞。樊班長就帶我到附近的大雜院看看那裡的公共廁所。每進一個院就跟走迷宮似的，繞過各種煤堆、板房，到了院子盡頭，對著一個鐵皮釘上的破門，樊大喊一聲：「裡面有人嗎？」沒人答應，他就徑直推開門，讓我進去瞧瞧。

我已經做好了各種思想準備，甚至準備好了要屏住呼吸。但仍無論如何也想不到在繁華現代的北京城，居然還有這樣落後的廁所，地面上只有一個淺淺的坑，坑裡的糞便快溢出來了，沒有

下水道，坑外一灘灘說不清是什麼東西，四周是一個到處透風的簡易房。樊班長和他的背班每星期必須來清掃一次，否則那院裡十幾戶人家幾十口人簡直沒法過日子。那天，我走了五六個院子。樊告訴我，這條街上，差不多有十幾個院子都有這樣的廁所。

他們一桶桶往外背，我也跟著一趟趟來回走，見他們把桶卡在一個圓環裡，然後搖動手柄，桶就被抬高，等抬到一定高度，一搖把，桶向前傾斜，「嘩！」一桶糞倒進車裡了。一位師傅說，站遠點，當心濺你一身。

「能濺出來嗎？」

「當然，我經常被澆得滿頭滿臉。」

我往後挪了挪，回頭忽然發現，我們的車正停在一家豪華美容廳邊上，櫥窗裡美人頭像，瀟灑飄逸。價格表上面寫著：皮膚護理200元，紋眉140元，紋眼線160元。

「樊師傅，背一車糞你們能拿多少錢？」

「沒錢，我們每月開支，多少車都拿一樣的錢，現在比過去強點，全加起來差不多能有五六百。要是下糞池可以提成15％。150塊錢的15％是多少？哥兒幾個分。」

我簡直不能相信自己的耳朵。五六百塊錢？這甚至不夠大款們一頓普通的飯費。這是一群什麼樣的人？他們是北京人嗎？他們為什麼要來幹這樣的工作？

樊寶發、殷健康、蔡三中，記住了這三人的名字。他們說一口道地的北京土話，經常把一句話的最後一個字「吃」掉，可走在北京的大街上，進出北京的大飯店，誰也不認為他們是北京人。

26年前，十七歲的樊寶發和哥哥拎著自己簡單的行李捲擠進了北京站月臺。同行的人中，大概沒有比他們更少的行李了。母

親望著兒子，一陣心酸。家裡孩子多，實在沒能力給去北大荒的兒子們準備棉衣，聽人說北大荒冬天零下四十度，兒子要受委屈了。哥倆安慰母親：我們是去兵團，部隊會想著的。

火車徐徐開動，在〈大海航行靠舵手〉的樂曲聲中，殷健康、蔡三中也先後離開了故鄉。還回來嗎？他們盯著緩緩駛過的東便門城樓子，突然心裡一陣茫然。

十月，北大荒下了第一場雪。好大的雪啊，漫山遍野，一片白茫茫，每年打著雪仗過冬的樊寶發看呆了，這就是北大荒。三十連的六千多畝大豆被大雪蓋住了，天還沒亮，樊寶發拿著鐮刀下地幹活，曾是神氣活現的康拜因被冷落在一邊。為了自覺磨練意志，顆粒歸倉，兵團提出的口號是：「小鐮刀萬歲！」到了中午，雪開始化了，一腳踩下去，冰碴雪水順著鞋幫進到鞋裡去了。不一會兒，兩腳就失去了知覺。

北大荒的地一壟有兩千米，從這頭望不到那頭。樊寶發一天割六壟，四五畝地，晚上收工的時候，腰都直不起來了。

一九八四年，樊寶發說什麼也不打算在北大荒繼續待下去了。農場為了挽留他，把康拜因優先賣給他，還給了他一套新房子。這一年，黑龍江的國營農場實行改革，將農場全部承包給個人，樊寶發是農場中最看好的致富能手，也是最看好的家庭農場場主。可兩個月後，他把地退了，帶著一家人回到了闊別多年的故鄉北京。

「為什麼要回來，那麼苦的日子都過來了，希望就在前頭，你卻放棄了？」一九九四年歲末，在他北京家中那間無比窘迫的小屋子裡，我不解地問他。

「沒人給開支啊！」他瞪大眼睛。

開支？我也瞪大眼睛。只一刹那，我明白了一切。

　　殷健康和蔡三中也回來了。可是，北京還有他們的位置嗎？

　　他們覺得在北京甚至不如北大荒活得踏實，心裡沒底，空落落的。可無論如何得活下去，還有四口人得養活呢。扛大件、看大門、賣菜、做工，凡能找到的活他們全幹過了。

　　**據二〇〇〇年十二月十二日《北京日報》在〈北京最後的背糞工：他們是世界上最乾淨的人〉中報導**：這是京城的最後6名背糞工。在高樓林立、車水馬龍的繁華都市里，他們身著粗布勞動服、頭戴有護耳的舊式棉帽，背負著時傳祥留下的糞桶，默默穿行在胡同小巷之中。18天后，他們就要永遠地放下糞桶，另擇新業。記者在這具有劃時代意義的最後幾天，來到了他們中間。

　　他們是世界上最乾淨的人。前天最低溫度零下8攝氏度。寒冷的早晨，記者與背糞班的師傅約好，在東城區內務部街東口見面。一輛藍色的糞罐車準時到來，車一停，師傅們跳下車，抄起糞桶和糞勺各自幹活兒去了。

　　記者跟著班長樊寶發走進一個院子，沿著不足一人寬的過道，三拐兩繞，來到位於後院的廁所。這是一個木板、葦子和泥建成的簡易小棚，地下不深的土坑裡，糞便快要溢出來了，地上濕糊糊的。

　　儘管記者有思想準備，但還是被廁所裡的氣味兒嗆得一陣噁心。樊寶發卻像什麼也沒聞見，放下糞桶，一邊掏著廁所一邊說：「剛開始幹這個活兒的時候，我們也噁心得直吐，早上連飯都不敢吃。」自從幹上這行，油條之類黃顏色的食品，師傅們是絕對不吃的，條件反射般的噁心讓他們無法忍受。

　　糞桶是木質的，一米多高，上粗下細，從上到下五道鐵箍，裝滿糞便之後足有五十多公斤！瘦弱的蔡三中師傅，體重不足一百斤，卻能背起比自己身體還重的糞桶。背糞工師傅們個個肩頭

都有老繭，那是經歷了紅腫、磨破、潰爛之後生成的。

掏大糞，髒、累自不必說，有時還十分危險。樊寶發說他有一回差點兒被沼氣薰死。那年，港澳中心的化糞池堵了。樊寶發下到一人多深的底下去摳，沒兩分鐘，他就直犯暈。堅持掏上一桶半的東西後，他上來了，卻一頭栽倒在地上……

糞桶裝滿了。樊寶發蹲下身，背起糞桶，一路小跑兒送到外面的糞罐車裡。這「小跑兒」也有技巧，勁兒拿不好，一跑一顛，粘乎乎的糞便就會蕩出來。「從頭到腳撒上糞便，對我們來說是常事。」常年與糞便打交道，臭味已滲透進他們肌膚之中。他們對記者說：「就是把我們泡在海裡一個月，這味兒也泡不下去。」他們身上的確有味兒，但他們憑力氣吃飯，不偷不搶不蒙不騙不貪污不受賄，他們是當今世界上最乾淨的人！

他們抹過眼淚發過誓，但後來又想開了。背糞班的師傅，清一色北京人。有從北大荒返城的老知青，有農轉非的京郊農民，有頂替父輩的接班人。

在北大荒，樊寶發是開聯合收割機的，年年先進，還立過三等功。一九八五年回城後，他卻找不到自己的位置。他當過裝卸工，賣過菜，蹬過三輪車。一九八九年，有人問他：環衛局招工，掏大糞，去不去？樊寶發樂顛了，能有個正式工作，還能解決老婆孩子的戶口問題，幹嘛不去！

蔡三中也是這麼來的，帶著家人從北大荒回京，城裡沒有容身之地，去了平谷，最後輾轉到了東城區環衛局背糞班。「當時心裡這個委屈！咱一個獨生子，怎幹起了這矮人三分的事兒？」

師傅們每到一個院子，家家戶戶門窗緊閉，沒人向他們道一聲「辛苦」。偶爾臨近飯點來幹活兒，還會招來臭罵。孫士和眼睛不好，一次，不小心蹭了晾在院子裡的衣服。一個壯小夥兒沖

過來，連罵帶推，還抄起鐵鍬要拍人。更可氣的是另外一個小夥子。師傅勾開井蓋正要下勺子，他「喔」一聲從西屋闖出來，一邊直奔掛在樹上的鳥籠子，一邊扯開嗓門嚷嚷：「嘿！等我拿進去再掏，別把鳥薰傻了。」

都是七尺男兒，誰甘心忍受這窩囊氣？蔡三中他們背著人，偷偷抹過淚，也發過誓：「不幹了，糞溢出來，活該！」後來，又想開了，「都不幹，北京豈不成了臭城？這工作總要有人幹。」

**告別糞桶解散背糞班，大家還有些捨不得**

背糞班的師傅們曾經盼著北京城徹底結束人工背糞的歷史，早一天把手中的糞桶送進博物館。今年年初，聽說區裡啟動「改造人工背掏旱廁工程」，要在年底前把他們解放出來，大夥兒著實高興了一陣子。樊寶發說：「個人辛苦是小，城市的發展、進步是最令人振奮的。」

如今，放下糞桶的日子真的快到了，他們又有些捨不得，捨不得背了十幾年的糞桶，更捨不得夥伴們。這些年，背糞班的師傅風裡來，雨裡走，互相幫扶著面對一切。上個月，由於工作量大大減少，所裡想調走一個人去學技術，將來能當技術工人，可挑誰，誰都不願意去。蔡三中說，「大夥兒情同手足，真的分開了，心裡還真不舒服。」

儘管「糞桶」取得了轟動性的社會反響，但令人痛心的是，文章中的主人公，一如既往地過著舊有的生活。直到二〇〇〇年，東城區投資上千萬元，鋪設了6條管線，建起了10余個沖水廁所，這些背糞班的工人們才最終告別了糞桶，紛紛轉崗。

如今，當年的背糞班班長樊寶發已成為東城環衛局派往高碑店糞便處理場的駐場員。蔡三中因腰椎間盤突出提前退休。背糞

班的其他兄弟，也都是退休的退休，調走的調走。

樊寶發至今仍與母親、妻子、兒子，以及妻子的姐姐（在車禍中受傷）住在一套42平方米的房子裡。他在電話中的聲音卻依然爽朗：「畢竟，最難的日子已經過去了。」

## 第四節　無奈艱難的自謀生計

就業的困難讓不少知青無奈地放下身架，走上了艱苦創業、自謀生計的道路。新京報記者黃玉浩實習生朱柳笛北京報導：關於父親尹盛喜和大碗茶扯上聯繫，女兒尹智君是偶然知道的。如今已是老舍茶館總經理的她，依舊記得當初對於父親的不理解。

小學五年級左右，新學期開學了，所有報名的孩子都要填一份表。當時，尹智君還是在父親工作單位一欄上，按慣例寫上大柵欄街道辦事處，但是，老師跟她說寫錯了，要寫「大碗茶」。「我當時就愣了，後來才知道父親已經帶領著返城知青和待業青年們賣大碗茶去了。當時覺得特別丟人，自己的爸爸為什麼放著好好的國家幹部不當，要去賣大碗茶呢？感覺特別沒有面子，後來我從不跟同學提起我父親是幹什麼的。父親擺大碗茶的地方，離我們家、學校還有同學的家，都特別近，但是我每次遠遠地看著他在吆喝賣茶的樣子，都會覺得害羞，寧願繞道回家也絕不經過茶攤。」

當時尹家家境還是很困難的，因為之前父親在街道辦事處工作的時候，工資雖然不算太多，但至少是旱澇保收，不像賣大碗茶時，每天的收入不固定，風險大。「當時家裡有3個孩子等著他掙錢給交學雜費，母親對父親辭公職很反對，有一天，父親在茶攤忙到了半夜兩三點才回家，敲了老半天門，母親愣是不讓我

們給他開門，以此作為對父親更換職業的抗議。」尹智君回憶。

在尹智君看來，當時社會上的人對於父親帶領返城知青創業的事情，我覺得是一個矛盾的態度。大家都明白這是件一舉兩得的好事，既解決了青年的待業問題，又解決了前門沒有茶水鋪的難題。但是大家在那個時代會有很多偏見，比如就有人直言：做買賣先富起來的人肯定不怎麼清白。

**南京知青老友新交在〈剛回城我擺攤賣西瓜〉也有講述：**「哎！西瓜唻，包打包開！包熟包甜！」這是八十年代初南京街頭的西瓜叫賣聲。

一個三十五歲左右的黝黑男子只穿著一條田徑短褲，赤著膊，身邊有一堆西瓜，也這麼不緊不慢的吆喝著，身後是白下區煙酒公司炒貨食品廠的大門（位於瑞金路最東端，門朝南）。我就是這個瓜攤的主人。

朋友們都知道我當過幾年炒貨師傅，炒貨到了夏天就是淡季，夏天口乾舌燥很少有人吃炒貨的。除非隔三差五的開個油鍋炸些蠶豆瓣，拌些多味豆，供應各個商店（當時還是計劃經濟），大多時間空閒。因為路邊就是一個自由市場人來人往熙熙攘攘，市口不錯。我就帶幾個職工在門口賣西瓜。

在這之前我已經做過一番調查和打聽，知道安徽一些西瓜盛產地和品種，並且知道當地的地頭價和南京的零售價差額較大。雖然大氣候已經「改革開放」，實際長途販運的人還不多，還有一些關關卡卡制約流通領域。但是我有糖煙酒公司的介紹信可以做一些抵擋和通融。第一天晚上出發。

五噸的解放牌卡車是通過關係從別的單位租來的，除了正常給單位租金還要給駕駛員小費，並負責駕駛員一路上的餐費。我和二個職工就坐在卡車的車廂裡，朋友！沒有這個經歷的人可曾

想到那時的公路，特別是安徽的公路，坎坷不平，車在行進中顛的人心肝五臟都要移位，脊柱也吃不消。到了後半夜人睏了，睡在車上，人能顛的打滾。夏天的露水特別大，身上都打濕了，特冷。只好胡亂的把準備裝西瓜的花皮袋，或者麻袋往身上蓋。蓬頭垢面，慘不忍睹！

第二天早上到了地頭。開始收購西瓜！注意品種，注意生熟，注意大秤（怕人家玩秤）。一樣也不能大意，脖子上的毛巾不時擦拭汗水，沒有幹過。收購五噸肯定不至，噸位是要超過的，超過的部分賺的錢能夠車費和駕駛員的所有開銷了。

回南京的路上除了坐在車上被太陽暴曬外還要當心「車匪路霸」。在車子上坡的時候，開車較慢，有時候會有人用抓勾來抓車上的整袋西瓜，你車一停他就跑，你也追不著，也不敢追，他人多。以後我們就準備一些碎磚頭，有人搶瓜，就用磚頭砸！邊砸邊繼續行車。當天夜裡就回到南京。

第三天開始賣西瓜每斤0.25元（進價0.07元）。一至二天賣完。可以盡賺一千多元。加上在家守攤的人，一人能分貳佰多元，這在當時是五個月的工資啊。

朋友先別慌羨慕我！請看看賣完瓜的我如何睡覺。當時我家沒有冰箱，更沒有空調，只有一個電風扇。我鋪一張席子睡在地上，「大」字型的睡姿，以利於散熱。枕頭邊放一個鋼精鍋剩滿冷開水，渴醒了就大口喝水，再睡。睡覺時不敢翻身，因為身上被太陽曬出許多水泡，很痛，以後還會褪一層皮。

當時我剛剛到煙酒公司，人生地不熟，上面沒有背景，下面沒有基礎，是騾子是馬要拿出來溜溜。二年後我就當上了炒貨食品廠的一把手。再之後承包了一個門市部九年直至退休。朋友們！這就是人們常說的年輕時拿命換錢吧！

第二年再賣西瓜我又變化了方式：因為西瓜產地的農民各家各戶品種不一，授花粉也雜亂，口味受到影響。而江蘇農科院每年要去新疆把「蘇蜜一號」這個品種「提純復壯」，這個種子就忒純正了。於是我托王均平（在農場食堂的七中同學，其爸爸是農科院的畜牧專家）買「蘇蜜一號」的瓜種，讓瓜農去種，每斤我比隨行就市多出一分錢，這樣品質，貨源都有了保證。也沒有自己採購那麼辛苦了。

不過，當時賣西瓜要把自己的工資錢上交的。用現在時髦的話就叫做「留職停薪」吧！何況有時候還要開油鍋炸蠶豆瓣呢，那就算「多貢獻」了。至於方方面面的人就靠西瓜鋪路了，實際收入在當時是不能外傳的，啞巴吃混沌心中有數。

**值得一提的是，胡耀邦30年前準確預判就業難題，據胡德平回憶：**一九七九年是全國上山下鄉知青返城的洪峰年，人流滾滾，怨氣難平，西雙版納農場知青下跪請願，群體臥軌，七萬人罷工事件，震驚了中南海。當時，華國鋒和胡耀邦對下鄉知青是十分同情的，但在解決問題時，剛開始還停留在怎樣改進工作，加強領導，制止幹部違法亂紀的思路上。

當年五月二十九日，胡耀邦在聽取宣傳口和政法口的工作彙報時，觸及到知青返城問題，他立即和全國的就業問題聯繫起來。他說：「要下決心解決就業問題。有關這方面的好經驗你們要登報。要不厭其煩。不惜篇幅。知青辦應推薦。」

六月十三日、十四日、十五日三天，耀邦同志抱著「要把就業問題說到家」的態度，一口氣談了三次就業問題，其中的思想在今天看來，仍有著十分驚人的前瞻性和準確的判斷力。在30年前改革開放尚未完全啟動的時候，他就一針見血地指出國有企業不如民營企業（當時叫集體企業）對就業的貢獻大，並要求大力

發展服務業，實為高瞻遠矚之見。

耀邦同志有個習慣，愛記數字，愛算帳，對數字的加減乘除得心應手，尤其是對經濟問題。他說：「現在有幾百萬青年要就業，今後每年要增三百萬，到一九八五年有二千萬⋯⋯現在七百萬，再過幾年二千萬待業人員怎麼辦呢？」

當時，我黨在宣傳上，把「失業」稱為「待業」。對此，他非常不以為然，認為沒有必要掩蓋社會矛盾，自欺欺人，他說：「要著重談一個問題，把城市幾百萬待業青年安排好。我們用『待業』兩個字，外國人說他們本來是失業，要把問題說到家。」

撫今追昔，在糾正上山下鄉運動的錯誤，促成知青回城就業的問題上，我們還真得感謝鄧小平和胡耀邦等堅持實事求是的領導人⋯⋯

馬立誠，曾任中國青年報評論部副主任，人民日報評論主任編輯。他在《大突破》一書中第四章〈十一屆三中全會：春潮初起〉中描述了這樣一個真實的歷史過程：上世紀七十年代末、八十年代初中國發展個體和私營經濟，打開了市場經濟的閘門，那並非某人一時心血來潮拍腦袋或關在密室「理性」設計出來的，而是被1700萬知青大返城「逼」出來的──計劃經濟體制（國有和集體企業）根本無力安置這麼多人就業，涉及眾多家庭的「待業青年」走投無路直接影響政治穩定，造成了嚴重的社會危機。

於是，才有了「目前在有限範圍內繼續存在的城鄉勞動者的個體經濟，是社會主義公有制經濟的附屬和補充」的政策，才有了「十二大的關鍵字：必要的、有益的補充──個體經濟入憲」，進而有「十三大的關鍵字：多種經濟成分共同發展──市場經濟入憲」⋯⋯換言之，中國的改革開改和市場經濟取向，是

一步步走到今天的，怎麼可能退回去？誰能把那1700萬知青退回鄉下，退回他們的娘肚子裡去？

當然，也有知青回城後，由於自謀生計的艱難，最後窮困潦倒走上絕路。知青李生德在〈小鳳死了死得很淒涼很孤獨〉說：小鳳死了，死得很淒涼，很孤獨。她不是死在河西走廊荒涼的戈壁灘上，而是消失在熱鬧繁榮大城市天津的人群裡。她已經死了二十年了。我是不久前偶遇她的弟弟才聽說的……她弟弟很沉痛地給我講述了她後半生的不幸遭遇。

小鳳與那個天津小夥子結合後生了兩個孩子，都是男孩。他們全家從工程團調到小宛農場以後，生活過得十分拮据。她回來探過一次家，許多親屬都冷遇她，她曾憤憤地發誓說：「以後不混出個人樣兒來，再也不回青島了！」

「我們家送給她好多東西，有穿的，有吃的，有用的，她真的窮瘋了，給什麼要什麼。去火車站的時候她堅決不要我們去送她，她自己扛著那些東西，艱難地走著。我跟在她的後面，見她每走幾十步就倚在一家商店的窗口旁邊歇一歇。當時我心裡很難受。可是我知道她的厲害，她說了的事別人不能反駁」她弟弟說。

「後來呢？」我問。

「後來她們全家跟著我姐夫病退回了天津。」

「這樣好了，她的生活條件得到改善了吧？」我滿懷希望地說。

「不但沒改善，反而比原先更差了。」她弟弟說，「開始全家人沒有工作，只靠我姐夫給人家幹木匠活維持生計。當時兩個孩子都是在長身體的時候，又要上學，吃了上頓沒下頓。後來，地方上給安排了一份工作，那是她最幸福的一段光景，她有錢

了，給我買了好多東西，她從小就非常親我。」

「我知道。」我說，「在河西的時候，她還經常說想你。再後來呢？」

「上世紀八〇年代，社會上興起倒騰物資，我們這兒叫『戳狗牙』，她神使鬼差地跟著人家去倒騰緊俏物資棉紗，想儘快改變自己的人生命運。她哪兒是幹這營生的材料啊！結果被人家坑了十五六萬元，從此要債的人堵了門。家裡的日子沒法過了，我姐夫和她離了婚，她搬到一個防震的小棚子裡躲債。就在這時候，她又患了腦中風，行動不能自理。到了這時候，什麼親人都不靠邊，兩個孩子不近前，我姐夫也不照面了。」

「在一個冬天夜裡，她死了，死得時候身邊什麼親人都沒有，身後剩下的，只有一屁股饑荒。是我從青島跑去給她料理的後事……」

那晚上，我喝了很多酒，藉著酒力，我走到窗前，極目悵望著遙遠的天邊，在那煙雲迷茫的河西走廊，埋沒了我們寶貴的青春，在那繁華的都市裡，又埋葬了她那美麗的笑容……唉，人生啊！

# 第三章
# 青春缺憾逆境中的沉淪與奮起

## 第一節　被耽擱的戀愛婚姻與心靈的放蕩

　　**據統計：**在一九七八年上山下鄉已進入尾聲時，但全國農村農場仍有860萬知青繼續呆在農村農場，其中只有86餘萬人在農村農場結婚。當初，在上山下鄉運動的早期，知青大多還只是青少年。革命的禁慾主義或領導的阻止使他們大多沒能談戀愛，因為考慮「個人問題」意味著小資產階級情調和革命意志的衰退。當下放把他們拖入二十多歲時，雖然國家法律或政策已經不再禁止知青談戀愛，但當他們看到招工、招生、徵兵從不招征已婚知青時，人人都懂得結婚意味著在農村過一輩子，而不想這樣過一輩子的最好辦法，就是連戀愛也別談。由於對永遠留在農村農場的恐懼，阻止了他們談戀愛，從而使許多知青早已超過了婚姻的最佳年齡，甚至在回城後仍是單身。

　　據有關部門調查，一九七七年，黑龍江省有三十多萬知青已超過了國家提倡的男二八女二五歲的晚婚年齡，七十萬尚未回滬的上海知青中90%的人也已在晚婚年齡之上。他們都為等待回城而沒有結婚，而法定的婚齡只是男二十女十八歲。顯然這些人已在農村農場耽誤了婚姻最佳年齡。據資料分析反映，一九八三年上海有127萬三十至三十九歲的未婚「青年」，天津有65萬三十

歲以上的單身男女，其中約40%是回城的知青。而回城知青「大齡姑娘」的不幸身世尤其矚目，以致連中央領導也不得不關切指示各級地方組織要做好她們的「紅娘」。一九八四年，中共中央書記處專門召開過一次會議討論三十歲以上未婚青年問題，胡耀邦同志和陳雲同志指示，要求各級黨組織給予應有的關心和重視，各級工會、婦聯和共青團要把它作為一項重要工作認真抓好。

在鄉下沒談戀愛的知青生活不美滿，結了婚的知青生活也不幸福。雖然至一九七七年時在尚未回城中的知青中有10%已在鄉下結了婚。這些人成家，有的是因為找到了愛情，但更多是對回城的遙遙無期感到絕望，或難以忍受艱難壓抑的生活而找個相互照顧的伴侶，有些則是再不結婚就年齡太大而誤了季節。甚至有的知青的結婚不是對自己人生的讚美，而是對自身枯燥生活的調劑或放縱。無論知青與知青結婚，還是知青與農民結婚，結了婚就等於使自己在物質和精神上受了審判：意味著要忍受農村的艱苦，並且很難有回城的希望，除非離婚再變成單身。

**北大荒知青佚名在〈揭秘老三屆：獨臂女知青的典型命運〉中說道：**阿寧也曾經是一位知青的典型。只不過，她和蔡立堅、高崇輝那樣的典型不一樣，她不是那種刻意幹出來的，不是那種有思想、有精神、有作為的一心所為。她是在意外之中被當成了典型。如果說前者的典型有其必然性，她的這種典型確實完全出於偶然性。前者的典型，是栽種下的大樹，她只是被一陣風吹落下的一株小草或蒲公英，被特意移栽在花盆裡，精心的讓她花開香溢。

阿寧是一九六七屆初中畢業的北京知青，一九六八年來到雁北插隊。她出身於一個幹部家庭，來插隊並不是情願的，只是因

為「文化大革命」家裡受到衝擊，自己無可奈何才來插隊的。她不是那種激進型的人，她只是那種逆來順受的人。插隊斷送了她讀書上大學的夢想，她只好來插隊，但看到並不是她一個人的夢想遭到了毀滅，便也沒有怎麼多想，雖然有些無奈，卻很快很容易就接受了這個現實，她想得很簡單，別人怎麼過自己便也怎麼過吧。

她就是這樣一個人，她想別的事有時會很多、很豐富，甚至會燦爛如一天雲錦，但她很少對別人說出口。她只是把一切埋在心裡，是苦也好，是福也好，都自己在心裡悄悄消化。她從沒有想到自己要當先進，要當典型，她也從來沒有想到在插隊的鄉村裡自己要比別人多得到一些什麼。自從文化大革命以來，幾乎別人得到的好處，她都沒得到過；而別人遭受的難處和苦處，她卻無一倖免全嘗到了。她幹嗎要想那些跟她從來沒有關係的好事？

但是，在秋收一次打麥子的時候，她戴著的一隻手套被打麥機捲了進去，隨之整個一隻胳臂都被捲了進去，而從打麥機噴筒裡噴出的只是粘著血跡的紅麥粒。她失去了一隻胳臂，成了典型。

像她這樣的典型，在我們知青中有很多。在我所插隊的北大荒，我們農場就曾經有過和她一樣的典型，也是一位北京女知青，也是在麥收時節，打夜班收麥子，她一連幾夜沒睡覺，太困了，就倒在麥地裡睡著了，大概怕著涼，她在身上蓋了一層麥秸。一片金燦燦的麥秸在月光下閃光，收割機開了過來準備拐彎去收割下一片麥田的時候，以為真的是一片麥秸，便開了過去，從她的腰間壓了過去。腰傷致殘，她成了典型。

以自己的生命作為代價而成為典型的，如金訓華。以自己的行動作為代價而成為典型的，如蔡立堅、高崇輝。以自己的身體

作為代價而成為典型的，就是像阿寧和我們農場的這位高高個子漂亮卻永遠腰傷致殘的姑娘。

其實，一代知青的典型，都是以整個青春作為代價，而成為當時時代的一面迎風招展的旗幟，成為日後夾在歷史冊頁的一枚被蟲蛀噬的殘缺不全的書籤。

阿寧成為典型之後，和以前最大的區別是幹活少了，總是到處開會。她並不愛開會，也不善言辭。但是，典型和開會是緊密聯繫在一起的，開會就如同颱風一樣，將典型刮得身不由己，不知所從。阿寧是那樣一個柔順聽話的人，她當然更要拖著一隻空蕩蕩的袖口，被各種各樣的會刮得到處亂飛。

阿寧成為典型之後，和以前更大的區別是，村裡、縣裡凡是有好事總是第一個想到了她。這在以前是絕對不可能的，層層在上的各級領導和爭強好勝的人們常常忽略她的存在，她在村裡確實像是一隻柔弱的小貓一樣，太不起眼了。但是，後來不同了，人們對她格外好了起來，並不僅僅因為她是個典型，更是因為她失去了一隻胳臂，人們同情她，一個好好的姑娘，一隻胳臂沒有了，凡事當然都要想到她，照顧她。村裡第一個招工當縣城裡的售貨員，她被推薦招工走了。第一個招收工農兵大學生，她被推薦上了大學的中文系。

有時，她會湧出這樣的想法：生活對她也算是公平的吧，讓她失去了一隻胳臂，卻讓她也得到了一些在當時一般知青難以得到的東西。她不該抱怨什麼了。但有時她又想，如果能用以後得到的這些東西來換自己的那一隻胳臂，她寧願要那隻胳臂呀。可是，這一隻胳臂永遠離開了她。

大學三年級，一位當兵的同班同學，知道她是個典型，對她很敬佩，一直很照顧，很關心。每次回家探親，都是這位當兵

的幫助她拿行李，照顧她上火車，一直把她送到北京的家裡。三年的大學生活，她對這位當兵的充滿感激之情，也隱隱產生了愛慕之情。班上的許多同學都看出來了，就慫恿當兵的，當兵的其實也感覺出她的這份感情，而且當兵的自己也常常湧出這種和她一樣的愛的漣漪。但是，考慮到真的要是結婚以後的實際生活，他下不了這個決心，他的眼睛裡總是晃動著她的那只空蕩蕩的袖口。他對好心慫恿的同學說：「當朋友可以，我可以還是像以前一樣的照顧她。但要是當妻子……」

阿寧的第一次戀愛，像是一隻蛋殼裡的小鳥，還沒有啄破蛋殼就夭折了。

三年大學畢業，阿寧又回到雁北，在一個單位裡當團委幹部。當地的一位大隊支書，人很厚道，又知道阿寧的經歷，對她很同情，也很照顧，好心的人們又開始暗暗地使勁，希望支書能和阿寧成功。支書同意了，但和家人一商量，家裡堅決反對，說什麼也不能接受一隻胳臂的媳婦。她的愛情演變成為了婚事，一樣夭折在萌芽中。

阿寧回北京很晚，是她的父母年齡老了，退休了，家裡沒人照顧，她才回到北京。辦回北京沒怎麼太難，但回到北京後卻比想像的難躲了。

她的年齡已經漸漸地大了，當年離開的時候還是個小姑娘，如今回來卻成了個老姑娘了，又是缺一隻胳臂，誰都替她的婚事操心。北京城太大了，茫茫人海中，誰會正眼瞧一下她呢？知青上山下鄉的熱潮已經過去，典型更成為昨日黃花，對她已經無濟於事。沒有一個再願意買典型的賬了。連找像大學裡那位當兵的、村裡那個支書願意照顧她的好心人，都難以找到了，同情都變成了像恐龍一樣稀少難見了。世故的城市，喜新厭舊的城市，

眼睛只盯著更新的一代，將過去的一頁書那樣快那樣輕易地就翻
了過去，然後毫不留情地扔在了一旁，任它落滿灰塵。

以阿寧以前自身的條件，她找個理想中的愛人，本來並不
是件困難的事情。現在，卻成了老大難。都是因為一隻胳臂的緣
故。這隻胳臂是歷史拿去了，是上山下鄉奪去了。如果倒退20
年，像現在一樣年齡的年輕人開始生活，該上學時上學、該工作
時工作、該戀愛時戀愛，她怎麼能少了一隻胳臂？

可是，一般人們很少去追問歷史，而只注重眼前。越來越勢
利的人們，越來越注重眼前。背負著歷史沉重的包袱的人，只能
自己將這沉重的包袱從歷史的昨天背負到今天，不要企圖今天的
人們幫你卸下昨天的包袱，也不要企圖把這個昨天的包袱能變成
今天的百寶箱。

最後，阿寧只好退而求其次，找到一個工人。人很矮，而
且下肢短。她還能挑什麼呢？與其說是為了結婚，不如說是為了
過日子。她已經從愛情、婚事，到過日子，完成了人生三部曲。
到現在，她才多少明白一點，其實人生中最重要的不是典型、開
會，不是熱戀、憧憬，不是讀書、上學……而是過日子。人生最
艱難的，其實恰恰也是過日子。阿寧說：「唉，其實，結婚的時
候，我們兩人都已經離過一次婚了。」這話充滿感慨和滄桑。

結婚之後，阿寧並沒有多少歡樂，她依然只是一人看書聊以
解愁。丈夫看不慣她一天到晚總是看書，那無意於對自己的漠視
和冷淡。於是，便和她吵架。都說吵架是夫妻之間生活的鹽，但
總是吵架，鹽吃得太多，也會讓人無法忍受。他們吵架的結果是
離婚。這時，阿寧已經懷孕，但是，還是打掉胎兒，他們爭吵著
辦了離婚手續。

過了不久，這個工人又找到她，向她道歉，說他很後悔，

說他願意她看書……說到最後，阿寧的心軟了，又復婚了。她為他生了一個小姑娘，她用一隻胳臂忙裡忙外，把家收拾得利利索索，一塵不染；把孩子照料得利利索索，惹人愛憐。但是，她依然很寂寞，她常想這是她想像的婚姻嗎？這就是她想像的生活嗎？怎麼比當年在雁北插隊還要枯燥無味？她跑到外面學習外語，上了一期之後接著再上下一期的外語學習班。其實，上不上這個外語學習班，並不是主要的，她也並不是真的學什麼外語，她只是想來打發掉這些寂寞而顯得漫長的時間。

她在心裡有時想：假如丈夫再提出和自己離婚，我就同意。可是，丈夫再不提離婚的事。丈夫只是偶爾對她發發牢騷：「我知道，你要不是斷了一隻胳臂，你不會找我。」

她什麼話也不說。她連吵架的力氣和興趣都沒有了。她曾經這樣對我說：「要不是生活困難，要不是精神困難。我沒有辦法選擇！」

這話說得如同哈姆雷特發出是生還是死一樣沉重無比。這種痛苦在於內心的無著、不甘和掙扎。我明白這確實兩種截然不同的困難，都是因為一隻失去的胳臂所造成的。是那隻胳臂使得她的生活有著比常人多一層的困難，是那隻胳臂使得她的精神永遠無法翻身運行在正常的軌道上。對於一個有文化對精神追求格外嚮往的人來說，這種痛苦要追隨她的一生。所幸的是，阿寧還有一個女兒。女兒越來越大，越來越可愛。女兒會成為她內心這份痛苦的一種彌合劑和止疼膏。

看到阿寧，我常想起我們農場那位躺在麥秸裡被收割機壓傷腰的女知青。她比阿寧長得身材要好，模樣要漂亮，但她比阿寧的命運還要悲慘。她的腰殘疾比失去一隻胳臂還要嚴重。她不能像阿寧一樣，還能夠擁有自己的一個可愛的女兒。回北京後，我

只見過她一次，是個夏天的黃昏，她一個人扶著牆艱難地向胡同口的公共廁所走去。我很難忘記那個黃昏夕陽中拖長的她那蹣跚的身影，我不敢招呼她，我怕引起她傷懷的往事。我的心真是萬箭穿傷。

我有時會想起那位亭亭玉立的女知青。但那亭亭玉立卻只是立在青春的歲月裡，只是立在歷史的暗影裡，只是立在無盡悔恨的回憶裡。

讓人痛心的是，有的知青回城後，由於環境的變遷，思想也發生了變化。一位知青的孩子想不鬱悶在網上哭訴說：我現在遇到了鬧心事，就是不知道該怎麼樣和自己的媽媽相處。

我媽媽30多年前下鄉到了農村，她以為這輩子都不會回城了。就和是農民的爸爸結婚了，生了我和哥哥，在我童年的記憶裡媽媽和爸爸不打架，過的也很好。爸爸是老實的農民，勤勞，樸實。媽媽心靈手巧，通情達理。鄰里關係處的也很好。後來有了知青返城的政策，媽媽就想回來，可奶奶不同意，奶奶怕回城以後爸爸和媽媽會離婚，可奶奶去世後，我們一家四口還是回來了。民政局給哥哥安排了工作，我上學，爸爸做零工，媽媽在家。

原來誠實的媽媽，開始變了。她有了情人，一個長相比我爸爸好的男人，有工作，有家庭。媽媽經常讓那個男人來家裡，爸爸總和媽媽為此吵架。可媽媽就是不改，我和哥哥不和那個男的說話，媽媽就罵我們，有時候就打我們。沒辦法阻止她的行為。我們也她的情人打過多次的架。情況也沒什麼好轉。就這樣她和情人的關係一直維持了10多年，去年情人有病死了。我們認為就可以天下太平了。可是媽媽更過分了。

她又和她的同學好上了，還和爸爸離婚了。他們約定離婚

後就結婚，他們都拋棄了各自的家庭，今年結婚了。我就想不明白，我們做錯了什麼，媽媽會如此的狠心。為此哥哥和媽媽斷絕了來往，可我認為那畢竟是我媽媽，生我養我的人，我不敢和老公說媽媽和爸爸的事，我怕老公看不起媽媽。對我也不好，我好痛苦。

媽媽自從和她的同學好了以後就不再和我說實話了。我去年懷孕想讓媽媽來陪我幾天，她每次來了，住一兩天就走，我們現在不在同一個城市生活，我夏天的時候生寶寶，爸爸要雇月嫂照顧我，媽媽不同意。她說照顧我，可我生了，寶寶她不但沒照顧我，還在我生完寶寶的第四天大罵了我一頓。原因是我有乙肝不能母乳，我當時乳房漲的很疼，看見可憐的寶寶不能吃奶，我傷心的哭了。她看我哭就罵我，罵了許多難聽的話。我和婆婆都沒說什麼，老公當時不在醫院。10天后我出院了，她說和婆婆一起來我家照顧我，可她又說有事不來。15天后她來了，由於我不會照顧寶寶，寶寶長的不好，很瘦，還總拉，我就問她，她說沒事，那時候也不知道〈母愛好時光〉，加上心情不好總愛哭，她又對我大罵，這次我老公又不在家，婆婆和我還是不說話，我不想在婆婆面前說媽媽。她在我家客廳住了一夜就走了。

今年我老公的生意忙要我去幫忙。可沒人照顧孩子，老公就打電話讓媽媽來，我不同意。老公說雇人他放心，我不好說什麼，只好同意了。誰知道她來了就更糟糕了。一開始的時候還可以，她抱怨孩子淘氣，一個人太累，我就儘量早回來幫她，可我每次早回來，她就找茬罵我。我忍著，一天老公有應酬不回家吃晚飯，她就又找茬罵我，這次我不能忍了，就和她辯論了幾句，她就說要殺了我們家三口人。我怕老公回來看出什麼，就勸她不要再罵了。

　　我為了安撫她給她買首飾，她也不高興。呆了十天要回去，我就告訴老公給她拿1000元錢，她朝老公要3000元，還說我怎麼對她不好了。我不是對她不好，以前她沒和爸爸離婚的時候，我不少給她錢，過母親節，我早晨坐車回去就為買束花給她送去，晚上再坐車回來。給她花錢從沒心疼過。現在她和爸爸離婚了，就為那個男人她花了許多的錢，我不想給錢讓那個男人花。

　　現在我們的關係很不好，我不想失去媽媽。可她每次看見我就找茬我有點受不了了。我該怎麼辦？姐妹們幫幫我吧！

## 第二節　逆境中的流落與絕處求生的掙扎

　　據國家勞動和社會保障部二〇〇三年公佈的資料，目前，我國國有企業累計下崗職工已經達到2611萬人，其中91%進入各企業自辦的「再就業中心」，依靠政府和企業發放的基本生活費維持生活。

　　知青作家葉辛在〈返城知青的新生活〉中說：在整個返城潮中，有脫離農村回歸城市的，也有真正留下紮根農村的，然而無論是哪一方，知識青年的命運都可謂坎坷異常。前兩年北京一位報告文學作家，跑到延安，專門訪問了目前還留在延安的知識青年。那一份報告，我看了都觸目驚心。報告裡說到，留在延安的，受到延安各級政府關照的，從事的幾乎就是兩個職業：一個是看大門，還有一個是燒鍋爐。為什麼？「知識青年」無非是當時的初中生、高中生，在當今講究文憑、講究學歷的時代，他們毫無競爭力，只能去燒鍋爐、看大門。

　　前年我插隊的修文縣縣長到上海，要我找20位曾經在修文縣插隊的知青，一起聚聚。我選了各個層次的知青，有當教授的、

有普通職工、有下崗的，也有回來找不到工作的。座談後要吃飯時，有兩個知青說，今天的菜很好，貴州的茅臺酒很香，但是抱歉我們不能吃了，我們要去上班了。我就奇怪，已到吃晚飯時間還上什麼班？之後才知道一個是酒店保安，晚上飯店生意好，車子多，很忙；還有一個在機關值夜班，幫人看門。

我還記得有次因工作關係在一家賓館，迎面遇上一個當年的女知青。她本想回避我，但迎面走來躲避不及。她抱著很多換洗下來的被單、枕套。我們打了一個招呼。我問她做什麼，她跟我說，沒有什麼文化，回來之後找不到工作，只能做這個。我問她每個月收入多少，她說也就是五百到七百。

我有一個從小一起長大的好朋友。在《孽債》中，我寫到過他。他從延邊插隊回來，因為媽媽在電影院工作，回城頂替後就在電影院管理冷氣設備，他管得很好。讀書的時候我就形容他，除了熱水瓶的膽壞了不能修以外，他什麼都能修。答錄機壞了他能修；電視壞了他能修；一個桌子腿壞了，家長說扔出去吧，他說不要扔，一個下午就修好了。就是這樣一個聰明人，現在卻下崗了。年前我們知青聚會，我問他在做什麼？他說電影院不景氣，他下崗了，現在管理空調，一個月1500塊，他已經很滿足了。我說這不像話，那個老總我認識，我去和他說。他說，你千萬不要說，這個工作很不好找，我這個年齡，人家看到我就說，老伯伯，你怎麼還來找工作，你叫你孩子來找吧。他再能幹人家不要他，這就是我們這一代知青的困境。當初我寫的小說叫《孽債》，大家只從故事層面來理解，其實這是從整整一代人的命運來寫的，我們的債並沒有還清。這些例子就能說明，返城後的知青背負著融入城市時的矛盾、不解，仍在不停地還債。

這種困頓從知青最初回歸都市時的艱難便可窺一斑。當時，

知青從農村回歸都市有幾種情況：一是考取大學，我有個朋友當時考取了上師大，讀完書後留校任教，從助教做起，一直做到教授；二是在外地參軍，轉業後回上海。但是更多的普通知青，只要還沒有結婚，只要沒有在當地安排過工作，都可以回歸。

　　**青島知青滴定管在〈我給老人當保姆〉回憶：**一九九七年，工廠改制，我剛滿四十五歲，被強制內部退養，每月工資320元。恰巧丈夫也碰上同樣的問題，不過，他們叫停工待產，有活就上班，沒活在家裡休息，連基本生活費都沒有。孩子正上高三，昂貴的學雜費和即將考大學所需要的費用，像一個巨大的窟窿，等待我們去填空。為了生活，丈夫去一家工廠打零工，每天累死累活，我沒有別的辦法，選擇了給人家當保姆。

　　這戶人家是老倆口，都是知識份子，但脾氣很古怪，特別是七十多歲的老太太，特別愛挑剔，像抽油煙機亮著指示燈讓她看見了，也說是浪費電，讓你苦笑不得。因為她的怪脾氣，請的保姆像跑馬燈，換了不知道有多少，在我去的那個月，已經是第五個了。我碰上只好將就，咱是來這裡掙錢的，什麼委屈都要受。怕浪費電，我洗衣服全以手工代替洗衣機，兩個老人的被子、床單很長時間沒洗了，我計畫著每天洗一些，很快主人家裡就煥然一新。以人心換人心，老人慢慢喜歡上我。

　　老太太退休前是一個婦產科的大夫，有一天忽然別出心裁的要教我接生的一些技術，不答應還不行，其實我對這些一點興趣也沒有，聽講課還耽誤我的休息。可老太太認真的很，不但要我認真聽課，還要我做筆記，過一段時間，還要檢查我的作業，並經常對我考試，好在我腦子很好用，老太太很滿意。老爺子不高興了，請保姆來家幹活，你教上課了，老倆口就吵，我就勸他們，不耽誤幹活，課也要聽，但時間可縮短些，這才解決紛爭。

　　老太太不信任人，有時候故意丟些錢考驗你，我揀到就趕快送給她，但一次兩次就夠了，沒完沒了，就氣人了。有一次，她把100元錢又丟在我的房間地板上，我拿著錢連門都沒敲就沖到她的房間去，大聲對她說，夠了沒有，多少次了，這是侮辱我的人格，我強烈抗議！然後把錢扔到她的臉上，老太太嚇壞了，癱坐在床上，好半天不敢說一句話。我收拾好東西，準備離開這裡。要走的時候，老太太拉著我，眼含熱淚，不讓我走，連聲說，對不起，我向你道歉，請給我一個改正錯誤的機會。看著老人的可憐相，我心軟了，又留了下來。過了一會，老太太找我，送我50元錢，我不要。她說，她想吃冰糕，讓我去買2根。我買回冰糕，她把剩下的錢裝起來，然後送我一支，我們兩個人在房間裡每人一隻冰糕吃起來，真像一對小孩子，戰火也終於停息了。

　　老爺子愛玩，看到我到他家上班了，老太太有人陪，就樂顛顛的跑出去家去，但對吃的很講究，愛吃素菜，愛吃餃子。吃餃子咱不怕，包就是了，多費些力氣就行。可愛吃素菜不對我的口味，沒辦法，很多時候，午飯我多半餓著，晚上回家的時候再改善伙食，在主人家吃不飽，這在舊社會的事情竟然讓我碰上了。大頭菜老兩口百吃不厭，開始我炒了都不愛吃，要我放鍋裡裡煮的爛胡胡的才進口，這哪裡是炒菜，純粹是煮菜，後來我把大頭菜燙熟，然後拌著吃，顏色也好看，味道也很好，成天變化著花樣，老人吃著都很滿意。後來對我很放心，買東西的錢的交給我讓我自己到菜市場隨便買，我找了一個本子，把花的錢記錄的很清楚，老人是更放心了。

　　五年來，我幹保姆每月600元錢，省下家裡的飯錢，雖然不多，但基本解決了我的生活問題，還有我和丈夫的共同努力，把

孩子四年的大學費用全部承擔下來，想想都是一個奇跡。如今，我和丈夫都已經退休，孩子大學畢業找到了一個很好的工作，我們開始享受美好的生活。想起當保姆的日子，有了美好的回憶。看到有些年輕人，寧願在家裡吃低保，也不願面對現實去拼搏，我替他們感到悲哀，其實，路就在腳下，只要你邁開第一步，光明就在前頭。

王懷信在〈十三歲的少年知青〉回憶：一九七八年十一月，王懷信終於穿上了綠軍裝，四年多艱苦的勞動把他鍛鍊成了一個健壯的小夥子。也許更重要的是在這個黑土地大學裡他積累了人生的基本經驗，如黑暗中不熄滅的理想之火，忍受苦難又不沉淪，把抱怨化作前進的力量。王懷信走的時候，他對鄉親和戰友都有些戀戀不捨。倒沒有小芳式的愛情，心裡卻盛滿了深深的親情，是鄉親把他「抱」大的。隊裡總是給他安排最輕的活，可工分一點兒沒少得。房東陳大爺一家把他當成自家的孩子，有什麼好吃的都想著他。有一次，陳大爺的孫子哭著要吃餃子，他從葷油壇裡撈出油渣，給他包了餃子。別的孩子不讓吃，還偷偷地給他留了一碗。每年過年探家，陳大爺都給他帶豆包和自家紮的掃帚、蓋簾。在知青點裡，大家都把他當成自家的小弟弟，什麼事都讓著他。那些年，他的衣服都是劉姐給他洗的。她當炊事員時，知道他愛吃大餅子，每一次都給他多留一個。

王懷信是流著眼淚走的，可他並沒有走遠，就在大慶油田。他參加的是解放軍基建工程兵，雖然也穿軍裝，但幹的都是修路、架橋和挖溝這些活。他們成了這片大油田第二代建設者，這裡是共和國的動力之源，能在這裡流汗，王懷信也感到很光榮很豪邁。更讓他高興的是，這裡的活雖然比插隊時累，但能吃飽飯。物質生活滿足了，他又有了精神的追求，思想要求進步，爭

取早日入黨。有了從小吃苦的經歷，什麼活對他都無所謂。

再說他在機械連工作，開著機器幹活也不累，下了工或節假日，他又跑到附近的老百姓家幹活。不長時間，大紅的錦旗送到了連裡，他被樹為學雷鋒標兵，還受到團裡的嘉獎。他又自告奮勇地去養豬，他幹得很精心，那豬長得又白又胖，連隊常改善伙食，上上下下都很滿意。一年後，王懷信回連隊當上了班長。那時，對越反擊作戰已經在南方打響，他們為防備敵人從北面報復，整天挖防坦克戰壕。王懷信準備以生命和鮮血保護大慶。後來他又被提拔為代理排長，他的面前一片陽光。他期盼著早日入黨，他在連隊的積極分子中排名第一，可排第三的先入黨了。王懷信心裡很難受，別人說，他給指導員送了一台三五牌的鐘，你要是送點啥，早就……聽到這兒，他心裡更難過了。一九八一年，王懷信退役了，他帶著光榮，也帶著心靈的傷痛。

由於身分的轉變，回到哈爾濱的王懷信比返城知青有更多的擇業的機會，但也不是急需的人才。他本來應分配到三哥所在的市第二運輸公司，因為他下鄉時的知青點是歸這個公司管。他去報到時，管事的人說上午還有名額，現在沒有了。他又被安排到道裡區服務局，他有四個選擇：洗染廠、浴池、冰棍廠和飯店。可能因為餓怕了，他選擇了飯店。他被分配到北來順飯店的一家分店，這是一家清真飯店，那股膻味他很難接受，可還是堅持著。他先當服務員，又學面案，幹得很來勁。

有了飽飯吃的王懷信，把業餘時間都用到了學習上，他明白知識改變命運的道理。他在工人文化宮裡補習高中文化，他到阿什河街的省委俱樂部學習英語。他曾因為交不起每學期480元的學費差一點兒讓人驅逐；他因為下了夜班就去上課，趴在課桌上鼾聲大作。一九八四年，王懷信考上了省電大的英語專業，三年

拿到了大專文憑，它是那一代因十年動亂失學的老知青夢寐以求的寶物。

王懷信的命運終於發生了改變，他考取了省直一個廳局的招待所，先當廚師，後來又當上管理人員。可是一個意外的事件又把他推到了深淵。他收上來的1000元飯費半夜被盜，他被懷疑監守自盜，被抓進去關了13天，三輛警車到他家搜查。正準備和他結婚的女朋友，那個漂亮的服務員嚇得不敢見他了。半年後，那個被抓著的流竄犯承認了那次的犯罪事實，可沒有人為他平反，理由是也沒給他定罪。但是，他的入黨提幹都泡了湯。

帶著嚴重的腎炎——那是雙手被扣在暖器管子上，躺在沒鋪蓋的水泥地上作的病，還有名聲的損傷，王懷信又轉到了地方鐵路局工作。在這裡他受到信任，當過食堂管理員，還在辦公室管過雜務，到運輸處、企管處幹過業務，還到北安火車站實過習。這時商品經濟大潮湧來，全國上下無人不想經商。那時機關幹部下海受鼓勵，允許邊工作邊經商，本來就有經營本事的王懷信捷足先登了。那時，懷信的家庭還處於貧困之中。他和在亞麻廠當工人的妻子在一個破房子裡結婚，第三天房子就漏雨了，他們爬到上面澆瀝青。為了過上好日子，他們很需要錢。這樣，他們白天上班，利用早晚做小買賣。天還黑著就起床到郊區進菜，然後在李範五花園的早市上叫賣。開始每天掙幾塊錢，後來掙十幾塊錢。每晚筋疲力盡的他喝著啤酒，妻子在旁邊數錢，可能是最幸福的時刻。

他們又為各家飯店、食雜店送啤酒，靠著當知青練就的好身板，懷信扛酒箱子吭吭地爬樓，一點兒也不覺累。勤勞讓他們很快成了「萬元戶」。他們乾脆停薪留職，幹大的。他們還炸過油條，開過飯店，又倒賣服裝，南方時尚的衣物讓他們倒運回

來，推向相對閉塞的北方市場。王懷信第一次坐飛機，空中小姐送餐，他怕太貴不敢吃，人家一再說是免費，他才敢要。他的家成了服裝倉庫，只剩下了一張睡覺的床了。王懷信家的貨進入市裡多家大商場，還擴展到各地市。他們經銷的一個牛仔褲品牌，還獲得過全國銷售第一的業績。錢袋鼓了起來，王懷信也嘗到了當老闆的滋味。但他是一個吝嗇的老闆，每次扛貨從來不雇人，都是自己扛上五樓。他還願意揀破爛，在他眼裡沒有不能用的東西，他說這是下鄉時和老鄉學的。

返城後，王懷信時常惦念著曾給他關愛的鄉親，幾回回夢裡會親人。可是那時窮，無以回報。現在有錢了，他召集了當時在勝利公社插隊的幾個知青年回鄉省親。他給老鄉們送去他經銷的服裝，還有他們在鄉下吃不著的食品。他希望農村的姑娘小夥兒也美起來浪起來，他也希望他們的日子像城裡一樣好。他又走進那個熟悉的小院，那棟他住過的土房。可惜，陳大爺陳大娘已經去世了。他悲歎不已：「陳大爺，陳大娘啊，我來晚了！」眼淚在他的臉上流下。

現在有大房有好車，女兒也上了大學的王懷信，心思都在事業上。他在郊區置了3300平方米的土地，建了460平方米的廠房，生產外牆保暖材料，同時還蓋了餐廳和遊樂場所。他還在院子裡栽樹種花，到了春暖花開的季節，院子裡一片綠蔭，不時飄來花香。他還引進了南方的許多蔬菜品種，山西的山藥、雲南的菜豆、四川的地瓜，還有爬了滿牆的南瓜、冬瓜、絲瓜。到了秋天，碩果累累。你若細看，那足有一米長的瓜上還刻著字：「青春永恆」、「知青萬歲」、「情繫黑土」。路過青藤覆蓋的小院，你還經常聽到歡樂的歌，都是些懷舊的老歌。這裡是名副其實的「知青樂園」，哈爾濱知青聯誼會常在這裡舉行活動，王懷

信參加的老知青合唱團也在這裡排練和演出。他和夫人為知青活動又出力又出錢，心甘情願。也許老知青的福利事業，就是他們將來投資發展的方向。王懷信也想回到對他有恩的地方鐵路局，用自己多年積累的經驗和資金，為地方鐵路的發展做點什麼。

從十三歲開始的人生，這些年王懷信經歷了許多，有苦也有甜，有悲也有樂。但不變的是他那顆心，那顆老知青的心——追求事業的激情，埋頭苦幹鍥而不捨的精神，樂觀向上寬厚善良的性格，這顆心永遠不老，永遠不變。

## 第三節　因文憑的失落與自學成才的艱辛

記者李波在〈南充首批知青的激情歲月〉中講到的傅國才經歷再次證明了這一政策對知青的傷害：……傅國才病退回城，得益於他的高度近視。他離開蒼溪時，與他同批落戶龍王公社的170多名南充知青，只有10多人回了城。

二十九歲的他被其家不遠的新生街小學相中。當時學校缺老師，聽說他有高中二年級的學歷後，校方決定聘用他代課，一年後，語文、數學都教得不錯的他，突然提出辭職。「當時24元的月工資，我要抽煙，又到了耍朋友的年齡，根本不夠。」回到南充35年後，傅國才道出當年離開代課崗位的真實想法。

西城街道有個運輸隊，全隊80多名職工每天的工作，就是拉著架架車替人拉東西。勞動強度雖大，但收入頗豐。傅國才打聽到這個單位後，找到街道說好話，終於如願以償。在這個街道集體單位裡，傅國才每天拉著架架車，奔波在市內各建築工地上，主要拉些預製板、砂石、圓木等物資，一月下來，可以掙上八九十元，甚至上百元。期間，他與火花一女子認識，該女子成為他

後來的妻子。

　　一九七七年全國恢復高考，躍躍欲試的傅國才激動地前往報名，不料遭拒絕。他的年齡超過當時規定的三十歲。「按我當時的文化水準和高考錄取情況，當年考上大學沒點問題。」在隨後報考南充電大時，他不止一次地對友人說。

　　南充電大畢業時，傅國才已四十一歲，經原五星中學老師推薦，他到南充某校任教。一年的教學中，他開展了該校有史以來的第二課堂教學，他審改的演講稿，學生參加全市大中專院校「五四」學生演講比賽，獲得過第一名。隨後他參加全省中專校語文學會年會，提交的〈演講藝術淺談〉獲得年會獎。

　　事業的鮮花正在向他開放時，一個嚴酷的現實卻擺在他面前，學校用於新教師轉正的名額只有一個，與他競爭這一個名額的，還有一名比他稍晚進校的女教師，而這名教師，是一位領導的子女。轉正無望，傅國才只好離開學校。原南充市一位領導曾看到傅國才電大畢業時寫的〈唐仄韻絕句初探〉論文，認為此文「弄清了自己過去不曾鬧懂的東西」，於是找到傅國才，想法讓他調進某單位。

　　二○○四年五月，傅國才和他當年的知青朋友們，回到闊別32年的蒼溪縣龍王公社（現龍王鎮）。山還是那座山，梁還是那道梁，昔日的農民兄弟們，都已成為老人。而年輕的一代，正成為當地新農村建設的主力。往事難忘，而面對現在的生活，傅國才感歎最多的是，無悔當年的知青經歷，「那是段特殊的歷史，怎能忘記？」

　　知青饒澤民在〈「黑五類」加「老三屆」四十歲讀大學〉講述了他參加成人高考的故事：

## 「黑五類」加「老三屆」

一九五二年，饒澤民出生在長沙一個縣城。因父親建國前是油店管家，所以他的戶口等證件上出身一欄一律填著「資本家」。他因此成了不折不扣的「黑五類」。

「我們是共和國歷史上讀書最少的一代人。」六八屆初中畢業生，有名的「老三屆」。被下放到瀏陽時，饒澤民剛剛十六歲。當時是工分制。主勞力是一天算8分，婦女算6分，而「手無縛雞之力」的饒澤民每天只能拿5分的最低工分。為了告別困苦，同來的幾個人基本都通過種種關係回了城，「出身不好」的饒澤民沒有門路可走，只能繼續留守農村。

### 自學美術，人生開始轉折

「那個時候要改變命運，最切實的途徑就是教書。」打聽到當地學校缺一個美術老師，饒澤民決心拿起畫筆。

沒有基礎，只能自己摸索著自學。而廣大農村的現有條件也被他充分利用起來：地裡勞作的農民，是很好的模特；朝霞晚露，是天然的素材。漸漸地，他還真的練出來了。

一九七四年，因為有特長，饒澤民被調到株洲縣毛澤東思想宣傳站的文工團。在這裡，他幹了將近十年，立志成為一名優秀的畫家，結果一次偶然的際遇，徹底改變了他的職業方向。

國家文物局舉行野外考古培訓班，饒澤民無意中被選中。「長這麼大，之前對考古完全沒有任何瞭解。」授課的全是考古領域的專家，不是照本宣科，而是結合自身工作實際，向學員們描述怎樣從一杯黃土、一段斷壁殘垣中還原曾經輝煌的文明。

幾個月的培訓班結束後，饒澤民對考古徹底著了迷，也將其

定位為今後事業的發展方向。後來，他如願以償當上了縣文物所所長。

## 四十歲，征戰考場

四十歲那年，饒澤民有機會調到市裡，但唯一的障礙就是——學歷太低，不是大學生。儘管當時已有家室，工作任務也不輕，但饒澤民毅然決定參加成人高考。而那個時候，離考試已經沒有多少時間了。

「還能怎麼辦啊，白天上班，晚上看書。」夜以繼日的奮鬥之後，他還真考上了湖南師範大學歷史系文博本科班。

這是一個特殊的班，學生們有機會見到國有館藏上等級的文物真品：遠到商周青銅器、秦磚漢瓦，近到元明青花、清代字畫……「我那時候就像一塊海綿，唯恐吸收不盡。」饒澤民說。畢業後，饒澤民調到株洲市博物館工作，並受聘多家畫廊、拍賣公司、收藏協會當顧問……

田惠明在〈下鄉背磚險些要了命考大學就為不再幹累活〉自述：「我考大學，沒有豪言壯語，什麼『鐵肩擔道義』、『為中華之崛起而讀書』，我不是那樣想的，就是太髒、太累、太艱苦了，想要改變現狀。」

田惠明推著一輛三輪車，眼巴巴地注視著從小白樓裡進進出出穿著體面的科室幹部，心裡面有一種酸酸的羨慕的味道。

這一年，是一九七四年，從雁北「病退」回城的田惠明在北京市汽車靠墊廠做起了「彎管工」。這個工種的工作是，每天推著三輪車，從庫房拉一車管子到工地，然後用電鋸把管子鋸成一段一段的，再把管子彎成一定的形狀。

「這個活最髒最累了，我們既是彎管工，又是裝卸工。」田

惠明說，「防護措施又差，一身油乎乎、髒兮兮的工作服，戴著
副大眼鏡，頂著個大草帽，鋸管子時迸出來的火星子，直往脖子
裡鑽。」田惠明拿出一張當年的老照片，二十幾歲的小夥子，看
起來就像是一個瘦削的老頭，青春氣息蕩然無存。

在庫房和工地之間，有一棟小白樓。在那裡面上班的人，是
脫離生產一線的領導層，不用穿沾滿污漬的工作服。每天，田惠
明推著破車，在庫房和工地之間穿梭，靠著對小白樓的仰慕和嚮
往，支撐著過日子。

「所以，那時候有一種強烈的改變現狀的願望，而高考給
了我一個契機。」田惠明說，「我考大學，沒有豪言壯語，什麼
『鐵肩擔道義』、『為中華之崛起而讀書』，我不是那樣想的，
就是太髒、太累、太艱苦了，想要改變現狀。」

### 下鄉背磚險些要了命

田惠明不是沒吃過苦，但工廠裡的制度性壓抑，讓他感覺反
倒不如在鄉下背磚時自在。儘管背磚這件事幾乎要了他的命。

田惠明是北京三中六六屆初中畢業生。一九六八年，毛主
席的一句「知識青年到農村去，接受貧下中農的再教育，很有必
要」，啟動了中國1700萬知識青年大遷徙。田惠明和其他十七位
來自北京的男女學生下鄉到了山西大同杜莊。而今，坐在中國新
聞社寬敞明亮的辦公室裡，回想起下鄉插隊的歲月，田惠明感覺
有點荒唐，有點悲傷，有點懷念。

他們下鄉插隊的村子有一個好聽的名字，千千村。這裡環
境優美，著名的桑乾河離村口僅有4公里。遠處是五嶽之一的恒
山，夏日裡一片綠，冬日裡一層白。「當時我們正值十七八歲的
年齡，置身於清新的大自然中，中學生浪漫的情調油然而生。」

田惠明說，他們時常結伴到村外楊樹林中散步，到桑乾河畔玩耍、看山、看水。

為了多掙幾個工分，田惠明和幾個知青小夥自薦去了磚窯。「那是最苦最累的活，」田惠明說。夏天，他們只穿一條三角褲衩，背上披一條很糙的老羊皮，走進尚帶一定溫度的窯裡，把熱乎乎的青磚疊成垛，然後背出來。「背一天窯，渾身上下，除了牙是白的，全是黑的。」

一九七〇年的一個早晨，田惠明沒能按時趕去磚窯，他起不來了。在土炕上躺了七八天，高燒不退，一天比一天恍惚。生產隊決定，趁著還能走動，趕快送回北京去。在北京積水潭醫院，醫生為他做了檢查，並告訴他，已經出現敗血症前兆了，若再晚幾天，命恐怕都保不住了。田惠明聽了有些後怕。最後的診斷是骨髓炎，醫生在他的左腿上開一道很長的口子，敲開骨頭，吸出有炎症的骨髓。半年後，田惠明才能扶拐下床。又過了半年，才甩掉拐杖。

身體痊癒後，田惠明又回到了千千村。這一次，他幹不了重活了，在鄉村小學做起了民辦教師。他的課為鄉村的孩子們帶來了清新之氣。「那段日子，挺讓人懷念的。」田惠明說。

一九七三年，刮起了回城風。「當時有兩個理由可以回城，一是困退，一是病退，但政策控制得很嚴。」雖說真是有病在身，但辦起一道道程序來，田惠明也覺得膽戰心驚。他覺得，有時候辦一件正當的事，也不得不走一走人情路線。他去醫院開證明，遞給醫生一盒煙，醫生沒有要；他去雁北地委知青辦主任王守德家裡，拿了一條煙，被王主任拒絕了。歸心似箭的知青被並不是坦途的回城路折磨著。

因為身體緣故，回城後的田惠明沒能很快找到一份固定工

作，在社會上遊蕩了一年，打零工。他在捲煙廠做過裝卸工，在展覽館劇場門前看過自行車。一九七四年九月，田惠明進到了北京市汽車靠墊廠，成為一名「彎管工」。在艱苦的工作環境中，在嚴苛的打卡制度下，他等待著新的希望。

## 抱著孩子上大學

對於在工廠做工的田惠明來說，上大學，是一個遙不可及的夢。還在初中時，每逢週末，經過北京學院路，看見八大學院的大學生三三兩兩地騎著單車在白楊樹底下經過，田惠明的心裡就充滿了羨慕。多年以後，那幕美景還縈繞在他腦海中。但是經歷了鄉下的摸爬滾打和工廠裡的艱苦歲月，這個夢似乎離他越來越遠了。

一九七七年十一月的一個傍晚，勞累了一天的田惠明脫下工作服，隨手撿起地上的一張報紙把衣服包好，夾在自行車後座上，蹬著車回家。當他再次展開那張沾著污漬的報紙時，驚奇地發現了一個很特別的版面，整版的表格。仔細一看，竟是各個高校的招生資訊。田惠明算了一下時間，距離高考僅剩下20天。

一九七七年十月二十一日，新華社、人民日報等新聞單位刊登了恢復高考的消息。可是當田惠明看到這個消息的時候，消息已發佈了近一個月了。除了領導讓他到小白樓上班，似乎沒有別的什麼消息能夠讓他疲憊而麻木的神經興奮起來。這一次，他被「電」到了。

「那種興奮，不是因為別的，只是為了改變現狀，脫離繁重的體力勞動。」田惠明說，「而且那個時候，知識不值錢，所以考還是不考，也需要下很大決心。」他擔心，若是自己脫產學習，單憑妻子那點微薄的工資，該如何度日。但妻子很支持他，

因為那也是她一直以來的夢。

20天，時間太緊迫了。田惠明趕緊從舊箱子裡翻出初中時代的教科書，又從街坊鄰居那裡搜羅了一些。「那個時候，書少得可憐，只有教科書，沒有參考書，也沒有複習大綱。」田惠明說。他利用一切可以利用的機會啃書本，在工廠的水泥上畫幾何圖形。

一九七七年十二月十一日至十三日，田惠明在全國570萬熱血青年的人流中走進了考場。考試分四科，數學、語文、政治、史地，滿分400分。田惠明考了315分。當年錄取分數線是260分。田惠明參加了體檢，滿心歡喜地等待錄取通知書，但是沒有等來。這一次冬季高考，錄取新生275萬人，錄取比例僅為4.82％。田惠明莫名其妙地落榜了。

一九七八年夏天，再度走進考場的田惠明終被中國人民大學二分校78級新聞系錄取。田惠明不敢想像，這個即便是在夢境中也已遠去的校園，如今自己竟置身其中了。「人大分校在北京西四豐盛胡同，由一所中學改造而成。兩排平房，一個小操場，一座四層教學樓。」他說，雖然已時隔20多年，但一閉上眼，就能浮現當年簡陋校園的場景。可是，他上大學的情景卻與初中時在學院路上看到的那一幕大相徑庭。在他的自行車橫樑上，多了一個兒童板凳。此時的田惠明已經是一個父親了。

「每天早晨六點多起床，把小女兒從睡夢中喚醒，洗好臉，穿好衣服，把女兒放在自行車前梁的小板凳上，後架子上夾上書包，一路緊蹬。先是穿街走巷，把孩子送到幼稚園，再飛似地朝學校的方向騎去。」田惠明說，每當這時，他就會想起學院路上大學生在白楊樹底下騎單車的情景。只是，他永遠不可能和他們一樣了。

考試的時候很緊張。田惠明記得，晚上天熱，小破平房的家中沒有電風扇。他就拿個小板凳坐在路燈底下複習功課，左手抱著孩子，右手拿著書本。「有時候孩子尿了，我也不知道，孩子睡了，我也不知道。」田惠明說，「我經常陷入枯燥無味的國際共運史、政治經濟學中，出不來，搞不懂。」

在中國人民大學二分校新聞系78屆的40名學生中，只有兩個是有孩子的。「抱著孩子上大學」，令田惠明有一種隱隱的尷尬。每天把孩子送到幼稚園，田惠明都要把自行車前梁上的小板凳卸下來，在一個固定的地方藏好，下課後再裝上，去幼稚園接孩子。

大學四年，田惠明的三口之家，靠著妻子微薄的收入，他每個月19.5元的助學金，艱難度日。「苦是苦點，但心裡很充實。」田惠明說。

## 踩著稿紙做到副總編

畢業後，田惠明被分配到中國新聞社工作。從經濟新聞記者做起，一步一步做到了新聞部副主任、主任，中國新聞社總編助理、副總編輯。

在新聞這條路上，田惠明走得很順暢，他說自己是踩著稿紙做上來的。「這十幾年耽誤的時間太多了，因此不管是上學，還是工作，都是加倍努力，想做到最好。」田惠明說。而下鄉插隊、社會遊蕩、工廠做工，這些不堪回首的人世滄桑，在他工作後則顯示出一種深厚的人生積澱，轉化為他筆端流露出的特殊氣質，「在新聞業務這方面，上路很快」。

二十幾年來，他為中國經濟體制改革吶喊，為中國新聞事業改革鼓呼，目擊長江世紀洪水，策劃香港回歸、澳門回歸報導，

創辦《中國新聞週刊》，編撰業務書籍，鑽研新聞理論，也曾隨中央領導出訪歐亞數國。

田惠明說：「除了下鄉、進工廠，我一生從事的都是新聞事業，雖然沒做過什麼轟動的大事，沒寫過什麼有影響力的大文章，但我常想，我曾為報導中國改革拼力鼓呼過，我曾為樹立中國形象盡心盡力過，回首往事，問心無愧，足矣。」

滴定管在〈一波三折的高考〉中回憶：……我的高考可謂一波三折。一九七七年恢復高考後，我也報名參加高考了，不過，造化弄人，我卻與高考失之交臂。

**下鄉時，偷偷學習文化知識。**一九七〇年秋天，4000多名青島知青一起登上了西去的列車，奔向遙遠的內蒙古大草原，成了一名光榮的兵團戰士。呆板枯燥的知青生活、辛苦艱難的大田勞作、大起大落的命運軌跡、由狂熱到冷靜的心理落差，使我逐漸認識到唯一能改變自己命運的就是知識。

從一九七二年開始，我就開始偷偷地學習文化知識。那時，讀書是件讓人異常興奮的事，但是想找一本書可太難了。而且公開學習文化知識，很容易被領導和戰友打成「另類」。我利用半導體收音機收聽各種英語廣播講座，沒有書只能靠筆記和大腦記憶。不管在什麼情況下，還堅持書寫日記，這也使在寫作上獲益匪淺。

後來，回青島探親時途經天津，聽說有《數理化自學叢書》賣，就在天津站下了車，直奔新華書店。當時大約上千人在書店排隊買書，有的甚至半夜就在等候。還不錯，我終於買上這套書。隨後將這本書帶回了內蒙古，以後的日子因為有了這套書，學習起來得心應手，很快自學完成了初、高中的全部課程。

**兩次高考，均因故失之交臂。**一九七七年，國家宣佈決定恢

復高考，但其中有條規定，考生年齡要在25周歲以內，即一九五二年九月一日以後出生的知識青年。我是一九五二年七月十三日出生的，按規定超齡兩個月，但是我實在不願錯過這個能考大學的機會，於是托人將年齡改小兩個月，然後滿懷信心地等待高考日子的來臨。不想，命運卻開了個玩笑。

那年高考是在嚴寒的冬季，高考前夕，我正在工地上勞動，突然接到大學登記表被退回的消息，借了匹馬飛馳到團部。原來已經托人把出生月份改成了九月，但是有個好心的戰友又把他出生的月份由九月份改為了八月份，他認為八比九小，但這在年齡上恰恰相反，弄得我是啼笑皆非。那年與高考失之交臂。我至今仍保存著當時的日記，這份珍貴的「高考日記」或許可以讓我們體會一下當時的心情。

第二年，又因戰友而錯過。雖然第一次考大學，因為年齡沒有考成，但在心中上大學的夢想，始終沒有破滅，我認為只要有執著的勁頭、刻苦的精神，知識對於每個人都是最公平的。也就是從這一年開始了復讀、考大學的道路。

一九七八年，我進行了第二次高考衝刺，雖然年齡是個檻，但他還是想證明這幾年沒有虛度年華。學習的環境大有改善，書好找了，並有很多志同道合的戰友一起複習準備高考，困難的是沒有老師，全靠自學，同時還擔任為隊長，負責的又是生產，白天領著幹活，夜晚在燈下苦讀。

就在滿懷信心走進考場的前夕，命運還是開了個玩笑。我的戰友天津知青王志達在連裡拆房子的時候，埋在了房子裡面，造成頸椎骨折，生命垂危。我連夜組織了6人親自從內蒙古把戰友送到天津，並護理了40天，直到團裡派人換回為止，此時高考早已結束。

　　成人高考，實現人生夢想。一九七八年底，我從內蒙古大草原返城回到青島。知青回城的日子很不好過，找房子，找工作，找對象。在這同時，我又開始了考大學的準備，城裡學習條件比農村那可是有天壤之別，除了書好找，還有各種業餘高中和高考輔導班。為了打好基礎，我決心從頭再來，先從高中學起，然後在高考輔導班中衝刺。每天在繁忙勞累的工作之餘，就匆匆在各個學習班中穿梭，那段時間，睡覺時間每天從沒有超過5小時。「心裡有希望，再苦再累也心甘情願。」經過不懈的努力，我終於通過高考這個難關，辛勤的汗水終於換來豐收的喜悅。

　　大學期間，我學的是車輛專業。畢業後，分配到工廠，領導找我談話，讓們做管理工作。我的所學沒有白費，結合生產實踐和管理經驗，提出很多辦法和主意，受到領導和工人的好評。最得意的是改變了一個工藝，使火車的一個部件免去了很多流程，節約了大量時間和人力，給工廠創造了幾百萬的利潤。

　　隨著年齡的增長，我調到夜班幹調度，有了可以利用的時間，我開始了文學創作，當一篇篇文章發表的時候，很是有成就感，不瞭解我的人還認為我是學文科的，其實這都得益於一九七七年的那次高考經歷，3年的大專學習，給自己打下了深厚的文化基礎，使們幹什麼工作都得心應手。我一直珍藏著那套《數理化自學叢書》，並時常拿出來翻看。「這本書改變了我的生活，也記錄著我那段難忘的人生經歷。」

## 第四節　走上省部級領導崗位的出色知青

　　不可否認，除了上述自學成才者，在回城知青中，也有出類拔萃的皎皎者。二〇一二年三月二十九日華商報刊登了一篇〈46

名省級正職官員曾是知青〉的文章，以下摘要其中的介紹：上個世紀五十年代起，一直到七十年代末，千萬名十幾、二十歲上下的青年從城鎮奔赴邊疆和農村，下鄉、插隊，在農場勞動，經歷著基層的磨煉。幾十年過去，這一代人中的很多人成為社會、經濟、文化等各階層的精英。在政治舞臺上，這一代也有人已經登臺亮相。研析現任100名地方省級正職官員履歷，就會發現很多人經歷中有著這個共同標籤：「知青」。

自去年十月起，全國各地省級黨代會及「兩會」陸續召開。目前，14個省、自治區的黨代會已閉幕，其他省級黨代會近期即將召開；全國31個省級「兩會」已全都閉幕，部分省級黨委、人大、政府和政協四大班子已作出調整。在124個省級正職崗位中，有24人身兼黨委書記和人大常委會主任兩職，目前地方省級正職官員實際為整整100人。

這100名省級官員目前公佈的履歷顯示，有46人曾在上個世紀六七十年代下鄉插隊當知青，或是有過工農兵大學生的經歷——這成為他們的一個顯著特徵。

## 「知青」——履歷中的時代色彩

知青，是「知識青年」的簡稱，泛指有知識的青年，也就是受過一定教育的年輕人。在上世紀五十年代至七十年代末期這段特定的歷史時期，知青是指自願或被迫從城市下放到農村做農民的青年，這些青年大多數隻接受過初中或高中教育，在農村的「廣闊天地」度過了難忘的「青蔥歲月」——「知青」二字，成為這一代人人生檔案的關鍵字。

在這些省級正職官員的履歷中，對於這段經歷的表述各有不同，多為「農民」、「下鄉」、「插隊」、「知青」等明確表

述。重慶市政協主席邢元敏的簡歷中，不僅寫明是知青，還是修建襄渝鐵路的民兵。吉林省長王儒林的簡歷則把插隊經歷表述為「下鄉知識青年」。

而有些表述將當年插隊生活的日常狀態點明，如河南省政協主席葉冬松的簡歷，將其稱為「插隊勞動」；寧夏回族自治區政協主席項宗西的簡歷，把在農場青年隊勞動的經歷稱為「下鄉鍛鍊」；新疆維吾爾自治區人大常委會主任艾力更依明巴海的簡歷，更將其表述為「接受再教育」。這些詞彙無一不帶著深刻的時代印記。

### 下鄉插隊最小者只有15歲

這些省級正職官員下鄉插隊大多集中在上世紀六十年代末期至七十年代初期，插隊地點遍及全國各地，尤其是東北、新疆、青海、貴州等邊遠地區。

最早的是在一九六五年八月，十八歲的項宗西到寧夏永寧縣農場青年隊下鄉鍛鍊。下鄉插隊最晚的，已經到了上個世紀七十年代末期，當時，文化大革命已經結束半年——河南省政協主席葉冬松、山東省政協主席劉偉當年分別到安徽長豐縣、碭山縣插隊勞動時，已是一九七七年的三四月間。

下鄉插隊時，這些後來的高官們大多還不到二十歲，年紀輕的不過十五六歲：最小的是四川省委書記劉奇葆和甘肅省長劉偉平，當年都只有十五歲。「大」一點的有湖南省委書記、省人大常委會主任周強，甘肅省委書記王三運，青海省長駱惠寧——他們插隊當農民時，都是十六歲。

## 二十多歲才上大學的「工、農、兵」

與知青經歷聯繫在一起的，還有「工農兵大學生」經歷，這也是那個時代的特色——工農兵大學生也稱「工農兵學員」，特指在文革期間進入高校學習的學生群體，由於當時實行「群眾推薦、領導批准、學校複審相結合的辦法」，學生來源為工、農、兵，因此得名。

研析目前地方省級正職官員的履歷，有工農兵學員經歷者，多達30人，有的此前是農民或知青，有的則是工人或軍人，體現著「工、農、兵」特色。重慶市長黃奇帆十六歲至二十二歲在上海焦化廠焦爐車間當工人，一九七四年被推薦到上海機械學院儀器儀錶系自動化儀錶專業學習3年。青海省委書記、省人大常委會主任強衛十六歲時參軍，當兵6年，二十二歲時又到北京化工廠當工人，二十三歲時上大學。新疆維吾爾自治區黨委書記張春賢二十三歲時到東北重型機械學院機械製造系鍛壓工藝及設備專業學習，此前，他曾當兵4年多，還當過一年多農民。

在學校停課、高考中斷的當時，能上大學，實屬不易。目前省(市)正職官員中，成為工農兵學員時年齡最大的，是中共中央政治局委員、國務院副總理、重慶市委書記張德江和福建省政協主席梁綺萍。一九七二年，張德江進入延邊大學朝鮮語系朝鮮語專業學習時，已二十六歲。一九七三年，二十六歲的梁綺萍進入福州大學化工系學習。

這些工農兵大學生的學習經歷一般為兩年半到三年，也有短短一年的：浙江省長夏寶龍一九七五年至一九七六年在天津師範學院政史系進修了1年。強衛一九七六年在山東大學進修9個月。

## 5個省(市)的省級正職官員全都是知青

從目前公開的省級正職官員履歷來看，僅有上海、河北、內蒙古、海南、貴州這5個省(市、自治區)的省級正職官員沒有知青經歷。其他26個省、市、自治區都有「知青官員」。

其中，有5個省(市)的三或四名省級正職官員全部都曾是知青或工農兵大學生：重慶的張德江、陳存根、黃奇帆、邢元敏，遼寧的王珉、陳政高、岳福洪，湖北的李鴻忠、王國生、楊松，陝西的趙樂際、趙正永、馬中平，甘肅的王三運、劉偉平、馮健身——這些「知青官員」都是當地黨委、人大、政府、政協四大班子的一把手。

## 現任省級正職「知青官員」之最

在31個省、市、自治區現任四大班子100名省級正職官員中，曾有過下鄉插隊的知青經歷，以及有工農兵大學生經歷者，多達46人。在這46人的上述經歷中，可研析出當年插隊最早、年齡最小等「之最」。

在野外做飯的知青資料照片特殊年代的特殊政策，讓這些人在青年時期就開始接觸底層，對社會基層的世情民情有著切身的體會。曾經的苦難和生活經驗，影響著「知青一代」的認知。當年不尋常的經歷，在一定程度上造就了他們獨特的風格，對底層民情把握較準確，與基層民眾有一定程度上的精神上的情感聯繫。因此，「知青官員」在歷史舞臺上登臺亮相，令人格外關注。

不久前，中央電視臺「小崔會客」欄目邀請陝西省省長趙正永做客。剛一落座，節目主持人崔永元就拿出一副手套和一個扳

手，要「考考」趙正永。趙正永戴上手套，抓過扳手，先是滑動鉗口，接著咬住小崔用手指比畫成的「螺帽」，繼而擰轉起來，動作頗為嫻熟。

「我最初參加工作時，是鉚工、鈑金工，經常接觸扳手。」趙正永呵呵笑著，沒被崔永元難倒。小崔問：「現在還能經常想起基層工作嗎？」趙正永說：「儘管那是很早以前了，但還是記得。我經常介紹我的情況時，都說我是工人出身，也到過農村，插過隊，當過農民。」

一九六八年十一月，十七歲的知青趙正永到安徽省宣城地區水陽公社插隊，當了整整兩年農民。後來，又在馬鞍山鋼鐵公司修建部機動車間做了幾年工人。一九七四年十月，進入中南礦冶學院(現中南大學)材料系金屬物理專業學習。

趙正永的這段經歷，幾乎是目前許多省級官員履歷的「標準範式」：作為知青，下鄉插隊當農民；做過工人，成為工農兵大學生。

……

二○○八年三月十七日下午在人民大會堂舉行的十一屆全國人大會議上。會議根據國務院總理溫家寶的提名，決定了國務院其他組成人員，李克強、回良玉、張德江、王岐山為國務院副總理，這其中三位就有知青經歷。

據中國網在〈副總理李克強：插隊知青曾當村官〉介紹：李克強是近二十年來最年輕的一位副總理，也是近年來以人文社科背景進入政壇高層的代表人物。在李克強的人生道路上，有過七位引領他的恩師。

李克強祖籍是安徽定遠，父親李奉三是安徽省一位地方官，曾任鳳陽縣縣長，其後任安徽省地方誌辦公室副主任，直

至退休。

一九五五年七月，李克強出生在安徽合肥。上中學不久，「文化大革命」爆發。從小好學的李克強只好輟學在家。父親李奉三常帶著李克強與供職於安徽省文史館的國學大師李誠談文論道。少年的李克強聰明好學，李誠將其視為門生，認真地給他說文解字，讓他讀《史記》、《漢書》、《後漢書》、《資治通鑒》等國史，並給李克強整段整段地背誦《昭明文選》、《古文辭類纂》等古文選。

一九七四年三月，李克強與同學來到鳳陽縣大廟公社東陵大隊插隊煅煉。革命加拼命精神，著實鍛鍊了李克強的筋骨，磨礪了他的意志。一九七六年五月，李克強光榮入黨。

一九七七年恢復高考，李克強被北京大學法律系錄取。北大法律系擁有良好的師資和設備，名師中最著名的當推學貫中西的憲法行政法學家龔祥瑞。聰明勤奮的李克強很快成為龔祥瑞的得意門生。在龔祥瑞的引領下，李克強漸漸著重轉向外國憲法和比較政治的學習。在校期間，李克強已經在學術上嶄露頭角。在龔祥瑞指導下，李克強與楊百揆、劉庸安翻譯了英國著名法官丹寧勳爵的名著《法律的正常程序》。該譯著由群眾出版社出版，如今仍然一版再版。李克強是第一譯者。

一九八二年一月，李克強等27位學生被評為北大優秀畢業生。畢業前夕，李克強雄心勃勃地準備留美考試。但是，北京大學黨委副書記馬石江看中他的領導才能及沉穩性格，先後十多次找他談話，要他留校擔任共青團北京大學委員會書記。經過馬石江的動員，李克強終於選擇了留校。

在翻譯《法律的正常程序》時，一天，李克強遇有一詞，實在弄不通，恰好因為參加校外一次會議，與國學大師季羨林同住

在西苑飯店，就向季先生請教。季羨林先生當即做了回答，但同時又說：「你可以先這樣。」李克強當時還不理解他說的意思，當天晚上又發現季先生沒有住在飯店，次日季先生返回，即向李克強詳細解釋了這個詞的由來及多種含義。「我不敢想像季先生是否因為這件事而返校，但我敢肯定季先生當晚認真地查閱了這個詞。也許，季先生並不是一定要向我傳授某種知識，他的所作所為實際上是在詮釋著『我愛我師，我更愛真理』的含義」。在李克強看來，馬石江把自己帶入了共青團事業的工作之中，而季羨林讓自己懂得了如何為學與處世。

當上北京大學團委書記後，李克強仍然保持求學時的銳氣。他經常在一些場合對一些重大政治、社會議題發表思想相當解放的獨立看法，並招致其他領域的團幹部的非議。在一九八二年北京市共青團七大上選舉全國共青團十一大代表時，這名北大團委書記居然落選。但是，時任中組部副部長的王照華點將干預，李克強仍然列席團十一大，並被選為團中央常委。不久，李克強被正式調到團中央工作，出任共青團中央學校部部長、全國學聯秘書長。一九八五年共青團十一屆四中全會召開，增選年僅三十歲的李克強為團中央書記處書記。

在團中央工作期間，李克強就讀北京大學經濟學院的碩士、博士研究生。李克強當過知青，關注中國農村經濟，一九八八年，他以〈農村工業化：結構轉換中的選擇〉一文獲得經濟學碩士，指導老師是經濟學家蕭灼基。後來，師從著名經濟學家厲以寧，並於一九九五年拿到博士學位。

而習近平成功從政之路則可以從他接受《中華兒女》的採訪中看到端倪，以下是採訪的問答：

習近平（以下簡稱「習」）：歡迎你們來。從我個人來說，

這麼多年來，對我個人的採訪，我拒絕了有100次以上。我不願意宣傳個人，因為我們都在工作崗位上，你不宣傳大家都在注意你了。從另一方面說，我們做了一些工作，那是應盡的職責；我們有了成長進步，也都是黨和人民培養的結果，個人沒有什麼好宣傳的，所以有關宣傳個人的採訪我都推掉了。還有人要寫傳記，我也都全部推掉。

楊：我們想也是這樣的。因為這種宣傳弄不好會引起副作用。

習：特別是現在流行的寫法總要把這個人放進一個背景：這是誰的孩子啊，誰的先生啊，你要寫的是這個人，寫這些有什麼用？再說，這個背景已經不是什麼新聞，大家都知道，再炒來炒去真沒意思。

楊：這種宣傳確實沒有意思，也沒有必要。但是，作為高級領導幹部，你們是群眾和輿論關注的焦點，通過新聞和出版媒介讓人民群眾瞭解你們的工作，我認為這種宣傳還是有必要的。

習：領導幹部不是不可以宣傳，但是不能多，並要把握好分寸。現在有一種傾向，一寫領導幹部就要將你寫得多麼完美，多麼高大，要知道，世界上是沒有至善至美的東西的，你把一個人寫得完美了，人們就不相信了。同時，一個人的能力是有限的，離開人民群眾，離開領導集體，你將一事無成。所以，我認為還是多宣傳人民群眾、多宣傳領導班子集體為好。

楊：我聽說，您在寧德的時候，不像有些幹部那樣，到一個新的地方先要燒「三把火」，要轟轟烈烈幹幾件「大事」。您沒有豪言壯語，只是體現出一種滴水穿石的精神。

習：我當時去的背景是這樣的，我在廈門任了3年副市長，其中後一段時間負責常務工作，在改革開放和推動特區建設方面

做了一些工作。省委看到我在廈門有一些開拓精神，也有一些這方面的經驗，省委決定調我任寧德地委書記。賈慶林同志那時是省委副書記兼組織部長，他找我談話，說：「省委想讓你到寧德去沖一下，改變那裡的面貌。寧德地區基礎差，發展慢，開什麼會議都坐最後一排，因為總排老九嘛　福建省有九個地市，沒有實力，說話氣不粗。你去之後，要採取一些超常措施，把這個狀況改變一下。」當時的省委書記陳光毅和省長王兆國同志都非常支持和鼓勵我。

我去了以後，馬上就遇到通貨膨脹、經濟過熱，黨中央、國務院決定要治理整頓，大氣候不利於採取超常措施。看到大家的心情是希望變，希望我來了以後帶著大家變，沒有看到我來了也是「光棍」一條，不可能給他們帶來什麼奇跡。所以，我只能講，治理整頓也是一種機遇，把大家心氣提一提。我當時主要的思想是：這時候不能炒熱。一般講，剛來的時候，說一些讓大家熱血沸騰的話很容易，趁大家的勁「踢三腳」也容易，但是這個勁一挑起來，接著將是巨大的失望，我不能做這種事情。所以，我採取的辦法是小火燒溫水，常燒不斷火，有時還給添點冷水，而不是燒三把火。他們給我講閩東要幹三件大事：開發三都澳港口、修建主溫鐵路、撤地區建市。我說，這些事要慢點來，因為我們的經濟基礎薄弱，不可好高騖遠，還是要按實事求是的原則辦事，多做一些扎扎實實打基礎的工作。

弱鳥先飛，滴水穿石，我就是在這樣一種情況下成長起來的。少走彎路，就像龜兔賽跑，你還是可以取勝的。當然，這些都要有長期打算，我並沒有打算很早離開閩東。在閩東我主要抓了四件事：一是解放思想，理清發展思路；二是培養一支好的幹部隊伍；三是實實在在地抓扶貧；四是從閩東山海兼而有之的特

點出發，念好「山海經」，抓好山海綜合開發。在閩東幹了兩年，省委又調我到福州來工作。在閩東時間雖短，但是工作體會很深，跟大家感情很好。離開這麼多年了，閩東還是我最感親切的地方。

楊：聽說您原來在中央軍委機關工作，所處的工作環境和工作崗位可以說是許多人可望而不可求的，當初您為何要做出下到地方基層工作的選擇？

習：我是從中央軍委辦公廳下放到河北正定縣的。到河北後，地委書記謝峰同志找我談話，那是一位非常樸實的地委書記，解放初，二十多歲就當了張家口地區專員，後來任河北省省長。我說，你對我有什麼要求？他說，「既然你能下來走這步路，我想我就不必囑咐了，你也不是那種草率從事的人。我就囑咐你一條，就是你當年在農村之所以幹起來，那是因為你置於死地而後生。我聽了你的經歷，你當時被打成『反動學生』，最後像『四類分子』一樣下到那裡，舉目無親，你是華山一條路，必須走下去，也可能這樣你就成功了。但現在你不同了，你是本人選擇下來的，人家可能不會理解。」

當時，確實有許多人對我的選擇不理解。因為我在到河北之前是給耿飆同志當秘書，他當時是國防部長，又是政治局委員。他說，想下基層可以到野戰部隊去，不必非要去地方下基層。那時候從北京下去的人，實際上就是劉源和我。他是北師大畢業，要下去。我是在中央機關工作了幾年，我也要下去，我們倆是不謀而合。劉源當時去了河南。走之前也參加了好幾個聚會。許多人對我們的選擇不理解，問我怎麼現在還下去？當時在我們這一批人中有一種從紅土地、黑土地、黃土地、綠草原上終於回來了的感覺，有些人認為「文革」吃夠了苦頭，現在不能再虧了；還

有一些人存在著要求「補償」的心理，尋求及時行樂，我對他們的不解感到悲哀。古時候「十年寒窗，一舉成名」，中個進士，謀個外放，千里萬里他都去。像古時寫〈三言〉的那個馮夢龍，到福建壽寧任知縣時都快五十歲了。那時候怎麼去的壽寧萬重山盃，我們現在還不如古時候的士大夫。更可憐的是，我們的活動範圍半徑不過50公里，離不開北京，不願意出去把北京的戶口丟了。我說，我們要出來，當年老一輩出去，是慷慨激昂。我們在「文化大革命」中「上山下鄉」，是迫不得已。但在這種不得已裡頭，使我們學到、體會到了很多的東西。現在一切都好了，那些禁錮我們的「左」的東西都解除了，我們更要去奮鬥、努力，好好幹一番事業。

楊：從我瞭解的情況看，20多年來您無論在鄉里、縣裡，還是在地、市，包括福州您所在的地方團結搞得都很好。在團結合作方面，您是不是從您自己的角度講講，有沒有一套完整的做法？

習：在團結方面，我從小就受家庭的影響。我父親經常給我講團結的道理，要求我們從小就要做講團結和善於團結的人。「己所不欲勿施於人」，「給人方便，自己方便」，用他的話講，就是做每件事不要只考慮自己願不願意，還要考慮別人願不願意。因為你生活在人群中，什麼事都以自己為主，這是不行的。父親講的團結方面的道理，當我們後來生活在集體環境時，體會就很深刻了。無論是上寄宿學校，還是下鄉和參加工作，我都深深感到：凡事團結處理得好，工作都能做得比較好；凡事團結處理不好，就都做不好。特別是後來上山下鄉到陝北，遠在千里之外，舉目無親，靠的就是團結。在這方面自己也有挫折和教訓。在上山下鄉時，我年齡小，又是被形勢所迫下去的，沒有長期觀念，也就沒有注意團結問題。別人下去天天上山幹活，我卻

很隨意，老百姓對我印象很不好。幾個月後我回到北京又被關進「學習班」，半年後被放出來，我再考慮回不回去最後見到我姨父，他解放前是太行山根據地的。當年是我姨姨、姨父把我媽媽帶出來參加革命的，他們都是我們很尊敬的人。姨父給我講他當年是東北大學學生，「一二九」以後怎麼開展工作，怎麼到太行山，他說，我們那個時候都找機會往群眾裡鑽，你現在不靠群眾靠誰當然要靠群眾。

聽了他們的話之後，我就按這個思路回去了。回去以後，努力跟群眾打成一片。一年來，我跟群眾一起幹活，生活習慣了，勞動關也過了，群眾見我轉變了，對我也好了，到我這兒串門的人也多了，我那屋子逐漸成了那個地方的中心——村中心，時間大概是一九七〇年。每天晚上，老老少少都絡繹不絕地進來。進來後，我就給他們擺書場，講古今中外。他們願意聽城裡人侃大山，講他們不懂的事，漸漸地就連支部書記有什麼事都找我商量，他說，年輕人見多識廣，比他懂得多。這樣，我在村裡有了威信。

楊：聽說您是在下鄉插隊期間入團、入黨和當上大隊黨支部書記的，這在當時對你這樣家庭背景的人是很不容易的。能不能談一談這一段的經歷？

習：大概到了一九七三年，我們又集中考學，正如你所說的那樣，像我這樣家庭背景的人在當時是不可能被錄取的。後來我又去馮家坪公社趙家河大隊搞社教。搞社教很有意思，我當時是團員，不是黨員。我已先後寫過10份入黨申請書，由於家庭的原因，都不批准我。這次公社又將我的入黨問題交到縣委去研究。縣委書記說，這個村姓氏矛盾複雜，本地人很難處理得好，確實需要他回村裡主持工作。他爸爸的結論在哪兒沒有，不能因此影

響他入黨。所以就批准我入黨，並讓我當了大隊支部書記。

經過許多的周折──「文化大革命」的周折，上山下鄉的周折，最後，這個村居然需要我，離不開我，我當時的感覺是在農村好，如果當個工人或當這個、那個，越是這些地方「文革」搞得越厲害，少不了天天要挨批判。在陝北農村也要搞大批判，批劉少奇、鄧小平在西北的代理人』，「彭、高、習」和劉瀾濤、趙守一等，「彭、高、習」即彭德懷、高崗、習仲勳。搞大批判還是由我來念報紙，當地有幾個識字的天天念得司空見慣了，也無所謂了。但當地的老百姓非常理解，畢竟是我父親過去的根據地所在。我父親那時是「陝甘邊」的蘇維埃主席，當時才十九歲。有這個背景，就有很多人保護我、幫助我，再加上我本身也比較堅強，就這麼過來了。

楊：您曾講過，7年上山下鄉的經歷使您獲益匪淺，請您談談最大收穫是什麼？

習：我的成長、進步應該說起始於陝北的7年。最大的收穫有兩點：一是讓我懂得了什麼叫實際，什麼叫實事求是，什麼叫群眾。這是讓我獲益終生的東西。二是培養了我的自信心。常言說，刀在石上磨，人在難中練。艱難困苦能夠磨練一個人的意志。7年上山下鄉的艱苦生活對我的鍛鍊很大，後來遇到什麼困難，就想起那個時候，在那樣困難的條件下還可以幹事，現在幹嘛不幹你再難都沒有難到那個程度。一個人要有一股氣，遇到任何事情都有挑戰的勇氣，什麼事都不信邪，就能處變不驚、知難而進。

楊：您是怎樣從農村上大學的？

習：我那時一邊當著村幹部，一邊總想著有機會我還是想上學深造一下，因為讀書確實讀得太少了，這與我理想的目標並不

違背。那時候報大學，清華有兩個名額在延安地區，一個分給延川縣。我3個志願都填清華，你讓我上我上，不讓我上就拉倒。縣裡將我報到地區，縣教育局領導仗義執言為我力爭；清華來招生的人不敢做主，請示清華。這又是一個機遇。一九七五年七、八、九三個月，正是刮所謂的「右傾翻案風」的時候。遲群、謝靜宜都不在家，劉冰掌權，他說，可以來嘛。當時，我父親下放到洛陽的耐火材料廠。耐火材料廠開了個「土證明」：「習仲勳同志屬人民內部矛盾，不影響子女升學就業。」開了這麼個證明，就上學了。走的時候，當地還剩下的一些知識青年都特別羨慕我。那些知青也都沒得說，一恢復高考，都考上了學，還都是前幾名。

上山下鄉的經歷對我們影響是相當深的，形成了一種情結──叫黃土地情結。在遇到困難時想到這些，就會感到沒有解決不了的問題。

楊：我們注意到在今年一月召開的福建省第九屆人民代表大會第三次會議期間，省內新聞媒介報導說您在作政府工作報告中講到「必須使每一位政府工作人員都牢牢記住，人民政府的權力來源於人民，必須代表人民的利益，必須為人民謀福利，切不可忘記了政府前面的『人民』二字」時，全場報以熱烈的掌聲；還報導在大會結束時，您以高票當選為省長。請問您對此有何感想？

習：對於我們共產黨人來說，老百姓是我們的衣食父母，我們必須牢記全心全意為人民服務的宗旨，黨和政府的一切方針政策都要以是否符合最大人民群眾的利益為最高標準。要時刻牢記自己是人民的公僕，時刻將人民群眾的衣食冷暖放在心上，把「人民擁護不擁護、人民贊成不贊成、人民高興不高興、人民答

應不答應」作為想問題、幹事業的出發點和落腳點，像愛自己的父母那樣愛老百姓，為老百姓謀利益，帶著老百姓奔好日子，絕不能高高在上，魚肉老百姓，這是我們共產黨與那些反動統治者的根本區別。封建社會的官吏還講究「為官一任，造福一方」，我們共產黨人不幹點對人民有益的事情，說得過去嗎？

## 第五節　慘遭淘汰的下崗遭遇及艱難困境

從人數上講，在廣闊天地度過青春歲月，後來又成為精英的，畢竟是極少數，大多數的知青回城生活都極其坎坷的。作者聽驚雷在〈從下放到下崗　知青一代三十年苦難幾時終結？〉講述：文化大革命運動隨著改革的開始而結束，但知青一代的苦難卻並沒有隨改革的深入而終止。在毛澤東的革命時代，這一代人未滿二十歲就被過早地驅入社會，經歷農村生活的艱辛。在鄧小平啟動的改革年代裡，這一代的許多人在四十多歲時就被迫下崗，人在中年便過早地退出事業發展的舞臺，忍受低收入生活的艱難。這一代人是毛的革命的棄兒，鄧的改革卸下的包袱。

……隨著改革的開始，教育水準變得日益重要，大專的文憑成了晉升的依據。一九七九年中國政府開始把教育程度作為基層以上提拔官員、企事業領導的一項指標，而一九八三年乾脆把大專文憑作為提拔的一項基本依據。這種提拔政策無疑對中國各階層領導的現代化富有意義，但它卻無視歷史，把知青一代人下鄉的苦難化為了他們後天的缺憾。儘管這一代的1500多萬人依然年輕、有豐富的社會生活經驗和良好的工作表現，但如果沒有大專文憑，他們永遠登不上晉升的階梯。隨著改革的深入，至八十年代中期，高水準的教育成了每一種正當職業的基本要求，就連服

務性行業也不例外。

九十年代中期，北京一家茶葉店要求應聘者不但要年輕，粗通茶文化，還得懂英語。鄧的改革根本性地改換了毛的革命社會的目標，而在這改換裡，知青一代下放的「積累」變成了無用的資歷。面對教育程度日益增高的要求和改革快速變化的節奏，知青一代缺乏應變的基礎，成了改革社會中「沒本事」的人。最慘的是這代人約有一半是六六至七二屆的初中生。在十四至十七歲之間，他們以大致小學的教育程度去了農村；而在四十歲左右下崗後，他們成了褓姆、攤販、鐘點工、飯店服務員。不完整並且水準太低的教育使他們無法競爭改革帶來的新機會，而改革前進時他們下了崗，被拋在後面端盤、練攤、搬煤氣。

知青一代轉型的困難還在於他們缺乏市場經濟的概念。他們有過中國傳統的教育，儒家的輕商在他們思想中留下過痕跡；他們許多人也看見過工商業者如何在五十年代的社會主義改造中被剝奪財產和整得聲名狼藉。革命的教育教給他們的是理想主義和平均主義；長大要當工人農民，而不是當生意人賺錢。因此在一九八〇年，這代人也和許多中國老百姓一樣厭惡經商牟利，視跑單幫、幹個體致富的為不正當發財的人。當然，他們也就同時放過或無視了許多可以開展自己經濟事業的機會。

更關鍵的是，社會主義是他們所曾生活過的唯一經濟制度，即便不喜歡，他們也熟知其好處：鐵飯碗、公費醫療、退休勞保。當鄧要打爛鐵飯碗、「摸著石頭過河」含糊地向市場經濟轉型時，為著工作和生活的穩定，這代人更傾向於留戀社會主義經濟。特別是對大回城的800多萬知青來說，向市場轉型尤其困難：他們缺乏市場經濟的知識，更不能在生活尚未穩定就又被推向不穩定。他們已飽嘗農村的艱辛，需要的是時間和收入來平復

心理的傷痕和重新適應城市生活。只要社會主義能支付活得下去的工資，那麼他們就更沒有轉型的緊迫性。

中國最大工業城市上海下崗人數最多，其中56.8%的年齡在三十五至四十五歲。下崗工人的教育程度與年齡結構清楚地表明：知青一代是下崗政策化以來首輪下崗的主要對象。上海女工陳潔的例子最能說明知青一代人在下崗中的脆弱。一九六九年陳潔讀完初一後下放去了雲南西雙版納，一九七九年陳潔在知青大回潮中回到上海，進了大中華橡膠二廠。她工作積極，入了黨，從來沒有想過有一天廠裡會不要她。一九九三年她四十歲時，廠裡效益不好讓她下了崗。在這之後她申請過不少正當的工作，可總是被嫌沒技術或年齡大而遭到拒絕。她花了積蓄擺過服裝攤，可因生意太冷清而不得不收攤。她感到命運的殘酷，但為了讀書的兒子和病中的父母，她還得把日子過下去，繼續找工作。後來陳潔做了家庭服務員，從那兒又做到了居委會主任，成了一九九八年中共中央與國務院召開的全國下崗職工生活保障和再就業工作會議期間所表彰的下崗後再就業的榜樣。

但更多的知青一代下崗後沒能攀升到居委會主任這一級，儘管它在城鎮中連芝麻官都算不上。北京女工章桂英是六九屆的初中生，有著與陳潔一樣的年齡和教育。她去了黑龍江建設兵團9年，回北京後在一家化纖廠幹了十四年，一九九二年三十九歲時下了崗，而家中的知青戰友丈夫已久病長期臥床。章桂英痛哭過，找過上級、上級的上級、直至國務院信訪辦公室，可回答都是千篇一律：改革必然伴隨著個別人眼前利益的犧牲。最後，下崗後的章桂英幹上了家庭服務員。北京男工趙永旺的經歷則最好地說明男知青一代下崗的可能遭遇。他是六八屆初一，去陝西榆林插了10年隊，回北京後在運輸公司開了14年的三輪摩托「小蹦

蹦」，愛人也是知青。當趙永旺的公司在一九九三年因私營運輸業的崛起而被從前門擠遷去豐台農村時，他下了崗，才四十歲出頭。他看過一年大門，擺過半年菜攤、一年水果攤、一年多水產攤，最後開了個修鞋攤。陳潔、章桂英、趙永旺的下崗經歷清楚地說明：知青一代過去久經的苦難，正是他們今日可持續發展苦難的源泉。

**回城知青的「下崗」、「買斷」，不僅對他們本人是一個沉重打擊，而且也使他們的家庭遭受了重創，有的甚至因此解體。從海南兵團回到湛江的知青東紅和靜敏就是其中的受害者之一。據自由兄弟回憶：一九七七年，高考落榜的東紅病退後被安排在**湛江一家很知名的國企工作，一開始企業效益相當好，後來他又通過關係將在農場做教師的妻子也調到了同一個廠工作，兩人還分得了一套四十多平方的房子，一家三口生活過得其樂融融地讓人好不羨慕。自由兄弟登門拜訪時，為盡地主之誼的東紅還特意在當時最有名的環球酒家宴請了我一餐。席間，自然免不了炫耀所在企業效益好的話語。

不料，一九九八年開始的亞洲金融風暴，使東紅的企業產品出口銷路大減，先是效益急劇下滑，後是大量裁員，文化程度不高，又無技術特長的東紅首當其衝。家裡生活馬上緊張起來。無奈，妻子靜敏找了一份做家教的兼職來彌補生活開支，不幸的東紅此時又得了胃穿孔，時常吐血便血，免不了三天兩頭住院，家庭生活常常陷入困境。最不該的是東紅見靜敏家教時穿著時尚些，就有些懷疑妻子的不貞。靜敏實在受不了這樣的折騰，兩人經常鬥嘴吵架，吵著吵著就喊離婚。

一開始東紅不同意，後來企業倒閉了，靜敏拿了買斷工齡的2萬多元錢給東紅付清了住院費後就再也沒有回家。經過旁人的

勸說無效之後，東紅認為夫妻緣分已盡，也就和妻子辦理了離婚手續。後來，每月只有三百多元最低生活費的東紅，只好夜裡去幫人看鋪供孩子上學。如今，讓他寬心的是兒子已經長大成人，正在打工，並且跟他一起生活。而離異的靜敏，後來跟了一個有錢老闆，偶爾也會回來看望一下他和兒子，順便給些經濟援助。自由兄弟曾問東紅今後是否再找個老伴？他苦笑著說，如今連自己生活都沒保障，還想著再找個婆娘伺候？真是白日做夢，過一天算一天吧……

是啊，想來讓人有些傷感，這些知青夫婦，曾因海南兵團的苦難歲月而相戀相愛，結為秦晉，如今卻又因再次的回城下崗苦難歲月而相怨相恨，最後分道揚鑣。實在是有些匪夷所思，無法解釋。早知如此，還不如在農場患難與共，廝守終生。值得慶幸的是，許多知青夫妻雖已離異，但是仍會像關心親人一樣地關心對方。夫妻緣盡，還是農友，這恐怕也是那個特殊年代的一種特殊情感吧？

下崗遭遇的疾病艱難困境，也給回城知青帶來了雙重打擊。知青費施孟在〈大哥的命運〉講述：大哥雖然已離開我們多年了，但大哥一生勤勤懇懇，犧牲自己關心家人的精神使我久久難忘。

大哥的童年是幸福的，大哥是家裡的老大，是在爺爺奶奶的手心裡長大的，是在父母和親戚飽含希望的注視下上完小學的。一九六三年大哥考入楊淩中學，成為初中六六屆的一名學生，在當年學生運動會上獲得地區乒乓球第三名的好成績。六六年初提前參加了體育院校的招生考試。但沒幾天「文化革命」開始了，大哥的體院也上不成了。先是「停課鬧革命」、後是「全國大串聯」，一個運動接著一個運動，大哥積極參加了無產階級文化大

革命，去北京接參加毛主席接見，在北京各院校看革命的大字報，和同學朋友長征去延安接受革命洗禮，到毛主席故居韶山接受再教育，去井岡山走革命路。三年時間就這樣轟轟烈烈地過去了。

一九六八年上山下鄉風暴席捲全國，我們哥倆和同學們一起來到後稷教民稼穡的武功農村下鄉落戶，接受貧下中農的再教育，準備在農村大幹一輩子。在這裡，我們受到的鍛鍊和磨難使我們逐漸成熟，開始掌權的造反派瞭解到我們這些知青大部分家在科研單位、大學。父母大都是「臭老九」就不許我們參加宣傳隊（23人只有三個父母為工人的可參加）、不許聽傳達中央文件，讓我們和四類分子一塊勞動改造。後來在同學們的努力下學會了各種農活，受到了貧下中農的信任，有的成了工地的技術員、有的被選為記工員、還有幾個成為小隊的保管員（那是要得到真正信任的人才能擔任的全隊的糧食、棉花油等都是他來保管的）大哥也是其中的一個。

兩年後，形勢開始有了變化，「根正苗紅」的「知青」或參軍或招工紛紛離開了農村。接下來才是我們這些可以「教育好」的「臭老九」子女開始被招工。一九七一年我被招工離開了農村，正在這時，我們公社中心小學需要一名語文教師，大隊推薦了大哥，因為大哥寫得一手好字，幹活又很認真，大哥決定我出去工作，他當掙工分的小學教師。

一九七三年當我們大隊只剩下兩個「知青」時，當了兩年小學教師的大哥作為最後一批「知青」被招進集體性質的公社獸醫站工作，因為按當時的規定下鄉知青一家有一個人進入全民單位的另一個必須進集體單位。大哥在獸醫站幹得很不錯，不但年年是先進，還是獸醫站第一個被公社團委吸收為共青團員的知青。

一九七五年初為了解決婚姻問題，大哥調回老家古城的一個木器廠工作，回到老家大哥工作更努力了，不久大哥就從工人身分被提升為幹部，成為廠裡的管理人員。這時大哥已是快三十歲的大小夥了，家人都為大哥的婚事著急，父母親、親戚都在想辦法。那年月集體企業低人一等，待遇低、工資低，大哥每月才37元，大多數姑娘不願意嫁、好多姑娘一聽是集體企業，二話不說，回頭就走。後來我給大哥介紹了一位我們這兒軍工廠的姑娘，也是大齡青年，很喜歡大哥的人品和一手好字，和大哥談了兩年戀愛，並提出只要一結婚馬上把大哥調到他們廠，而且廠領導已同意，前提是必須是全民企業才能調回。我和大哥廠領導商量，廠領導為了大哥的婚事也同意開一個假證明，因大哥堅決不同意說假話而告吹，兩個人只好揮淚告別。至今在大哥留下的照片裡還有那位姑娘的照片。

一九八三年父親的單位同意給一個子女回研究所工作的指標，母親決心通過這個機會把大哥調回，解決大哥的婚姻問題，我們也都很希望儘快解決大哥的問題，但因小妹妹也很想調研究所工作，多次和媽媽提出。大哥知道後主動做通媽媽的工作，做出犧牲。自己繼續在集體廠上班，讓小妹調回研究所工作，大哥又失去一個好機會，婚事更難了。

一九八七年連小妹都結了婚，大哥的婚姻問題還沒解決，大哥的婚事成了母親和親戚的頭痛事，再「晚婚」也不能四十還不結婚，在母親、親戚的努力和壓力下大哥終於在年底同意和姑姑介紹的一位女技術員結婚了。大哥廠裡集資蓋了單元樓，大哥分到一套不錯的房子，母親和親戚們終於鬆了口氣。母親特別喜歡大嫂子，只要大哥和大嫂回家，母親就忙前忙後滿心喜歡，並且常常關心大嫂，希望早日抱上孫子。誰知好景不長第二年大哥倆

口就開始鬧矛盾，誰勸也沒用。大哥告訴我，他是在媽媽和親戚的壓力下才結的婚，很不幸福，從那以後大哥經常連家都不回了。

九十年代講文憑，大哥積極參加了自學考試，一九九一年上半年廠裡的夥管員因經濟問題被撤職，沒有好的人選，為了爭取更多的學習時間，大哥自動請纓。從那以後大哥除了管灶就是參加自學考試，經過兩年的努力大哥的「高自考」已通過了六門。離婚也鬧到了法院。一九九四年大哥患病住院，我和弟弟去看大哥，大哥告訴我們他一定要離婚，身體和心情都不好一直沒法學習。我們勸大哥安心養病，有困難就說話，並給大哥留了一點錢。半個月後大哥病癒出院，來到家告訴我病已全好，非要把留的錢還我，並說你也有家別亂花錢，我堅決不要大哥還，結果那錢大哥孝敬給了媽媽。為照顧大哥的身體，廠裡安排大哥作庫房保管員。

一九九五年初大哥的廠子被一個棉織廠兼併了，新廠講文憑，因為大哥的「高自考」才合格了十一門，還差兩門，不算有文憑，大哥又和新廠沒什麼人事關係，被分到大門作值班員了。年底大哥的離婚被法院批准了。

一九九七年大哥和他廠的一個女工結婚了，大哥很高興，說這才是她自己的婚姻，雖然是看大門，但大哥很喜歡，精神也很不錯，認為只要自己努力一切都會好的。十月份大哥把媽媽接到他廠子家中住，讓媽媽接受新大嫂。一九九八年春節我們全家在大哥的家裡過的，看到了大哥的笑臉，覺得大哥又回到從前，恢復了青春，媽媽也認可了大嫂、全家過了一個愉快的春節，充滿希望的春節。

命運之神又一次捉弄了大哥，一九九八年四月份廠裡開始

讓部分人下崗，大哥大嫂都在下崗之列。大哥把他們的情況告訴我，要我把媽媽接到我家。到了大哥家的那天晚上，大哥談起我們這一代叫「文革」害慘了，上學時遇上停課鬧革命、畢業時遇上下鄉下山、結婚時遇上晚婚晚育、生孩子時遇上計劃生育、提幹時遇上要文憑、現在又遇上下崗，一個蘿蔔八頭被切去，真是命苦啊！

大哥告訴我他準備去醫院做護工。我們都不同意大哥去，大哥已經是五十多歲的人了而且身體換有病。我們都想幫大哥辦一個商店，大哥卻堅決不同意，說你們替我好好照顧媽媽就行了，等我幹不動你們再幫我。大哥一生好強，寧犧牲自己幫弟妹，而不願給弟妹增加困難。我把媽媽接到我家住了。

六月份舅舅從北京來看媽媽，媽媽想讓舅舅勸勸大哥，給大哥另找一個工作，並讓同在一城的弟弟帶大哥一塊來看舅舅，誰知弟弟在大哥家沒找到大哥，聽說大嫂也去外地一個棉織廠打工，大哥在一家醫院照顧病人，那個醫院也沒人知道，沒法子只好讓舅舅回北京。我告訴弟弟過一段時間找著大哥再和大哥好好談談，誰知弟弟去了好幾回總是找不到大哥。

八月十號的晚上十一點突然接到大嫂的電話，她說大哥病重住院讓我馬上去，我急忙找車趕到醫院，只見大哥已昏迷不醒，只聽見呼吸機和心臟監護機的嗡嗡聲。大嫂告訴我她在外縣打工，接到電話下午才趕回來的，醫院告訴她大哥在醫院照顧病人時，自己累倒在病人旁邊的床上，昏了一天才被發現，病人和家人怕事一走了之。

我們顧不了別的，盡全力搶就大哥，整整七天大哥一直昏迷不醒，第八天大哥不行了，醫生盡了最大的努力，還是沒辦法。大哥一聲不響離開了我們，離開了親人和朋友。弟妹和老家的親

戚，大哥廠裡的同事，及我的一些朋友送走了大哥。多年來，媽媽一直被蒙在鼓裡，直到去世還在數說著命運的不公和大哥的好。這就是大哥的坎坷一生，也是文革後許多知青的共同遭遇。

第四章
# 養老醫保無助的掙扎與訴求

## 第一節　少數病殘回城後的艱難處境

對於許多確實病殘回城的知青，最為害怕的就是醫療費用無著的困境。土車阿裡在〈史鐵生的雙腿是怎麼殘疾的？〉一文中，通過黃敏蘭女士的回憶，記述了史鐵生當初患病和回城經歷的酸楚：……一九六九年一月十三日上午，北京火車站紅旗招展、人潮如海，鼎沸的聲浪中夾雜著一片哭泣聲(史鐵生〈病隙碎筆〉中亦寫道：「我記得臨行時車站上有很多哭聲，絕非『滿懷豪情』可以概括。」)一群青少年正在月臺上向前來送行的親友告別，這其中就有剛滿十八歲的史鐵生和十五歲的我。隨著汽笛的長鳴，我們坐在不同的列車中，向遙遠的陝北進發，一起奔赴那「廣闊天地」。共同的經歷使我能更深地感受史鐵生的「遙遠的清平灣」，也更能認識他個人道路的坎坷。

如果沒有插隊，沒有在農村染上疾病(在本文中，會較多使用「如果」這個詞，以探討命運發展的多種可能性)，史鐵生也不會成為後來的史鐵生。黃土高原上的勞動是艱苦的，當地老鄉就把耕作說成是「下苦」，並稱自己為「下苦人」，史鐵生作品中對此也有詳細的描述。這對於習慣於大城市舒適生活、身體嬌嫩的知青來說，無疑是一種嚴峻的考驗。不僅是意志的考驗，也

是體力的考驗。史鐵生的意志當然是沒有問題的，遺憾的是身體出現了問題：因脊髓受損傷而引起腰腿疼痛。

如果史鐵生當時馬上申請「病退」回北京，事情就不會發展到更為嚴重的地步。因為回京後可以得到治療，使病情好轉，也可避免繁重的體力勞動對身體造成進一步損害。按照北京市政府的知青政策，患病的知青可以以「病退」的方式回北京。雖然上面號召知青「紮根農村一輩子」，但是很少有知青真正這樣想。所以有些健康的知青也想方設法「病退」，例如開假的診斷證明、裝瘋、裝病，甚至自殘(當然是輕度自殘，以免付出太大的代價)。有門路的知青則不用如此費勁，一些幹部子弟或直接調回北京，或「走後門」當兵、以軍隊為跳板回京……

史鐵生儘管不能「走後門」離開農村，也不會不擇手段逃離陝北，但是以正常管道回京應該是可以的，可惜他沒有這樣做。這主要是他當時對病情的嚴重性估計不足，以為只是坐骨神經疼，或是腰肌勞損。也許還有一點，是他可能並沒有把陝北看作是「春風不度的鬼門關」，而是把它視為「世外桃源」。他看到鄉親們辛勤的勞作中也有詼諧和歡笑，並把人們揮汗如雨的勞作描繪成一幅從容、有節奏的動人畫面。「那情景幾乎使我忘記自己是生活在哪個世紀，默默地想著人類遙遠而漫長的歷史。人類好像就是這麼走過來的。」(〈我的遙遠的清平灣〉)精神的暢想抵消了史鐵生身體上的苦痛，讓他並不急於告別陝北。

善良的陝北老鄉心疼史鐵生，照顧他，讓他幹較輕的活——餵牛和放牛，這讓史鐵生心裡充滿感激。在陝北，唯一能代替人力的牛被鄉親們視為寶貝，餵牛又是一項技術含量較高的工作，不是任何人都能勝任的。老鄉把餵牛這樣機要的工作交給他這個初到農村的小青年，充分說明對他的信任。孰料，這出於好意的

安排，反而加重了他的病情。這完全是一場意外，在一次山野放牛時，突如其來的一場大雨引起史鐵生持續高燒，結果就臥床不起，稍稍緩解後也難以正常行走。如果史鐵生在發病時能得到救治，起碼及時退燒，或許不一定使病情發展到不可扭轉的地步。可惜當地的醫療狀況不能滿足這種急迫需要——既無「120」系統，也無基本的急救設施。

如果史鐵生有特殊的背景，也能及時獲得救助。例如我們縣曾經歷兩次特殊的空中「120」行動。一次是幾名高幹子弟被嚴重燒傷後，其同伴直接打電話給中南海，空軍的直升機馬上將傷患接回北京;第二次是一名知青「模範」人物不慎摔斷腿，北京市派直升機降臨黃土高原。但史鐵生當然是不可能享受這種特殊待遇的。於是治病就這樣被耽誤了。他不得不在一九七二年告別陝北，真正「病退」回北京。

……史鐵生回京後馬上住進友誼醫院，是在他父親的攙扶下艱難地走進醫院的。當時他曾暗中發誓：「要麼好，要麼死，一定不再這樣走出來。」沒想到一年之後卻是被人抬著出院。為什麼沒治好病也沒去死呢？其中原因很多，一是天使般的大夫的挽救。一位王主任和一名護士長兩次將他從死神那裡「搶下來」，王主任後來勸他看書，說：「人活一天就不要白活。」這句話給他指出一條活的路，讓他慢慢地做些事，於是慢慢有了活的興致和價值感。還有就是朋友的支持和幫助，史鐵生說：「我沒死，全靠了友誼。」朋友們鼓勵他，不時給他帶來歡樂和對新生活的期待。(〈我二十一歲那年〉)

出院後的史鐵生成了「待業青年」，前途無望;他母親不甘心放棄，多次嘗試治療均以失敗告終，也引起他的煩惱。於是他經常失魂落魄地跑到家附近的地壇公園，不斷地思考生與死的問

題……接下來要面對的就是如何活的問題了。這期間他母親不斷到勞動局低聲下氣地為兒子申請正式工作，但每次都遭遇冷漠的拒絕。不得已他到一家街道工廠去做臨時工，工資好像是每月15元，僅能糊口。這種糟糕的境遇讓史鐵生痛苦不堪。因為他不是一般的病人，而是殘疾人;卻恰恰又是一個追求崇高感和優美感的人。

　　在當時的中國，「人的尊嚴」還是個陌生的字眼，至於殘疾人的尊嚴就更無從談起。且不說處處遭受白眼是尋常之事，更有人肆無忌憚地當眾譏笑、嘲弄。有人嘲笑他，他說他恨不得抱著炸藥包衝過去，與之同歸於盡。少數人善意的同情和憐憫，更令有著高貴品格的他難以忍受。找不到正式和體面的工作，只能和一些沒文化的老弱病殘者為伍，以畫彩蛋這種簡單勞動為生。從史鐵生作品中描繪的陰暗破舊的工作場所、低俗的氛圍，即可看出他對自己當時狀況的不滿甚至痛恨。

　　為了有尊嚴地活著，他必須找一個體面的職業。起初史鐵生試圖走外語翻譯這條路，但是當時的中國尚未改革開放，對外交流沒有展開，這條路顯然行不通。於是在朋友的勸說下，他改投文學門下：「我一心只想著寫小說，彷彿那東西能把殘疾人救出困境。」「為什麼要寫作呢？作家是兩個被人看重的字，這誰都知道。為了讓那個躲在園子深處坐輪椅的人，有朝一日在別人眼裡也稍微有點光彩，在眾人眼裡也能有個位置，哪怕那時再去死呢也就多少說得過去了。」（〈我與地壇〉）

　　選擇了寫作的道路是一方面，是否具備寫作的能力還沒有把握。別人質疑他學歷不高，也不像正常人一樣可以「體驗生活」，如何能夠寫作？

　　幸運的是，上帝給了他超凡的文學天賦：簡潔優美的語言、

敏銳的感受力、豐富的想像力等等一切，再加上對生命、對命運獨特而深邃的思考，最終成就了一個偉大作家史鐵生。他的作品取得一連串的成功：〈午餐半小時〉和〈愛情的命運〉通過西北大學中文系學生刊物〈希望〉雜誌問世，史鐵生說這是他作品第一次變成鉛字。〈午餐半小時〉後為〈花城〉轉載。〈兄弟〉和〈沒有太陽的角落〉在北京的民間文學刊物〈今天〉首發，而後為〈青年文學〉和〈花城〉轉載。隨後，〈遙遠的清平灣〉、〈我與地壇〉及其後的作品相繼問世，引起轟動，更奠定了他在當代文壇的地位。

　　……從知青到畫彩蛋的「待青」，又到作家，史鐵生的命運有著巨大的改變。命運讓他去思考命運，苦難驅使他去回味苦難。正當事業如日中天之時，命運又跟史鐵生開了個大玩笑：由慢性腎病發展為可怕的尿毒症，這無異於雪上加霜。雖然四肢健全的人也會患尿毒癥，但是史鐵生的新病卻是由老病引起的：因為身軀長期彎曲、不能正常排泄，尿液中的毒素難以及時排出，嚴重損傷腎功能。史鐵生不得不靠血液透析維持生命。最初每週兩次(一般病人都是這樣)，後來因病情加重增加到每週三次。每次透析四個半小時，對一般人來說可能並沒有那麼大損害，但史鐵生因為體質太弱，回到家中已是筋疲力盡，連說話的力氣都沒有。

　　這些還能夠忍受，最重要的問題是昂貴的醫藥費如何解決。史鐵生在〈病隙碎筆〉中說，不少病人因沒有錢而只得等死。有錢和沒錢，竟然成了生與死的界線。幸運的是史鐵生因「有錢」而被留在了「活」的這一邊。這個幸運來自朋友的幫助和他作家的身分。最初是朋友們為他籌集醫療費，後來考慮這不是長久之計，便向有關方面申請資助，後來由北京市委宣傳部向東城區、

朝陽區、北京殘聯、北京作協募集解決，二〇〇八年正式成為北京市專業作家，年底開始由北京市文聯報銷透析費、醫藥費。

　　這樣看來，當初選擇寫作對他生活的意義多麼重要：不僅創造了輝煌的成就，改變了人生的道路;還為之後的生命提供了保障，這是當初難以想到的。如果他始終畫彩蛋，多半要歸到「死」的那一邊。

　　史鐵生的幸運不僅來自於他對命運的深刻理解，還在於他有奶奶和母親和妻子給予他無邊的愛，也讓他懂得什麼是愛、應該如何去愛。還在於他有許多好朋友，鼓勵他勇敢地活下去，鼓勵他寫作；隨時給予幫助：外出時推輪椅、生病時送他到醫院、幫助解決房子、醫療費等問題、把門前的臺階改成無障礙斜坡……

　　當時把他從死亡邊緣拉回來的是他的親人和朋友，在後來漫長歲月中伴他一路同行的，也是奶奶、母親和妻子和遍天下的朋友。今年一月四日，也就是史鐵生六十歲生日(冥誕)，「與鐵生最後的聚會」在北京798工廠舉辦，到場者近千人，其中除了一些慕名而來的讀者，就是他生前的眾多好友……

　　但是，並不是每一個病殘知青都有史鐵生般的幸運。據鳳凰資訊歷史頻道在知青名人錄〈被遺忘的緬共知青戰士康國華：被炸瞎雙眼晚景淒涼〉中報導：……五十六歲的康國華獨自住在昆明市某印刷廠宿舍五樓的一個單元房裡。康國華走路腰杆挺直，不用拐杖，除了寬大墨鏡背後深陷變形的眼窩，幾乎看不出是個盲人。

　　六十年代，緬甸共產黨獲得了快速發展，並與緬甸奈溫軍政府的政府軍爭奪整個緬甸。緬共的戰爭獲得了北京的支援，並被認為是世界共產主義革命的一部分。戰爭同時吸引著國界對面下放在雲南的知青。大批知青在默許和幫助之下，偷偷越過邊境進

入緬甸，加入人民軍與政府軍作戰。他們包括昆明、北京等城市下放在雲南的知青、中緬邊境雲南本地知青，以及少數下放在甘肅、內蒙、新疆的知青。

三十七年前，康國華在緬甸以知青戰士的身分參戰。那天夜裡，康國華就像他的偶像，電影〈英雄兒女〉裡的志願軍戰士王成一樣，懷抱輕機槍，跳出戰壕，不顧一切地往山下的敵軍掃射。英勇的康國華變成了敵人的活靶子，一顆槍榴彈直接命中了他懷裡的重機槍，劇烈的爆炸將他炸飛回了戰壕。渾身是血昏死過去的康國華奇跡般地沒死，卻被炸爛了半邊臉，失去了雙眼、兩顆牙齒和兩截手指。

康國華的英勇為他在緬甸贏得了政治資本，一九七二年六月，康回到緬甸，以緬甸駐外人員的身分任108醫院黨支部書記。此後，康國華歷任人民軍801部隊醫院黨組副書記、北方軍區醫院副政委、黨委副書記、人民軍中央醫院副政委、黨委副書記，被稱為緬甸的「保爾柯察金」。直到一九八九年回國。

如今，上山下鄉運動早已結束，緬共也變成了歷史名詞。康國華用雙眼換來的政治資本突然變得一文不值。現在很少有人知道這段浴血奮戰的歷史，更沒有人知道康國華曾經是緬共人民軍聞名全軍的戰鬥英雄。康現在只是個住在女兒家裡，靠每月250元低保生活的盲人。

康國華剛回國時並未感到生存的壓力：康的知青戰友，緬甸二特區師長車濟將從大陸採購的事務交給康來做，保證了他的生活。車濟是極少數在緬共政變後依然擔任高官的知青之一。康手中握有大量用來採購的美金，不斷有真的或假的高幹子弟垂涎他的美金，與他共進晚餐。

一九九二年初，手握重兵的車濟在緬甸遇害。康國華與緬甸

的最後一點關聯隨之斷裂。以後的路，康只能靠自己。康真的曾經去賣唱，但之後他組織起了殘疾人藝術團。此後，他還曾開過餐館、電子遊戲廳和網吧。

二○○○年，由於政策調整，康收入頗豐的遊戲廳和網吧被關閉。之後的一次失敗的投資又耗盡了全部的積蓄。婚姻同樣糟糕。康的妻子回國後不久帶著孩子離開了他。第二次婚姻也是短暫而失敗，康國華現在一直單身。

康國華回國後打拼討生活的時候，常春光已經做到了雲南外貿公司經理的位置，甚至多次派駐外國工作。二○○三年，常春光從雲南外貿公司退休後回家安度晚年。常退休後繼續思索當年的歲月：緬甸還是那個緬甸，仗白打了，自己則充當了一回政治工具。常所瞭解陣亡在緬甸的昆明知青超過100人，所幸自己活著回來了。

常春光的檔案裡夾著一份蓋有外事部門公章的一九七四年中聯部六十一號文。這份文將知青戰士在緬甸的行為定性為自由主義行動，但同時肯定為無產階級革命活動、是國際共產主義的表現。檔還肯定了知青戰士們對保衛祖國邊疆的安全、間接服務祖國社會主義建設起到了積極作用。這份檔保證了常春光可以公開大膽地講出當年的歷史並引以為榮。

蔡偉沒見過這份檔，檔案裡也隻字未提緬甸的日子。他一直在昆明一家五金器材廠當工人。「我忠於祖國，祖國拋棄了我，所以我無可奈何地去了緬甸。我忠於事業，事業摧殘了我；我忠於真理，真理欺騙了我，所以我又回來了。」蔡偉曾經用這句知青戰士們最愛說的話回擊中國嘲諷他戰爭經歷的人。蔡偉一直「夾著尾巴做人」直到退休。退休後的蔡偉是康國華家的常客。

但五十六歲的康國華還要繼續拼搏：他沒有單位，也無所謂

退休。康珍惜每一個與知青中「成功人士」交往的機會，希望借助別人的力量再拼搏一次。聽著別人的成功故事，康有時候難免會想，如果不出國打仗，自己會不會同樣成功？

康說，他曾經離再一次的成功如此接近：一名廣東老知青欽佩康當年的勇敢無畏，與他長談數天之後，願意投資五十萬讓康操作專案。但這名知青回廣東幾天後暴病身亡。康等了四年，也沒能等到投資。康強調，如果有投資，他完全有能力再拼一拼。

但現實中唯一可靠的，只有每月250元的低保。康於是經常上訪或是給北京和雲南的領導寫信，要求落實與其他回國知青一樣的軍齡算工齡等政策，但接待他的官員時常對那段歷史一無所知。康也曾經要求看中聯部的那份六十一號文到底什麼內容，卻遭到了拒絕。甚至曾經有官員在康國華被採訪後來到康的家中，要求他為這段歷史保密。但這名官員聲稱，對於康國華的生活難題，他們無權解決。

網名「船舫的插隊知青」在〈接到招工回城的通知後〉講述：她接到了去棉紡廠招工的通知，心情無比激動。接到通知的瞬間，心中充滿了無數遐想，一幅幅美麗的畫面，浮現在她的腦海裡。她甚至開始重新設計自己的人生。明天就要到棉紡廠報到了，今天要站好最後一班崗，順便和鄉親們告別。當時，天旱少雨，地裡的莊稼渴的泛黃，急需抗旱。隊裡也採取了應急措施，組織抗旱。

她沒有因為明天回城而休息，也沒打算留在家整理行裝，而是積極的和鄉親們一起投身到抗旱中去。這天，要去抗旱的地方較遠，生產隊派出了拖拉機，她和鄉親們一起坐在拖拉機上，暢想著美麗的明天。

突然，拖拉機劇烈地震動了一下。她只覺得身子一閃，就

被重重的摔在了地上。緊接著，拖拉機無情地從她脖子上碾了過去。因為她倒下去的地上有些沙子。因此她倖免於難，僥倖活了過來。但是後面發生了更可怕的事，她的頸椎嚴重損傷。除了大腦，全身都失去了知覺。

當年，她只有十七歲。正當青春年華的她，離回城只有一步之遙，她沒能如願以償，當上工人，願望和她擦肩而過。這一天是七七年的八月五號。她從那時起就永遠地躺在了病床上，再也沒有起來，這一躺就是三十四年。

聽後湖的知青說過這件事後，一直想去看望她，幾次去她家，都沒能進門。因為他的父母已經過世，是她的兄弟一直在照顧她。她有五個哥哥和一個弟弟，兄弟們都有自己的家庭，自己的工作。為了便於照顧，兄弟們排好了班，一般白天沒人，晚上下班後才有人，這就是我去了幾次，都沒進去的原因。

星期六的傍晚，我又一次去了她家，碰巧她弟弟在家，姐弟倆非常熱情。我們談得也很投機。談話間，我大致瞭解了她的情況。她已經癱瘓在床三十四年，先前是父母照顧，現在是她的兄弟在照顧她。談話期間，弟弟拿出了姐姐受傷前的照片，照片上的小姑娘是那麼漂亮單純，那是不加任何修飾的自然的美。比我記憶中的還要漂亮。

躺在病床上的她骨瘦如柴，只有那雙眼睛，仍然美麗，仍然流露著對人生的渴望。我俯下身子，和她交流。她的大腦非常清醒，對過去的一切記憶猶新，她反復地重複著一句話：「也怨我自己。如果不感情用事去抗旱，就不會發生這一切了。如果我坐在拖拉機上，手扶住也不會有事。我連累了父母，父母臨終都閉不上眼。連累了哥哥弟弟，最大的哥哥七十二歲了，弟弟也四十八歲了，還要來照顧我。」

弟弟在一旁流下了眼淚。弟弟說：「姐姐從受傷至今，生活不能自理，一切一切都是別人幫，姐姐以前很要強，凡事都做得很出色，事已如此實在無奈。母親是突發病去世的，臨終前還在給姐姐洗尿布。

三十四年，人生有幾個三十四年，面對躺在床上三十四年的病人，她的平靜完全出乎我的意料。談話期間，她沒有牢騷，沒有抱怨，沒有要求，只有滿臉燦爛的笑容，和眼睛裡滿含的淚水。她，就是離我家不遠的鄰家小妹。

## 第二節　養老無著知青們的悲苦境遇

據瞭解，在上海等省市，曾就當年支邊支農的知青回城定居人員生活補助問題作了專題解決，不夠600元的部分給予補助，同時統籌解決有關醫保、社保等方面的問題。由此我們想國家有關部門也應出臺有關類似的政策，以保障當年到兵團（農場）和其他知青的晚年生活得到保障。據瞭解，目前還有一些知青，特別是小城鎮的知青晚年生活相當艱難。

另外，也要出臺一個優惠政策，主要是購房，讓一直留在農場農村的知青晚年可以自主選擇回城安度晚年。畢竟他們曾為國家建設作出了巨大犧牲和貢獻呀！這幾年，看到有些知青由於身體差，沒技術，只好提前退休，生活費只有四五百，甚至三四百。有的小城鎮的甚至幾乎沒什麼來源，只有用摩托搭客，或做散工度日。我想，當年他們為國分憂，如今政府應當為他們解難，現在的國力應該拿得出這些錢。

030網友：據我瞭解，湛江地區廉江市安鋪鎮的知青他們的情況大體也是一樣，都是只有400至500元的退休金，很是可憐而

且不是人人都有，有的企業沒錢交社保費的，又或是早期離開企業的，他們都沒有退休金。在廣州市來說，早期離開企業的，你只要按照有關的規定補交了一定數額的錢，你也可以享受退休待遇的呀，但在他們那裡卻不可以，你就是有錢想補交也不可能。因此，只有希望廣東省勞動社會保障局能從根本出發，從人性化出發，出臺一些有利於全省知青群體的優撫政策，讓他們的晚年能夠過得好一些，這樣我們的心也會舒服一點。

我在二〇〇三年十月黃金周和六連的知青一起自駕車回去海南時，特意去了安鋪鎮探望我們連隊的知青朋友（六連沒有安鋪鎮的知青），離別20多年了，很是掛念他們！由於事前沒有與他們打招呼，司機也不認識路，到了安鋪鎮的時候，已經是晚上七點多鐘了，當我們十幾個人出現在他們鎮上的時候，他們紛紛互相奔相走告（因為絕大部分人家裡都沒有電話），然後，把我們帶到了一間餐廳用餐。用餐的時候，他們就坐在我們的旁邊與我們聊天，還不斷的為我們介紹餐桌上的本地的美味佳餚，催促我們多吃一點，但自始至終就是不見他們其中的任何人也和我們一起喝一杯茶水，動一下筷子！

到了埋單的時候，他們卻爭著付款！晚飯後，他們又安排我們在鎮上最好的一間賓館住了下來，相聚直至到了下半夜，由於我們第二天要在清晨五點三十分就要趕路，他們才依依不捨地與我們告別離開了賓館回家去。幾個小時後，當我們要離開賓館到前臺結帳時，才知道他們早已經為我們付過了住宿的費用。

後來，我才知道了他們從海南回來後一直在生活的邊緣掙扎，擺地攤、送煤氣、搭客、做家政、賣粽子……

後來，我才知道，他們要退休了，退休的手續雖然辦過去了，但卻沒有一個人可以從單位領到過退休金！

後來，我才知道當天晚餐為我們付的所有費用都是大家共同分擔的，為了省一點，他們寧願餓著肚子（當晚他們有好幾個人當時還沒有吃飯呢），也不願與我們一起用餐，只是坐在我們的旁邊陪伴著我們！

以後，每當我想到這些，眼淚就會從心裡往外流；以後，不論他們對我有什麼需求，我都會全力以赴，去為他們解決，並著重為他們好幾個人討回了退休金。

以後，在組織我們連隊各地的知青回訪南島農場的時候，我都本著儘量為他們著想的心意，兩台知青自己開的麵包車是免費的，一路上就全部安排安鋪鎮和潮汕地區個別的知青乘坐，其他的統統自費乘坐汽車公司的大巴（儘管極個別的知青對我的做法有意見，說我太偏袒他們了），用餐就選便宜的大排檔，拍攝回來的錄影和圖片製成光碟後都免費分發給他們。

以後，我還在網站購買了二十幾套〈我的知青歲月〉、〈我們的十團〉等的光碟以及網站發的〈知青足跡〉寄過去給他們，以此表示感謝他們我在安鋪鎮受到的熱情接待的一點小小的心意；當然，我更希望他們用知青的精神，與生活中的，工作中的，人生中的不如意去對待，去理解，去爭取，去堅持，去努力，去奮鬥！

以後，有的知青有病要到廣州來治療，在廣州又沒有親屬的，只要找到我，我都會熱情接待，為他們尋醫問藥；以後……

今後，希望政府有關部門讓他們的晚年過得好一點，所有的知青朋友他們都有退休金，這才是我最大的心願。

**自由兄弟對此感歎說：**看來，樓上030真是一個心地善良之人，能體貼許多小城鎮知青的艱難。所說安鋪知青的現狀，因為許多都是與我一起去的海南知青，生活確實如此。前不久，我聽

茂名的一個農友說，在化州、高州等縣市城鎮的知青也是如此，許多人都沒有退休金，依然在為一日三餐奔波。

我有一個朋友說，每回出差，見到一條街都是許多昔日的農友、場友在搭客、擺攤，他都難受地繞開走，怕打招呼傷了他們的自尊；不打招呼，又怕他們說是架子大。據瞭解，在清遠、陽江的城鎮也有類似現象，真如030所說，想交養老保險都找不到門。如今，他們還可對付找得三餐，再過幾年老了該怎麼辦呢？

**東南網作者蔡學偉、許愛瓊在〈十七歲上山下鄉老知青無家回街頭流浪十七載〉講述了一個讓人傷感的故事：**47年前，年僅十七歲的吳某藻初中畢業後，來到莆田大洋鄉三角丘農場，成為一名上山下鄉的知青。47年過去了，這名年過六旬的老知青因為家庭窘迫，淪為以撿食垃圾為生的流浪者，他說他已在街頭流浪了近17年。吳某藻長年流浪所在地涵江延寧社區的負責人告訴記者，由於老人戶口不在當地，無法為其辦理相關的低保手續。

近日，記者在位於涵江區延寧社區的一家公廁內見到了吳某藻，他一頭長髮，滿臉鬍鬚，身上的衣服又髒又臭。附近的居民說，老人白天在廁所對面一戶人家的門前休息，晚上則住到公廁內的過道上。

吳某藻告訴記者，他是涵江區延寧社區人，今年六十四歲，一九六四年十月，剛滿十七歲的他到大洋鄉的三角丘農場上山下鄉，一九七五年十二月調到秀嶼的前沁國營農場。剛開始，還可以在農場內領取每月32元的工資，由於農場不景氣，兩年後發不出工資了，他便和其他的工人一樣，外出打工謀生，關係仍留在農場內。

由於小時候患有嚴重的眼疾，吳某藻的視力一直不好，經常找不到活幹，每個月的收入只夠個人花銷。他曾有過兩次婚姻，

後因種種原因離異，所生的一男一女兩個孩子也跟了女方。一九九四年，由於視力越來越差，吳某藻再也找不到活幹，於是便回到老家涵江延寧社區過起流浪的生活。白天，他撿些殘渣剩飯填肚子，晚上便在樹下或宮廟內過夜。他經常借宿的那間宮廟前幾年被火燒毀，他就只能睡馬路。前不久，他找到社區的一間公廁，便在那安起了臨時的「家」。

吳某藻說，他有4個兄弟姐妹，可自從父母過世後就沒聯繫，兩個孩子也沒有往來，17年來，他靠撿破爛，有一頓沒一頓地維持著生存，現在眼睛徹底壞了，連一米外的事物都看不清了，撿破爛也越來越困難，基本上已沒有東西可以吃了。

記者隨後向吳某藻老人長期流浪的延寧社區瞭解情況，該社區阮主任告訴記者，他們十分同情老人遭遇，也曾去看望過老人幾次，原先也想為其解決低保問題，但老人的戶籍等關係還在秀嶼區的前沁農場，根據政策，老人要享受低保，只能向秀嶼區的民政部門申請辦理。

曾與吳某藻老人同在前沁農場工作的一名同事告訴記者，老人的所有關係仍在農場內，他希望有關部門能與前沁農場聯繫，幫這位老知青辦理相關的退休手續，並補交醫保社保，讓老人的老年生活老有所依。

知青施大光在〈被上山下鄉遺忘的「黑」知青〉講述了一個更加荒唐的故事：中國大陸的身分證制度已經實行了25年。身分證也已更新換代為科技含量更高的第二代了。可是誰能想到，年屆五十七歲的母親、三十二歲大齡未婚的兒子卻到今年（二○○九年）還沒有身分證。母親老無依靠，兒子找工作找對象沒合法身分。這「黑人」母子竟然是原雲南西雙版納（思茅地區）水利二團十連的上海知青與她的兒子！

從一九六九年響應上山下鄉號召奔赴雲南邊疆「接受再教育」，迄今已40年了。水利二團十連的上海知青們開始籌畫紀念上山下鄉40周年聯誼活動。人們希望這次活動能夠盡多地召集原同一個連隊的知青朋友們一起參與。在原連隊的知青名單中，有一位叫曹薛岑的女知青，分別31年了，卻一直沒她的資訊。籌備組的朋友們通過各種途徑，終於把這次聚會活動的消息事先通知到了遠在貴州農村的這位知青。

當風塵僕僕的曹薛岑出現在大家面前時，人們無法相信，這位「老年」婦女竟然就是當年風華正茂的連隊副班長！面對著昔日的知青好友們，曹薛岑放聲大哭。通過斷斷續續的講述，人們才知道，在「後上山下鄉時代」裡，曹薛岑的路走得多麼艱難。人們難以置信的是，已屆五十七歲的她和三十四歲的兒子到現在都還是「黑人」──迄今沒有中華人民共和國身分證！

事情該回溯到30多年前的上山下鄉時代。經過了幾年的上山下鄉「接受再教育」，知青們對自己的終生開始擔憂起來。尤其是七四年水利兵團轉制為「生產建設兵團」即國營農場以後，人們的心態越發焦慮不安──知青名份將取消，返回家鄉的希望越來越渺茫。隨著年齡的增長，人們又面臨著結婚成家的尷尬境地。於是，不少女知青把結婚成家作為跳出農場的一種方式，不找農場的男知青而儘量物色農場以外的男性。在當時「工人階級領導一切」的社會氛圍裡，能夠找一個工人為夫，在女知青眼裡，當然是一件非常榮光的終生大事啊！

曹薛岑終於如願以償，找到了一個當時非常吃香的工人階級。那是在一次探親路上，她偶然結識了某國營工廠的職工陳某。從此兩人的關係一發不可收拾。不久，曹薛岑就發現自己懷孕了。七七年九月，曹薛岑產下一名男孩。為了孩子的合法身

分，七八年初，她獲得了探親機會，取得了邊境通行證，前往孩子父親所在地貴州某縣，準備與孩子的父親成婚，使孩子有個合法的父親。（注：當時進出西雙版納必須持有當地公安部門開出的「邊境通行證」。否則邊防檢查站不讓進出「邊境」，甚至還會對試圖進出者採取強制措施。）

找到貴州陳某的老家，意料不到的是，陳某不願意結婚！於是曹薛岑與孩子的父親進行了長時間艱難的爭取。時間就在這樣的拖延裡過去了一年多。正是在這一年裡，雲南知青大返城開始了。而曹薛岑對此一無所知。

一九八一年，曹薛岑在結婚無望的景況裡，只得返回版納農場。屋漏偏逢連夜雨。又意外的是，她的邊境通行證與錢包在路上被偷。沒有了邊境通行證，她無法進入「邊境」，無法返回連隊。孤苦伶仃且身無分文的她，無法可思，只得重新輾轉又去了貴州。畢竟那裡還有兒子的血緣父親。不看僧面看佛面，看在兒子的面上，陳某也不至於撒手不管的。可是，沒過幾年，孩子的父親陳某去世。孤兒寡母就這樣開始了孤獨的謀生生活。

兒子逐漸長大，明白了母親生活的艱難。僅僅十四歲的他，就跟隨大人們出外打工。曹薛岑終於有機會回上海老家找自己的親人。但在上海農村的老家，已經按當時的動遷政策，父母兄弟姐妹們已經分別得到了安置。與以前和老家的信件往來交涉結果一樣——嫁出去的女兒潑出去的水，老家也收留不了她。家，沒有了。曹薛岑只得又回到貴州找點活幹，做點小生意，不知不覺便度過了人生的大半。

貴州農村與外界閉塞的通訊條件和不便的交通以及窘困的經濟條件，使曹薛岑與外界的聯繫日益脫節。直到這次連隊知青們費盡周折找到了她，她才回歸當年的知青大家庭。看著曹薛岑

的現狀，聽著曹薛岑的哭訴，知青朋友們的俠膽義氣被激發了出來。──我們一定要幫曹薛岑找回當年知青的名份，一定要恢復她的合法身分！當年十連的知青領導和朋友黃繩士、吳黎明、曹麗琴、沈國芬、龍小妹和蔡玲德聚集在一起，開始為曹薛岑奔波。

知青們從40年前的點滴資訊入手尋找證據。費盡周折，他們取得了當年曹薛岑所在地的政府、公安部門、學校的上山下鄉證明書。他們又長途聯繫了轉制後的西雙版納勐捧農場有關部門。雖然希望在一次次提升，但結果往往使人懊喪。

在獲取曹薛岑身分資訊的系列「證據鏈」後，知青們與雲南省政府駐上海辦事處取得了聯繫。經過慎重考慮，黃繩士、吳黎明、曹麗琴、沈國芬、龍小妹和蔡玲德等6名老戰友決定自費去農場交涉曹薛岑的身分和福利待遇事宜。今年八月十四日，他們陪同曹薛岑踏上了返回版納的道路。

時過境遷，由於當年的檔案資料大多保存不當，曹薛岑的身分與戶籍關係現今難以證實。但在知青們堅韌不拔的努力下，勐捧農場終於找到了當年發放曹薛岑的工資清單，承認曹薛岑曾經是該農場的職工，且無任何離開農場的依據。據此，勐捧農場所在地的勐臘縣公安局同意為曹薛岑出具身分證明，給其發出中華人民共和國身分證。確認曹薛岑的戶口關係在勐捧鎮派出所，且其戶籍關係在勐捧農場。這是非常可喜的成功第一步，31年前失落的身分，終於重新攥在了手心！

合法身分得到了，但顛沛流離了大半生的曹薛岑，已經過了退休年齡，身體狀況已不允許她繼續打零工為生。曹薛岑的下半輩子生活來源怎麼辦？知青們為此繼續多方努力，來回奔波於下至連隊（生產隊）、農場，上到當地政府、西雙版納農墾分局等

單位，進行反復的交涉、協調。在知青們的呼籲與堅持下，曹薛岑的遭遇終於引起了西雙版納州農墾分局有關領導的關注，他們表示將努力解決曹薛岑今後的生活問題⋯⋯

經過艱苦不懈的努力，曹薛岑獲得了合法的身分證，她母子終於不再是躲躲藏藏的非法「黑人」了。至筆者塗鴉本文時，曹薛岑今後待遇問題還在繼續努力爭取中。讓我們衷心祝願「黑」知青曹薛岑早日老有所靠，老有所依。我作為這一事件的知情人，衷心感謝熱心知青朋友們為曹薛岑做出的努力。祝願所有知青朋友們家庭幸福，心想事成！

## 第三節　看病無著知青們的悲苦境遇

一個內蒙兵團的老知青「我以我血薦軒轅」二〇一一年六月二十八日在〈懷念中央知青辦副主任趙凡同志〉說：全中國的知青都應該三鞠躬緬懷人民的好幹部，知青的貼心人趙凡同志！讀了內蒙兵團老戰友的博文，似乎明白了許多東西。一九七七年，離開兵團我就轉插到了河北欒城縣馬家莊公社宋家莊大隊，當了一年窯工。一年後，我到石家莊，在一個小型麵粉廠當接面工。九二年又從石家莊轉到煙臺福山區，當壓板工。又從煙臺到青島，從青島到濟寧，又從濟寧到河南駐馬店、南陽，又從南陽轉到山東日照。

這段時間自己從事個體工商戶，幹噴繪，搞安裝。至今我仍然在祖國各地飄來飄去。馬上六十歲了，我想，哪裡黃土不埋人啊，走到哪裡算哪裡吧。這些年來，黨中央對知青有什麼政策我全然不知。一個老知青，拖著兩條老寒腿，忍著慢性腸炎的不時折磨，為了生計，奔波於祖國各地，嘗盡了生活的艱辛和苦頭。

我沒有遇到像趙凡這樣的好領導，當年在石家莊為了工資待遇等問題，也沒少寫信向上級反映，結果，都是傷心欲碎！在煙臺，因甲醛中毒，引起過敏全身多處潰爛，病痛折磨的死去活來之時，遭遇下崗。自己因無錢交社保（二○○一年至今），被迫中斷十年。

今年到煙臺福山區勞動局詢問社保和醫保問題，結果被告知：沒有了你的檔案，不能續交，過去交了許多年也有據可查，但因沒有了檔案過去的一切作廢！一個老知青，臨老又遭遇晴天霹靂，我不知該怎樣辦，我只好對家人說，我們閉上嘴默默祈禱，也許耶穌和上帝能解救我們吧。我們無語，趙凡那樣的好幹部他在何方？天國裡我們終會見面，也許那時他能夠給我指明一條方向……

二○一○年雲南知青羅汛等85人聯名給全國政協、人大「兩會」提交了〈關於解決中國知青現今的養老等社會問題〉的提案：反映有些知青至今大部分是處於社會經濟低層的工人普通勞動者的弱勢群體，生活處於困苦之中。請求對知青的問題給予政策上的優恤扶助。他們要求：

一、凡當過知青，至今沒有社保、醫保的人員，不分國營、集體、個體，不分年齡，一視同仁地，全部納入該地參加「社保」的統一範圍。補辦參加社保的手續，領取本市、省同等退休金。同時，至今拿低保的知青，也改納入社保，領取本市、省同等退休金。任何一個知青，都不得被排斥在「社保」權益之外。

二、凡下崗、內退、改制、自謀生路等，自己繳費參加社保、醫保的知青，他們的情況是無力再延年繳費，應准予男五十五歲退休，按五十五歲辦理退休手續，領取退休金。

三、凡知青退休金（工資）額達不到本市相關水準的，由政

府財政另行專項補貼，使其達到本市工資標準的相關同等水準。應取消企業事業退休「雙軌制」的工資等級歧視政策。應將「社保」、「醫保」由「廣覆蓋」回歸為「全覆蓋」；將基金由「統籌」、回歸為國家「財政預算的首項列支」；將「保險」回歸為「保障」；因為「政府」不是「保險公司」；社會的「發展」是以每一個公民的平等福祉為目的。

四、凡原城鎮知青在外地工作退休回原城鎮的，准予其將社保、醫保關係轉回原地，其在當地與原地差異的退休金額，由財政補齊，視同本地人員。

五、凡知青自己沒有住房的，由財政補發購房補貼，使其能有自己的住房。補發金額參照全國標準執行。

六、凡知青因特殊傷殘疾病困難者，由財政補貼其病殘的相關支出。並給予其因公傷殘、病待遇。參加過緬共的知青應給予轉業軍人待遇，緬共知青英雄應按國家英雄待遇，犧牲戰士應按烈士待遇。

七、凡曾知青者，將按月發給知青津貼，具體標準辦法參照全國標準執行。

八、由於上述問題影響造成的各種知青困難問題，包括知青子女就業問題等，希望黨和政府、政協、人大專門研究，做出一個解決的政策法規。

九、凡中國歷年知青，由政府進行一次統一登記。同時，由中央統一製作「中國知青證」，作為相關發放待遇的證件或記錄本。

以上報告，請中央專項研究解決。知青的問題，是全國性的問題，在上述具體問題上，各省、直轄市有差異。請中央統一制定新法。

然而，這一提案是泥牛入海，毫無消息。

## 第四節　因待遇不公引發的集體上訪

有關政府部門的怠慢，自然會引發知青群體的上訪訴求。雲南兵團知青張貴洪在〈一個老知青上山下鄉淚的訴說〉中講道：……直到黨的十一屆三中全會召開、鄧小平重新出來主持中央工作、全國上下都在撥亂反正、再加上我們版納知青群體與命運抗爭的偉大團隊精神，我們的苦難終於有了盡頭，被拐騙的孤兒終於回到了故里，我們像遷移的候鳥一樣，回到了可愛的家鄉——上海。

回到上海後，當時由於四人幫的餘毒還沒肅清，我們這批農村知青又一次遭受命運的不公，當初「市、革、農」，沒有正確執行中央「78、74」號文件精神，「廣大知青回原籍後，應由當地勞動部門進行妥善安置的政策」，給我們落實「農來農去」的地方政策，使我們失去了太多太多應得的權益，遭受了經濟上的巨大損失。

隨著祖國的開放發展，民眾維權意識增強，二〇〇〇年，南匯老知青奮起維權的星星之火，頃刻點燃了全市農村老知青埋藏在心底二十多年來的不平的燎原烈火，浩浩蕩蕩的群體大維權開始了。我們的這些活動，一時間曾被政府有些官員認為「雲南回滬知青，除法論功以外，造成了社會上第二種不穩定因素」，一些部門經常出動一線隊伍干擾。其實我們的目的是，「討回一個公道，還我們知青面貌、解決二保障」。

據記載，二〇〇〇年至二〇〇四年，嘉定區、寶山區、浦東新區、閔行區、南匯區、奉賢區共6區雲南回滬知青到市和區政

府及有關部門，群體維權活動達上萬人次，為生活困難所迫，去找區裡、鎮裡、村裡的領導，至少數萬人次，除此之外，飛向區裡，市里、乃至中央有關部門的信件，更是不計其數。我們曾作好進京的一切準備工作，如此規模龐大，且持久的群體大，在上海市建國以來的歷史上絕無僅有。

任何有社會基礎的弱勢群體組織，絕不是可以強制解散和消滅的，我們的合理要求，如得不到解決，決不終止，我們一次又一次的微弱呼聲，終於喚回了主管領導的重視，被社會遺忘的「郊區版納知青」，終於討回了公道，重新贏得了「知青」這個光榮稱號，保障問題也相繼得到解決，得到了應該屬於我們的八年版納工齡，我們不再永居第三世界的角落。

與命運抗爭也許是我們這一代苦難知青的使命。目前很多知青，繼續遭遇失地待崗，舊病纏身的生活困難絕境，默默承受著，因為知青的一段歷史，給我們的生活帶來了太多的坎坷，那深山老林中的苦難經歷，永遠是我們一生中，無法抹去的一塊心病，並深深地感染我們的下一代，我們上海郊區的版納知青，遭受了兩次歷史上不幸，導致那麼多的悲傷壯烈故事，發生在我們這一代人身上，如果再給我們一個明媚的春天，我們還是會有「淚的訴說」

下面這篇報導是記者嚴友良采寫，已被上海有關部門「和諧」了的〈新疆知青血淚抗爭史〉記敘了張維敏等上海知青抗爭上訪的經過：

……夜裡，謝虎禮常常驚醒。他夢見一大片戈壁灘，黃沙呼嘯，杳無人煙。他開始瘋狂地奔跑、恐懼地嘶吼，「是新疆！新疆！我怎麼還在這裡？還在這裡？」，然後，猛地醒來。張維敏被捕前，她會起身拭去老伴的汗珠和淚水。他們對新疆的感情很

複雜，愛之，更恨之。

一九六三年，她十五歲，一九六四年，他十六歲。他們都決定，回應那個激動人心的口號，把青春奉獻給塔里木，因為，那才是「永不消失的青春」（當時熱映的一部電影）。據載，一九六三年至一九六六年「文革」之前，上海共有9.7萬支邊青年進疆，其中，女知青超過一半。

一九九三年，在新疆工作30年後，張維敏帶著高血壓、心臟病、關節炎、腸胃炎等一身病退休，回到日思夜想的上海。除了病痛，新疆還留給她每月100塊退休工資和3塊錢醫保。彼時，至少3萬進疆知青陸續退休返滬，但被拒絕享受上海市退休職工的待遇，而微薄的退休工資根本無法保證基本生活。

二〇〇三年，張維敏開始上訪，期間，她結識了不少同病相憐的上海知青，並成為總代表。他們抱團取暖，一起抗爭，訴求很簡單：要生存、要活命、要醫保。

然而，二〇一一年十一月一日，張維敏被上海市黃浦區人民法院以「聚眾擾亂公共場所秩序」罪判處有期徒刑3年6個月。就這樣，那個常常穿紅色、洋氣的老阿姨「消失」了，夜裡驚醒的老謝看著一旁空空的位置，心中淌血：吾妻無罪。而獄中的張維敏告訴代理律師，只要上海市政府解決老知青的問題，被冤入獄亦無憾。

## 戈壁灘上的青春

十一月二十七日，張維敏家中，這是一場主角不在場的採訪，因為，早在四月，張已被羈押，但她的缺席並不影響我們理解這個故事。這是一批人共同的苦痛。

蘇梅，六十四歲，年輕時一頭長髮，綽號「大辮子」；韋

維，六十三歲，進疆前是班裡的文學課代表，寫得一手好文章；陳菊，燙著時髦的卷髮，一周前，剛過完六十六周歲生日；吳國政，一副熱心腸，經常探望、幫助身邊的老知青……他們如此不同，但40多年前卻做出了同樣熱血的選擇：援疆。

「那時，我家是黑五類，抬不起頭。我好想離開上海，去一個沒人知道我身分的地方。所以，我帶頭在學校作報告，還偷了戶口名簿去報名。」韋維十七歲進疆，36年後才離開。

挨著韋維的蘇梅回憶道，一九六三年，上海人民廣場開集體大會，動員上海青年支疆。他們說，新疆是個好地方，有山有水，牛羊成群，伸手可以摘葡萄，哈密瓜還會碰到腳。

「六十年代，當兵是何等光榮的事。那時的好多電影都講女兵的故事，我看了之後感動得不得了，好想好想穿上那身軍裝。」蘇梅說。

一切美好的想像隨著戈壁灘的黃沙一起吹散。上海出發的火車停在吐魯番站後，汽車又開了5天，當老謝來到新疆生產建設兵團農一師九團駐地，他有種強烈的被欺騙的感覺，「反差太大了。」

初到新疆時，多數知青還是孩子，但逃不了這樣的生活：10多人一起睡「地窩子」（即，地窖），外面風一吹，裡面直掉沙子。日出前開始耕作，日落後還不能休息，每頓只有一個窩窩頭和一碗湯，幾個月吃不上肉，好幾年洗不上澡。

他們的工作不是動員大會上說的養蠶，而是開荒，有打油詩寫道，上工一擔肥，收工一擔草，業餘時間打沙棗，晚上開會剝棉桃。而且，工作十天才有一天休息，而這天又必須參加義務勞動。對應的報酬只有三、五、八元（第1年每月3元，第2年5元，第3年8元）。

「每天最大的感覺除了餓，還是餓。我偷吃過豬食，甚至連生了『豬囊蟲』的豬肉，半生不熟的，我也三下五下吃個精光。」老謝說。

每年只有一次例外，八月一日建軍節。那天晚上，兵團有一次聚餐，8菜1湯，盛在臉盆裡。「所有人都拼命吃，有個知青叫黃步雲，他吃完後一下倒在地上，一動不動。我們很著急，怕他撐死了，幫他做按摩，一會兒後，他『哇啦』、『哇啦』吐了整整一桶，全是一片一片的肥肉。」老謝說。

還有一件事，一九六九年後，全國糧票得以在新疆兌換飯票。於是，上海知青都希望家裡寄來些糧票解決溫飽問題，而一個知青，由於父母早逝，無法幫助，只能有上頓沒下頓。一次，他問其他知青，如果我吃下一隻老鼠，你們能否湊3公斤糧票給我？大家同意，並抓了一隻活老鼠給他。他先打死老鼠，擦去血滴，再用口水舔濕老鼠全身，接著，整個吃了下去。

「後來，他覺得噁心，臉憋得通紅，眼淚直流，最終，還是吐了出來。為了得到糧票，他提議重新吃，但被我們拒絕了，並把3公斤糧票給了他。但當天晚上，連裡開批鬥會，說他破壞『抓革命促生產』，糧票被全部沒收。」

除了飢餓，難以忍受的還有無處不在的高壓政策。比如，3年內不准戀愛，5年內不能結婚。「有一對朋友牽了手，很快就被發現。他們被拉去批鬥，在眾人面前回答各種私密問題，比如，他的手碰到了哪裡？」老謝說。

又如，不得擅自請假。「一次，有個上海鄰居去新疆，媽媽托她帶了一點掛麵和麻油，我便請了一天例假去取東西。」而事情穿幫後，韋維成了全連隊公開批鬥的對象。「我真的很難過，我為連隊付出那麼多，他們卻不能包容我這一點小事。」

再如，結婚10年後才能離疆探親（後期改為4年）。一九六六年，陳菊的父親被查出食道癌，所剩時日不多，他單位的工會主席問其還有何要求，他說，希望新疆的女兒回來見最後一面，但這一請求未被新疆方面接受。後來，他又給陳菊發了一份電報，問詢何時能歸。

「我接到父親電報後，直接沖到指導員辦公室，我拽著他的衣服說，從現在開始，我要回上海，如果你不同意，你走到哪裡，我就跟到哪裡。」二十一歲的陳菊說到做到，指導員去解手，她就在廁所門口堵著，等其出來，趕緊跟著，那一天直到深夜，小陳才離開。如是幾天後，指導員告訴小陳，你回去吧，我給你開通行證。她是農一師八團唯一一個進疆3年便獲准回家探親的上海知青。

## 二次進疆

新疆太苦，韋維決定逃跑。一九六七年二月，她和其他12人成功「越獄」。「排長在後面追，我們躲在卡車裡，呼呼地往前跑。」為了甩掉「追兵」，韋維甚至在新疆南部溫宿縣的一片墳地裡躲了三天，但一切終是徒勞。她回到上海後不久，一九六九年初，街道居委會買了車票送到她家，又派了兩人「護送」她坐上駛向新疆的火車。

直至一九八一年，一切有了轉機。由於上海知青返城呼聲高漲，新疆維吾爾自治區和上海政府經過協商，出臺〈關於解決新疆墾區農場上海支邊知識青年的具體規定〉，其中指出，考慮到新疆農場和知青本人或家庭的實際困難，在現行政策允許範圍內，可以分期分批將一部分符合規定的知青商調回滬或遷回上海落戶，或調劑到上海市所屬的外地農場。

一九八一年，張維敏、老謝，以及他們的一對雙胞胎回到上海。但情況直轉急下，10萬援疆知青中，上海市政府通過「頂替」（頂替父母親的職位）、「特困」、「特殊照顧」、「病退」等方法，解決了近6萬人的落戶問題，而其餘4萬不符合返滬條件的知青被要求重新進疆或不得返滬。

彼時，張、謝雙方父母都無工作，沒有職位可以頂替。他們面臨二度進疆的巨大壓力。「兩個孩子都被學校趕了出來，張維敏的哥哥也被停職，組織上交代，你妹妹何時回去，你何時複職。」

作為共產黨員，蘇梅還成了返疆「代表」。「街道、居委會都來人勸說，讓我表態。我只能說同意。」這個過程還被上海電視臺拍下、播出，作為「先進形象」。

一九八二年八月二十日，陳菊夫婦帶著兩個女兒返疆。「火車啟動後，我大女兒放聲痛哭，一路從上海哭到蘇州。她有幾千幾萬個不願意，但沒有辦法，她必須回到新疆才能繼續學業。」

一九八四年，同樣為了孩子，張維敏夫婦再次回到了戈壁灘。「我們這節車廂，全是被趕回的知青。當廣播響起，下一站，吐魯番站就要到了。突然，一個女知青一聲慘叫，原來，他的老公跳下火車，自殺了。」

而當老謝走下汽車，再次看見塔里木時，「我感覺到撕心裂肺的痛，絕望至極。難道今生，我就要在這裡老死嗎？」老謝不甘，希望抓住機會再次返滬。

一九八八年，政策逐漸放開，援疆知青的孩子可以回上海「借讀」，聽到這個消息後，老謝叫家裡發了一份電報，稱有人病重，便帶著兩個孩子返回上海。和老謝一樣未滿六十周歲，工齡亦不滿30年便半路逃回上海的知青並不少，規模大約五六千

人，上海俗稱「369」，因為，他們上訪多年後，上海市政府迫於壓力，最終發於他們每月369元的政府補貼。

當老謝選擇返滬時，張維敏沒有跟著回來，她選擇留下，直至一九九三年，工齡滿30年後，退休回滬。為何一定要回來？陳菊說，因為葉落要歸根；蘇梅說，因為我們都是上海人；而吳國政說，我不是貪圖上海的「榮華富貴」，我的老母親、孩子都在上海，我日日夜夜期盼著一家團聚。

不過，當張維敏終於可以名正言順回上海時，她只能享受新疆的退休工資和醫保，每個月總計103元，待遇遠遠不如半路逃回的「369」。

## 八年上訪路

無論蘇梅、韋維，還是陳菊、吳國政，退休回滬後，他們成了被這個城市遺忘的弱勢。「報戶口是問題，住房是問題，日常生活也是問題。每月100多塊的退休工資根本保證不了基本生活。」

更現實的是，艱苦的新疆生活已讓他們嚴重透支生命。「只要在那裡待過，三種病誰也逃不掉，關節炎、氣管炎、腸胃炎。」吳國政說。就像一台台被超期使用的老式機器，他們需要「保養」和「維護」，他們需要藥。只是，少得可憐的門診醫保讓他們望「醫院」卻步。

按照當時規定，退休返滬知青每月可享受退休工資3%的門診醫保，而他們的退休工資由新疆按照新疆標準發放，低於上海市退休職工的水準。即便到2003年攏共不超過幾百元，

「起初，我們不上訪，只是忍著，小病拖、中病抗、大病等死，實在忍不住了偶爾個別找政府反映一下困難。」吳國政說。

　　而同是相應國家號召援疆的「369」卻在二〇〇三年迎來轉機。此前，由於像老謝這樣中途回滬，不願返疆的上海知青持續不斷地上訪，上海市政府迫於壓力，決定每月給予政府補貼369元，並同意其憑藉新疆政府發放的「三證」報領上海戶口。2003年，他們的境況進一步改善，上海市政府允許其與上海市退休職工接軌，在醫保等方面享受上海市市民待遇。

　　「369」的故事提醒了張維敏、蘇梅等人，會哭的孩子才有奶吃。而一些老戰友的離開也刺痛了他們的心。「退休工資就是這點兒，吃了飯看不起病，看了病吃不了飯。那些老朋友就在煎熬中慢慢死去，最多時，一個月就走了5個。」吳國政說到這裡，已是淚流滿面。

　　二〇〇三年起，大批正常退休返滬的知青開始上訪。一開始，大家各自為戰，互不相識，到上海市復興中路335號新疆建設兵團駐上海辦事處反映問題，要求退休知青與上海市退休職工接軌，享受與「369」一樣待遇，要求子女都能報上海戶口等。

　　後來，大家約定每個星期五一起去，「要醫保、要看病、要活命。」即便這樣，新疆建設兵團駐上海辦事處的負責人表示，他們無能為力，因為「369」們的政策調整是上海市政府作出的。「兵團唯一能做的事情是將原來每月退休工資3%的門診醫保提高到33%。」幾乎沒有任何改變。

　　在兵團上訪無果之後，張維迎等人只好轉戰上海市勞動保障局和上海市政府信訪局。這之後的每個星期三，他們風雨無阻，邁著沉重的腳步，步履蹣跚地走到信訪接待室門前，高呼求見俞正聲。因為這樣，讓政府才會關注他們。

　　如同擠牙膏一般，八年下來，知青們的醫保待遇有了些改善。醫療門診待遇從報銷30%、40%、45%、70%一直到了現在

的85%，但與「369「們相比仍有不小差距。比如，在門診報銷上，退休知青拿到的不是上海市社會保障卡，而是上海市社區醫療幫困卡——自己先繳納120元，政府補助30元，接著，他們還要用完500元「門檻費」，即，只有在650元之後的醫療費用才可以報銷85%。再如，在大病醫療上。「369」和上海市退休職工一樣，醫保上限是28萬元，不限醫院。可他們退休知青的上限只有3萬元，且必須在指定的醫院。

「在這八年間我們當中有很多知青被毒打、被羈押、被勞教、被精神病。」在蘇梅等人看來，上海新疆知青絕對是中國歷史上「上訪人次最多，持續時間最長，平均年齡最大」的三最維權。

「二〇〇九年十二月，在人民廣場上海市信訪局門口，突然來了三輛卡車的員警，將我們當中的5個人男戰友和1個女戰友拉到了警車上，那個女戰友當時就被打得尿褲子了，我發現的時候還看到車上是一縷縷被扯下來的白頭髮。」吳國政說。

張維敏就是在上訪的過程中被選為退休知青的總代表的。「按照國家信訪條例，集體上訪需要選舉出代表來。一開始，我們每個師和每個團公開推選出自己的代表來，最後又由大家推選出張維敏為總代表。」韋維說。

之所以選舉張維敏，還在於她的公益之心。張維敏在新疆退休知青中成立愛心互助會，幫助有困難的戰友渡過難關。「我們初步統計了一下，僅僅是上訪期間，張維敏為大家提供的幫助現金就超過6萬元。」陳菊說。

**罪與非罪？**

為了怕妻子衣服不夠，十一月二十四這一天，老謝又給張維

敏寄去了兩件衣服。他還想告訴妻子，儘管十一月一日的第一次庭審判決她被判處三年零六個月徒刑，但在他心中：吾妻無罪。

在上海市黃浦區人民檢察院的起訴書上，這樣寫道：被告人張維敏於二〇一〇年十一月至二〇一一年四月間多次鼓動、聚集部分新疆退休回滬知青至本市天山路1800號人力資源和社會保障局以及本市人民大道100號上海市城市規劃展示館附近非法聚會，擾亂公共場所秩序。

但在一審的辯護律師翟建看來，公訴機關關於張維敏構成聚眾擾亂公共場所秩序罪的指控依法不能成立。翟建律師指出，張維敏等人主觀上沒有聚眾擾亂公共場所秩序的故意，絕非想無端生事。

「他們數十年如一日地堅持屯墾戍邊，足以表明他們深愛著這個國家以及腳下的每一片國土。然而，退休返滬後，張維敏們不僅無法享受戶籍所在地（上海）的退休工資、醫療等待遇，甚至遠遠不及中途跑回上海的那批知青的待遇。重新回到故鄉的他們反倒成了繁華都市中的一個貧困的弱勢群體。政府為什麼要讓老實人吃虧？飽經風霜的、年逾花甲的張維敏們，百思不得其解。他們在人保局、市政府門口的集會，正是想向政府討個說法。」

實際上，從張維敏等所舉的標語、喊的口號、唱的歌曲中，都可以清楚地看到，張維敏等人無非是想「要公平、要公正」、要政府切實解決他們在滬的社會保障問題。

不僅如此，記者從視頻錄影還清楚地看到，張維敏等人並未刻意擾亂任何公共場所的秩序。恰恰相反，在市政府信訪辦上訪時，張維敏特意發了一些紅袖章給幾個知青，上面寫著糾察，目的就是維護秩序。張維敏還多次告訴他們，信訪要有禮有節。

此外，在奧運會、世博會、建國六十周年以及每逢重要國際、國內會議在上海舉辦期間，張維敏等人還從大局出發，主動取消信訪，張維敏還多次主動、並拒絕接受境外媒體的採訪。

「如果要製造轟動效應，張維敏等人完全可以在世博會期間集體上訪，可是他們沒有。她們秉持『不進京上訪』、『不接受外媒採訪』、『不在敏感時期上訪』的『三不』原則堅持上訪維權，絕對是中國最有理性和最有秩序的上訪群體。」張維敏案的二審辯護律師劉曉原律師說。

除此之外，在劉曉原律師看來，張維敏等人的行為客觀上也沒有擾亂公共場所秩序。

原來，根據刑法291條的規定，聚眾擾亂公共場所秩序罪中的「公共場所」是指車站、碼頭、民用航空站、商場、公園、影劇院、展覽會、運動場等公共場所。可張維敏等人信訪的兩處地點，即位於天山路1800號的上海市人保局以及位於人民大道200號的上海市政府都是政府機關，顯然都不屬於上述公共場所的範疇。

「公訴機關為了能自圓其說，不惜歪曲事實，把張維敏等人在市政府信訪辦門口信訪說成是在上海城市規劃展示館附近非法集會，目的無非想把上海城市規劃展示館往刑法291條中的『展覽會』上靠。」劉曉原律師說。

劉曉原指出，當時張維敏等人僅僅是依據〈信訪條例〉以及〈上海市信訪條例〉，向國家機關反映情況，提出意見、建議和要求。「不過就是人數眾多，隊伍太長，站到了緊挨著上海市信訪局和人民政府的上海城市規劃展示館前面。」

而在翟建律師的一審辯護中，還提到了上海城市規劃展示館工作人員朱侃的筆錄，證實張維敏等人的信訪行為既沒有影響參

觀人員的進出，也未影響館內的工作秩序。

「聚眾擾亂公共場所秩序罪必須有抗拒、阻礙國家治安管理工作人員依法執行職務的行為。本案中，張維敏等人信訪時的一言一行都在公安機關的監督下進行，但是無論公安還是保安，都沒有直接與張維敏發生衝突，更無證據證明張維敏本人或指使其他信訪人員實施過抗拒、阻礙國家治安管理工作人員依法執行職務的行為。」劉曉原說。

劉曉原律師告訴記者，政府部門之所以判張維敏有罪，是典型的「維穩」手法。

「一般情況下，對那些上訪人士，有關部門先是警告，警告不行就行政拘留、勞動教養，如果這些還不行，那就想辦法定他們的罪，讓他們在監獄裡呆著。」原來，同樣是因為信訪，張維敏二○○四年四月被上海市勞動教養管理委員會勞動教養1年（所外執行），二○○五年三月三十一日被浦東公安分局行政拘留15日。

而當記者就此向上海市黃浦區人民檢察院求證時，該院工作人員拒絕回答。

**對於新疆退休回上海知青的維權活動，愛新閣老在〈知青，青春無悔下鄉去，暮年維權為活命！新疆知青上訪張維敏案已判決〉也有講述：**七十年代的全國知青回城風，使全國除新疆以外的所有知青返回了家鄉，而六十年代初上海支援新疆的十萬知青卻不允許回滬。這直接導致了一九八一年十萬新疆知青集體上訪，要求回上海。這一行為的壓力迫使上海和新疆兩地政府同意了十萬知青的要求，並發放「三證」（糧油關係、工資介紹信、戶口本）允許他們回上海。

新疆知青手拿「三證」變賣家產，滿心歡喜的回到上海後

卻風雲突變。上海政府借「單頂」、「雙頂」、「病退」、「特困」等名義，只同意達到以上條件的六萬知青報戶口，其餘四萬知青必須返回新疆。為了能使這四萬知青返回新疆，當時的上海政府利用了各種手段（如知青不允許做生意、斷油量、子女停學、停止兄弟姐妹的工作等）。其中三萬多知青被逼無奈，含著淚返回了新疆，並在新疆一直工作到退休後才返回上海（這一群人被稱為「新疆退休知青」）。

仍滯留在上海，不願意回新疆的一小部分新疆知青，他們抱成團，經過多年的上訪，上海市政府迫於壓力，終於發給他們每月369元的政府補貼，（因而這一群人就簡稱為「369」）。並同意他們用當時新疆政府發放的「三證」報戶口。二○○三年上海政府又迫於壓力出臺政策，允許這些人從二○○三年開始與上海退休職工接軌，享受上海退休職工同等待遇。

而在新疆過度勞累透支生命後退休回滬的三萬多知青，他們好比一台超過了使用年限的老式機器，積勞成疾，亟待保養和維修。但微薄的退休工資根本無法讓他們在高消費的上海生存，可憐的門診醫保更是讓這些知青們望醫院卻步。所以小病拖、中病抗、大病只有在家等死的局面是這些退休知青的真實寫照。

當時，二○○三年的「369」知青工齡普遍在25年，退休後待遇每月可達800元，門診醫保報銷可占總支出的90%；知青多數家庭孩子都在兩個以上，但子女報戶口沒有限制。而二○○三年退休回滬的知青工齡普遍在30年以上，退休後的工資每月只有300元左右，門診醫保報銷只能占工資收入的33%；且知青家庭只允許一個子女報上海戶口。

「新疆退休知青」與「369」，他們是同時相應國家號召支援新疆的。到頭來，待遇卻截然相反。這正應了一句話「會哭的

孩子有奶吃」。迫於無奈，這些新疆退休知青也只能慢慢學會「哭」。

從二〇〇三年起，張維敏帶領新疆退休知青開始維權上訪，口號是要生存、要醫保、度晚年。要求退休知青的待遇與上海市退休職工接軌，享受與「369」一樣待遇，要求子女都能報上海戶口等訴求。

這一上訪歷時八年未果，二〇〇四年四月張維敏因擾亂社會治安秩序（上訪）被勞教一年，二〇〇五年因上訪被拘留15天。目前因聚眾擾亂公共場所秩序上訪，在二〇一一年十一月一日被上海黃浦區法院一審判處三年零六個月有期徒刑。法律難道是當權者迫害知青的終極武器麼？公平何在？正義何在？

**律師劉曉原在〈上訪討要「平等醫保」待遇，花甲老太被判刑三年半〉對此事也有憤憤不平的透露：**二〇一一年十一月十日，我在上海市黃浦區看守所會見了六十四歲的張維敏。這是一起因上訪引發的聚眾擾亂公共場所秩序罪案件。一個六十四歲的老太太，因為組織了一批與她年齡相仿的老人，向上海市人力資源和社會保障局和上海市人民政府討要「平等醫保」待遇，僅僅是因為上訪人數眾多，上訪次數也多，就被治罪重判三年半有期徒刑。

聚眾擾亂公共場所秩序罪，其刑罰有管制、拘役、有期徒刑，最高刑期是五年。黃浦區人民檢察院在起訴書中稱，對張維敏可以從輕判處，黃浦區人民法院在判決書中也認為，對張維敏可以從輕判處。現處以三年半有期徒刑，這會是從輕判罰嗎？就此量刑，我向一個刑事審判庭庭長諮詢，人家明確告知，五年最高刑期判三年半，根本談不上從輕判罰。

司法實踐中，因上訪引發的案件，除非是暴力惡性案，否

則，既便是出於維穩目的，也不會如此重判，更不可能重判一個六十四歲老人。

讓我百思不得其解的是，黃浦區人民檢察院在起訴書中隻字不提張維敏到上海市人力資源和社會保障局、上海市人民政府聚集的原因，黃浦區人民法院的判決書對此問題同樣是避而不談。如果僅看這兩份司法文書，一定會誤認為，這些老頭老太退休後沒事幹了，閑著無聊而故意找政府渣子。聚眾擾亂公共場所秩序罪，〈刑法〉規定是屬於故意犯罪，檢察院和法院都避而不提「作案」動機，不敢談這些老人是為了爭醫保而上訪，到底是想掩蓋什麼呢？

對於「張維敏案」的判決，知青狼群之中在〈誰來拯救知青〉中揭露存在著嚴重不公行為：……法庭外，十一月一日早晨，有80%的關注張維敏案審判的知青們，被員警和街道工作人員採用人盯人的方式看住，不讓其出現在審判現場。就算這樣，黃埔區法院門前也有三百余名新疆知青。他們中，有的凌晨兩三點就離開了家，有的乾脆前一天就沒在家過夜，有的屁股後面還跟著尾巴（街道工作人員）。

黃浦區法院坐落在延安東路的北面，座北朝南，其東臨黃陂北路，西近重慶北路。開庭前一個小時，人高馬大的三百多名員警如臨大敵，兵分四路：第一路把黃埔區法院的東西兩頭出入口全部用人牆堵死，不准任何人繼續進入這塊「戒嚴區」。第二路在法院門前分兩排站立，嚴正以待，貌似在守護法院。第三路負責驅趕知青，驅趕至法院對面，延安東路高架下事先設立的，約300多平米的「遮羞棚」內。第四路作為預備隊，潛伏在「遮羞棚」與法院中間停靠著的三輛大巴內，隨時增援。

在半包圍式的驅趕知青至「遮羞棚」時，遇到了知青們的奮

力抵抗。隨後，只看見高大威猛的員警拳打老弱病殘的知青，另有多名知青被抓，張維敏的兒子也被六名員警暴打後押進警車。這是何等壯觀的景象，香港黑社會電影裡都沒見到過。

而在法庭內，這次的開庭審理給人感覺就像在演戲，臺上是瘋子，台下是傻子。只有「導演」最強勢。開庭前幾天孫法官就告知翟健大律師，開庭審理時不會宣判結果。並且孫法官還認可了翟健大律師的提議：如判「監外執行」本人可以不做明確的無罪辯護。

誰知開庭時，旁聽席在座的約40人中，80%是與本案毫無關聯的各街道工作人員，他們卻霸佔著前幾排的旁聽席位打瞌睡。而兩名張維敏家屬（只准進去兩名家屬）加上知青代表一共不超過十人，卻只能坐在後排，真是本末倒置。

開庭不久，翟健大律師便把控方辯駁的體無完膚，只知道一味的重複「張維敏是聚眾擾亂公共場所秩序」。本案控方指控張維敏的幾個重點：1、知青人群造成人行道擁堵。2、知青們踩壞了草坪。3、知青們的聚集使社保局（天山路1800號）門前進出車輛受阻。4、人民廣場的城市規劃局前不是上訪的地方（城市規劃局右邊就是上海市信訪局）。在翟健大律師的精彩辯駁後，進入了中場休息。所有旁聽知青和旁聽律師在中場休息討論時都以為：這點屁大的事最終會肯定是個緩刑收場。

誰知最後宣判結果，卻是令人費解的「有期徒刑三年零六個月」。聽到這一結果，所有的知青都傻了，張維敏的家屬連站都站不起來了，張維敏也嚎啕大哭著被法警迅速帶離法庭。

直覺告訴我，這一結果與控辯雙方開庭辯論的形勢絲毫無關。再聯想到開庭前，庭外嚴正以待的員警和恐怖的員警數量，以及他們粗暴的行為。庭內旁聽的座次順序和毫無關係的旁聽人

員，以及孫法官在開庭前幾天對律師的言語。這一切的一切，給人的感覺就是：他們早就知道有這樣的結果，已經提前做了安排和部署。好像幕後有一隻黑手在導演一場戲劇來證明所謂法律的公正，而我們和兩個律師卻無意中被利用，成為了戲中被「耍」了的角色。

　　這是多麼可笑而又可悲的事情啊。可笑的是，我們還幻想法律會公平公正的對待張維敏。可悲的是，中國的法律可以像玩具一樣隨心所欲的被某人玩弄於股掌之中。這一判決結果是中國知青維權運動的悲哀，也是廣大老知青的悲哀。

　　自然，「張維敏案」的判決，引發了新疆老知青的憤怒。二〇一一年十一月二十三日上午十點四十分左右，上海人民廣場的老知青聚集了上千人，他們手拿標語「標語內容：上訪無罪、張維敏無罪」無聲的表示著自己對張維敏被抓的抗議。隨後，近30名員警將老知青們手上的標語牌搶奪、撕碎。近千名老知青一邊手舉「上訪無罪」的標語，一邊整齊劃一的喊著震天的口號「上訪無罪」，氣氛相當緊張，直到把員警隊伍逼退至30米外的市政府大樓後。

　　十一月一日，黃浦區人民法院以張維敏犯「聚眾擾亂公共場所秩序罪」，判處有期徒刑三年六個月。一審判決後，家屬聘請分別與艾未未案、趙連海案多有牽連的北京維權律師劉曉原、李方平擔任二審辯護人。十一月九日李方平從北京飛到上海。當日下午，他到了黃浦區看守所會見張維敏。當晚，劉曉原律師從廣州飛到上海。十一月十日下午，劉曉原律師也到黃浦區看守所會見張維敏。據兩位律師說，張維敏精神狀態還好。十一月十一日，張維敏向上海市第二中級人民法院提起上訴。依照法律規定，二審的審限一個月，最長不超過一個半月。

值得慶幸的是，二〇一一年十二月二十三日，律師劉曉原在〈上海維權老太太張維敏，二審被改判緩刑〉披露：今天下午二時，上海市第二中級人民法院對張維敏案進行二審宣判。此前，法官通知我說，張維敏要求解聘律師，因此，我無法去出席公開宣判。張維敏兒子說，宣判是在一個小法庭進行，家屬拿到了五張旁聽證。

下午二時二十八分，張維敏兒子給我打來電話說案件已經宣判，由原一審法院判的三年六個月有期徒刑，現改判為三年有期徒刑，緩期三年執行。

我以為，上海市第二中級人民法院的終審判決，仍然沒有堅守公平與正義最後一道防線，而是以改判緩刑的「和稀泥」方式，平息家屬和知青們的憤怒。為了改判張維敏緩刑，不僅要她寫了認罪書，而且還要她解聘了律師。作為張維敏案二審被解聘的律師，我認為二審改判緩刑完全是錯誤的，而應當撤銷一審的判決，改判張維敏無罪。

在此，請求上海市人民政府妥善解決好這批退休回滬知青醫保待遇等問題，讓他們安享晚年，「老有所醫」。

與張維敏類似經歷的還有丁惠民，也因出頭帶領知青維權上訪，被當局關押。碧　水在〈重慶「知青領袖」丁惠民三進宮〉說：居渝上海知青丁惠民被判勞教兩年。去年七月九日，重慶勞教管委會〈決定書〉中「罪行」一節認定：丁惠民於二〇〇九年五月二十一日在渝中區肖家灣景程賓館成立「重慶支邊知青赴京彙報團」，隨後於五月二十四日組織赴京彙報團成員三十余人及歡送人員（支邊青年近百人、腰鼓隊近五十人）在渝中區菜園壩火車站聚集，準備赴京集訪，引起現場多人圍觀，嚴重影響了火車站的正常秩序。

根據國情，集體上訪（儘管未遂）而非「嚴重影響火車站秩序」，才刺激了官家。二〇〇九年九月三日丁惠民飛滬，六日主持滬郊知青代表會議，發表〈知青白皮書〉，準備召開全國知青第一次代表大會，「動靜太大」，次日即被員警「拍肩膀」請去，二十五天後放出。二〇一〇年七月三日，丁欲赴滇組織知青活動，再次被渝警刑拘，十余名員警搜宅，取走丁女電腦，八月六日取保候審。二〇一一年七月六日，丁第三次被捕，罪由為二〇一〇年九月網上發表〈全國知青聯合起來〉，「煽動」知青集會，組織聲援上海在押赴疆女知青張維敏。七月八日以批准勞教為由，撤銷行政拘留，九日下達勞教〈決定書〉。但七月十四日，取保候審一年將滿，警方撤銷擾亂社會秩序罪一案，勞教決定書中將二〇一〇年七月三日至八月六日的刑拘羈押折抵一月勞教期限。劉曉原律師認為前後兩案如此折抵顯屬違法。二〇一〇年七月刑拘，次年七月撤銷，應依法國家賠償，不能用於折抵另案勞教期限。

知青問題乃是政府最頭痛的「歷史遺留問題」之一，甚至比右派還頭疼，因為知青比右派年輕，折騰能力還很強。丁要組織「全國知青代表大會」，赴各省串連知青，直觸大忌，官家當然要消滅「不穩定因素」於搖籃。

去年十月八日，丁惠民依〈行政訴訟法〉向法院提出申訴，規定七日須覆，可至今「明月不歸沉碧海」。今年一月三日，劉曉原律師自京飛渝，攜家屬要求重慶一中院立案，答覆不予受理；再跑市高院、檢察院、人大，均告知丁案事涉上訪，「內部規定」不予受理。丁的合法訴權就如此這般被剝奪，失去最後的司法救濟途徑。丁現「服役」重慶市西山坪勞教所，一度絕食以抗。

重慶知青沒有上海「新疆知青」的抱團，無人敢為丁寫聯名信呼籲，更無每週一次集體「街訪」。劉曉原律師只有指望「社會關注」。家屬受到警告：「不要對外聲張，不要被國內外反動勢力利用，否則……」。劉曉原律師因關注艾未未案，去年被京警秘押五天，無任何法律手續。劉的律師事務所，年檢也一直「被麻煩」。

丁惠民，一九五三年出生上海工人家庭，六九屆初中生，七一年赴雲南兵團景洪農場，後任小學教師。七八年十月丁惠民起草給鄧小平的請願信，上捺三百多知青手印。國務院例轉滇省，沒了下文。十二月八日，鑒於二團農場領導將知青請願定性為反革命事件，版納知青代表聯席會議在景洪農場招待所召開，七十多營級農場一百二十多名代表（須持百名以上知青簽名的「代表證」），選出赴京請願籌備組，丁被推舉為總指揮。

首批赴京請願代表因弄丟幾千元募款經費，衝進車站欲直接上車，被阻攔後臥軌，致使滇黔線中斷三天，版納六萬知青則幾乎全部停工！

七九年一月四日，王震在京接見丁惠民一行第二批上訪請願團，先痛斥知青鬧事，再大罵「四人幫」，晚上請看美國影片〈巴頓將軍〉，但回避實質問題。知青代表劉庭明見王震欲走，喊了一嗓子：「王震，你不准走！你還沒回答我們的實際問題！」王震大怒，京訪告崩。

懍於王震之威，丁一行緊急回滇，途中丁向王震寫檢討信，承認犯下大錯，誓當紮根派予以彌補，同時向留守版納的副總指揮胡建國發報：立即復工！此前，丁已與農墾總局簽約（一月二日下發），保證滇青放棄回城立即復工，官方則承認請願團的合法性。但版納知青士氣正旺，不相信復工電報為丁所發，與丁核

實。丁明確回電：「立即復工！立即復工！指揮部人員要帶頭復工！」不少版納知青因此恨丁，認為他是接受招安的宋江。

大返城還是依賴高層的「階級覺悟」。七九年一月二十一日雲南省委認識到「抱來的孩子養不住」，省委書記安平生表態：「不願留的，統統都走。」知青們萬萬想不到難如登天的回城願望居然「一夜成真」！生怕政策有變，搶辦回城手續，一些農場乾脆將公章用鐵絲拴在辦公室門上，聽任知青各取所需。

丁惠民最初擔心被罵「當了宋江」，且在報上發表「堅決紮根」的公開信，在重慶磨磨蹭蹭不敢回景洪，後見「形勢發展很快」，一月二十三日才回。為守承諾，他眼巴巴看著五萬余知青狂喜回城，苦撐至年底，丁母提前退休，才頂替至湖北崇陽縣儀錶廠（當油漆工），並與回渝的版納女知青結婚。八五年，丁調重慶工業搪瓷廠（當燒瓷工）。九四年廠子倒閉，丁妻代繳社保十五年，〇九年五十五歲退休（油漆工、燒瓷工均屬特殊工種），現每月退休金兩千零，算得「善終」。

丁惠民對大返城有功，他很懷念那一段「崢嶸歲月」。前些年回版納，立一大牌：「知青有事，請找丁惠民」，附留手機號碼。近年，他押房得款五萬，辦了重慶版納知青網、出版畫冊、知青旅遊文化節等，希望重聚知青。《南方週末》二〇〇九年一月載文〈走不出的知青領袖夢〉，有知青說「他依然活在那個時代」。丁希望老知青有問題集中於他，通過他「包打天下」去上訪解決。

丁女網文抱怨「職業革命家」的父親未對家庭盡責，她從小到大所有費用均賴母親打工。丁妻收入微薄，丁卻常用妻子的辛苦錢資助他人，加上投資失敗，欠債數萬，只能離婚以讓妻女避債。最能說明「他還活在那個時代」的一則細節：丁床邊一直放

著《毛選》。他網上致信政治局，要求政治局委員認真學習《毛選》五卷。丁其實也是某一類型的「文革遺老」。

「有悔」「無悔」，成為知青對上山下鄉運動基本評價的重大分歧。十年前，成都知青聚會，橫幅「青春無悔」被不同意見者扯下：「無悔？你們無悔你們就回去！」一群老「疆青」在上海虹口公園跳新疆舞，其中一位說：「都是苦中作樂，一肚子委屈，無處申訴，只有等見到馬克思，再慢慢訴說了。」

丁惠民「三進宮」，上訪成罪，豈不等於不准上訪？「請」他進去住一陣，當然意在讓知青失去「領頭的」。有點名氣的「知青領袖」，就剩下這位還在「煥發生命力」。上海的張維敏「判三緩三」出來了，重慶的丁惠民卻進去了，只要老知青還如此受「重視」，套用張愛玲《金鎖記》的結束語：五十年前的上山下鄉還沒完，也完不了。

## 第五節　知青自發關愛組織相互救濟

由於許多回城知青生活艱難，一些熱心的知青便自發地組織起來相互救濟。光華知青關愛基金，知青關愛管理中心主任原黑龍江生產建設兵團一師六團四營二十二連戰士鄭憲臨在〈無言的託付——克龍你放心走吧你的女兒就是全體知青的女兒〉講述：

今天，二〇〇九年十月十日是我的生日，以往我都是要麼和家人吃頓飯，要麼和朋友聚個餐，而今年我選擇了另外一種方式。

之前我單位同事韓廷順曾跟我提起過一位曾下鄉到黑龍江生產建設兵團的戰友名叫高克龍，因患了重度糖尿病，家境十分困難。我決定今天去探望一下這位因病致貧的知青。昨天通過電

話與高克龍的愛人取得了聯繫，約好今天上午十點到他家。考慮到是要去探望貧困家庭，我沒開車，改騎自行車前往。我想這樣應該能夠更好的和他們貼近溝通。按照高克龍愛人提供的地址，好不容易找到了正覺胡同，看到一位四十多歲女士正在門口晾衣服，便前去打聽門牌，她馬上就說：「你是中國光華知青關愛基金的來看高克龍的吧！」知道我要來，她太高興了，所以約的時間還沒到，就已經早早的在門口等著了。

尾隨著她，穿過曲折的小道，到了大雜院深處。高克龍愛人窘迫的說：「領導大老遠的過來，屋裡有味……您進來別嫌棄啊……」我忙說：「沒關係！」邁進家門，屋子大概有8平米，陰暗的房間裡充滿了腐爛濕臭的味道，我強忍著坐下來，看在床上躺著一位「老頭」，枯瘦而又灰白憔悴的面孔，讓他看起來比實際的年齡要衰老得多。由於是深度糖尿病，也產生了很多的併發症，一隻腿和腳的皮膚都已經嚴重腐爛，房間裡的腐臭味，就是從他的身上散發出來的。看到這裡，我不禁一陣心酸心痛。想當年他也是風華正茂的有志青年，懷著保衛邊疆、建設邊疆的一腔熱血到北大荒屯墾戍邊——他是我們情同手足的兵團戰友啊！可如今，卻被病魔折磨得如此淒慘的躺在病床上……

我使勁壓抑住內心的傷痛情感，親切地跟他打著招呼，問他：高大哥，你是黑龍江生產建設兵團哪個團的？他努力地想撐身坐起來，但是沒有成功。他愛人忙把被子墊在他身後，他靠著被子輕聲地說道：「四師四十一團的」。他的聲音很無力，但是他的眼睛裡卻充滿著激動。這時他愛人含著眼淚對我說：「這麼多年以來，一直都沒有人來看望過他，今天您來真太謝謝啦！」高克龍費力的抬起手來制止她：「別插話！」，他要自己講給我聽，他很艱難但又很專注的給我講述了他這一生的經歷。

在他很小的時候，父親就去世了，靠著母親撿破爛把他養大，供他讀書。他學習很努力，也很用功，終於以優異的成績考上了北京最好的中學——四中。由於自己家庭出身不好，即便是學習再好，也總是抬不起頭來。恰逢當時全國乒乓球熱，體育比賽勝者為王，憑著一股好強的性格，經過刻苦訓煉，他取得了全校冠軍，西城區冠軍，一場場的勝利，使他贏得了鮮花和掌聲。但還是因為出身問題，他進不了專業隊。到了一九六九年，他積極回應黨的號召上山下鄉，來到了黑龍江生產建設兵團。在北大荒的那段日子裡，他體驗著和所有知青一樣的艱難困苦並積極樂觀的承受著、生活著。同時他還作為兵團四師代表隊成員打乒乓球，都取得了不錯的成績。

一九七三年，因母親病重身邊需要人照顧，他申請困退回到了北京。回京以後，打得一手好球的他，在什剎海體校做教練的朋友介紹下，來到了什剎海體校做陪練。當時的陪練不是正式職工，各方面待遇相差甚遠。但讓他感到特別欣慰的是他帶過的學生，很多在全國各級別比賽中都取得了令人矚目的好成績，自己為國家的體育事業也盡了一份力。但由於不是正式職工，他當時的女友開始嫌棄他工作不穩定沒什麼錢，離開他去了日本，致使他的精神受到很大刺激，身體狀況也越來越不好，再不能打球了。之後他做的都是一些臨時工，既沒有醫保也沒有社保。一九九五年他遇到了現在的妻子張雲蓮。因為他出身不好、工作又不穩定，身體檢查高血糖已經4個+號，因此女方家裡始終不同意他們結合。但最終張雲蓮還是衝破百般阻撓，和他走到了一起。而且他們還有了一個可愛的女兒，今年十歲。講到這裡，他滿眼心疼的望著床頭他女兒的照片，眼裡噙著淚水……

他說，前幾天他把女兒叫到身邊，對她說，你雖然是個女孩

子，但一定要爭口氣，好好學習！別的同學有的「點讀機」只要學習需要你也得有！就這樣，他把自己買藥的錢給女兒買了點讀機。看著床頭照片中他女兒那天真稚嫩的笑容，我的心情非常沉重，她還不知道什麼是生活，什麼是苦吧！她應該像別的小朋友一樣，健健康康的成長，快快樂樂的生活！可是她身處這麼艱難的生活環境，守著疼愛自己卻重病在床的父親，她幼小的心靈裡承受了多少痛苦，又悄悄流下過多少難過的淚水啊！

我今天的到來，給高克龍夫婦二人心裡帶來了莫大的安慰。他的妻子已經不知道該怎麼表達自己的感激之情，只是一遍又一遍的說著「謝謝」，一次又一次的重複念著：「從來沒有人來看過我們……」。這時的我已經全然感受不到房間內渾濁難聞的氣息，心裡滿是同情和辛酸。我對他說：「高大哥，很快就會苦盡甘來了。現在咱們中國光華知青關愛基金已經建立起來了，這是專門為我們知青設立的關愛基金，我們會盡力來幫助你的，要為你治病！象你們這樣身處困境的知青很多，我們要動員全社會力量來幫助你們！」

臨走前，我深深地、緊緊地握住他的手，這才感覺到他的瘦弱無力。乾枯冰冷的手上，連虎口都沒肉了，感覺到的只是冰冷。在我們兩手相握的一刹那，我聽到他口中微弱的發出一聲「哇……」，我相信，他是感覺到了溫暖，感覺到了一股暖流順著他的手，流入到了他的全身，他渾身顫抖了一下，渾濁的眼睛裡含著感激的眼淚，對我說了最後一句話「大恩不言謝！」

當時我還沒有理解他指的「大恩」是什麼，是因為我的探望安慰？是我的悉心傾聽？還是我給他的一些承諾？轉身離開，他愛人送我出門的時候已經激動的泣不成聲。我鼓勵她：「不要放棄，一定要樂觀的生活下去，我們相信一切都會好起來的，我回

去彙報後，馬上會再來看你們」。

　　回來後，我立即向光華知青關愛基金做了彙報，大家都感到，救助高克龍是我們義不容辭的責任！當即決定資助高克龍治病，並且馬上聯繫購買了專門治療糖尿病的藥物準備送給他。同時為了保障他女兒的成長，也要為孩子買份保險。可是萬萬沒有想到，就在這時——二〇〇九年十月十一日中午十一點，噩耗傳來了。韓廷順打來電話說：高克龍的愛人告訴他，高克龍已經走了，他走的很安詳……說把關愛他的錢讓給更需要的人吧！

　　啊！什麼？……沉默……沉痛……蕭敬，我的兵團戰友！我親愛的兄弟！你就這樣靜靜地走了。現在我終於理解了你那句「大恩不言謝」的含義，那是一種託付，這一輩子的艱難，終於被人關注，不為別的，只為孩子能健康長大，孩子在你心中有千斤之重，始終放心不下呀！我們的關注，讓你感覺到有了託付，你在九泉之下可以瞑目了……

　　克龍兄弟，你放心吧！你的女兒就是我們全體知青的女兒！我們一定要讓她和社會上所有幸福的孩子們一樣，有快樂的童年，有美好的人生！

　　黑龍江兵團32團知青Xiaojian在〈綿綿細雨，綿綿深情〉報導：……去年十二月初的聯誼會理事擴大會上，理事會決定在春節前慰問部分患病的知青戰友。經過一系列準備，今天，由方金平會長親自帶隊，劉國強副會長、我，以及幾位連隊的召集人，先後慰問了5位戰友。

　　昨夜下起了雨，今早仍飄著綿綿細雨，但，計畫不變。早上八點十五分，方會長的車提前15分鐘停在我家社區門口，我急急下樓，上車，車沿著龍吳路一路向北，八點四十分到達第一站——五連卓明家。此時，五連的召集人佘其德已冒雨等在社區大

門口，要知道，他是從楊浦區趕過來的，幾乎橫穿了到整個上海。不知他是幾點鐘出門的？

　　卓明患膀胱腫瘤，去年七月份手術，目前正在化療。由於手術及時，身體底子好，加上家人照顧周到，自己心態調整得好，眼前的卓明氣色不錯，高大的身材仍不失魁梧，但他話語不多，很憨厚。卓明的愛人王素琴也是三十二團知青，先在四連，後到五連。與卓明形成鮮明對照的是，王素琴快人快語，從我們見面，她的嘴幾乎就沒停過，講述卓明發現病狀、聯繫醫生、住院手術的全過程；講述卓明如何在手術兩個多月後赴京參加聚會，聚會中和回來後如何愉悅；講述卓明目前的身體狀況和病後養成的良好習慣……看得出，王素琴是位好妻子，她不僅細心耐心地照顧卓明，而且用她的堅強和爽朗支撐著自己和整個家庭的精神世界。

　　佘其德和王素琴竭力邀我們留下來吃午飯，因為今天中午四連有一個聚會，可是我們今天的安排一環扣一環，不能耽擱。這一遺憾留待以後彌補吧。

　　十點十五分，到達第二站——團宣傳隊徐建成家。劉國強不僅是副會長，也是宣傳隊的召集人，他已先一步到達。這裡有個插曲得說一下。為安排今天的行程，方大哥做了詳細的功課，不僅查了行車路線，而且估算了每一站的到達、離開時間，到徐建成家定的是十點十分。我通知阿劉時打趣地說：這也算得太精確了，你差不多就行。誰知這劉大哥的認真勁兒一點兒不比方大哥差，他一看可能會晚，有一段路居然一溜小跑，楞是在十點十分之前等在了社區大門口。老大哥們的務實、認真令我佩服，學著吧。

　　徐建成的網名叫笛韻，初患病時在網上發了好幾篇文章和他吹奏笛子的錄音，他的堅強令很多荒友敬佩。徐建成患胃癌，發

現時已是晚期，無法手術，靠化療殺死癌細胞，控制病情。一年多來，他闖過一關又一關，幾次病危，幾次化險為夷，目前病情不甚樂觀，但他仍堅持著。知道我們要來，他堅持起床坐在客廳裡；我們進門、告辭，他堅持站起來迎送；經常噁心嘔吐，他堅持能多吃一口就多吃一口。徐建成有一個溫暖的家，有一位賢淑的妻子和一個孝順的女兒。妻子原先是某大酒店的廚師長，現專職在家照顧他，每天、每頓，把精心搭配的食物用粉碎機打成糊狀，盡可能有營養，盡可能可口；女兒工作再忙，也不忘給爸爸帶回補品，帶回開心，即使出差在外，也要天天打電話回家，囑咐媽媽好好照顧爸爸。現在，女兒懷孕了，每次在電話裡問候爸爸，都會加上一句：你的外孫也問候你哦！加油，徐建成！我們和你一起期待著那個小天使的降臨，一起期待這個溫暖的家庭更添一份天倫之樂。我們相信你，一定會堅持！

陳錦源和楊蓉華夫婦早就說要來探望徐建成，知道我們今天來，他們也趕過來了，送上一份熱呼呼的問候。

離開徐建成家，我們一行4人（方、劉、我、司機）簡單午餐後，披著綿綿細雨直奔中華新路，去探望十六連的趙月星，同樣，十六連的召集人徐志英已等候在那裡。趙月星在一九九五年就患了腸癌，手術後恢復得不錯，10多年了，沒有復發。這是個很好的資訊，希望不幸患了癌症的朋友能從中獲得信心。8年前，趙月星因中風而無法繼續工作，使本不寬裕的家庭更添一重困難。至今他的左手左腿仍不靈便。因為行動不便，他很少參加知青的聚會，這次得知我們要來，他很意外，也很期待，早早地沏好了茶，以致我們端在手裡時已是溫的。徐志英說他堅持要自己沏，也許是怕一隻手不利索，我們來了再沏來不及吧。和我們聊天時，他哭了，其實在他哭出聲之前，我已看見他幾次擦拭眼

角。我們寬慰他，鼓勵他，儘管我們知道能給他的幫助有限，但希望這有限的幫助能使他知道，曾經的戰友沒有忘記他，希望由此引發的回憶，能帶給他一份溫暖和信心。

第四站是看望醫院的沈小鳳。這是我第三次到沈小鳳家。第一次是去年春節前，她手術不久，代表咱們聯誼會去探望她；第二次是今年3月份，為她送去上海知青關愛基金的捐助金。沈小鳳精神還好，她說自己是沒心事的人，想得開。不過，和前兩次比，這次的臉色不大好，前兩次是蒼白，這次較黃，且沒有光澤，眼圈、嘴角有點兒黑。她現在服用一種進口藥，效果不錯，有一個關鍵性指標沒服藥前是400多，現在降到9點幾了。這藥很貴，而且自費，但只要有效，就會繼續搏。小鳳的丈夫阿龍是四連的，自小鳳病後他也不上班了，全力以赴照顧她，我們誇他是好丈夫，他說這是責任，應該的。

醫院的召集人蕭懷珍也準時「到崗」。其實，在慰問患病戰友這件事上，連隊的召集人是最大的功臣，就說劉國強吧，徐建成病後他幾乎是每月探望一次，這次拿點兒這個，下次帶點兒那個，徐建成說，土雞蛋一籃一籃的往這兒拎啊。再說小蕭，我三次看沈小鳳，她三次都陪著，我看完完事了，她還得時不常地電話問候、上門探望，這次不僅自己到，還攜老公趙世棟（也是咱團的）一同到場，當然，還攜慰問金。

從沈小鳳家出來是下午兩點零二分，與計畫幾乎沒有誤差。最後一站是到大場鎮祁連敬老院，看望磚廠知青蔣根強，磚廠召集人毛遠新直接從浦東趕過去與我們匯合。

蔣根強在農場就結婚了，愛人是同連隊的北京知青小李，返城後在上海安家。蔣根強沒有珍惜這純淨的愛情，鬼迷心竅地執意離婚。後來再婚；後來中風，半身不遂；後來第二任妻子把

他放在醫院不辭而別；後來他回老家休養了一段時間；再後來，他進了這家敬老院。這間房間不小，4張床，3張是老人的，1張是護工的。房間裡有電視機，有衛生間，條件還不算差。蔣根強躺在床上，右手伸出被窩，不停地拍著或摸著額頭，目光有些呆滯，毛遠新問他：儂認得我嗎？他說：哪能不認得。然後叫出他的名字。接下來就幾乎不說話了，至少是不說成句的話。

方大哥問他：你的左手也能這樣動嗎？他點頭，含糊地說能。方大哥讓他把左手也拿出來活動一下，半天不動，掀起被子一看，左手已佝僂得不成樣子。護工說，他比剛來時好一點了，剛來時有褥瘡，現在好了；剛來時吃飯要餵，現在把床搖起來自己能吃了。但他不能下地，一切活動都在床上。他的現任妻子是個什麼樣的人？她為什麼在蔣根強最需要照顧的時候棄他而去？他不說，我們也不好問。令人感慨的是，現在每個星期來看他的，是他的前妻，我們的荒友。她為什麼會這樣做？是出於感情還是道義？不管為什麼，能做到都不容易，我們請毛遠新向她轉達我們的敬意。

這一天的綿綿細雨，時斷時續，雨小時，路上的行人不用打傘，但車窗上留下的細細密密的雨點，告訴你雨確實在下。在這綿綿的細雨中，我們完成了一天的行程，完成了春節前的一項任務。我們盡自己的力量幫助處在困境中的戰友，也從他們的頑強、堅忍、達觀中收穫溫暖和感動，戰友間的綿綿深情就像那綿綿細雨，沒有大的聲勢，有時甚至若有若無，但你用心感覺時，它在。

# 第五章
# 留守知青的困境和企盼

## 第一節　留守在農場知青的企盼

　　在鳳凰網播出的「紅樹林」節目中有一個叫劉雅民的留守知青，根據專輯的述說：「在那個依舊講究出身的年代，他背上了反革命家屬的罪名，一次又一次被攔在了回城的門外……」而他自己也感歎道：「招工也沒我的份」，如今作為唯一留在農場的知青是「寂寞，十分寂寞」，當記者問他還想不想回城時？他感歎道「怎麼不想啊！但是，廣州看起來離我是越來越遙遠了」……

　　聽著他的感歎，讓人好不心酸。有時我想，當初積極動員我們去到海南，為什麼就不能積極招工讓他回到廣州呢？是什麼讓他獨自留在農場，說出了「我留在這裡是我的命運」的話語。這個命運是什麼東西？難道就是要他無端償還父輩的所謂的歷史過錯嗎？

　　另外，還有些知青在回城之後，出於無奈又回到了農場農村，但是生不如死。作家張為在〈青春的價值〉中講道：……陽江農場當年曾有印尼歸僑知青70人，如今尚餘2人。令人難過的是，我只能在醫院的精神病房裡看望他們。

　　他們是兄妹倆，哥哥李黎星，妹妹李黎娜。一九六五年印

尼排華，他們回到祖國讀書．一九六九年下到陽江農場當兵團戰士．哥哥勞動不怕苦累，妹妹能歌善舞是文藝骨幹．後來並無特別的原因，兄妹倆先後患病；物換星移之間，同來的僑生們紛紛離去，到一九八〇年左右，，便只剩下他倆：農場為黎娜辦了病退，給黎星發病號工資，準備為他們撫養終生．一九八六年時，他們的母親由國外回到廣州．僑辦打電話要農場把兄妹送去，在廣州住了一個多月，妹妹又在廣州精神病院住了半年，終於又回到了陽江．

到一九八七年，福建來了他們的一位親戚，又接他們走．妹妹這回死也不走，只說「陽江好」．親戚帶走了哥哥，還專門跟農場簽了一個「李黎星同志退職回原籍有關事項協議書」．不料一年以後，那人又把哥哥送回來，把他留在場招待所不辭而別，只給招待員和場領導留言，請他們收下李黎星．另外還有其母帶給場領導的信，寫道：「我兒黎星，去年十月帶回祖籍龍岩市，原答應接受並負責照顧的侄兒，已於七月底因病去世，再無其他親屬委託，無法落戶．且黎星吵著要返回，我香港歸期已到，萬不得已才決定割愛，送回貴場」云云．

我彷彿看見了一位白髮飄飄、淚跡斑斑的老母親，看見了老母親一顆破碎了的心．然而生老病死是人類最無可奈何的事．陽江農場已經盡了最大的可能照顧兄妹倆．但願黎母山下這一泓揚人道主義的暖流，可以給遠方的慈母帶去一絲慰藉．在病房裡，李氏兄妹當年兵團戰士的影子已經蕩然無存．他們失去了準確的記憶和清醒的判斷力，無法回答一般性的問話．

我覺得悲壯，對他們肅然起敬．因為他們是那70名僑生的代表，是那些為陽江農場，為海南農墾，為中國橡膠事業奉獻出寶貴青春的代表！這也是我不厭其煩地寫下他們的病況，而非先進

事蹟的原因。我要為他們，為那70個華僑知青，留下一點點有關的文字！

記者李瑩在〈橡膠樹你流的是什麼——<上海留守知青樣本調查>拍攝手記〉記敘：西雙版納的夜裡從來不缺乏聲音。淩晨三點，草叢裡的蟋蟀還在叫著，位於勐罕鎮的國營橄欖壩農場的割膠工們，就已經穿著完畢，戴著頭燈，拿著割膠刀，到附近的橡膠林裡開始了一天的工作。林中的水氣原本就重，再加上零零星星的小雨，割膠工陳明官不時回頭跟我們抱怨「西雙版納早就過了雨季，可是還一天到晚的下個不停」。

我們跟著老陳爬了一個多小時山路才來到他負責的橡膠林地，每棵橡膠樹根部都綁著一個黑色的螺旋型膠片下面用鐵絲固定一個碗，只要沿著樹本身的紋路小心切開樹皮，乳白色的膠汁便緩緩流出。老陳一家只有一個割膠工的指標，承包二千多棵膠樹，每個月要上繳五噸乾膠，我們也終於明白了他的擔憂，雨季延長意味著割膠工人要付出幾倍的精力看護收集到的橡膠汁，被雨水稀釋後，這些膠汁的價格將會大打折扣。陳明官是我們此行的拍攝對象之一，一九六八年，七十五歲的毛澤東發表了「知識青年到農村去，接受貧下中農的再教育，很有必要」的最高指示，他便是被那股上山下鄉的熱潮裹挾著到雲南生產建設兵團的上海知青。整整四十年過去了，老陳每天早晨還在割膠，重複著和四十年前一樣的工作，南美印第安人把橡膠樹稱為「會哭泣的樹」，看著老陳專注甚至有些麻木地神情，我們的心為之一震。

說上海話的哈尼族姑娘老陳的妻子咪德是哈尼山寨名門望族的長女，能說會道，剛剛見面她一口流利標準的上海話就把攝製組的每一個人都震了，但是令大家不解的是，老陳在雲南生活多年，任憑怎麼提示都說一口雲南普通話，母語上海話基本不會說

了，咪德的上海話又是跟誰學的呢？原來三十多年前，她與陳明官婚後回上海度蜜月，半年時間就學會了全部日常用語，雖然自此她再也沒回過上海，卻記住了上海人的語言。上海人不會說上海話，哈尼族妻子更像個上海人，這對反差極大的夫婦如何結緣成了一個有趣的問題。

當年，陳明官和同在農場插隊的上海知青鐘榮華負責採購，一周要往景洪縣城跑一趟，而這條通往縣城的路正好經過一個哈尼族山寨。情竇初開，美麗的哈尼族少女吸引了兩個上海年輕人，開朗主動的鐘榮華和其中一位叫咪珠的哈尼族姑娘暗生情愫，為了追求咪珠，鐘榮華不僅經常拉老實巴交的陳明官打掩護，而且自學了哈尼語。當年，上山下鄉的知青隊伍男女比例嚴重失調，一句順口溜形象地道出了男知青們的心聲「深山牛郎三十一，沒有老婆心裡急。革命事業無後繼，打著燈籠找婆媳。」鐘榮華和咪珠為了感激陳明官做著長時間的「電燈泡」也開始幫他物色對象。

咪德和咪珠是表姐妹，由於咪德是山寨地主的女兒，受到當年階級鬥爭的影響，她直到二十歲都沒有出嫁。雖然陳明官沒有給咪德浪漫的山盟海誓，但他的老實厚道在那個動盪的年代讓咪德很有安全感。當年，少數民族和知青結婚還是件挺有風險的事，尤其是民風保守的哈尼山寨，甚至有人嚇唬咪德說與漢人生出的孩子會是三頭六臂。但是，勇敢的咪德還是成為山寨中第一個嫁給知青的少女，回憶往事，她爽朗地跟我們說「我嫁過去的時候，老公連一床被子都沒有。我就圖他人老實，會幹活。現在的女孩就是圖錢啊，還要房子啊，比我們以前差得太遠了。」

## 去留之間

有人說愛情就像阿司匹林可以緩解疼痛，陳明官、鐘榮華兩兄弟在孤寂艱難的知青生活中找到了避風港，西雙版納從一片野莽荒山變成一座極盡絢爛的天堂。然而，一九七八年十一月十日，就在他們生活的橄欖壩農場，一名懷孕難產的上海女知青因為農場衛生所的醫療事故大出血而死，這起在農場幾年歷史當中並不算最嚴重的知青非正常死亡事件竟引起軒然大波，數千人抬屍遊行，迅速成為知青要求返城的導火索。一九七九年二月，短短兩三個月，雲南農場知青返城率高達百分之九十以上。對於新婚不久的兩兄弟而言，美好的愛情更像一個美麗的陷阱，去留之間考驗著他們的良知。

陳明官是橄欖壩農場第一個決定留下的上海知青，因為此時他的身分不僅是丈夫還是一個剛滿周歲男孩的父親。老陳覺得自己的選擇理所應當，在哪都靠雙手吃飯，既然來到邊疆，返回上海的際遇又難以預料，不如踏踏實實種橡膠算了。與此相反，戰友鐘榮華家裡已經鬧得人仰馬翻，他的哈尼族丈母娘因為怕女婿逃掉，全天二十四小時貼身監督，甚至到了上廁所都寸步不離的地步。

其實，鐘榮華的內心也很掙扎，一面是身懷六甲，眼看要臨產的妻子咪珠，一面是返城大潮和家人每天一封連發半個月的電報。鐘榮華應該是時代浪潮中非常懂得趨利避害的一種人，上海對他的誘惑可想而知，然而，昔日寂寞難耐猛烈追求哈尼族姑娘的是他，如今鬧著返城背棄誓言的也是他，在鐘榮華心裡一直有個坎兒過不去，如果自己拋棄妻子，按哈尼族的傳統，根本沒有離婚一說，意味著善良美麗的妻子將終生為自己守活寡。選擇很難，但往往就在一念之間，橄欖壩農場一千多上海知青中最先選

擇留下的只有三個人，陳明官、鐘榮華，還有一位叫安慶宏的女知青。

聽說安慶宏出身於黃浦區一個知識份子家庭，在當年女知青中也是最活躍、最漂亮的一位，那麼這樣一個出身與背景完全海派的「上海小姐」又為什麼選擇留下來呢？攝製組幾經輾轉終於聯繫上了安慶宏，第一次見面在橄欖壩農場文化宮安慶宏和與她一樣已經退休的姐妹正在排練舞蹈。自幼能歌擅舞的她在學校時一直是文藝骨幹，當年率領文藝隊走街串巷宣揚毛主席的政策指示成為安慶宏最驕傲的記憶。「毛主席的戰士最聽黨的話，哪裡需要到哪裡去哪裡艱苦哪安家。祖國要我守邊卡扛起槍桿我就走，打起背包就出發……」這首〈毛主席的戰士最聽黨的話〉是安慶宏最喜歡唱的歌曲，她告訴我們，她喜歡西雙版納的風土人情和自然風光，並且堅定地認為知識青年到農村去接受貧下中農再教育的指示是真理。整整四十年過去了，時代的烙印在她身上仍舊那麼鮮明，當其他知青以絕食、罷工對抗留守的命運時，安慶宏卻逆潮流而動，謝絕了一次又一次回上海的機會。

當然，除了堅定的革命信仰，安慶宏的留守還因為一個人。安慶宏少女時患上一種很難治癒的病，中醫上的解釋叫倒經。每每例假時都會流血不止，醫學上講患上這個病很可能失去生育能力。知青大返城前的一天夜裡，安慶宏突然下身大出血，沒多久人就昏死過去，農場的醫療條件根本無法應對，必須及時請景洪縣的醫生過來。但是，當時已近午夜，外面雷聲震天，除了黑乎乎的原始森林，通往景洪的路還必須經過一條兇險無比的瀾滄江。就像電視劇裡的劇情似的，當時許多追求這個漂亮女孩的上海籍男知青都臨陣脫逃，關鍵時刻湖南知青陳國強挺身而出，在滂沱大雨中冒著生命危險把醫生請來救了安慶宏一命。也許這就

叫「生死相許」吧，在當年知青大返城的風口浪尖，安慶宏卻平靜的成為了陳國強的新娘，開始了她紮根邊疆新的篇章。

## 歲月無痕

關於知青，很多人都跟我們說，留在那裡的十年八年註定會是他們人生當中最為刻骨銘心的一段記憶，任什麼也抹不去。他們當中幾乎每一個人都可以毫不費力地向我們描述那段生活裡哪怕是最為微小的一個細節，他們當中最不善言辭的人也可以滔滔不絕地給我們提供那段生活裡最為豐富最為生動的畫面。只是，當我們真正走到這裡才發現要尋找到他們所描述的那些過去已經是不太容易。

鐘榮華後來當上了農場的生產隊隊長，與咪珠生有一兒一女，這在哈尼族傳統中是最美滿的家庭結構。安慶宏在結婚二年後奇跡般的懷孕了，並且育有二女一男，她一直認為這是上天對她沒有違背當初「紮根邊疆」誓言的獎賞，如今兩個女兒都在上海成家工作，兒子留在西雙版納景洪也是小有成就。唯一讓我們感到揪心的是老陳，他和咪德生了二個兒子，但是大兒子因為肥胖難以從事正常的勞作，二兒子雖然接了老陳的班成了一名割膠工，但是迷上了賭博，把家裡僅有的幾萬元積蓄偷偷輸光了，早已退休的老陳不得不和咪德一起每天淩晨割膠貼補家用。去年，陳明官查出患了肺癌，因為沒有錢治，他割完膠後會到林子裡採些草藥以維持病情。

拍攝接近尾聲，老陳憨憨一笑塞給我們兩棵野生靈芝，「這東西最補身體，你們也很辛苦的。」說實話，作為採訪對象，老陳的沉默寡言曾讓我有些沮喪，我始終拼命尋找他身上與上海某種相連的東西，最終發現最有代表性的竟然是陳明官家裡的抽水

馬桶，因為他們是這個大山環繞的閉塞山寨中唯一使用現代抽水馬桶的家庭。

## 第二節　留守在黔北高原的知青

鳳凰博報由你開始〈114名老知青的守望大雪飛歌〉說：這裡曾是一片荒蕪的土地，地處務川、正安、道真三縣交界的大山深處。這裡也是黔北高原不多見的、寬闊的高山臺地。春夏兩季，是這裡最美的季節，方圓近20平方公里的山野中，鮮花遍地，花香誘人。大山頂上的近4000畝連片茶園，茶壟蜿蜒，起伏於山山嶺嶺，滿眼的翠綠看不到頭望不到邊。

**走進平均年齡已近五十歲的這個老知青群體，我們目睹了他們生產和生活的窘迫**

今年新茶吐綠的陽春三月，記者來到了這遠離縣城54公里，平均海拔1500多米的高山茶場——正安縣上壩茶場。

這是一九五二年由省公安廳修建的勞改農場，專門用於改造「犯人」的地方，一九五八年，這個農場轉為國營農場。一九七六年，上海、浙江、山東、河南、貴陽的350名知識青年響應毛主席的號召，來到這裡墾荒種茶，他們用自己的雙手將這片荒山建成了美麗的茶園。

30年過去，當我們第一次走進這裡，我們驚訝地發現，30年前從各地來的350名知青中，竟有114名當年的知青仍在這裡艱難守望。走進平均年齡已超過五十歲的這個老知青群體，我們目睹了他們目前生產和生活遭遇到的困難和窘迫。

在低矮破舊的「乾打壘」職工家屬房，記者見到了已臥床兩

年多的老知青鄭興國，嚴重的高山風濕病，致使他的手足關節嚴重變形，身體彎曲不能下床。家中四壁空空，除了蓋在身上泛黃的棉被和擺在木桌上的幾副碗筷外，其餘再無像樣的家什。

據老知青、茶場場長的歐建學介紹，自二〇〇〇年以來，由於茶場產量產值上不去，茶場效益每況愈下，職工年均收入不足1000元，大部分職工家庭年人均收入500元以下，處於嚴重的貧困狀態，社會養老保險無法按時繳納，過著「房不堵風，有病難治」的日子。

「茶園茶齡均在25年以上，由於茶場困難，根本無力改造茶園，再加上無力投入購買化肥、農藥及生產機具，導致連年虧損，惡性循環」

「吳廷樹、鄭傳興、付思賢、羅建忠……」歐建學說，這些人都患有類似的疾病，記者再也不敢去目睹令人心酸的場景。

「沒有想過回城或者另外找一條路走？」當天下午，在茶場場部，20多名老知青從茶山趕來參加記者的採訪座談時。面對這些已是半佝僂的老知青，記者想像不出他們留在這裡的理由。

「想過。前些年出去過，但受不了那些冷眼和歧視，最後還是回來了，打死了我也不再出去了。」苦笑中帶著幾分淒涼。

「值得留戀嗎？都讓你們成了這個樣子。」

「值不值得沒想過，但是我們的青春奉獻給了這片高山，到哪裡也找不到這份感情……」

## 350名風華正茂的知識青年在這裡匯聚，機器轟鳴沸騰了沉寂千年的大山荒野

上世紀六十年代末至七十年代中期，一句「知識青年上山下鄉」的號召，使一群來自上海、山東、廣東、河南以及貴陽、

遵義和正安縣的350名熱血青年，告別親人，告別故鄉，先後聚集到這片黔北的高山之巔。他們中，有退伍軍人，有初高中畢業生，也有僅是小學文化程度的社會青年，時代給他們都統一冠名為「知識青年」。

由省、地調撥來的12台二七型、三五型、六八型，以及180大型履帶式拖拉機，轟隆隆地開進了這片荒野。幾百人的墾荒隊伍在轟鳴的機器聲中，揮動鐵鍬大鋤，以每天人均翻挖3分石荒地的速度，任憑雙手打起血泡，任憑風吹雨打，硬是在亂石堆中刨出了一片片機耕地。一行行一壟壟完全按標準種植方式，撒上茶種，栽上茶苗。

高山不產水稻，大家吃的是高山特有的火坑包穀，一進口猶如乾沙般滿口鑽，就著清湯寡水的蓮花白菜湯，唱著「紅米飯、南瓜湯，挖野菜、也當糧」，吃得餐餐味道香，雖然清苦，卻一點沒有影響大家的燃燒的激情。白天，滿山紅旗漫捲，機聲隆隆，歌聲一片，近嶺連著遠山；夜晚，時斷時續的柴油發電機送出的昏黃燈光下，這群年輕人講著家鄉的故事、唱著故鄉的小曲一直要熱鬧到月上中天。

一到秋冬，大山上風如獅吼。大雪封山時電線上的冰淩有手腕般粗。山埡口上的樹木一律向南偏斜，樹枝上的冰掛足有尺寬。知青們簡陋的住屋裡，哪怕只有針孔大小的風眼，也能聽到尖利的叫聲，還常常結成鋒利的冰刀。對此，大家沒有絲毫怨氣，相互依偎在煤火堆旁，蜷縮在被窩裡，憑著人擠人的熱量，他們熬過了一個個難捱的日子。

時至一九七八年，在他們的艱辛勞動和精心培育下，3600多畝茶園被開闢出來，茶葉經營也一年年有了收益。上世紀八十年代至九十年代間，加上糧食生產和養殖收入，場裡年產值均超

200萬元，利潤20萬元，每年向國家交納稅費30多萬元，茶場也因此多次被評為縣、地區及全省先進企業。一九八八年，當時的國家農業部部長趙凡考察茶場時，高興地說：這個茶場是個好地方，最好是造一個亞洲最大的茶葉基地。這是上壩茶場歷史上最輝煌的時期。

**一場大回城「地震」，一連串的天災人禍，彷彿一夜之間，一切發生了大逆轉**

其實，當全國知青大返城風潮波及到這片相對閉塞的大山時，已是大城市知青回城的晚期。

「走！回城去。」一九七八年返家過春節時，一部分知青帶來的這個訊息，無異於在茶場帶來一場大地震，突然間攪亂了這裡往日的寧靜。一時間，大家議論紛紛，人心惶惶。不少人匆匆卷起鋪蓋卷，回的回到父母單位，走的走門道進了城裡的工廠，還有的乾脆回家坐等工作機會。短短幾個月間，全場知青有一大半離開了大山。剩下實在想不到辦法，或因各種原因不能走的，也著急上火失去了心理平衡，有的甚至走上絕路，演繹了一幕幕人間悲劇。

王小靜，一位文靜漂亮、多才多藝的女生，據說父母親都是貴陽一個劇團的演員，大家背地裡都稱她為「場花」。平日勞動之餘，正值青春期的男知青們都喜歡圍著她轉，聽她好聽的歌聲，欣賞她飄逸的身姿。也就是返城正火時，一個陌生男人出現在茶場，大家才知道小靜原來已結了婚，只因不滿這樁婚事，才瞞著父母悄悄來到茶場。寧願在這裡吃苦受累也不願再回家的她，眼看著一個個昔日的知青同伴離她而去，更加上那個男人的糾纏，去留不能的絕望中，她跑到自己曾經流血流汗的茶山上整

整哭了兩天后，在第三天那個風雪交加的夜晚，悄無聲息地把自己年輕漂亮的生命懸在了養豬場的橫樑上……

同樣年輕活潑年僅二十五歲的知青陳麗娟，帶著年幼的孩子隨返城知青們下山探親，嚴重超載的拖拉機鬥箱在彎道上突然側立，眼看就要翻下，劈頭壓住大家之際，情急中，陳麗娟把孩子塞給旁邊的女友，毅然將自己的身軀墊在車箱棱下，用生命保護了情同手足的戰友們……

疾病纏身的吳明貴，一直堅持牧馬養牛，直到倒在馬槽旁，死後，人們翻遍了所有的箱箱櫃櫃，結果沒有找到一粒糧食。有人說，吳明貴是被飢餓拖死的。

返城大潮席捲過後，這裡只剩下不到30人。

「屋漏偏逢連夜雨」。一九八八年前後，茶場的茶樹遭白心病的侵害，人吃了這種茶後，拉稀跑肚，堆積如山的茶葉賣不出去，發黴腐爛在倉庫裡。人們望著賣不出去的茶葉，悄悄落淚。

而就在這段時間，先前隨流下山的一些知青，有的因回城備受冷眼，不能忍受家庭與社會的嫌棄；有的因文化低，找不到合適的工作無法生存下去；更多的則是在茶場集體生活慣了，而與社會一些虛偽、冷酷與燈紅酒綠格格不入，不堪忍受那種難以言表的心理折磨而陸陸續續返回茶場。在連最低工資都發不起，無法發展生產的狀況下，大批知青的回流，更加重了茶場的負擔和困難。彷彿一夜間，這裡的一切都發生了大逆轉。

**嚴酷的現實擺在他們面前的時候，老知青們眾志成城卻難度難關**

這些年間，為了生計，為了兒女，上壩茶場的老知青們年復一年地演繹著一種「絕唱」。在生產淡季，上百家庭拖著老弱病體遠離他們生活了大半輩子，奉獻了一代青春的第二故鄉，遠

走江浙一帶，去縣城拉板車，撿垃圾，修鞋補鍋，留在場部的職工，則起早貪黑，搭乘農用車去周邊場鎮「趕溜溜場」，靠販賣小貨營生。可是，在茶葉生產旺季，這些離鄉背井的職工，紛紛從幾十里、幾百里，甚至幾千里的地方趕回來，又投入到緊張的生產中去。他們最大的願望，就是想讓奉獻了一代青春的茶場能早一天起死回生，重新回到「有勁可使」的熱火朝天的生產中去。

面對嚴酷的現實，這個群體也很坦然，知青夫婦王書安、康先容在接受記者採訪時說：「我們都是患難之交的戰友，既然走到一起了，無論多大的困難，哪怕只有一碗飯，大不了沖上兩瓢水，大家一起喝稀的。」上壩茶場職工的生存狀況，引起了正安縣委、縣政府的重視。他們在今年四月的一份調查報告中稱：這些國企職工的日子，今天遠趕不上周邊的農民。

為了改變這種狀況，他們在苦苦找尋一條求生之路。本來完全有條件憑自己修車開車技術在省城找份像樣工作的貴陽知青盧國態，在茶場工作需要的時候，義不容辭地把重振茶場這副沉重的擔子壓在了自己的肩上。

為了100多號人的生活，他上貴陽，到遵義，去縣城，向有關部門反映茶場的困難；為辦理退休老職工的社會保險，他千方百計，爭取各方的支持。可是天有不測風雲，二〇〇四年四月五日，驚動全省、全國的正安一場特大交通事故中，盧場長和另兩名職工連同一車乘客被摔下了深淵……帶著聯辦專案的協議，爭取解決土地問題的報告以及購置茶葉機械設備的任務，丟下了牽腸掛肚的妻兒和幾十年一起拼搏的戰友們，撒手而去，留下了無盡的遺憾和全場職工的極度悲哀……

危難之際，組織上找到了在外辦企業且已小有名氣的歐建

學，找到在縣城先後開過羊肉粉館，在毛家塘開過飯館的毛勇，還有在安場承包茶園，有著豐富管理經驗的邱本志。

沒有過多的猶豫，沒有向組織提出任何非份要求，這3個從茶場出來的知青簡單的碰頭後，奔著組織的信任和職工的期盼，再返高山。

第一椿事是先借錢安葬了因工死亡的職工和撫恤家屬。接著立即召開全場大會，號召大家重新振作精神，共謀發展大計。自此，開始了一場新的戰鬥。採訪中，記者試圖掏出歐建學他們這一班人的幾句「豪言壯語」。可他們卻平靜地說：我們自己也覺得自己奇怪，無論走到哪裡，幹什麼事，心中總有一種牽掛。看到茶場如此的艱難，老有一種責任的衝動，感到對不起大家，從內心割捨不去那段時期大家同鑽一個被窩，同吃一鍋包穀飯，同喝一碗菜湯的那份情感。歐建學說：「我們悄悄地跑了，也對不住那些為茶場發展獻出了生命的亡靈啊。」

「我們沒有想到，翻開財務報表，帳面上唯有5470元錢，而債務一欄卻醒目地用紅字標明：143萬元」。毛勇對記者說：「當時我們就傻眼了。」

「已經沒有退路了。我們只好先選那些不花錢或少花錢的活路，先幹起來再說。」邱本志掰著手指頭向記者介紹：鏟草不花錢，清理環境不花錢，刷牆不花錢。用紅布在場部樓掛兩幅標語花了點小錢，再找幾個工人在當年知青們栽種的「子母林」旁，搭建了一個休閒涼亭，再把縣農業局送的一輛舊吉普車擺弄擺弄響起來。歐建學說，這一搞，看上去還真有了一點精氣神。

接下來，他們結合茶場實際和特點，進行了建章立制，改革人事勞動用工制度，調整了內部機構設置。將原有17人的後勤管理人員縮減為8人。將茶園承包到人減少投入15萬元，再把加

工廠、機器設備維修和用電管理責任到人，減少開資3萬多元。責、權、利明確了，全場職工也有了積極性，開始顯現出活力。歐建學說，這樣摳出來的56萬塊錢，在其他地方也許不值一提，可是在茶場目前的困難情況下卻是一筆不小的數目。

從二○○四年下半年開始，歐建學和他的班子帶領全體職工終於辦成了幾件大事。這在縣農業局的調查報告中作了記載：成功引進外商兩家，其中浙江客商注入資金200餘萬元，更新改造茶園1000餘畝，新增一條龍珠茶生產設備一套；與頂箐方竹筍有限公司合作造竹1620畝，目前工程已全面結束。實施制茶用水配套項目一個，修建小水池17口。貸款6萬元，實施茶場人畜飲水解困工程項目1個，基本解決用水困難。投入資金1萬元，建試驗示範畜牧養殖場1個，年出欄生豬20頭，今年準備擴大養殖規模，力爭實現人均出欄生豬1頭、增收100元以上目標，投入資金7萬元，翻修辦公用房和職工住房6000余平方米，綠化硬化辦公環境3000餘平方米，茶場超負荷為128名職工繳納了社會養老保險……

列舉這些資料是枯燥的。但通過這些，我們不能不看到在成績的背後，上壩茶場幹部職工為改變自己命運的決心和付出的艱辛勞動。

**一份特別的困難報告，一場特別的記者代言，一張特別的紀念照片**

「儘管做了很多工作，盡了很大的努力，上壩茶場的情勢依然十分嚴峻。」記者搜集的一堆向有關省廳、市局以及縣相關部門送交的各類「困難報告」中，幾乎都有這樣的表述。

記者掐頭去尾，插入自己的見聞，綜合好這份特別的困難報

告：上海知青陳煥根來場30年，身患多種疾病，不但一直無法回家探親，就連自己的基本生活也難以維持。駱建忠，患有嚴重的咳喘病，夫妻離異後，他拖著病體為浙江老闆打工，每月300元的工資中拿出200元供女兒讀中學，自己的生活費不足100元。鄭傳興，患上一種全身浮腫、雙腳麻木的怪病，嚴重時靠草藥利水消腫，如此反復折磨，已不像人樣……類似情況，記者採訪對象中超過了半數。這裡不是缺醫少藥，而是「無醫無藥」。

二〇〇六年二月八日，一場百年不遇的雪災，致使職工住房倒塌近2000平方米。據瞭解，這些住房包括部辦公樓均為五十年代修建，多年高山風霜雨雪的侵蝕，已破爛不堪，換個地方，已遠遠超過「危房」的鑑定標準。

由於勞動力大量外出謀生，3000多畝茶園在採茶季節多被荒廢，茶葉下樹率不到8%。其他諸如改造老化茶園，完善茶水配套，安裝制茶供電，搬遷移民補充勞動力等，茶場現有實力只能是「手長衣袖短」可望而不可及。

上壩茶場是個好地方，富含硒、鋅等微量元素的21950畝土地，適宜於畜牧，種糧以及還茶還竹，發展前景十分廣闊。但是，目前以114名七十年代的老知青為主要成員的茶場職工，遇到了前所未有的困難，「農不農工不工」的體制，使他們在許多方面都被置於相關政策的覆蓋之外，希望得到各級政府、部門以及社會各界的關注、幫助和扶持，希望各方有識之士，來場考察投資建項目，「只要來茶場，一切好商量」。同時也希望社會伸出援助之手，幫助他們渡過眼下的難關。

採訪結束時，記者按職業習慣提出為他們拍一張合影照，沒想到，卻引起一段小麻煩。幾十名圍住記者擺談的老知青，一聽說照相都往旁邊躲。

「我們歪的歪，跛的跛，這樣照下來，太丟臉臊皮。」幾個佝僂著身軀，明顯病容的老知青無論怎樣說都不願站過來。沒有辦法，記者只好選在茶場最漂亮的辦公樓前，挑選他們中最「抻抖」的代表，拍下了一張特別的紀念照。

離開茶場已近黃昏。車到半坡，我們回望朦朧中的高山之巔，還未散去的老知青們就像一抹剪影。他們在大山上艱難地守望。

回到報社，記者整理採訪筆記時，發現還有一張未及歸還的工資單。上面登記著：場長歐建學，月工資330元；副場長毛勇、邱本志月工資290元；會計李孟文，月工資260元。

一個在特殊年代形成的特殊群體，他們在條件十分艱苦，幾乎處於現代社會邊緣和人們視野之外的窘境下，依然頑強而癡迷地固守著那片他們為之奉獻了青春的大山！

## 第三節　留守在陝北的北京知青

記者孫春龍二〇〇六年底在〈留守陝北的北京知青〉給我們描寫了他們如今的生活狀態：一位朋友在電話裡告訴我，在位於黃土高坡的陝北延安，至今還生活著300多名當年插隊落戶的北京知青，因為各種各樣的原因，他們已經難以回到自己的家鄉北京。公開的資料顯示，在一九六九年初，包括1200多名管理幹部在內的逾28萬名北京知青來到延安市，散落於1600多個大隊從事農業勞動。

這位朋友說，他認識一位目前依然留守在延安市黃陵縣的北京知青，這位知青名叫高玉珍，不幸的是，高玉珍在不久前剛剛被查出肝癌，而且已到了晚期。躺在自家炕上養病的高玉珍拉著

這位朋友的手說，她有生之年最大的願望就是能夠回一次北京，再看一眼生養了她的家鄉。

朋友告訴我這件事情的目的，是希望作為記者的我，能通過我的報導，讓高玉珍實現她的願望，並且能關注一下這個早已被社會所遺忘的群體。一個多星期後的二○○六年九月十九日下午，我抵達陝西省黃陵縣，打電話給當地的另一位知青陳志，陳志在當地留守知青中較為活躍，和大家聯繫廣泛。我希望他能陪同我採訪高玉珍以及這些至今依然留守的陝北的北京知青。陳志說，他就在高玉珍的家裡，不祥的是，電話那頭，同時傳來幾聲蒼涼的嗩吶聲。陳志接著說，高玉珍在早上已經走了……謹以此文，獻給未及謀面的高玉珍以及她的戰友們：

**沒想到，她還是埋在了這裡**秋日的黃土高原上，嗩吶的聲音悠長而又空曠。嗩吶吹出的陝北小調〈三十里鋪〉讓高玉珍的葬禮顯得更為冷清和淒涼：「提起那個家來家有名/家住在綏德三十里鋪村/四妹子好了個三哥哥/他是奴家的知心人/三哥哥今年一十九/四妹子今年一十六/人人都說咱二人天配就/你把妹妹閃在半路口……」

高玉珍的家位於黃陵縣店頭鎮長牆村，兩孔極小的窯洞，前來弔唁的人甚至難以落足。陳志等五位留守知青被當作娘家人，受到當地喪俗中最高規格的禮迎。

「北京沒有來人。」陳志解釋說。高玉珍的娘家在北京市朝陽區百子灣。

一九六九年二月五日，年近二十歲的高玉珍坐上西去的知青專列，來到延安市黃陵縣橋山公社長牆村插隊，接受貧下中農的再教育。誰都不可否認，那是一列充滿歌聲和憧憬的列車。曾是毛主席在首都接見的第一批紅衛兵的高玉珍，心中同樣充滿了激

情和夢想。

說到高玉珍，當地每一位和她熟識的人，都會提到在她插隊期間發生的那個改變了她一生命運的故事：那是插隊第一年冬天的一個深夜，剛剛躺到被窩裡的高玉珍被同住一宿的三位女知青喚醒。「去，到門外面把尿壺給咱提進來。」高玉珍什麼也沒有說，起身準備穿衣服。同宿的女知青勸她，還穿什麼衣服呀，尿壺就在門外面，不夠麻煩。

對於同室的三位女知青的話，木訥老實的高玉珍通常都是言聽計從。高玉珍長得又矮又醜，經常受到其他人的欺侮和排擠。每天出工回來，她要為大家做飯，而且往往是別人吃完了才能輪到她吃。做飯之前，她的手要在大家的監督下洗上四遍，因為大家覺得她不講衛生。睡覺的時候，她也不能穿衣服，同宿的知青覺得她身上有蝨子。對於這些無理的要求，柔弱的高玉珍從來不予爭辯。

高玉珍光著身子下了炕，剛出了窯門，就聽見身後哐噹一聲，門被從裡面插上了。接著，同室的三位知青一齊大喊，有賊了！抓賊啊！一剎那，同院裡住著的男知青們紛紛打開門來，亮閃閃的手電筒一齊向高玉珍照來。窯洞裡的三位知青笑成一片，全身裸露的高玉珍慌不擇路，跑進了對面的一個院子。院子住的是貧協主席楊服煥，楊服煥家徒四壁，老婆在幾年前跳河身亡，留下一個七歲的孩子。面對深夜闖進家門的高玉珍，善良的貧協主席楊服煥急忙取來一床破棉被將她裹起來。

若干年後，在北京的一次知青聚會上，三位捉弄高玉珍的知青提到這個惡作劇時，心中充滿了悔恨和不安。但在那時，他們並未意識到這件事情的嚴重性。

因為知青們的排擠和歧視，善良的楊服煥最終成了高玉珍在

當地唯一的依靠。半年後，高玉珍懷孕了，這件事情在當地引起軒然大波。縣上以破壞知識青年上山下鄉的名義將貧協主席楊服煥五花大綁，初定20年刑期。批判會設在村頭的一片大操場，幾乎全鄉的人都跑來看熱鬧。讓人們意想不到的是，矮小瘦弱的高玉珍也來到了會場，她走到楊服煥的身邊，解開綁在楊服煥身上的繩子，堅定地告訴政法組的人，「要判就連我一起判，是我先找的他。」

政法組的人驚呆了，他們實在想不通，一個北京學生，竟然能看上楊服煥這個鰥夫，家裡窮沒文化都不說了，楊服煥的長像也是奇醜無比，禿頭、天生羅鍋，而且還是柳拐腿。

「你真的是自願的嗎？」政法組的人再一次問到。高玉珍毫不猶豫地回答：「是的。」政法幹部一時不知所措，批鬥會被迫中止。之後，有人向政法組建議，不如讓他們兩個結婚算了。但因為高玉珍身為知青的特殊身分，當地政府根本不敢做主。知青的管理幹部也找高玉珍做工作，稱只要她告楊服煥強姦，就讓她提前返京。這個對於知青來說最大的誘惑，也被她斷然拒絕。

高玉珍的事情最終驚動了中央，在相關部門的批復下，北京市民政局為高玉珍和楊服煥簽發了結婚證。高玉珍夫婦也因此成為當時全國第一個北京知青和當地人結婚的案例。

這次意外的婚姻，讓高玉珍返京的難度進一步加大。當10年後北京知青大返城時，高玉珍已經有了兩個孩子。一九八六年五月，按照當地政府照顧北京知青的相關政策，高玉珍進入當地的鄉政府工作。

工作後的高玉珍無法忘記自己的家鄉。一九八八年，高玉珍回了一次北京，她把大兒子的戶口遷到北京，落戶自己的哥哥家。按照當時的政策，每個知青家庭可以把一個孩子的戶口遷回

北京。對於那些流落他鄉的知青來說，這是此後能讓他們魂歸故里的最好方式，當他們年邁的時候，他們最少可以到自己的孩子家安享晚年。

但兒子的戶口遷到北京僅僅一個多月後，哥哥來信說，戶口雖然落到北京了，但孩子以後的工作怎麼辦？住房怎麼辦？結婚怎麼辦？……高玉珍心裡清楚，對於同樣有著重負的哥哥來說，這些都是無法回避的現實問題。高玉珍給哥哥回信說，那就把戶口再遷回來吧。

10年後的一九八八年，是高玉珍最後一次回北京。對於已經退休在家、身體日益羸弱的高玉珍來說，這次探親之旅無疑還有著更多的奢望。讓高玉珍失望的是，哥哥家的大門緊鎖，四外尋找都沒有找到家裡的一個人。哥哥是她在北京最後的親人。這把鎖，成了高玉珍的一塊心病。此後，高玉珍便再也沒有回過北京。

二〇〇六年九月十九日，五十八歲的高玉珍在自己插隊的長牆村的家中與世長辭。她的離去，使至今還留守延安的北京知青人數變為320人，也讓她在彌留之際回一次北京的心願最終煙消雲散。高玉珍的墓地位於黃陵縣的橋山之下。橋山是渭北黃土高原向南延伸的一脈，《史記》中「黃帝崩，葬橋山」的記載讓這個地方名揚天下。

前來送葬的留守知青龔鳳海淚流滿面。30多年前，龔鳳海和高玉珍同乘一列火車來到延安，讓龔鳳海唏噓不已的是，高玉珍把青春年華都奉獻在了長牆村，沒想到，她還是埋在了這裡。在插隊的那麼多年裡，年輕的龔鳳海同樣看不起被大家稱為「小老太」的高玉珍，嫁給楊服煥這個身上到處都是毛病的人，他更是想不通。但當龔鳳海站在高玉珍的墓地前時，他一下子覺得什麼都想通了，他甚至覺得，高玉珍是一個值得尊重、值得敬

佩的人。

「高玉珍的婚姻在當時引起的反響很大，有人覺得，這些北京人結婚不講什麼門當戶對，對當時風行的買辦婚姻是一個很大的衝擊，堪比『梁祝』。」龔鳳海說。在高玉珍病重期間，龔鳳海曾和她談起那個瘋狂的年代和那個冬日深夜發生的改變了高玉珍一生命運的事情，讓龔鳳海意想不到的是，高玉珍說，她做的事情她從來都沒後悔過，她誰也不怨，這一切都是命中註定的。

當高玉珍走入墓地的時候，留守知青們仔細回憶高玉珍的婚姻時，他們突然覺得，他們一直認為生活很悲慘的高玉珍，在婚後其實生活得非常美好，不論是苦難或者富有，他們都不曾背棄，他們互相照顧，互相體諒。在知青大返城的年代，多少個家庭因此分崩離析，但高玉珍依然堅守著在別人眼裡猥瑣不堪的丈夫。在龔鳳海眼裡，高玉珍至少在精神是滿足的，因為她用自己的一生踐行了毛主席號召知識青年到農村去的政策。

## 龔莊村的真正主人

「沒想到，她還是埋在了這裡。」當龔鳳海對高玉珍發出這樣的感慨時，他其實更多地說給自己。龔鳳海插隊的地方叫龔莊村，這或者是一個巧合，抑或是一個隱喻。在龔鳳海到來之前，龔莊村並沒有一個姓龔的。初來乍到的龔鳳海感到稀奇而又豪邁，「看來我才是這個村莊的真正主人。」

一語成讖。年輕好強的龔鳳海絕對不會想到，他將面對和高玉珍同樣的宿命。

剛插隊時，隊長發給他一條鞭子和一群羊。龔鳳海細數了一下，整整30隻。拿慣了鋼筆的龔鳳海對細竹杆做成的皮鞭並不是很適應。但僅僅兩天后，他就會在山坡上甩出一記漂亮的響鞭。

兩年多後，龔鳳海把羊群還給隊長時，羊群已經壯大到80多隻。

一九七二年，龔鳳海被招入黃陵縣某勞改農場工作。剛去的時候，龔鳳海給領導提出要去開汽車，領導告訴他，汽車太貴重，出了事損失太大，結果派他去開拖拉機。之後，龔鳳海還當過保管、看過大門、做過收發，但是始終沒穿上制服。在一個司法系統的部門來說，制服，意味著身分的不同。

一九七九年四月，知青大返城那年，三十歲的龔鳳海因落實政策調回北京某公司當司機。然而僅僅一年後，他出人意料地要求調回黃陵原單位。龔鳳海認為，他之所以要回到陝北，是因為多年來已經適應了這裡的生活習慣，而在北京反倒讓他感覺不適應。如果僅僅是生活習慣上的不適應，理由似乎有些勉強。熟悉龔鳳海的知青認為，龔鳳海在北京待不下去的主要原因，是他的倔脾氣導致他已經不能適應這個日益變化的社會。

一九八三年，在別人的介紹下，已經三十四歲的龔鳳海和一位當地人結婚。在當時的那個環境，對於他這個大齡青年來說，能找到一個對象真是難上加難。介紹人告訴女方，龔鳳海工作很認真，還是北京知青，以後肯定會有前途。但是，龔鳳海的前途遲遲無法到來，三年後，兩人離婚。

龔鳳海最為看好的前途就是轉幹。他身邊所有和他一同參加工作的人都轉幹了，卻一直輪不到他。一些心底善良的人暗示他，你應該去找找領導。龔鳳海卻覺得，請客送禮的事情他絕對不能幹，他也不能助長這個社會悄然興起的不良現象。

離婚三年後，經別人勸解，龔鳳海與離婚的妻子又生活在了一起。復婚後不久，妻子考上了公務員，也勸龔鳳海能參加公務員的考試。一九九一年，龔鳳海走進了試圖改變他前途的考場，對於大齡且只有初中學歷的龔鳳海來說，這次考試是他最後一次

機會。出乎意料的是，龔鳳海故意在考卷上寫上很大的字，幾個字就占滿了試卷。「我就想用這種方式來抵制，如果公平公正的話，我早就應該轉幹了，為什麼還要讓我參加考試。」龔鳳海如此解釋當年的動機。

結果在意料之中，龔鳳海名落孫山。沒有人認可他一時的英雄之舉。之後不久，妻子再次提出離婚，龔鳳海背起鋪蓋卷，搬進了單位的單身宿舍，一住至今。在此期間，曾有好多熱心人給他張羅介紹對象，但對方見他連個房子也沒有，常常是第一次見面後就告分手。為此，龔鳳海找單位領導要房子，領導說，按政策規定，單身是不能分房子的，況且你是一個北京人，遲早要回北京，要房子有什麼用，除非你在這裡結婚，才能考慮給你分房的事情。

先有房子還是先娶媳婦，龔鳳海一直在這個雞與蛋的先後問題上被忽悠著。二○○三年七月，當子然一身的龔鳳海辦理完內退手續後，他終於明白，龔莊村其實就是他真正的家鄉，北京，那個遙遠的大都市，只是他生命旅程中一個再也無法回去的起點。對於返京，龔鳳海已不再想了，他稱自己沒法面對哥哥嫂嫂們，「就我目前的窘境，回去不是寒磣他們嗎？哪裡的黃土都埋人，何況我姓龔，龔莊村才註定是我最後的家園……」

退休之後的龔鳳海突然發現，以前對他小心翼翼的一些領導和同事一下子變得和善起來。一位要好的同事點破其中的玄機：其實領導希望你早點退休的，因為你在崗位上的時候太認真，好多事情讓大家過於尷尬。龔鳳海不得不再次總結自己的過去，尷尬的事情真是不少。開車的時候，有人想用車辦點私事，龔鳳海說，這可是公車呀！來者悻悻而歸。看守勞改場的大門時，經常有同事找他，希望能把別人託付轉交的煙酒等東西轉給裡面服刑

的犯人，龔鳳海拿著東西就告到領導那裡。對於這些被龔鳳海擺到桌面上的事情，領導有時候會犯難。

讓龔鳳海擔憂的是，現在的家庭教育有一個很消極的主導思想，就是每一個父母都不想讓自己的孩子吃虧，「有這種思想的人長大了，就想占別人的便宜，這樣的領導，能建立起一個公平公正的社會嗎？」龔鳳海曾經親歷的一件事情是，有一個朋友家的孩子無意中看到他工作時獲得的一大堆獎狀，非常羨慕地問他：「總共發了不少獎金吧？」龔鳳海無言以對。

龔鳳海的宿舍牆壁上，貼滿了身著三點的美女招貼畫，已經五十八歲的龔鳳海的這個做法，招來了當地人的不少非議。有人認為他有些不正經，「肯定在外面胡來。」龔鳳海則十分坦然，「女人是男人愛的，但不能胡愛，誰不愛看養眼的美人？別裝得像根蔥似的。一個家裡，要有男人和女人才會顯得和諧。你瞧，我家裡有這麼多美麗的女人。」龔鳳海自豪的語氣中讓人感到些許心酸。

退休後的龔鳳海並沒有什麼事可以做，但他每天早上出門前都要在鏡子前把自己梳洗得乾乾淨淨。鏡子左上角插著一張毛主席像，更多的時候，龔鳳海是對著毛主席的像在梳洗自己。「早上看他老人家一眼，我一天都會有精神。」龔鳳海說。

一個人的生活讓龔鳳海可以靜靜地思考許多問題，他最得意的事情是，有三件大事曾讓他猜中，一個是鄧小平復出，一個是劉少奇平反，一個是發行大面額的鈔票。龔鳳海還有一個預言，在二〇〇八年奧運會召開之後，國家肯定會來一次整風運動，到時候監獄還要擴建。

在龔鳳海身上，依然能感覺到當年的自負與純真。在這個共和國成立之年出生的人的眼裡，他們這一代人，受集體主義思想

影響很深，不會滋生個人主義和自私自利的思想，他們這一代人沒走上領導崗位，是國家的損失……

## 夢裡的知青窯

去陝北的外地人，往往被黃土高原上奇特的民居所震撼——窯洞。黃土堅韌的直立性，造就了這些散落倚居於溝壑之中的洞穴，男人在黃土地上刨挖種收，女人在土窯洞裡生兒育女、操持家務。冬暖夏涼的土窯洞，承載了當地百姓繁衍生息的歷史。

來自北京朝外二條的于廣雲，從北京坐火車到陝西省銅川市，然後換乘大卡車一路往北，銅川以北便進入了陝北的地界，三天兩夜的長途跋涉讓于廣雲感到十分疲憊，但沿途陝北人民那種獨特的寄居方式讓他很興奮和好奇，窗櫺上的剪紙栩栩如生，門牆上掛滿了黃燦燦的玉米棒子和紅通通的辣椒。那年的于廣雲僅僅只有十六歲，正是青春萌動的季節，他想，如果自己有一孔這樣的窯洞，娶一位漂亮的陝北婆姨，那也是蠻幸福的事情。

于廣雲插隊的地方住的就是窯洞，連做飯也是在最邊上的一頂窯洞裡，爐火連著炕，飯做了，炕也燒得暖烘烘的。第一天吃飯時，興高采烈的于廣雲跑到了最前頭，給知青做飯的是生產隊派來的，看于廣雲又小又機靈，順口叫他「碎猴兒」，並且先給他盛了一碗飯。正準備給其他人盛飯時，窯頂的一塊泥皮「啪」地一聲掉在了鍋裡。做飯的問大家怎麼辦，大家異口同聲地說，「那就讓『碎猴兒』一個人吃吧。」碎猴兒從此成了于廣雲的外號，這個地道的陝西方言，伴隨于廣雲至今。

當年過半百的于廣雲回憶當年來插隊的動機時，他竟然發現，他當時之所以來，純粹是因為湊熱鬧。他原本可以不來插隊，但看著年輕人蜂擁地往農村去，貪玩好奇的于廣雲也坐不住

了。在黃陵縣橋山公社平天村，于廣雲當了整整八年農民。八年裡，年小體弱的于廣雲受了不少的苦頭，但其人小鬼大，編出好多的故事，講給下地勞作的人們聽，他也因此可以少做一些農活。于廣雲在的地方，大家幹勁十足，笑聲一片。

但那畢竟是一個單調的年代，面對無法看到盡頭的插隊生活，貧嘴的于廣雲，內心裡時常充滿著落寞和孤獨。終於，于廣雲戀愛了，和一位同來插隊的知青。女知青讓于廣雲很感動，因為在其他人眼裡，于廣雲只是一塊笑料，甚至玩偶，但這位女知青卻給了他十足的尊重和理解，她覺得，于廣雲是很聰明的，而且心底善良。在談戀愛上，于廣雲再次顯示出他的睿智。那時知青談對象都是偷偷摸摸，好多人約會都跑到荒郊野外，而于廣雲認為，大家眼皮底下的知青窯裡最為安全。

兩年多的戀愛後，這位女知青的肚子慢慢大了起來。在懷孕已經八個多月再也無法隱瞞的情況下，于廣雲回到北京提親，結果被這位知青的父母一頓臭罵，趕出了家門。在父母的陪同下，這位知青去醫院做了流產手術。于廣雲至今還清楚地記的，這位知青的父母罵他是流氓。二〇〇六年初，于廣雲回過一次北京，在和當年的知青聚會時，有人建議他聯繫一下那位曾經和他要好的知青，他說，過去的事情就讓他過去吧，你再找也找不回來。

一九七五年，于廣雲和黃陵縣的一位女子結婚。兩年後，他被招進黃陵縣機磚廠當工人，隨後又調入當地的一家酒廠，工作沒幾年，酒廠破產。一九九八年，延安地區為照顧留守知青的生活，將他們統一調入工資較為保障的事業單位，于廣雲因此被調到黃陵縣圖書館。這是他一輩子最為體面的一個工作單位，但在報到第一天，領導就告訴他，你身體不好，就回家休息，不用上班，工資一分不少。于廣雲很知趣，他知道即使領導讓他上班，

他也只能幹一些打雜的事情。

如今，于廣雲已經是兒孫滿堂。走在曾經插隊的村子裡，不時會有人給他打招呼，或者開著葷色的玩笑，而于廣雲，已經會用地道的陝北方言回應。在留守知青裡面，于廣雲的年齡較小，五十四歲，但看起來比其他人都要老許多，一口的牙掉得所剩無幾。于廣雲認為是酒喝多了的緣故。

于廣雲至今還住在酒廠破舊的平板房裡，房子裡的牆壁上，惟一用來裝飾的，是一幅毛主席與周總理在一起的畫。平板房本來就很小，又從中間給成家的兒子隔了一點地方，顯得更加局促。酒廠位於一條又窄又雜亂的深巷裡，酒廠已停產多年，大門口「工業學大慶」的石刻標語依然十分醒目。因為原來的酒廠已經改制，新的領導讓于廣雲搬出去住，于廣雲不願意，為此，雙方互相充滿了敵意。其實對於于廣雲來說，他並不喜歡這個窄小的平板房，夏天熱得要命，住過八年知青窯的他，還是希望有一天自己能蓋了兩孔新式的磚窯，很豁亮也很實用。他的老婆，一位心靈手巧的陝北女子，會剪各式各樣美麗的窗花。

當年住過的知青窯至今還在，被村裡安排給一家貧困戶住著。路過的時候，于廣雲經常會去看上一眼。窯的面牆已經斑駁不堪，窗櫺上原有的黑漆已經掉盡，格子上貼著單薄的白紙，風一吹，嘩啦嘩啦作響，像一本書一頁接一頁地被匆匆翻過。

一九八六年，于廣雲曾有一次可以返京的機會，根據當時的政策，夫妻雙方都是知青的，可以同時調回北京工作，如果一方是當地戶口的，只能接受知青本人的調動。于廣雲給老婆做工作，讓雙方先辦一個假離婚手續，等他回到北京後，再想辦法把她調過去。到北京，這對於雙方來說都是一個誘惑，一個或許改變命運的致使誘惑。這種假離婚的方式，也是當年眾多知青為返

城採取的最為直接和奏效的方式。

在于廣雲苦口婆心的勸導下，老婆終於同意了他的想法。但在辦理手續時，有人對他老婆說，于廣雲這個人不太可靠。老婆立即反悔。于廣雲返京的願望徹底破滅，成了一名真正的陝北人。惟一顯示他身分的，是他那一口純正的北京話。若干年後，于廣雲回憶起那次未能如願的假離婚事件時，他不知道該哭還是該笑。在當年，插隊延安的北京知青為能調回北京工作，曾發生了無數起假離婚事件，但幾乎所有的離婚最終均弄假成真。

結婚後，于廣雲和老婆回過兩次北京。在北京，于廣雲有六個兄弟，但每次回家，他從來不在自己的兄弟家裡面住，而是住在昔日插隊的戰友家裡。在戰友家裡，他可以罵娘，可以喝到酩酊大醉，可以一同回憶那些心酸的往事，而在自己的兄弟家裡，他卻顯得非常生分，有時候，甚至連煙灰都不知道該往哪裡彈。

于廣雲家裡的爐子上，經常燉著肉，香氣四溢。「周圍的人常說，我們北京人是貓吃漿子（漿糊）——盡在嘴上挖抓。其實要在北京，飯桌上天天會有肉，雞鴨魚肉變著花樣吃，這裡就不行了，一個禮拜吃一次肉還有人說閒話。」于廣雲說。其實經常說閒話的是他的老婆，兩人在這個問題上打過多次嘴。老婆覺得，過日子要精打細算，細水長流，不能吃了今天不管明天。拌嘴時，老婆就會提到二十年前發生的一件事，有一次孩子高燒不退，于廣雲拿不出住院費，差點耽誤了孩子性命的事。說到這裡，于廣雲就不吭聲了。

除過偶爾和老婆拌幾句嘴外，于廣雲的生活顯得非常平靜，一年連縣城也去不了幾次。他最大的心願就是全家人身體都健健康康，相比留守知青龔鳳海，他對這個社會並沒有多少怨言，也沒有更多的期望，「現在即使我有一千萬，我還不知道該怎麼

花，我還是現在的我，不信咱試試？」

**他們這一代人，太傳統，太聽話。**

身材乾瘦、面頰黑糙的姜作濤說著一口地道純正的陝北話，從外表看，絕對沒有人認為他是一名北京知青。在延安市郊的南橋山打聽姜作濤，很少有人知道，但你要說就是那個北京學生，幾乎每一個上點年紀的人都曉得，甚至連他家在哪兒都給你說得一清二楚。北京學生，是當地人對北京知青的稱呼，這一稱呼一直延續了幾十年，另一稱呼是北京娃。

二○○二年，姜作濤花了八萬元在南橋山的半山腰裡，買了兩孔舊窯洞，其中有四萬元是借親戚的，至今還未還清。山腳下，是他工作的單位，姜在單位是一名鍋爐工。站在院子裡，單位新蓋的22層高的家屬樓，十分霸道地橫亙在眼前，每到傍晚的時候，在夕陽的照耀下，樓面上貼著的瓷磚會出映出五色的光芒。那光芒會吸引姜作濤的眼睛，直到眩暈。

這幢新蓋的家屬樓裡並沒有姜作濤的房子，分房名單公佈時，姜作濤曾十分緊張地前去看，挨個瞅了好幾遍，沒有發現他的名字，那時他很失望，也很慶幸。對於為什麼沒有給他分房，姜作濤沒有去找領導，其實他很希望住在高樓裡，他回北京探親，發現以往的親戚、戰友等都搬進了樓裡住，即乾淨又暖和。但他不敢去問領導，他害怕一問領導，領導說那就給你分一套吧，而他心裡清楚，自己連首付也掏不起，這也是他慶幸分房名單上沒有名字的原因。姜作濤工作的鍋爐房在單位院子一個偏僻的角落裡，在暖氣和熱水供應正常的日子裡，沒有會想到他，而謹慎認真的姜作濤，工作上從未出過差錯。在單位裡，惟一和姜作濤打招呼的，是大門口那個看門的老頭。

　　姜作濤至今保留著插隊時的一隻木箱子，曾有一位外國記者掏2000塊錢買，他不願意賣。木箱子上紅底黃字的毛主席語錄依然十分醒目，「知識青年到農村去接受貧下中農的再教育，很有必要。要說服城裡幹部和其他人，把自己初中、高中、大學畢業的子女，送到鄉下去，來一個動員。各地農村的同志應當歡迎他們去。」

　　姜作濤來插隊時，並沒有人來勸說他。他記得那是在一九六八年十二月二十二日，《人民日報》文章發表毛澤東了號召「知識青年到農村去」的指示，意氣風發的姜作濤來到天安門廣場，一邊遊行一邊歡呼毛主席最新指示的發表，當天夜裡，他就準備好了將要遠行的鋪蓋卷。這一走，就走了近四十年。

　　說到過去的歲月，姜作濤最為激動的是，他曾和北京市市長王岐山在一塊兒插過隊。說到王岐山，姜作濤最大的感慨是「人和人不能比」。曾有人建議他，去找王岐山，那麼大的官，給他辦點事易如反掌。姜作濤不願意去，他認為不應該去，為自己的私事去找這麼大的一位領導，他感覺有些不合適。為此，鄰居朋友們都說姜作濤死腦筋，姜作濤的老婆常玉蓮也這麼認為，她直言直語，說姜作濤的腦子受過刺激，和常人想的不一樣，「他們這一代人，太傳統，太聽話。」

　　姜作濤為了自己的事情也找過當地的領導，那是為了給二女兒找工作，二女兒技校畢業後，一直閑在家裡，姜作濤實在沒有辦法了，「以一位知青的名義」給區委書記寫了一封信，沒想到，這封信很快得到了批示，孩子的工作因此得到了妥善安置。

　　提起往事，常玉蓮淚流滿面。幾乎所有的留守男知青的配偶提起往事時，都是用這種簡單的方式來表示曾經的苦楚和傷痛。姜作濤插隊時住在常玉蓮家存放糧食的窯洞裡，有一次姜作濤患

了重感冒，無人照料，常玉蓮的父母看他可憐，給他買了藥，並且讓常玉蓮給他送飯。姜作濤病癒後，托人到常玉蓮家說媒，這個純樸善良的陝北家庭，感動了他，讓他下定決心，用自己的一生來回報這份恩情。

一九八六年，姜作濤被招工，到一個離市區很遠的水庫做看護。工作一年多後，姜作濤還沒有領到一分錢的工資，他搭上一個過路的順車到市里，找到上級單位的領導，領導卻告訴他，忘了給他造工資表。但後來，姜作濤還是領不到工資。生性直快的常玉蓮拉著他去上訪，一年又一年。直到一九九八年十一月，延安市十多名下崗的知青赴北京上訪，引起有關方面重視。延安市經過調查摸底，把在虧損企業工作的，通過協商調往黨政事業單位，讓他們生活上有了保障。在這個大背景下，姜作濤的問題也引起重視。姜作濤至今記的那天的情形，家門口一下子來了五輛小車，一位領導模樣的人告訴他，等他們調查清楚後，他馬上就可以領到工資了。激動的姜作濤不知所措，使喚常玉蓮提來一捆啤酒慰勞大家。

一九九九年初，姜作濤終於領上了工資。攢了一點錢之後，姜作濤告訴老婆常玉蓮，你嫁給了一個北京人，一輩子還沒去過北京，和孩子們一塊回次北京吧。在陝北這個窮山僻壤生活了大半輩子的常玉蓮對北京充滿了嚮往。兩千年暑假，姜作濤帶著一家子回到了北京，回到這個闊別已久的故鄉。讓他們沒有想到的是，剛進家門時，弟媳張口就問，你們回來是什麼目的。常玉蓮認為，弟媳是害怕他們回去分家產，姜作濤的父親是一個資本家，有好多老房子，這幾年拆遷補償了不少錢。常玉蓮內心受到了極大的傷害，他拉起姜作濤扭頭就走，走，咱們回陝北，去吃咱們的玉米麵窩窩。從此以後，姜作濤再也沒有回過北京。

對於留守知青來說，回北京，似乎永遠是一個傷心的話題。留守黃陵縣的北京知青李冠倫，自從父母去世後就再也沒有回過北京，一晃十幾年過去了。李冠倫承認，不想回北京那是騙人，但一個人應該生活得現實一些。十幾年前回北京時，他見到了當年一起插隊的好多知青，有些人生活得也並不是太好，工作也不是太理想。而繼續留在陝北，最少可以保留一個知青的身分。這個身分讓李冠倫感到很是滿足，因為受人尊敬，每年春節前，縣裡相關領導還會來慰問他。

一九六九年初，李冠倫與眾知青高喊著「我們也有兩隻手，不在城裡吃閒飯」，乘車來到延安市洛川縣武石公社宜章村，這是李冠倫第一次出遠門，讓他始料不及的是，一輩子就縶在這裡。插隊的地方沒電沒水，因為條件太艱苦，分配知青時給他所插隊的宜章村分了10個男知青，被大家稱為「和尚隊」。生產隊派來一名做飯的，但幾個月後就讓他們自己做飯，「和尚隊」為此吃了不少苦頭。這一段經歷讓李冠倫感受很多，「既鍛鍊了人，也摧殘了人」，此後，李冠倫發現自己的心情一天比一天好，因為沒有什麼困難能嚇倒他，沒有什麼委屈不能再忍受。

李冠倫有兩個孩子，大兒子高中畢業後到北京當了一名保安，小的正在上大學。已經準備在陝北安享晚年的李冠倫，並沒有讓孩子留在自己身邊為自己養老送終的打算，他覺得，一個人只要能生存，愛到那兒就去那兒。

二〇〇六年初，李冠倫在黃陵縣醫院鍋爐工的崗位上退休，退休僅一個月後，醫院領導主動要求返聘他，給醫院看大門。李冠倫覺得，領導之所以返聘他，是因為他工作勤快認真，當鍋爐工時，只要是他上班，家家戶戶的暖氣都熱乎乎的。看大門時，李冠倫同樣是非常盡心，他喜歡把雙手捅在袖筒裡，戴一頂藍色

的鴨舌帽，坐在醫院大門口的凳子上，陝北高原的陽光讓他感到非常愜意。

## 號稱知識青年，怎麼過得這麼窮

留守黃陵縣的北京知青張彥門也是一個看大門的，每天要工作十四五個小時，但工資只有669.82元。張彥門整天盼望著早點退休，退休了，他好在家好好休息。二〇〇六年九月十七日，張彥門終於辦完了退休手續，那一天，他過得激動而又惶恐，平時很少走動的他，在那一天主動去找鐘振遠和李冠倫聊天，他告訴這兩位戰友，他今後要把身體養好，多活些日子。在李冠倫那裡，他知道一個消息，這幾年每年過年的時候，縣裡的領導都會帶著大隊人馬來慰問知青，電視臺的記者也會跟著來。而張彥門說從來沒有人來慰問過他，李冠倫分析說，可能是他的單位是市裡的，縣裡管不上。這一點，讓張彥門感到有些失落。當天下午，張彥門接到單位領導打來的電話，說晚上沒人看大門，如果他願意可以返聘他。接完電話，張彥門連晚飯也未顧上吃，就去了單位。

燒鍋爐、看大門，這是大部分留守知青所從事的工作。知識青年，這是多麼美好而又體面的一個稱呼，但是命運最終讓他們這些當年的佼佼者被飛速發展的社會遠遠地拋棄。曾有一位上個世紀八十年代出生的大學生問張彥門，不是說知識就是財富嗎，你們號稱知識青年，是有文化的人，怎麼過得都這麼窮？張彥門不知道該怎麼回答，他心裡清楚，他們這一代人的文化，已經永遠在停留在了上個世紀六十年代。

張彥門早已習慣了吃陝西的麵食，老婆蘇小玲快人快語，「我彥門以前愛吃米飯，不過我喜歡吃饃饃，但彥門很體貼人，

都是他隨著我。」蘇小玲是陝北典型的一位農家婦女，能幹、賢慧、善良。結婚多年以來，張彥門從沒去過理髮店，都是她親自上手。嫁給一個北京人，讓蘇小玲感到些許滿足。但這份滿足僅僅是在心裡，結婚的時候，張彥門一無所有，兩人只好借住在蘇小玲一個親戚家的窯洞裡。窯洞位於黃陵縣高聳的虎頭山頂上，站在家門口，就可以看見宏偉壯觀的黃帝陵，每年清明，這裡都會舉辦有國家重要領導人參加的盛大祭祀活動。

蘇小玲第一次回北京的婆婆家已經到了二〇〇五年的元旦。那次北京之行，兩個人心裡都不是滋味。只剩一年就要退休的張彥門對北京的思念日益強烈，但他發現，汪小玲並不喜歡這個地方，這讓他退休後返京的打算又一次被擱置。「北京太大了，一出門就要坐公車。生活上也不習慣，經常愛下館子吃飯，不在家做，米飯我又不喜歡吃，還要天天洗澡。」汪小玲說。

回黃陵的時候，張彥門的姐姐給汪小玲買了衣服和一對玉鐲，還給了3000元錢。讓蘇小玲至今難以忘記的是，張彥門的姐姐緊緊地拉著她的手說，「我弟弟就託付給你了。」蘇小玲理解這句話的份量。姐姐是張彥門在北京最後的一位親人。蘇小玲始終把那副玉鐲帶在手腕上，那是他嫁給一個北京人的惟一佐證。

張彥門和李冠倫在一個生產隊裡插隊，同樣受盡了苦頭。當年插隊的地方如今已是陝西的蘋果種植基地，而當年，那裡種的麥子連種子都收不回來，惟一可以豐收的只有土豆。這種低蔓的植物，有著極強的耐旱能力，不用施肥，不用澆水，甚至枝蔓已經乾枯的時候，他們還會在地下頑強地生長。土豆至今仍是陝北人民餐桌上主要的菜肴之一，當地百姓用土豆絲做成的洋芋擦擦，甚至在北京一些星級酒店裡的功能表上都可以看到。

苦難的插隊生活也會有樂趣。剛插隊時，因為風俗的不同，

經常會惹出好多笑料。當地人把父親稱作大，插隊的知青譏諷說，你們的父親真多，都是一打一打的。當地人也不示弱，你們把父親叫爸，是鍬把呢還是鋤頭把。若干年後，當張彥門做了父親，當他的孩子一聲一個大地叫個不停時，他感到是那麼的溫馨和親切。

張彥門曾有過一次婚姻，那是在插隊時認識的，因為一次意外的事故，他被燒傷，當地的一位女子主動照顧他，兩人從此有了感情並於一九七五年結婚。讓張彥門至今也搞不清楚的一件事情是，她在一九九三年回北京時，在北京火車站的樓上一躍而下，當即身亡。張彥門至今也沒搞清楚，他的第一個老婆為什麼要自殺。

有過一次婚姻的張彥門，更加懂得了對家庭的呵護。老婆生氣的時候，他從來不比強辯一句。不過，為養狗的事情，兩人會有一些小磨擦。蘇小玲一直無法理解的是，張彥門對狗比對他自己還好，經常給搞一些肉吃。「在我們這裡，狗都是看家的，但彥門把它當寵物養。他們這此北京人，就是喜歡養狗養貓，或者養魚養草，人活得都這麼艱難，還有心情搞這些玩意。」蘇小玲說。

除過張彥門外，留守知青鐘振遠、姜作濤養的都是狗。陳志養的是熱帶魚，又要換水，又要時常注意加溫，老婆意見也不少。而留守在宜川縣的北京知青張觀湘養的是兩隻鸚鵡，兩隻鸚鵡花了他五十塊錢。他們用這些和家境似乎並不相符的嗜好，努力保持著一個北京人最後的體面。

一九五〇年出生的張觀湘是北京93中六八屆初中畢業生，在宜川縣的林場工作30多年，患上了嚴重的地方克山病。看管了一輩子樹木的張觀湘，在為自己家院子的一棵樹修枝時，從樹下摔

下，摔斷了腿，至今走起路來還一瘸一瘸。張觀湘抽的是一盒兩毛錢的新春蘭牌香煙，這個牌子的煙是純粹的三無產品，來自黑窩點。

一九九四年，出身陝北的著名紀實攝影記者黑明在《中國青年報》上發表了張觀湘的圖片報導，引起了社會關注。在一位出版社編輯的幫助下，張觀湘的女兒來到北京讀書，畢業後進入一家外資企業。張觀湘的筆記本裡至今還夾著黑明的名片，已經發黃，有人來看他，他會拿出名片，很自豪地說，黑明記者給我說了，讓我有事給他打電話。另一個讓張觀湘自豪的是，他會給來看他的人泡一杯龍井茶，並且明確告訴對方，茶葉是他的女兒到杭州開會時買的。茶葉被存放在一隻木箱子裡，裡外包了好幾層，箱子平時有鎖鎖著。

張觀湘曾把女兒的戶口遷回北京，但因北京的學費太高，他又回到了宜川縣，可是女兒的北京戶口又在當地無法入學，讓張觀湘頗費了一番周折。

張觀湘的老婆霍桂玲是從河南逃荒來的，一路討飯來到陝北，被張觀湘收留。兩方提起這段往事經常會拌嘴，霍桂玲稱，她嫁了一個比要飯的還可憐的人。在逃荒之前，霍桂玲還是當地的一位老師，她覺得張觀湘太沒本事。霍桂玲稱，她還談過一個北京知青，還是一個高幹子弟，只是後來被招工到西安，她才嫁給張觀湘。張觀湘說，那是什麼破高幹啊，那個人的父親是反革命，母親是補鞋的。霍桂玲則回應，那總比你要強多少倍，你在這裡呆了幾十年了，連北京都回不去。說到這的時候，張觀湘就不再吭聲了。

張觀湘已經習慣了老婆看不起自己，但他覺得，能活下來的確已經不容易，和他一塊插隊的，有水淹死的、有窯洞塌死的、

有拖拉機翻車壓死的、有砍柴掉進溝裡摔死了、還有病死的，比起那些死了的知青，他覺得他算是幸福的。

來了記者，是張觀湘最高興的事，他害怕被別人遺忘。張觀湘的老婆也有病，這幾年回了河南老家，張觀湘一人生活在公路旁的一個小院子裡，院子裡有一棵棗樹，每年打的棗子他會珍藏很久，他想，如果有一天回北京的話，他總得帶點禮物。

## 從北京到延安，路途是多麼遙遠？

……張革去世後，和張革在一個公社插隊的北京知青趙純慧的病情更加嚴重。趙純慧神經失常多年，犯病的時候，兩眼無光，只有當別人談到北京或者張革的時候，她呆滯的眼睛裡才會透出些許興奮。

趙純慧生於一九四九年，北京99中學六八屆初中畢業。文革開始不久後，她的父親因「反革命」罪行被抓進監獄，母親因此發瘋。一九六八年底，在街道幹部和學校領導的再三動員下，趙純慧以「反革命分子」子女的身分來到延安市宜川縣壽豐公社插隊落戶。

插隊第一年的春節，大部分知青都回北京探親了，但趙純慧沒有路費，回不去。家人給她寄來30塊錢，讓在當地過年。趙純慧捨不得花，把錢藏在席子底下。有一天，這僅有的30塊錢突然不見了。趙純慧步行近百里到縣上給管理知青的幹部反映了情況，但還是沒有找到。這件事發生後不久，趙純慧就神經失常。

為了照顧趙純慧的生活，在幾級黨委的批准下，趙純慧被組織安排嫁給了當地的殘疾農民李根管。李根管大趙純慧很多，是一名以放羊為生的老光棍。一九八六年，按照有關政策，李根管被安排到鄉政府種菜，由一位放羊娃轉為正式職工。能吃上皇

糧，是李根管一輩子都不敢想的事，而且還娶了一位北京人做老婆，這讓他幾乎不敢相信。在當地，很流行尋知青當婆姨，有個順口溜就是「紙煙不好是大前門！老婆不好是北京人」。

趙純慧結婚後，生了三男一女四個孩子，生活進入了極其艱難的狀態。後來，長期關注知青生活的著名紀實攝影師黑明對留守知青趙純慧的生活進行了報導，引起社會關注，使其得到一些資助。據一些至今還留守在宜川縣的北京知青介紹，趙純慧的父親是新中國成立後的第一批工程師，趙純慧小時候曾受過良好的教育，能歌善舞。她的婚姻，讓所有的知青唏噓不已。

令人唏噓不已的又何止這些呢？對於精神失常的趙純慧來說，生活依然停留在插隊的年代，她會找隊長要工分，她不知道當年的公社已經稱之為鎮，她會在川流不息、波濤洶湧的黃河邊上，唱那首唱了四十年的歌：「從北京到延安/路途是多麼遙遠/告別了父母/離開了城市/我插隊到延安/那天夜晚我夢見/媽媽來到我的床前/輕輕撫摸著我的小臉/淚水灑在我的胸前……」

## 第四節　留守在巴山蜀水的知青

新華網記者林建楊在〈最後的知青〉介紹說：「最不願意來，卻堅持到最後」——張芬用這句話來描述她在一個偏遠貧困山村四十年堅守。她是最後的「知青」之一，猶如一塊被政治浪潮遠遠拋上岸的浮木。十年「文革」期間，在毛主席的指示下，大約1700萬城市知識青年被送往農村和邊疆地區，接受農民再教育。

與絕大多數知青不同的是，張芬在「文革」結束後仍然留在農村。來自重慶市中心的她，放棄了舒適的家來到農村，住在一

幢緊挨懸崖的破舊木屋裡，過著僅能糊口的生活。她打算今年年底再回重慶城區的老家看看。上一次回城是二〇〇三年，重慶的變化讓她震驚，那些她曾經非常熟悉的地方已面目全非。

## 最後的知青

如今張芬返城一趟需要7個小時。但在一九六九年十月，當她和另外11名知青從重慶市區出發、向東前往350公里外的黎水公社時，花了兩天兩夜。

此時距毛澤東發出「知識青年上山下鄉接受貧下中農的再教育」的最高指示，已過了10個月。時至今日，她依然能脫口而出，準確無誤地念出那個指示。一九八〇年這項運動宣告終止，但張芬選擇繼續留守農村。

「我什麼活兒都會幹，也必須幹，比如用水牛犁地、插秧等等。」她說。

張芬的手滿是皺紋，老繭堅硬，手指關節突出，指甲縫裡還殘留著黑泥，這些都是長期重體力勞動留下的印記。在溝壑縱橫的黎水，農業機械沒有用武之地。

「過去40年，總的來說快樂比憂傷多。」她說。「累的時候，煩的時候，我就給自己唱唱歌，唱革命歌曲，唱毛主席語錄歌，給自己解悶。」

張芬生於一九五〇年四月。父親是一名養路工人，用每月幾十塊錢的工資供張芬和兩個弟弟念書。「文革」時，正念初二的張芬加入全國大串連，去了上海和北京。

一九六六年十月十八日，毛主席接見了包括她在內的數萬名紅衛兵。這成為她「這輩子最最難忘的時刻」。儘管革命熱情高漲，但張芬還是不願意離開城市來當知青，不過她別無選擇。

「如果我不來，我父親單位可能會扣他的工資。」

## 嫁給農民

張芬依然清楚地記得到達黎水的第一個晚上：極度疲倦的知青們掀開被子，發現被窩裡滿是蝨子和跳蚤。她徹夜未眠，恨不得馬上返城。她想念重慶的一切：馬路，電燈和食物。

但回去是不可能的，因為這有悖於革命事業，會被人唾棄。很快，張芬被分到靠河大隊，開始學幹農活。一年後，由於缺乏住房，她搬進譚家院。在那裡她認識了譚順發，一個拖著三個孩子的鰥夫。譚比她大十四歲，是大隊裡最窮的農戶之一。譚順發小學畢業，當時還兼職做公社會計。

於是有人幫忙撮合他們。一開始，張芬不願意。但慢慢地，她開始認可譚順發的老實誠懇和熱心腸。他也經常幫張芬幹農活。尤其讓張芬感動的是，有一次她上山拾柴摔斷了胳膊，得到譚順發的細心照顧。

「當時覺得沒有回城的希望，與農民結婚是必然的選擇，而且我願意留在農村。就這樣我決定跟他耍朋友（重慶方言，意即談戀愛）。」張芬說。但她的決定遭到父親的強烈反對，兩個弟弟甚至威脅要打斷她的腿。

張芬的決心更讓人吃驚，她撕掉了父親好不容易爭取到的一張招工表。那張表意味著她可以返城工作，而這是當時絕大多數知青的夢想。家人被她的做法激怒，斷絕了與她的關係，直至一九八九年她婚後第一次回城。

「當時大家都知道我們倆的關係。如果我走了，他們一定會罵我是騙子，貶低我。而且我的行為會給知青抹黑。」她解釋說。

一九七二年四月，張芬與譚順發登記結婚。「命運讓我們走到一起。我母親一九七〇年病逝前，竟然夢見我在這裡跟農民結婚。我父親比我母親大十一歲，我對我們倆的年齡差距並不是太在意。」張芬說。

婚後，張芬拼命幹活，希望改善家境。譚順發說：「結婚後她很快適應了妻子的角色。雖然我是個農民，半文盲，但她從來不嫌棄我。她一直很堅強，很樂觀。不管幹活有多累，我從沒見她哭過。」

## 貧窮之痛

儘管如此，譚家依然貧窮。直到上世紀九〇年代初，家裡才開始有足夠的糧食，收入也增加了，也不再是村裡最窮的人家。這要歸功於譚順發和張芬所生的大兒子譚東富。

譚東富於一九九二年離開農村，遠赴1500公里外的浙江省永康市打工，他的月薪成為全家最主要的收入。那一年，譚東富十九歲。巧的是，十九歲那年張芬成為知青，從城裡到了農村。

一九九五年，張芬當選為擁有800戶人家的靠河村村委會主任。她帶領村民脫貧，修路，通電，並鼓勵村民去大城市打工。她估算了一下，黎水鎮一萬六千多人中，有一半以上常年在浙江、廣東、上海等發達地區打工。

一九九七年，靠河村在歷史上第一次實現全村通電。也正是在那一年，她遭遇「人生的最大挑戰」。她和譚順發的小兒子譚紅斌考上大學，但家裡卻付不起譚紅斌第一學期4500元左右的學費。

張芬既驕傲又痛苦。驕傲是因為她能在如此偏僻的山村培養出一名大學生；痛苦是因為她承擔不起兒子的學費和生活費。

為了供譚紅斌上大學，譚順發和前妻所生的第二個兒子譚智強把唯一的耕牛賣了，譚東富拿出打工所得。張芬向黎水鎮信用社貸款。此外他們還被迫向人借了500元高利貸，一個月利息25元。這筆錢他們花了8個月才還清。一家人齊心協力捱了5年，譚紅斌終於在二〇〇二年順利畢業工作。「若不是譚東富一直打工賺錢，譚紅斌不可能堅持念完大學。」張芬說。

還是因為貧困，張芬在父親一九九七年去世前，未能見上最後一面。「我非常想回去，但是我沒錢，路費都付不起。一九八九年那次回去，是弟弟給我寄來了路費。」

## 城鄉差距

如今，張芬和譚順發過著「空巢」的日子。老兩口耕種著1畝水稻田和半畝玉米地。

「跟四十年前相比，現在的情況好了很多。我們已經實現通電、通自來水、通電話。大部分村民家裡安裝了電視。有些人還有手機。」她說。

儘管如此，他們的生活依然艱辛。「我們倆都老了，我的膝蓋得風濕病很多年。重體力活我們實在幹不動了。」張芬說。她擔心自己萬一患上重病，掏不起醫療費。

中國政府於二〇〇三年開始試點推行新型農村合作醫療體系，幫助廣大沒有醫療保險的農民。根據規定，一旦農村居民患上重病，新的醫療體系可以為患者報銷最多60％的醫療費。不過包括張芬在內的廣大農民仍然擔心，一旦患重病住院治療，仍然付不起動輒數千元的住院費。

下鄉40年，張芬四次返城，這讓她確信城鄉差距一直在擴大。「農村走著前進，但城市是跑步前進。」她說。張芬估計去

年黎水鎮農民人均純收入大約3000元，不到重慶城鎮居民收入的五分之一。二〇〇八年，重慶城鎮居民人均純收入為15709元。

國家統計局的資料顯示，作為衡量社會經濟發展均衡度的指標之一，城鄉居民收入比去年擴大到3‧36比1。張芬認為，毛主席非常偉大，但「上山下鄉」運動失敗了，原因一是城鄉差別不斷擴大，二是絕大部分知青都返城了。她堅持認為自己是這項失敗了的運動中罕有的成功者，因為她建起了一個團結美滿的家庭，培養了一個大學生，並「深刻體會到貧下中農的艱苦樸素」……

## 第五節　嫁給農民女知青的企盼

在六七十年代儘管有了許多回城的路子，但是，由於各種原因，仍然有許多女知青迫于無奈嫁給了當地農民，並留在了農村。作者林堅在〈大山深處的廈門女知青〉中講到：……35年前，六千多名廈門知青來到武平上山下鄉。35年後，絕大部分已離開武平，也有一些人長眠在大山之中，而至今仍生活在武平的只剩下30餘人，其中不少是女性。她們曾經是一群令人驕傲而又清純鮮活的大海的女兒，經過35年的脫胎換骨，如今已成了地地道道的大山的女兒。檢視她們的艱難歷程，你將看到什麼？

黃石，感謝爹媽給她起了這樣一個名字，讓她在十六歲時就能承受起整個家庭的重擔，獨自一人代表全家上山下鄉，走進了閩西大山，像頑石一樣經受著命運的折磨。當年她插隊在武平的最北邊——湘店公社店下大隊這個與長汀縣交界的小山村。一九七二年九月，她與河口生產隊一位農民結婚。從此，開始擔負起耕田砍柴、贍養公婆、生兒育女的重任。

河口，這個店下大隊的小自然村，地處汀江岸邊，是武平桃溪河流入汀江的入口處，不僅風景秀麗，水運交通也十分便利。那時，她丈夫年輕力壯，做木頭生意，賺了一筆錢。一九七八年，她被正式招工到店下村供銷社，一九八三年，調到湘店鄉供銷社，和丈夫共同承包一個飯店，如果不是因為違反了計劃生育，日子倒也過得去。

也許是山高皇帝遠，在七八十年代，當地農村仍然沿襲著舊俗：娶了媳婦，就一定要生個男孩續香火。黃石也無法抗拒，直到一九八九年才盼來了一個男孩。結果，那些年裡，因為超生，家中被罰款不少。更慘的是，一九八九年，她也因此被開除公職，丟了飯碗，回到店下，又成了農民。

從那以後，夫婦倆就在汀江岸邊205省道旁，租下了原屬店下村供銷社的一間小木屋，辦了個小小的豆腐作坊，養了幾頭豬，兼賣些煙酒之類的副食品。每天早上五六點鐘，她都要把做好的豆腐運到長汀縣濯田墟去銷售。有一次返家途中，推著自行車上坡，冷不防被路過的流氓推倒在地，不僅人受了傷，還被搶去了一條金項鍊。

我們就是在這間小木屋裡見面的。也許是年代太久了，所有的木板都已變成了黑褐色，屋樑上也結了不少蜘蛛網，陰暗、潮濕。我問起現在的生活狀況，她說：「原先分到的農田已經讓小叔子種了。在這小店裡，一天做四五板豆腐，本地還銷不出去。賺到一點錢，要購黃豆、飼料及柴米油鹽，還要供孩子讀書。」我從他們夫婦倆真誠的笑容底下讀出了他們內心的無奈和歎息。

黃石在廈門還有父母兄妹。去年，她母親已七十六歲了，還特地從廈門前來看望自己的女兒、女婿和外孫。

離開店下時，夜幕已經降臨。車子在武北的崇山峻嶺中小心

翼翼地蜿蜒穿行。一路上，筆者都在默默地猜測：當她高齡的母親顛簸在這崎嶇山道上時，她會想些什麼？

相比之下，周寶華的命運比黃石更坎坷。我們是在武東供銷社見面的。那天，剛好墟日，人來人往，熙熙攘攘。她，一身樸素的衣著，一口標準的客家話，跟當地人沒有兩樣。如果不是熟人的指點，我根本不敢相信她是廈門人。

周寶華在武東公社上佘大隊上山下鄉。文革前，她父親就是一家國有大企業的老勞模，工資已有62元，母親一直患水腫病、心臟病，而哥哥剛考上大學。為了支持哥哥讀書，她只好中斷學業，在家伺奉母親。文革中，因父親的徒弟是印尼歸國華僑，寫了江青的大字報，被打成現行反革命而遭到槍斃，連累到師傅也被抓進了牢房。因此，在上山下鄉時，十八歲的她是被街道驅逐出廈門，戴著「可教育好的子女」這個帽子強行下鄉的。

一年後，母親疾病發作，父親尚在獄中，無人照顧，痛在地上直打滾，最後悲慘死去。母親死時，無人告訴她，自然無法回去送葬；而父親也不知在何時因何事最終死在獄中。直到一九八二年，當地政府才為其父親平反。那時，是她哥哥回去辦理的。因為上山下鄉，雙親去世時都未能見上一面。說到這裡，她早已淚水盈眶，跑到屋外，失聲痛哭。

她永遠不會忘記，當年，是武平純樸的鄉親以博大的胸懷像親人一樣接納了她。她至今還清楚地記得，一九六九年九月下鄉不久，就是中秋佳節，房東做了禾米板，硬讓她醮著豆腐乳汁吃了個飽。現在回憶起來依然口齒留香。

但當時的公社卻不同，分配到生產隊時，知青中只有她一個女性。也許是不讓她傳染別人，或是要她好好接受貧下中農的監督改造。那時，在知青中，大家一起苦中作樂，有說有笑，勞作

之餘，吹彈唱曲；或是為招工、返城、上大學絞盡腦汁，明爭暗鬥。但這一切都跟她無緣更無分。她只能默默地跟著當地的農民在田地裡摸爬滾打磨筋煉骨，根本不敢有任何奢望。

直到一九七四年，她才與當地一青年農民結婚。丈夫只有父母和一個妹妹，她們相處得相當融洽。漸漸地，在周圍群眾信任的目光中，她找回了做人的尊嚴；在厚道丈夫溫暖的懷抱裡，她找到了被愛的感覺。一九七六年，生下一個女孩；一九七九年，又生下一個男孩。同年，按有關政策，她又被安排在武東供銷社就業。十年歲月的煎熬，三千六百多個日子的磨練，已經將她脫胎換骨成一個地地道道的山村農婦。家中田裡，各種活兒她都能幹。照理說，公婆健在，夫妻恩愛，兒女雙全，又有一份比較穩定的收入，日子應該會慢慢地紅火起來吧。

然而，命運常常欺負老實人。一九八九年，大難降臨，她年僅四十歲的丈夫患胃穿孔不幸離開人世。那時，她公公已經七十二歲，婆婆是個跛子，最小的孩子才十歲。是否改嫁？她思考再三，最後還是決定用自己柔弱的雙肩撐起這個家。

說起來容易做起來難。要維持一家五口的生活，要送兩個孩子上學，還要為婆婆治病，生活的艱辛可想而知。可老天偏偏還要雪上加霜，一九九九年，她公公因中風而癱瘓。為了給公公治病，她在工作之餘四處求醫求藥，花了不少錢，直到公公能拄著拐杖慢慢行走。老倆口常對鄉親說：在兒子死後的這十多年裡，除藥費外，周寶華每月都給他倆生活費300元以上，正是這位廈門兒媳給了他們生存的信心，給了他們生活的依靠。二○○三年，她公公終於走完了來到這人世間86年的坎坷人生路。

周寶華在二○○一年剛滿五十歲時便辦理了退休手續，現在每月才領到400餘元退休金，而她仍然每月給婆婆150元的生活

費。生活雖然清苦艱難，但她身邊卻有一大批好心人。她所在的供銷社同事們就是其中之一。在周寶華退休之後，供銷社領導沒有人走茶涼，把她掃地出門，而是考慮到她的實際困難，同意讓她繼續承包一間小店面。在談到這些好心人時，她總是帶著十二分的感激之情。

如今，她的女兒已經嫁給本村的一位小青年，她也當上了外婆。目前，她的心願是：繼續撐起這個家，為婆婆養老送終，幫兒子成家立業。

「以後，想回廈門嗎？」我問道。

「說不想是假的。」她苦笑著，「可怎麼回去呢？在廈門，我無家可歸，也無依無靠，更沒有錢。你說，靠我的這點退休金，能回得了廈門嗎？」

**上山下鄉運動改變了一千七百萬知青的命運和人生軌跡，許多嫁給當地農民的女知青因為諸多原因，還是最終走到了分手的地步。三農直通車綜合報導了知青顧蓮所經歷的這樣一幕悲喜劇：42年前，身材嬌小的顧蓮和她在大連三十一中初一的同學一**起，響應偉大號召上山下鄉來到當時的新金縣農村。

遼南的農村遠沒有江南農村的山清水秀，倒更多一些草木枯榮的單調，一個十五歲的小姑娘的青春歲月就在這單調和孤寂中開始了。「我們那個知青點兒裡有十幾個人，女生有四個。我們幹的第一個活是修梯田，改造鹽鹼地，你看人家靜秋多好，有文采，一到農村就當上了老師。」

顧蓮說，知青中沒一個有手錶的，日出而做，日落而息，全憑生產隊長嘴裡的一個哨子。哨聲一響，就扛上鐵鍬去修梯田。「我們先把沙子和土裝到牛車上，然後到地裡，把沙土用鐵鍬揚到鹽鹼地上，等來年春天犁一遍，就可以種了。我們沒勁兒，也

不會幹，幹活不帶架兒，老農們都不愛搭理我們，累了也不好意思說休息，只有在上午十點左右，老農們說『吃袋煙吧』，這才能歇一會兒。」

「有些知青一點沒給當地農民留下好印象，把莊稼苗給除了，怕被人發現，趕緊用土把苗堆住，其實人家早就看到了；有的男知青偷蘋果、偷花生，我們也跟著沾光，幫男知青摘呀，煮呀，人家農民把我們都恨死了。」

顧蓮說：「感覺自己和農民差得太遠了，但總得靠點攏呀，所以就夢想著自己趕快變成農民吧。」

顧蓮手中的鐵鍬用得不生分了，身後莊稼苗也綠了，這也是七八年過去了。農家活兒幹得有模有樣了，當時想早日當上農民的顧蓮有了意外的驚喜：生產隊長的二兒子看好了她。「當時生產隊裡，只有生產隊長的家境最好，家裡的糧食、豆子和花生總比一般農民家多，豬養得也多，所以人家找媳婦也是挑好的。」顧蓮說，「在當地，誰家要找個知青當兒媳婦是被人家笑話的，『你看他家找不著媳婦了，找了個城市來的，什麼也不會幹，是個白吃飽。』」

「隊長的兒子怎麼相中你了呢？」記者問。

「其實，還是他爸爸替他相中了我，主要還是看我勤快、能幹，在大連家裡我就是老大，平時做飯，送三個弟弟、妹妹上幼稚園都是我的事。」顧蓮說。

雖說是生產隊長這個未來公公做的媒，但是顧蓮也看上了隊長家的二兒子，「他人老實，當時在大連工作，人家一問你丈夫是誰，我說是隊長的兒子，他是幹什麼的，我說在大連幹活，特別展揚，另外我還有一點私心，那就是抽空可以去趟大連，除了看丈夫，順便回家裡看看父母。」

當了隊長家的兒媳婦，顧蓮再也不用幹知青們的農活了，家裡人口多，勞力多，地裡的活兒也不用她幹，丈夫平時不在家，下面還有三個弟弟，一大家子的飯全是顧蓮一個人負責，沒讓丈夫因為家事耽誤一天工，婚後三年，顧蓮生下了兩個兒子。

在大連工作的丈夫每逢過年過節，總能帶回來些單位分的魚蝦，「當時，農村很少看到魚，一大家人坐在一起，吃新鮮刀魚就大餅子是最快樂的事了。」

如果沒有世事更迭、命運捉弄，如果沒有家庭紛爭、妯娌矛盾，那麼顧蓮的平靜生活會永遠平靜下去，但是造化弄人，而人又不甘屈從。

「孩子兩歲那年，國家下發新政策，下鄉青年沒有結婚的可以返城，已經結婚的在當地安排工作。」從這刻起，顧蓮的心有些動了，尤其當她親眼看到一些青年點裡的同學拿著當時極為少見的營養品麥乳精上她家找公公幫忙，要返城名額時，她心裡就愈加不好受。「眼看孩子也大了，我不想在家裡待著，我想出去工作，可是一向呼風喚雨的公公這時好像木訥起來，拖著不辦，我現在想想，他可能怕我跑了。」

最後，按捺不住的顧蓮自己到公社辦，填完表後沒幾天，她就在公社的供銷社上班了。看知青們返城，她動心歸動心，但生活還得繼續，很快，一家人用她和丈夫的收入蓋起了五間大瓦房，沒想到這五間大瓦房竟成為後來家庭變故的起因。

「五小叔子要結婚，提出來要分兩間半房，而且還不贍養老人，他憑什麼呀，這房子他一分錢也沒出。」顧蓮說當年她也來了強勁兒，結果，兩家打了起來，有一次，五小叔子進到她家，把櫃子給砸了，受了委屈的顧蓮寫信給大連的丈夫，丈夫回來了，但是丈夫不聞不問的態度讓顧蓮傷心。

「我剛從供銷社下班，在家門口，五小叔還沒過門的媳婦，一把抓住我的自行車，說憑什麼讓他們養老人，我倆就撕巴起來，可是自己的丈夫就在眼前，連拉也沒拉一下，我又傷心，又氣憤。」聽到姐姐在農村受了氣，在大連的弟弟來到顧蓮家裡，「弟弟是來解決問題的，可一些人把他當成來打架的，有人拔刀子，弟弟在搶刀的時候，手攥刀身，可那人用力一拔，弟弟的大拇指就只連著一點皮肉了。我當時一咬牙，離婚！」

分開二十多年了，顧蓮說她絕不是受不了農村的苦，不是貪圖城裡的生活，而是當時許多事都趕在一個寸點上，當時她想最起碼，她把兩兒子從農村給帶了出來，回到大連，但是兩個兒子，顧蓮只能帶走一個。「孩子的爺爺還是有勢力的，再說孩子們也喜歡爺爺。他原本一個孫子也不讓我帶走，最後吐口讓大孫子跟我，小孫子跟他兒子。」

分開二十多年了，顧蓮說她最忍受不了的是母子分離，兄弟兩隔，那才叫撕心裂肺，痛不欲生。「小兒子一有時間就往大連跑，來看我和他哥，有時我不在家，院門上了鎖，他就等不及翻過牆頭進來等我。每次他來了，我就要置辦點好吃的，他跟我講，在農村放學了，他們比賽誰跑得快，先到家，他說媽媽我跑得也快，可我跑到家，打開鍋一看什麼也沒有，別的同學回家掀鍋能有菜餅子吃，他一說這個，我眼淚就下來了。」

每次，生活遠不富足的顧蓮都會讓平時不在身邊的小兒子吃飽吃好，穿著光鮮些，她對大兒子說：「你在媽身邊，管怎麼有個熱水熱湯，你弟弟他在農村，餓一頓飽一頓。」可是就是這樣，小兒子走時沒有一次不是哭著走的。為了讓小兒子吃上飯，顧蓮把速食麵一箱箱地往農村送，那時速食麵在農村少之又少；為了讓小兒子感到母親的關愛，她會托人在兒子生日那天，把生

日蛋糕送到兒子的課堂上，引來同學的豔羨。

分開二十多年了，顧蓮依然孤身一人，沒有再成家，但仍然堅強、勤快、能幹，她賣過服裝，在幼稚園裡看過孩子，現在還在為一個好心人家做保姆。「小兒子初中一畢業就來到我這裡了。」

去年，顧蓮的小兒子結婚了，在婚禮上，小兒子說：「沒有媽媽就沒有我的今天，媽媽你是最偉大的媽媽。」聽罷，台下的顧蓮淚如雨下。那一刻，遙遠農村的辛苦勞作，家庭裡的恩怨是非，一下子煙消雲散，「我是世界上最幸福的人。」顧蓮說。

婚禮上，顧蓮見到了孩子的爺爺、爸爸，還見到了五小叔子夫婦，「大家也都說話了，我也能感覺到他們的悔意，那五間大瓦房還是孩子他爺爺的。」

而有些當初嫁給農民至今仍健在的女知青命運就截然不同，不僅葬送了青春，而且到了晚年也依然擺脫不了困苦。知青茶香悠遠在《農婚故事》就說明瞭這一點：

昨夜接綠荷電話（以前的黑龍江戰友）她訴說得急促，一直說：胸悶、悶死了，悶死了，透不過氣來！

為什麼事？何至於此？原來綠荷是杭州去黑龍江的知青，父母為城市貧民，一無門路，二無錢、去為她「返城」作「運動」，走了最最下策路──找個青年農民嫁了。誰知這一嫁，更是苦不堪言，須知，「農婚」是一輩子受苦受難之根源！

……男方人樣醜陋自不必說，家境特窮，若家境好或長得俊，早早地找當地「有戶口的農村女」成親。也不會拖到30多歲還掛單。現有了戶口在黑龍江的知青，倒是個『撿便宜的時機』！不用彩禮，自己人樣醜點也沒關係，她們無條件挑選，誰叫她們戶口在黑龍江呢！

倒過來還要欺侮「黑龍江人」（農民對黑龍江回鄉知青的稱謂），因為「黑龍江人」不但沒戶口、還不會做諸如：水稻插秧、剝絡麻、這些南方特點很強的農活，工分掙不過當地農村女。

當年，她公公當面奚落她：某人討了個黑龍江媳婦，掘了一票旺財，陪嫁大衣櫃，縫紉機，腳踏車……某人娘家每月貼15～20塊錢生活費，她全部是吃娘家的。你們家裡每個月有100塊鈔票進帳，怎麼用得光哩？真是混蛋邏輯，難道農村人討了城市老婆占了便宜，還要老婆供養婆家人生活不成，真真豈有此理？！

聽到此，她說真是恨不得地下有個洞（她的原話）鑽進去了。是啊，她爸爸有40多元月工資，媽媽也有這麼多，一個弟弟由於她的支邊，立既分配進了工廠，也有38元月工資，加起來的確有100多塊收入，可是，底下有三個弟弟，一個妹妹，上學的上學，弟弟要找對象，家裡要給弟弟們娶媳婦……哪有餘錢、哪有精力來管這個出嫁女兒？

生活習慣上，夏天，她每晚打溫水擦身，要拉上布的門簾（沒有房門），她老公說：拉啥個門簾，你身上就這點花頭，哪個要看？聽此言，想處境、徹心涼、禁不住淚流滿面！

公婆家一直覺得「討了個黑龍江人沒占到便宜」心裡不舒服，沒好臉色給她，一直欺侮她。小姑子嘲諷她：人家一個月能掙180多個公分，你怎麼只有90多個，你飯吃得不比人家少！小姑子竟能對嫂子說出如此厲害的話？這樣的夫婿，這樣的公公，這樣的小姑子……

難道要與這樣的人在一起過一輩子？但返城又無望，想身世，看現狀，悲從心底來。。禁不住嚎啕大哭，當時有人跑來報告：是你們黑龍江來的知青，哭得在地上打滾，哭得如同死了人

一樣傷心！是啊，一個下鄉「接受貧下中農再教育的知青」，淪落到如此境地，真是生不如死啊！心裡的悲痛與絕望有誰知道？有誰理解？

受辱、哭過，鬧過，但有什麼辦法？太陽仍每天從東邊升起，時間在一天天地過去，日子還得往下過。「夫妻感情」是不能說的話題──有什麼感情？男的不僅愚昧，以為撿了個便宜，家裡人還嫌她不會做農活，女方從心裡厭惡無知愚昧的老公，更增恨他的家裡人。這種關係，惡性循環，你看不上我，我討厭你，增恨你們全家，何來的感情？回憶起來，有點類似現時電視報導「拐賣婦女──到貧困地區被人圈起來當老婆──身不由己生了孩子」此類處境。

返城無望，農活又做不過別人，娘家是沒條件待的，底下兄弟姐妹一大堆。她老公家有個什麼親戚在村裡有點「職位」，一次次地阻止、設置障礙，不讓她有一絲返城的縫隙。怕她一旦返城成功，肯定會「拋棄」老公。日復一日，年復一年，星轉鬥移，只得在農村受煎熬。

僅有一次父母退休可以頂替回城機會，她讓給了弟弟。當時，父親退休。有一個名額可以頂替，兩個弟弟與她，三人爭一個崗位，弟弟的女朋友已回城，弟弟如果再不回城，女朋友就要與之分手，弟弟拿著一把刀戳在桌子上：狠狠地對她媽媽說：你要不把這個名額給我，我就殺死你！（她看得嚇都嚇死了！為了回城難道自家兄姐還要殘殺？）悲泣著絕望地說：我不要上來了，你去頂替吧！乍看起來，這兄弟也太自私絕情，可細想想，一家人三個下鄉，誰不想回城過生活，舍此別無他路，也只好煮豆燃豆萁，自家姐弟相煎了……

悲哀的人生，誰之過？她說：當年就不應當聽父母的，應當

堅持在黑龍江，寧願找個知青，哪怕不能回來，在黑龍江過一輩子、也好過現在這樣。可是人生不能重來！一失足成千古恨！當時一個錯誤的選擇「農婚」讓她一輩子陷入痛苦的深淵！

現在老了，沒有一份退休金，受兒媳的氣，說她沒有勞保，今後靠兒子兒媳養老，現時做家務管孫子是理所當然，平時理都不理她。幾十年夫妻如冤家，老頭子幸災樂禍，現在竟然站在兒媳一邊，幫腔一道來欺侮她！

她這次生病在床上躺了三天，老頭子不聞不問，當她死過，兒媳也不理不睬，於是乎：直覺得胸悶！是胸悶？是心裡的氣順不過來？氣悶！是啊，如此人生，這樣的「少年夫妻老來伴」，何止是氣悶？透不過氣來，簡直要窒息了！

就因為嫁了一個農民，這位女知青一輩子做了一棵被人踐踏的小草，沒有機會，沒有空間，沒有陽光、一生生活在痛苦和悲慘當中……

**作家關山在〈兩個嫁給當地農民北京女知青的境遇〉講道：**
……有一位是在一九六五年第一批從北京插隊的知青，到了內蒙古的臨河。那時的知青有高中畢業生，有初中畢業生，他們響應毛主席的號召，學習邢燕子、董加耕那些文化大革命之前就成為楷模的人物。

一九六五年的時候，我來到內蒙，第一次去看匯演，正好趕上晚會有他們演出的節目，充滿了朝氣，表現了他們當新一代農民的決心。作為我來說，對這件事很感興趣，我就到他們農村訪問去了，瞭解瞭解，準備積累一些素材，寫一些東西。在他們知青點住了一晚上，他們集體跟我談了談，都是北京的，其中一個因為文化程度最高，也談的最多，她叫李桂芳，這個名字我記得很清楚。她講她的插隊經歷，他們晚上集體學習毛主席著作，白

天集體出工勞動，來內蒙的時候，縣城裡夾道歡迎。

他們從北京帶來了松樹苗子，充滿了革命朝氣。不久，文化大革命就開始了，我也去了建設兵團，在兵團待了一年半，然後又去了五七幹校。

內蒙五七幹校所在的地方正好在六五年我去訪問知識青年點二、三裡以外的地方。有一天休息、歇工的時候，我就徒步到了那個村裡，我想再看看。我記住那個女學生叫李桂芳，一打聽，真有這麼個人。當時人家就告訴我她在幾隊幾隊，領了我到她家裡去。我見了她，這個人完全變了，就是農村婦女了，臉上也有了皺紋，炕上、地上起碼有四個孩子了。

我問她還認得我不認得，她說不認得，我就說起六五年的事，她說：「這件事情我知道，原來這麼多年不見了。」實際上也就是六、七年的事情。後來，我問她怎麼樣，她說，家裡頭在北京文化大革命當中已經走投無路了，父母也挨鬥，姐弟都四分五散，北京也回不去了。我在這兒插隊落戶了，我總得要生活嘛！因此她就準備找一個對象，先找到一個富農子弟，對她很好，生活也很關心，經濟上每次回北京，他都給路費，有病有什麼人家都關心，不管有感情沒感情吧，反正跟他就接觸了。她想，她今後的生活總得有一個依靠，有個靠山。

這個時候公社找她談話說：「那個人是富農子弟，你談戀愛結婚跟他不行，你要找貧下中農子弟。我們本來要讓你來當代課教員，到村裡教小學，你要跟他結婚了，就等於說是富農子弟的家屬了，就不能用你了，你要權衡這個利弊。」她說：「我也考慮了，但我主要考慮要生活，因為當時這個情況，階級路線嘛！」

後來她結了婚，成了一個農村婦女，接著生兒育女。我去

的時候，她說：「你看我們家就這樣子！」她那個土炕上沒有炕席，黃泥磨的光溜溜的，晚上一鋪就睡覺，就這麼個樣子。當時我就說：「你和他之間感情怎麼樣？」她說：「談不上什麼感情，他認識幾個字，我是高中畢業，你說從文化層次這個方面來說，能怎麼樣呢？但是我要生活呀！」跟我談話的過程中，那幾個孩子大大小小的挨著，我也不知道是男孩女孩，她罵完這個罵那個的。孩子們渾身上下不穿衣服，光著屁股滿院跑，她還在院裡餵著豬餵著雞，就是一個典型的村婦。

她男人回來了，她男人是趕大車的。進了家以後，一看我在家裡坐著，不知道我是什麼人。她說：「人家文化廳的領導看我來了。」這個男的誠惶誠恐，蹲在門口不動。這個女的對他說：「愣著幹甚！還不切瓜去！」趕緊切了瓜給我吃，過了一會兒，我心情也不是特別好，就走了。又過了些日子，有人說：「旁邊村子有個婦女來找你了，新華公社的，我告訴她你不在，人家也不等了，問她有什麼事，她說讓你到公社給她說說情，讓她能夠當個教員。」當時，我是五七幹校待分配的幹部，我自己的前途還說不定的，我還怎麼能夠幫助她呢？

這件事情也就過去了。我相信落實政策以後，北京知識青年返城回北京，她也不可能回去。四個孩子怎麼辦？她不能把孩子都扔了，她畢竟是母親，命運決定她以後就在那兒了。也許能夠落實政策，充其量當個教員，拿著代課教員微薄的工資，也不見比農民生活好。這就是一輩子。知識青年有的回到城裡頭，繼續學有所成，成了企業家、成了什麼人物，哪怕當個普通售貨員呢，她這一輩子當農民了。這就是個悲劇。

她和她丈夫之間無所謂感情，但是為了生活，命運把她決定到這兒，我想，類似這樣命運的恐怕不止她一個人，可誰還記

得這些人呢？也許現在農村實行承包以後，她的生活會有什麼改變？但我估計她不會有什麼改變，四個子女將來都要結婚，每個人都是很大的負擔，要娶媳婦或者要出嫁。我給人們講到過一個情景，每年到逢年過節的時候，你就看有人趕著小毛驢車從村裡去臨河火車站，回家過年，男的都穿著皮襖，那是當地農民，抱著孩子的女的，都是外地知識青年。

還有一個是烏拉特前旗的知青，「傷痕文學」那陣兒，我們到烏拉特前旗去，那是個產魚的地方。我們在漁場招待所裡辦了一個巴盟地區的劇本創作學習班，在那兒生活條件比較好，天天能吃魚，大家每天談自己的劇本構思，討論。這招待所裡頭，我們能看見有一個女的，大概三十多歲吧，每天在房檐底下曬太陽。巴盟當地的人跟她聊天，知道她是個北京知識青年，父親是大學教授。

有一天我就跟她聊天，她說她是北京哪個高中的應屆畢業生，到了內蒙插隊落戶。她的經歷跟我說的第一個女孩子差不多，家裡頭父母被鬥，兄弟姐妹四分五散，有家難歸，在這種情況下走投無路。也是有一個人對她很好，她生了病，人家給她燒水送吃的，她要回北京看一看，探親路費人家給拿，在這種情況下，她唯一的依靠就是和這個男的結婚了，成立了一個家庭。這個男的基本上是文盲，但是對她很好，就結了婚。

不久以後，國務院關於知識青年有政策，可以招工，她就被抽調上來到了農場，成為農村的農業工人了。她當時在農村學過赤腳醫生，就又到這衛生院裡當護士，這是一個很不錯的工作，但是不久這個漁場領導自己的親戚來了，就把她這個指標占了。她又成為普通工人。烏梁素海出產蘆葦，他們的副業就是生產葦席，她每天就是領多少葦子，打多少葦子，編多少席子，然後就

拿這個掙工分，拿工資。

我跟她聊，她也會一些英文，跟她談莎士比亞，談這些作家、作品，她都明白，也都看過，都懂。我問她：「你跟你的丈夫結合，有感情沒有？你愛他嗎？」她說：「怎麼會有感情呢？這完全是感激。生活要有依靠，我作為一個女孩子，在農村裡頭，我得有一個男人，一個靠山。你看我的文化，他的文化，我們中間沒有任何共同語言，但是生活嘛！就在一塊了，我們有了孩子，這孩子是我唯一的樂趣，我要在她身上寄託我的理想，我希望我的孩子能念書，接受最高層次的教育，能夠擺脫我的命運。我作為一個母親，作為一個女人來說的話，也就這樣了。」

回北京有政策，可是我結婚了，怎麼辦？我周圍有很多人都離了，跟農村決裂了，孩子也不要了。我回了一次北京，看到這些同學有的進了工廠當工人，有的當了售貨員。但是我回到北京去，北京沒有我的立足之地，所以我不願意像他們那些人一樣。另外，一個人總是要有良心的，我不能把我的孩子放在這兒，我肯定要帶走，可我離婚的話，他怎麼辦？如果再倒退幾年，他可以再結婚，現在他已經過三十了，就一個老母親，就他這麼一個勞動力，能掙夠娶媳婦的錢嗎？我一走，就等於毀了他們母子倆個，我做不到這一步。我寧可在這個地方維持這個死亡的婚姻，也得維持下去。」

你說感情，感情談不上，舉個例子來說，給孩子訂了一本《小朋友》雜誌，讓她讀書識字，小孩嘛，在城裡來說這個是最微薄的、最起碼的，但是為了這事，我跟他吵了一架，他說，訂這幹甚，花錢。可是你說，我給他講什麼道理？從這一點小事上，對孩子教育、培養子女這方面，就沒有任何說的，我不想跟他吵架，沒有什麼互相溝通的。」

後來，這男的來了，把孩子也帶來了，趕一輛毛驢車。他們往車上鋪著羊皮褥子。她男人在前頭趕著，她坐在車後頭，孩子跟著靠著。已經到晚上了，他們越走越遠，我一直看著他們，太陽慢慢消失。

我們在開聯歡會吃飯的時候，我跟當地的公社書記提出來，能不能讓她當個代課教員什麼的，或者到衛生院也行。他說，這當然可以。酒席之間說的話，誰知道算數不算數？我只希望她別在編席子了，發揮她的文化水平，教教孩子，對她對孩子都有利吧！

這件事情在創作學習班裡頭引起很大的轟動，大家發生了激烈的爭吵，那是兩種截然相反的意見，一種意見是認為是中國女性是最偉大的，犧牲自己、成全別人，這是中國傳統女性美德的一個典範，太感人了。還有一種觀點說這就是中國對女性的一種扼殺，是最不幸、最大的悲劇，誰造成的悲劇？怎麼會造成悲劇？她本來高中畢業可以上大學，可以出國留學，可以當研究生，她的父親就是教授，她可以受更好的教育，她可以找一個也受過這種教育的人，成立更好的家庭，結果命運的波濤把她扔進這個角落裡來，這還不是悲劇嗎？但是也有人說，那麼天生就該農民永遠找那沒有文化的，跟他一個層次的人，結合家庭，然後再繁殖她們的後代？永遠的落後愚昧？城裡的人就永遠不應該到農民中來嗎？毛主席號召知識青年與工農兵相結合，走這條道路是悲劇嗎？

她不會用的她的知識來改造什麼？反正各種各樣的觀點都有。今天我也很難在這個問題上做什麼價值趨向，該肯定什麼，否定什麼？但是他是個客觀存在，所以在回顧文化大革命這段歷史的時候，談知識青年的時候，我就提出一個題目：不要忘記這

些人。只有這些人才能夠構成比較完整的知識青年的這段歷史。

我也沒有機會再去看她們了，她們已經留在農村裡頭，在農村跟農民結合，農村的面貌改變不改變，她們絲毫作用都沒有起到，她們什麼也沒有得到。一九六六年她們18歲，高中畢業，現在三十四年過去了，該當奶奶了，還能幹什麼呢？

田野在《鎖住的青春》故事更加催人淚下：……她雙腿跪坐在炕中央，身上穿著厚厚的破爛衣裳，有的地方用繩子捆著，她臉上戴著兩個污髒的口罩，即使是在夏天的酷暑裡。她面前總是擺著一個盛著水的小盆，她用一塊小布，不停的蘸水，擦手洗臉……日復一日，年復一年，誰能相信，她這副樣子，已經整整20年！誰又能想到，她是三十年前從北京來到內蒙古的知識青年！

宋寶英插隊前，是北京華嘉寺中學初一的學生，她家境困難，父母早逝，上有兩個哥哥，下有兩個妹妹。她插隊的村莊，是那一帶最窮的地方，男人討不上老婆，是遠近聞名的光棍村。她們一共去了9個北京女知青，下鄉一年，8個都嫁給村裡農民了，其中有一對親姐妹，姐姐嫁的是大隊書記，妹妹嫁的是大隊會計。宋寶英嫁的最不好，是個趕大車的，還聽說比她大好些。

站在我面前的這個男人，光頭上有幾根稀疏的頭髮，滿臉皺紋。你今年多大歲數了？50多？記得十年前我問過他，他就說他50多。就是這個農民，娶了宋寶英後，成天把她鎖在屋裡，不讓她出門，過大年，村裡人都相互走動走動，他也不讓宋寶英出去。他們村裡，從甘肅、四川買來的媳婦跑掉的可多了，這個身無分文的光棍漢家裡，一下子從天上掉下來個不花錢的媳婦，他最怕的，就是媳婦跑掉。

沒有人告訴我，宋寶英這樣被鎖了多少年，反正當她自由了以後，人們看到她病了。她怕見人，一年四季，臉上都戴著厚厚

的口罩，她夏天都穿著棉衣，甚至用線把衣褲密密縫牢，她不再開口講話，這樣封閉了自己二十年。

「這些年給她看病了嗎？」

「看病？她沒病。就是穿衣裳和人不一樣，再就是不和人說話，聽見你們這北京口音，才說兩句。」

我相信，任何一個見到宋寶英的人，都不會否認她的病，問題是，這二、三十年的宿疾如何治癒！十幾年前，旗裡給了宋寶英一個就業指標，因她喪失了工作能力，就由她的丈夫頂替她，進旗水泥廠當了工人，這二年，水泥廠有許多工人下崗，旗裡為了照顧宋寶英，沒有讓她丈夫下崗，每月有350元收入。

「宋寶英，我也是北京知青，三十年前咱們一塊兒來這兒的，我來看你，摘下口罩照張像吧！你有什麼需要我幫助的？」

她抬起眼飛快地掃了我一下，眼光冷漠得讓人心悸。「那，你把你的名字寫下來吧。」我留下了我的名字和聯繫地址。

# 第六章
# 後知青時代的悲歡離合

## 第一節　當年知青恩怨情誼的延續

　　雲南知青橡膠樹在〈記隱藏在心中三十五年的一椿心事〉中說：日曆翻到一九七二年十二月，我連隊重慶知青蘭忠毅和五隊的重慶知青邱亞德等三位在一起喝血酒，以示「有福共享，有難同當」。這事不知怎麼讓領導知道了，老肖〔我隊一把手〕在大會上說「這還了得，三人在一起喝血酒，什麼性質的問題？是不是想翻天呀？」隨後五隊七隊領導決定要狠狠抓一下，一是殺一殺「小四川」的霸氣，二是把連隊的生產搞上去。兩隊領導商議一定要找幾個上海知青對「小四川」痛下殺手。

　　當老肖找我談話並指定朱歸根〔上海郊區知青，後上大學去了〕和我兩人加上五隊兩名上海知青共同對這三位「小四川」看管，並在每次批鬥大會上把他們押到台前，讓他們彎下腰老老實實接受大家的批判，並暗示我們，誰不老實就讓他們吃些皮肉之苦。我當時在連隊擔任班長，團支部宣傳委員，按領導的話說就是連隊骨幹，這是領導對你的信任等等，當時農場的實際情況就是這樣，領導讓你向東，你敢往西嗎？

　　第一次批鬥會宣佈開始，我們上海知青把他們一個一個押上臺，邱亞德昂著倔強的頭，不肯低下頭，老肖一步衝上去，一

把頭髮扯住使勁地往下拉，並用腳不停的踢他兩腳，要他兩腳併攏，老實接受大家的批判，當然這些批判稿都是事先領導統一定下的調。批鬥會結束後，老肖專門找我們談話，進行了嚴厲的批評，說我們沒階級立場，分不清是非，對他們心滋手軟，為什麼不上去打兩下，要他們老老實實，隨後規定我們必須當場表態，決不允許在明天的批鬥會上再出現這種情況。第二次批鬥會上邱亞德仍不肯低頭，還用眼睛瞪著我，我上去就甩了他兩耳光，並一把頭髮抓住往下拉，迫使他彎下腰來……

這件事盡菅過去三十五年了，很多人也許早已忘了，可是我沒忘，這件事一直是我心中的痛，特別是有一次我在一本成都曲博，羅小文出的書中看到了北上代表名單中有邱亞德，並受到王震接見的代表之一時，三十五前的一幕浮現在眼前，我心中產生一種想法，即今生今世一定要當面向邱亞德道個謙，說聲對不起！不管他是否接受！自從和重慶知青聯繫上以後，我和隊友老費踏上了去重慶的列車。一到重慶我就打聽邱亞德的消息，遺憾地是邱亞德在一次意外中傷亡了，一聽到這一消息，我眼前一黑，倒在沙發中……

在到重慶的第四天，三隊的林菅紅請我們去她家吃飯，當桌子擺好大家準備落桌時，門鈴響了，隨著一聲「對不起，來晚了，大家罰我一杯酒，」只見一個面帶笑容的女士走了進來，這時坐我邊上的一位知青推我一下，悄悄對我說：「她是邱亞德老婆唐文華，原在八隊，後調五隊，她有自己的博客，『荷塘博客』。」我一聽驚呆在一旁說不出話來。席間，唐文華和各位敬酒來到我面前，我站起來，先和她握了手，然後舉起酒杯和她碰了碰，半杯白酒一口下肚，這一舉動嚇著她了，「慢喝，慢喝，你這是白酒，要不得，要不得。」

　　當我剛要和她說邱亞德之事，邊上隊友拉住我不讓我說，其實我知道他不讓我說的原因，因為場面人太多，怕影響大家情緒，好吧，我站起身，示意唐文華到裡面，她隨我進了房間，坐下後，我把三十五年前的這件事一五一十全吐了出來，並希望求得她的諒解，我是邊說邊流淚，她也流著淚一直認真地聽我說。等我說完後，原來她對此事一無所知，她說當時還在八連，還不認識邱亞德，她是後來才調去五連的，後來邱亞德也從未和她談起此事。還勸我別往心裡去，這麼多年過去了，再說亞德也走了。

　　聽她這樣說，我心中倒是更加傷心，痛苦，隨後我要求她帶我去亞德的墓地，讓我去為亞德點柱香，燒把紙，獻捧花，表示一下我對亞德的愧疚。她說這個事還需和亞德家通氣因為亞德葬在他老家山坡上，待她通完話後勸我別去了，亞德家裡說：老家太遠了，沒兩天時間趕不回來，再說即便到了那裡也未必找得到墓地，亂山崗墓地沒人管理不好找。在她的再三勸說下，我只得作罷。以上這張照就是這次聚會時留下的。

　　在我回上海前一天，唐文華在她的博客上寫了一篇文章〈記戰友——芮紀大〉我回上海後，上海知青網劻龍線上網站技術員張解國先生專門來電，說他們關注到〈荷塘博客〉這篇文章，寫得很好他們要轉載，問我可以嗎？在和唐文華通話後，這篇文章上了《劻龍線上》。

　　**梁曉聲**在《似夢人生》講述了這麼一個故事：……我下鄉不久，當了男知青們的班長。因為最初連隊總共十幾名男知青，也就只有一個男知青班。我的知青知己是和我同校且同班的同學楊志松，他如今在《健康報》工作。除了我倆，其他男知青來自三四所中學。有一名「工讀」學校的高二的男知青，胸前一片猙獰

可怖的疤痕。據我後來所知，便是下鄉前在武鬥中被火藥槍噴射的。和他同校的一名初二的知青，曾神祕地向我透露——他是一名有惡跡嫌疑的紅衛兵小頭目，下鄉純粹是為了躲避追究。半年後他從我們連隊消失了，據傳是被恢復神聖使命的公安部門押解回城市去了……

　　一天中午，我正午睡，被楊志松拖起，讓我去制止知青的打人暴行。離知青宿舍不遠的院子裡，住著一名單身的當地男人，五十餘歲，被列為「特嫌」人物，出入受到限制和監視。我班裡的三四名知青，中午便去逼供。等我和楊志松走入院子，他們正從屋裡出來，一個個臉上神色頗為不安。為首的，一邊從我們身旁走過一邊嘟囔，「真狡猾，裝死！……」

　　我匆匆走入屋裡，見床上的人面朝牆蜷縮著，不動也無聲息。我走近叫了他幾聲，他彷彿睡著了。我聞到了一股屎尿味兒。時值盛夏，我見他的裸背上有幾處青紫。

　　我追上班裡那三四名戰士，喝問他們是不是打人了。他們都搖頭說沒打。

　　「沒打他身上為什麼好幾處青紫？！」我心頭不禁冒火，攔住他們，不許他們走。

　　為首的終於交待：「他不招嘛，所以，只輕輕打了幾下……」

　　我不認為這是小事，立即轉身趕去指導員家彙報。半小時後，連裡的幹部和衛生所的一名醫生都趕往那屋子。那人已經死了。

　　他們打他時，往他口中塞了布，所以，儘管那院子離知青宿舍很近，但午睡中的我，卻並沒聽到一聲哀叫。那件事使我相當長的日子裡內心自責。因為我是班長，有三四名知青不在宿舍裡睡午覺，我卻沒想到問問他們究竟幹什麼去了……

連衛生所醫生開的死亡診斷是「突發性腦溢血」。然而我清楚，醫生清楚，連裡的幹部也清楚，那人實際上是被用木棒活活打死的。

我要求連裡嚴厲懲處那幾名知青。連幹部們出於自身責任的種種考慮，只給予了他們口頭警告。為首者，還是副班長。我又要求連裡起碼撤銷他的副班長職務，否則我不再擔任班長。連幹部們見我態度強硬，只得照辦。但從此那幾名知青對我耿耿於懷，而我也不再對他們有一點兒好臉色……

我當了小學教師以後，知死者是我一名學生的親「大爺」。不久，又知死者根本不是什麼「蘇修」特務……

「黑土地回顧展」結束，一些北京知青與一些外地知青相聚敘舊的場合下，有一名外地知青談到他那篇收在《北大荒風雲錄》的文章時說——當年我們思想太單純太革命了，所以就難免做下了些錯事……

恰巧，他那篇自述性的文章我看過——他下鄉後，在一個冬季裡，將一名老職工一個「大背」摔進了滿著冰水的馬槽裡，那老職工當即昏暈在馬槽，全身浸沒水中……只因為那老職工偷過點兒連裡的麥子餵自家的雞……幾天後那老職工死了……

我問他：「你如今懺悔了？」

他說：「是啊，要不我能寫出來嗎？」

而我之所以那樣問他，是因為我讀他的文章時根本沒讀出什麼懺悔的意味兒。寫自己當年的暴力行徑繪聲繪色，最後的一行懺悔也只不過是用文字公開重申——自己當年太革命因而太衝動了……

我又說：「你當年的行徑和思想單純與『革命』二字有什麼關係？」

他一怔，反問：「那你說和什麼有關係？」

說實話，當我們含著淚水看完這兩個故事，深為這些知青如此草菅人命的暴行感到羞愧，同時也對那些極左知青，在許多年後沒有多少悔意，而感到憤怒，由此也可以感受極左思潮對人們心靈的荼毒。

知青向著知青，原黑龍江兵團六師60團3連北京如青安彥中在〈感動中國的知青情〉也講述了這麼一個故事：……前幾天，我與北大荒9團6連的戰友一起聊天，聽他們說：有一個北京知青才在戰友的幫助下辦回北京來了，在大會上還與大家見了面，他還講了講感受。聽戰友們一說，雖然我知道這是個真實的故事，但具體情況還是不太瞭解，因為，這背後所掩藏的知青的感情到底有多深，誰又能說的清呢？

沒想到，最近看了9團出的書《回望北大荒》後，發現其中一篇題目〈最後一個知青〉的文章，才真正瞭解了事實的真相。但這篇文章沒有說明在我們知青中，還存在著人間的大愛和人間的大悲啊，我仔細看了十幾遍，苦苦地思索人生的命運，被這個真實的故事深深地感動了，我簡要地寫出來，與大家共同感受感動我們中國的知青情吧！

9團27連有一個叫鄒雪生的，是一九六九年下鄉的北京知青，他平時幹活賣力，還有一定的文學水平，對人也和氣。是大家都非常喜歡的一個知青。但是林彪事件之後，他的長征時參加革命的老父親被牽連進去，再也沒有出頭之日了，母親也被迫害致死，他的父親及其他親人被遣送回了江西老家。鄒雪生對這樣重大的事件無能為力，他連探親的機會都沒有了，唯一能做的只能是默默地工作。

大返城開始了，知青們都急了，誰也顧不了誰了。每個人、

每一個家庭都想著各種辦法回城去！鄒雪生不能回城，因為北京已經沒有他的家了，江西的老家也不能去，因為與林彪集團有牽連的人的處境，在當時可想而知。就這樣，他一直留在了北大荒十年、二十年、三十年、四十年……他像掉了隊的孤雁，隨著時間歲月的流逝，幾乎徹底被人們遺忘了，甚至認不出他原來兵團戰士的模樣了。

他結過婚，有一個女兒，但妻子在孩子很小的時候，就嫌棄他沒有光明的前途，離他而去了。我能想像出知青在北大荒的生活是多麼的不容易，知青的生活能力遠不如北大荒當地人強，他不會承包土地，也不會各種機械的使用，他只有一點並不算大的力氣。這樣的他，掙不來錢，只能維持基本生活。但他努力過，為了生活，他學習了修理電器，但後來隨著行業的競爭，隨著年齡的增長，視力逐漸下降，修電器也看不清了，他只能用老年人僅有的一點氣力幫助人家打短工。有一次打短工竟打到了27連連長家裡，但連長已經認不出他了，他拿到了給他的工錢，就趕緊小跑著離去，趕到下一家再繼續打短工，他怕被老連長認出後的尷尬。他的生活遠遠不如當地普通人們的生活。他的唯一親人，被他一個人養大的女兒，隻身一人到深圳打工，在一家電子器件廠的流水線上工作著。

二○○八年七月，大城市的知青又開始了回望自己的青春時代，27連的葉明、張誼族夫婦與許多戰友們，高高興興地回到了闊別三十多年的9團27連，他們受到了當地老職工熱情的款待。當有人提起鄒雪生的名字時，當地人都陌生了，有人說他在團部地區住，有人見過他，而且說他混的不好，挺慘的。還有的說，有個北京知青一心在北大荒紮根幹革命，送上大學，不走！愛人和孩子都回城了，還不走！最後身體越來越不好，周圍沒有了知

青，思想越來越想不通，最後選擇了自殺的結局！但鄒雪生還頑強的活著，傷心、無奈、迷茫、悲憤、自責、仰望、歎息、期望、失眠、惡夢、生病、羞辱、窮困……不到20歲的他，一直熬成了近60歲的老人，四十年的歲月啊！40個春夏秋冬，就這麼一天一天，一個月一個月，一年一年地熬，他熬過了人生所有的酸辣苦痛！

經過多方努力，他們終於找到了鄒雪生住的房子，眼前這位老人，誰也認不出來了，在疑惑的眼神中，當他們用猜疑的口氣，互相叫出對方的名字時，止都止不住的熱淚，順著臉頰嘩嘩地掉了下來，在場的知青都掉下了酸楚的眼淚，他們擁抱在了一起。

進到屋裡，哪止一個「慘」字來形容！家裡亂七八糟，沒有一樣像樣的家具，連基本的生活用品都不齊備，炕上的髒棉被被裡被面都沒有！知青們看到這些，震驚了！整個屋內瀰漫著黴氣……

大家眼含淚水，默默的自動地收拾起屋子，有的人立刻到商店買來吃的、用的，他們給鄒雪生買來了襯衣襯褲、棉毛褲、外衣外褲。葉明當即拿出500元錢，看著他的樣子，歎了口氣說：你怎麼會這樣生活呢？？眼淚再一次湧出，就再也說不下去話了。鄒雪生這幾十年第一次感到了溫暖，他平時連一個說知心話的人都沒有，生性憨厚老實的他，思想越來越木訥，他成了團部地區的一個流浪漢，知青的名字早已經從他那裡消失了，徹底被人們忘卻了。

幾天後，葉明、張誼族夫婦回到北京，心裡翻江倒海地思索著，如果從生活上給他一些錢或者幫助，不會解決根本問題。他們多少夜晚的失眠，思前想後，最後終於做出了一個大膽決定：

把鄒雪生辦回北京來！戶口找「知青辦」，他的北京親人就是我們兩口子，房子的問題最大，既然是親人，那就擠在自己家住，我們一定要讓鄒雪生再一次成為北京人，一定要讓他看到鳥巢、看到國家大劇院，一定要讓他再次看見天安門城樓！

當葉明、張誼族夫婦把這一想法通過電話告訴鄒雪生時，鄒雪生已經泣不成聲了，用手掐了掐自己的胳膊，證實了這不是做夢，他在電話裡脫口而出「葉明，你比我親生父母……」便再也說不下去了。

再說現在辦知青的戶口真是難於上青天啊。哪裡還能找到「知青辦」的工作地點呀！多少年之前就早已撤銷，無蹤影了。在派出所要找出四十年前的戶籍檔案難啊！派出所的工作人員都被這件事感動了，非親非故的，只有一個說法：我們都是北大荒的知青！我們就是接收鄒雪生的親人！

要說跑戶口之事，只是一句話。但要跑多少路？要耽誤多少自己的時間，要花多少錢？要搭多少人情？誰又能說的清啊！與鄒雪生素不相識的9團1連周延年，也加入到跑戶口的隊伍中去了，他也做出了很大的努力。

二〇〇九年七月二十三日，經過近一年的時間，在葉，張夫婦的努力下，還有很多知青的鼎力相助，鄒雪生帶著從9團各個環節拿到的介紹信，以及北京的學校、街道、派出所各方面的證明，終於落下了北京戶口！更可喜的是：女兒是知青的後代，也落下了北京戶口！

葉明、張誼族夫婦又為鄒雪生找到了物業的工作，身穿工作服，年近六旬的他：少小離家老大回，鄉音未改鬢毛衰，兒童相見不相識，笑問客從何處來。不！他是北京人了！他是在北京工作的北京人了！我們都不會笑他，他曾經是北京的中學生，他曾

經是到北大荒的北京知青，是保家衛國，屯墾戍邊的兵團戰士，這裡有比親兄弟還親的親人，他的親人就是葉明、張誼族夫婦！還有許許多多的朋友，都是兵團戰士！都是北大荒的知青啊！

七月二十三日，鄒雪生流落北大荒四十一年之後回到了北京，靠的是知青情的力量。他把七月二十三日訂為自己今世的生日，當他再一次站在天安門前時，他用顫抖的聲音對女兒說：今天是爸爸的生日，以後就在這一天給爸爸過生日吧！他仰望天安門城樓，長歎一口氣，淚如雨下⋯⋯

葉明、張誼族夫婦不是什麼大官，也不是經商的，也不是大款，他們是拿工資的普通人。但他們曾經是兵團戰士，是那個年代的知青，其他戰友掏錢的掏錢，出力的出力，為鄒雪生無私的奉獻，是兵團戰士之間的情，是知青的情感動了我，感動了我們大家，我相信這北大荒知青的情，也一定感動中國的，會感動人類的！

我寫的很不夠，用一兩句話不能說明葉，張夫婦的人間大愛。也不能用一兩句清楚鄒雪生所受的各種苦難。我們向葉明誼族夫婦深表感謝，祝你們身體健康長壽！對鄒雪生戰友深表同情，希望他在今後的歲月能與戰友們共同歡度我們老年的餘生。

## 第二節　返城安度晚年知青的困苦

**趙國甜**〈酸苦辣話輪回——當我又回歸上海戶籍時〉說：這是一個沉甸甸的回顧往昔歲月話題。三月一日，是新年元宵節後的一天，當我從廣中路派出所報上滬籍時的瞬間，腦際「感概萬千」一言難盡。這四十六年多來555個月的光陰，實實在在地記錄了我和上海知青為上海奉獻的足跡。

　　難忘的一九六四年十月，這是新中國15周年慶典的歲月。人民共和國還很幼嫩，歷盡軍閥內戰、抗日戰爭和解放戰爭，百廢待興；上海同全國各地一樣，經濟還處於低迷之中，城市百姓就業，糧食和副食、日用品供應等巨大壓力，成了經濟恢復的難解癥結。我們同上海千千萬萬的知識青年一樣，為國家分憂、為上海解難，在「響應黨和國家號召，到祖國需要的地方去」的大幅標語引導下，在「打起背包走天下，哪裡需要就是我的家」歌曲的歡送聲中，我踏上了支援大西北的征程，去了建工部西北第二工業設備安裝公司（後名為國家建委七局安裝公司）所在地甘肅省省會蘭州。

　　一九六四年上海經濟已稍復甦，城區排隊買「爛烏麵」、買「番薯」的場景已近尾聲。當我和一起支內的上海知青，初冬乍到西北時，搭配百分之五六十的粗糧，在上海沒見過吃過的粗糧「紅高粱米、黃包穀麵」尚是飯桌上的主角；冬天零下一二十度嚴寒，冰凍雪封和高海拔的氣候，對我們這批上海黃浦江邊長大的、對下雪天好奇的上海知青無疑是個「下馬威」。但我們經受了各種考驗，毫不愧對上海父老鄉親。

　　同內地支邊援建的工友一起，先後輾戰在西北甘、青、寧三省的新興石化、核工業和航太、國防兵器工業廠礦建設工地；在甘南草原、白龍江畔、河西走廊、戈壁荒漠都留下過足印。親眼目睹了一座座雄偉廠房、寬闊廠區建起，在中國第一顆原子彈升起的地方，又親眼看到了氫彈的騰飛。

　　現在西北我見過的這幾座市縣，雖然也建起了高樓大廈和交通立體高架，同樣是街頭商舖遊人如織，寬闊馬路車水馬龍，也是一片繁榮興旺景象。但西部與沿海的差別仍不能相提並論。而終究是浦江情牽，畢竟是思鄉之情、歸根之願，驅使我投靠在滬

「上班族」子女，將在滬隔斷了46春秋，重新接續，希冀安享晚年。

依照上海支內支疆知青退休投靠子女定居上海政策，一次次詢問申報需知，遵照申報滬籍「菜單」，一疊完整的58份申報資料遞交到派出所受理視窗，經區局、市局層層審核，在巳醜大年廿六，欣喜獲悉公安部門通知准予報入上海戶口。

欣喜若狂後靜思：「老上海人──老知青者──新上海人」這一循環輪回背後，是祖國的興盛富強，是上海的崛起發展，是知青政策的眷愛。

**但是這些回城的知青生活相當困苦。錢江晚報刊登了楊曉政、徐聰穎寫的〈一個回城知青的養老生活〉描述**：包琴華和老伴陳德夫住三裡亭竹苑，幾年前，他倆的戶口跟著兒子回了杭州，當時，養老保險是一分也沒有的。「靠子女和積蓄過日子，我出去做會計打工補貼家用。沒有勞保，老了怎麼辦？心裡蠻慌的。」

包琴華小時候家住葵巷，讀到高中二年級，戶口遷到黑龍江某兵團，當了知青。「我媽媽生了6個孩子，中間4個都夭折了，只剩大姐和我兩個女兒，我比姐姐小了8歲，媽媽特別疼我。」包琴華被媽媽「哭」回了杭州，戶口卻留在了黑龍江。她在大姐家吃住，大姐要養父母、還要養幾個孩子，日子過得並不容易。

「我不想拖累家裡人，有人介紹我嫁到紹興農村，我就去了。」包琴華一去四十多年，兒子在三裡亭竹苑買下經濟適用房後，她終於跟丈夫一起回到了杭州。

兒子大學畢業後到東風汽車廠工作，沒想到廠裡效益不好，下崗了。平時房貸壓力不輕，兒子跟媳婦一起去了上海打拼。女兒身體不太好，在家養病，沒有出去工作。為了生計，包琴華回

杭州後，找了家單位當會計。「我工作很認真的，不然人家會嫌棄我年紀大了，不要我做了，怎麼辦？」

闡弄口街道蘭苑社區書記邊麗君告訴記者，前幾年，杭州城鎮老年居民生活保障辦法開始實施，一次性繳納社保金後，包琴華每月可以領到490元養老金。二〇一一年，杭州市提升為老服務水平，給養老金「加碼」。

根據浙江省人力資源和社會保障廳發佈〔2011〕221號文件〈關於解決未參保集體企業退休人員及其他相關人員基本養老保障等遺留問題的實施意見〉，具有本省戶籍的退休軍人、原下鄉知青、因辭職、除名、自動離職原因離開單位的職工，可參保領取養老保險費。考慮到年齡偏大人員承受能力，適當降低60周歲以上人員一次性補繳基本養老保險費標準。

「根據政策，只要再補繳2萬元左右，兩次總共大約繳納4萬多元，每月我就可以領到570多元養老金，還加上活動費、節日費……此外，我們喪葬費也跟城鎮居民一樣，有14萬元。」包琴華掰掰手指算給記者聽。

「家裡沒有錢，我借了2萬多元繳納養老金，以後每月還，也很划算。我算過了，大約領兩年多養老金，我的本錢就都拿回來了。」包琴華笑眯眯。

「記得剛來杭州的時候，日子過得很艱苦，不過生活總是一點一點好起來的，你看現在不就好多了麼。社區還要給我們安排免費的鐘點工，我拒絕了，不好麻煩社區了。新的一年，我希望全家身體健康就好，特別是我的老伴，他有氣管炎，希望二〇一二年發病輕一些就好。」

類似的情景，逍遙在二〇〇七年十月出版的《以生命的名義》一書中摘錄了〈被遺忘的知青部落〉中也有講述：

認識老于是前幾年在北京新書訂貨會上，他是新疆知青紀實文學的作者。老于濃眉大眼，身材修長，看得出來，當年一定是個非常精神的小夥兒。只是他的頭髮已然花白，穿在身上的羽絨服也不怎麼乾淨，彷彿缺少主婦照料似的。一問還真是這麼回事兒，他和兒子生活在一起。

當天，老于的不少新疆戰友來為他的新書發宣傳品，熱情極高。當年的知青都已不再年輕，鬢角斑白，滿臉皺紋。新疆知青似乎更老些，六十歲上下的人離著「青年」這個朝氣蓬勃的稱呼越來越遙遠。

嚴格來說，老于只有北京戶口而沒有家，他的房子是向朋友借的，位於遠郊。去拜訪老于的那天刮著六七級的大風，郊區的風顯得更猛。

聽說我們已經到了車站，老于立刻騎著自行車來接我們。頂著寒風走了兩裡路，到了一排歪七扭八的房跟前，老于自嘲地笑著說：「在城裡頭看不見這麼破的房子吧？」

打開那扇破門，迎面便看到一條也算是「京巴」的狗，渾身髒兮兮的，脖子上拴著條鐵鏈子，鏈子的另一端固定在一根柱子上，身邊放著個缺牙兒的碗，碗裡有塊黑得看不出模樣的吃食，浸在同樣很不乾淨的水裡。那狗呲著不漂亮的牙齒，沖我們汪汪叫個不停……

「何苦要養它呢？」我說。

「嗨，這是房子的主人養的！」老于回答。

老于家是我見過的真正的蝸居，大約只有七八平米。門右側放著一張上下床，見我們進來，從上鋪跳下個二十歲左右的小夥子，眉眼與老于長得十分相像，他靦腆地向我們微笑，顯得有些手足無措，只好不住用一隻手摩挲頭髮來鎮定自己。

「還不快給客人倒茶，愣著幹什麼？」老于對不知所措的兒子說。

一定是為了歡迎我們，地上還放著兩包水果。添了我們這三位客人，屋子裡真沒下腳的地方了。幾個人有的坐在床上，有的坐到搖搖晃晃的椅子上，喝著杯子裡有些苦澀的茶，我一邊聽老于說話，一邊看著這房間裡的所謂陳設。左側是一張非常破舊的長條桌，上面亂七八糟攤滿了家用雜品。桌子對面安放著一個碩大的舊冰箱，雖說相當破舊，可到底是這屋裡最現代化的擺設。出於好奇，我打開冰箱看了看，卻發現裡面裝著鍋碗瓢盆。

「這是人家送我們的，已經不能用了，拿它當碗櫃使。」老于的兒子已經又坐到上鋪，見我打開冰箱，忙對我解釋。

老于已經向我們介紹了不少他的經歷，他寫的書裡就有。當然，比起那些到現在戶口還沒解決的新疆知青，以及歲數不達標（不滿四十五歲）的配偶，老于和孩子還算幸運，他們現在總算有了北京戶口。可戶口不能解決吃喝問題。他從新疆退休後，每月退休金只有四百五十元（據說今年已長到七百多元了）。由於與妻子早已離異，兒子沒人管，辦戶口這些年兒子的學業耽擱了，高中都沒能畢業。北京這地界兒擇業的條件或要過硬的文憑，或要過硬的關係，二者必居其一。老于的兒子一樣不沾，只能在家待業。兩人靠區區四百多元要維持首都高水準的生活根本不可能，老于有時就去倒騰點兒蛐蛐、蟈蟈之類的生意，兒子則偶爾去客串一回臨時演員。生活沒有保障，也就只能勉強糊口而已。

為此，老于跑了很多部門，但申請廉（價）租房目前還沒下文。幸虧一個從新疆回來的戰友借給他這間小屋。老于苦笑著對我們說：「我支邊把居住權給支沒了。」

　　從他口中我才得知，他們這些新疆知青的全稱該是「新疆支邊青年」。而我們這些文革中下鄉的青年叫知識青年。二者雖統稱「知青」，實際音同字不同，嚴格來說他們該叫「支青」才對。也幸而有關政策沒有細究這兩組詞的區別，這些「支青」才沾了我們這些鬧回城風「知青」的光，否則，他們就全都得老死在邊疆了。

　　老于說，他離開北京前是有房住的，就在地安門附近。父親在北京一直當小職員，在地安門附近租了一套房，共三間北房、三間南房。老于離開首都之前，父親尚健在，母親已然過世。房子由老父親和姐姐一家共住。他走後，三間南房一直空著。父親去世後，姐姐以為老于再也回不來了，全家遂搬到單位的宿舍裡，把父親租的房退了。就這樣，老于失去了北京的居住權。

　　據說，上世紀三十年代，他父親脫離了地論頃、房成片的官僚地主家庭，自己到北京來闖天下。像當初的絕大多數人一樣，老于對組織上絕對忠誠，把從父親那兒聽到的隻字片語全盤向組織做了如實交代，說自己家庭出身不好。結果，福沒享過一天，卻沾了子虛烏有剝削家庭的掛絡兒。

　　老于從小多才多藝。四五歲的孩子能把白居易的《長恨歌》一字不落地背誦下來。他更有音樂天賦，曾學過幾天鋼琴。只是由於家裡沒有條件買鋼琴，他才改學了二胡。到了初中，一曲《二泉映月》拉得如泣如訴。他最崇拜指揮家李德倫了，還曾做過當音樂家的美夢呢。少年不知愁滋味，沒幾天他又迷上了美術，參加了少年宮的美術組。

　　初中畢業，陰差陽錯，他考取了化工中專。一年後，趕上北京人民藝術劇院招收學員，他聽說後立刻去報名。以老于的長相和對藝術的摯愛，他是完全有條件考上的，可是因為出身的原

因，他最終沒被錄取，只能繼續在他不喜歡的專業裡混，畢業後被分到了化工廠。

他這人喜歡與有學問的人交往。他所在的工廠有兩名右派，他覺得人家學問不錯，就經常和他們泡在一起聊天兒，說話也比較隨便。一九五九年開始了反「右傾」，把兩個右派又拉回去批鬥。其中一個較年輕的右派挺不住了，把平日一起扯的閒篇都抖摟出來。這一上綱上線，竟驚動了公安局，老右派升級，成為反革命小集團的首領，二十歲剛出頭的老于也成為該集團的成員，被單位除名，一九六〇年被送往監獄勞動教養。

勞動教養不算勞改，但與勞改隊吃同一個伙房的飯，幹一樣重的體力活兒。勞改還有個期限，勞動教養則沒有限期。直到一九六一年才給定了個限期，最高三年。可以前進去的，時間再長也算白搭了。老于實際等於坐夠了四年。比起一九五八年進來白白多教養三年的，他還算不幸之中萬幸的。

勞教的那段時間正趕上困難時期，有自由之身的尚且吃不飽，何況他們這些有問題的勞教分子。活兒重糧食又少得可憐，剛開始還講瓜帶菜，一把米能就著野菜熬稀飯喝；後來，連野菜、樹皮也難找到了，餓得前心貼後心；再後來，由瘦變胖，由胖變亮，人人浮腫，一個個倒下，再也起不來了。人們大面積地死亡，那些埋死人的也是氣息奄奄，因而埋人的活兒幹得極為浮皮潦草。

老于就是在後期餓倒的。人們以為他已經咽氣，將他拉到野外，薄薄地挖了個坑，掩了一層浮土就算將他處理了。也是命不該絕，郊外的冷風一激，他竟慢慢蘇醒過來，撩撩身上的土，悠悠晃晃站了起來。仔細一打量，發現自己竟然與眾多死人為伴，不免嚇出一身冷汗來。這一激靈渾身有了些力氣，他連走帶爬地

又回到了農場。難友們看他又復活了，便給他又是餵水又是餵湯的。將息了幾天，他總算真正活了過來。也幸虧不久困難時期熬過去了，要不，他興許就第二次餓倒，再也難復活了。

一九六六年，老于的教養實際已經解除，卻不允許回家，強迫他留場就業。強迫性的就業尚未落穩腳跟，就又趕上了支援邊疆建設的動員令。兵團來的領導說得天花亂墜，還給他們放了場電影，叫《軍墾戰歌》。多數人看得熱淚盈眶，第二天就激動地踴躍報名，只有少數人躊躇著，甚至不願報名。老于就是這些落後分子中的一員。

第二天，幹部們就輪番對他進行轟炸，讓他報名。隊長說，反正你得走。你們這些有問題的，一個也跑不了！他們這群人就這樣到了新疆建設兵團。

老于說，當年送到新疆的支邊青年大多屬三類人，所謂的邊緣分子、危險分子和壞分子。五十年代末期，有位領導提出了要把北京建成水晶城的口號。既然要水晶般透明，「社會渣滓」當然要掃地出門，送去勞動教養。這批人包括到政府機關無理取鬧的，聽敵臺的，打架鬥毆的，漫罵街道積極分子的，甚至包括無職無業、遊手好閒的……

當時還沒有知青這一稱呼，因為他們屬於三類人，領導和老支邊當然不能稱他們為同志，就對著他們「你們」、「大家」地叫。雖是在「文革」中，也不允許他們搞串聯與「四大」。把他們往大沙漠一放，住地窩子，幹苦力。

老于仍記得一上來他們就修公路。在沙地上修路不容易。他們從遠處運來黏土，澆上鹽水和泥，鋪在路面上，大太陽一曬，就都裂開了大嘴；又加上沙子，還是不成；最後，乾脆用磚鋪路，可大卡車在路面一軋，磚全變成了碎餅乾和一道道的溝溝

墾墾。

在新疆一晃二十多年，老于幹過的活兒不少，當過工人、農民，甚至還做過老師，結局卻跟修這條路差不多，全部不成功。

他事業最輝煌的頂峰就是當過近一年的語文老師。能夠為人師表，對於曾經在生死線上掙扎的他來說特別知足，因而決心大幹一場。不久，他在作文課上出了一道作文題〈我的理想〉。孩子們都寫的是要當工人、農民。老于在作文講評中說，你們為什麼不想當哥白尼和總統呢？人都應該有遠大理想，不想當元帥的士兵不是好士兵……

他的侃侃而談很快就傳進書記與校長耳朵裡，認為他毒害少年，從此對他印象頗壞，偷偷在心裡給他記下一筆賬。不到一年工夫，正趕上精簡老師，老于雖然在老師的位置上屁股尚未坐熱，還是首當其衝，被轟出了教師隊伍，仍舊去做他的工人。

幾十年過去了，他已經是六十歲的人了，幹過的活兒已經有些模糊，印象中清晰的惟有怎麼挨整，怎麼被戴上反革命帽子。他是一九七〇年被打成反革命的。運動中要求自己揭發自己，每個人必須寫自己的材料。他第一次寫的沒被通過，領導評價「太不深刻」。為了過關，他就往深刻裡寫，一下子剎不住車，寫自己當年對大躍進有不同看法，認為有些冒進；甚至說自己思想深處感覺「早請示，晚彙報」是政治迷信。這回倒深刻了，竟跌入反革命的深泥坑，想掙扎出來都不可能了。

以後的遭遇像彎腰、坐飛機之類，對於他則屬於家常便飯，挨打，甚至被吊起來打也不新鮮。挨打的是老于這類支邊青年，打人的也是他們中的成員，北京、上海的都有。可這些人也沒什麼好下場，還沒積極幾天，自己的問題就被揭發出來了。

那時，老于被整得死去活來，想逃跑的念頭從沒斷過，可只

是想想而已。跑，往哪兒跑啊？看管他的人不叫他睡覺，他們輪流睡，他卻得白天黑夜地伐木頭。目的不是幹活，是「熬鷹」。為了活下去，從一九七二年開始，他只有冒著生命危險，開始了逃亡、被抓、又逃亡的生活。

他最終還是被送回新疆兵團了，直到一九七九年平反。組織上宣佈他不再是反革命。不過，他檔案中的材料並沒被銷毀，也沒補發工資，更沒做任何善後工作。一九七九年終於來了文件，說當年把老于他們這批人放在三類人中是錯誤的。從此，這批人中在當地找了老婆的可以正式安置工作了。

自打安置了老于他們這些人，文革前從部隊轉業和流浪到當地的老支邊們也鬧著改善自己的處境，隨著政策逐漸鬆動，眼看著上海知青一個個走了，老于他們的心也開始浮動。從一九八六年之後，他們才陸續回到北京，戶口卻一直解決不了。按知青政策解決吧，他們又不是嚴格意義上的知青；按支邊處理既沒政策，他們又不是敲鑼打鼓自願去的。

老于從一九九○年開始奔走。可信訪辦回答，凡北京市公安局處理的，一律不平反。我們只針對冤假錯案，你的問題屬於歷史遺留問題。歷史遺留問題解決不了，那就解決戶口吧，老于又開始往公安局跑。他前後共跑了三年零兩個月，一共開出了二十三個證明，有原開除他單位的證明，現在所在農場的證明，派出所的證明，老婆、孩子情況的證明，接收人證明……共蓋了十九個公章。

當時全國的建設兵團都已解散，只有新疆建設兵團尚存。但人浮於事，一個農工要養四個人。這些人已不再是壯勞力了，老的老，病殘的病殘，兵團也就對這些人大開綠燈。直到一九九四年北京市正式下發了文件，這一遺留問題才終於得到解決，老于

和相當一部分新疆支邊青年的戶口落戶到北京。

老于的戶口是以退休人員的身分落於北京的。剛開始，退休金每月只有三百多，根本養不活他和上學的兒子。因為從小喜好藝術，老于對照相蠻在行。他向親戚借錢，買了個照相機，到天安門廣場去給遊客照相。這些年，北京一直是旅遊旺地，人比螞蟻多，生意好做。特別好的季節，他一天能掙一百多。平均下來，一天怎麼也能弄個純利四、五十元。

在天安門給遊客照相的，有的投機取巧，使用假膠捲。本來，照相不申請工商執照就是違法，再加上用的又是以次充好的劣質膠捲，警員和工商局當然要管了。第一次客氣，可能僅是罰錢；第二次再看見熟面孔，說不定就把相機沒收。相機等於照相人的飯碗，當然不能輕易脫手，一掙繃，挨頓打也是有的。

老于因為是北京人，親不親的總是老鄉，管理人員對他也就比較客氣。第一次把他帶走，僅罰了十塊錢。以後再見著他，就繃著臉說，再看見，沒收你的相機！老于這時就點頭哈腰對他們咧嘴樂。別說下次，就是下個月，也得在廣場上堅持啊。一九九八年廣場翻修後，攤位固定了，生意開始變差。老于只好收攤兒。算起來幹了僅一年多。

他又開始賣花，賣蟈蟈，鼓搗假古玩。一到天暖和了，他就到山東等地去批發蟈蟈，然後到北京來零售。每年夏秋掙上點兒錢，鬧好了，有時能相當一年的工資。就這樣，湊合維持著他和兒子的生活。

有一年初春，我們幾個朋友又去過老于家。他這次終於有了自己的家，是讓我們去慶賀新居的。新居就在後海邊，位置相當好。雖是廉租房，只是一間十幾平米的平房，但自己又接出一間，顯得比過去寬敞多了。家具還是過去的家具，基本沒添置什

麼，可完全是一種舊貌換新顏的感覺了。據他說，除五百塊工資外，政府又補助他三百，這三百正好夠他租房子的租金。言談間他透著知足。

可是，老于兒子的工作還沒有著落，高不成，低不就。幾天後，我曾介紹他到一個朋友的飯館打工。因為活兒累，他幹了幾天便辭工不幹了。不久，又聽說他兒子在超市找了份工作。今年，他給我打來電話，說自己又搬了家，還找了位老伴。北京生活花銷太大，兩個人付廉租房租畢竟比一個人的壓力小。或許，這也是老于再婚的原因之一吧。

隨著知青回城大潮的退卻，時光的車輪進入九十年代之後，到底還有多少知青留在農場農村？查閱了許多資料，都得不到準確資料。只得到一個數十萬人籠統的答案。這恐怕又會成為一個千古之謎。實在令人遺憾噓唏。

儘管葉辛將山西的京津知青回城請願稱之為最後的一起回城事件，但是，據我瞭解，知青爭取回城，卻是一個延續至今，心願永恆的話題。其中有些當年由於各種特殊原因，而不得已暫時留在農場農村的知青，爭取回城的道路走得十分漫長，並且異常艱難。自由兄弟講述的〈知青阿枝回城的經歷〉就是其中之一的例證：

知道阿枝的境遇，還是十多年前的一個中秋夜晚，那晚，我與妻子去岳母家吃完飯後返回自己的住房。路上，煙癮極大的我忽然發現沒了「糧食」，一摸口袋，竟又粗心地沒有帶錢，於是，我便向妻討要幾元錢買上一包香煙。誰知妻說，「我也只有五元錢，等下還有別用。」

無奈，我只好跟著妻子一路前行，在路口的一個水果攤下，妻子突然停住了腳步，與擺賣的一個中年婦女搭訕起來：「怎麼

樣？阿枝，生意如何？」

「白天城管趕得厲害，這雪梨爛了許多，賣都賣不出去。」那頗有幾分姿色的婦女一臉愁容地說。

「是嗎？唉，現在做點小生意真不容易。」妻半是安慰，半是吩咐道：「這樣，剛好我們單位也沒有分到水果，你將這爛了一點的雪梨全部稱給我得了。」

「那不成，要吃，你儘管要好的就行了。」中年婦女急切地擺著手。

「有什麼不成，我這個人就喜歡撿便宜。」妻不由分說，自己動手撿了起來。著實裝了一大袋。之後，掏出五元錢丟下就要走。

「不行，不行，經常得你照顧。這過節，我本想送些給你，無奈……」那中年婦女眼角閃出了淚花，有些哽咽地看著我站在一旁突然打住了話語，呆呆地目送我們離開……

我提著一袋沉甸甸的雪梨回到家中，心裡好不氣惱，剛進家門就對妻喊了起來：「你是怎麼回事，問你要點錢買包煙都不給，反而去撿這麼多爛梨子回來，又不是單位沒有分水果。」

「但你沒見這賣水果的阿枝多麼可憐嗎？人家個個過中秋，她還得操心將這些雪梨賣出去。」

「天下可憐人多得很呢！你都可憐得過來嗎？」

「可這阿枝是我當年在農場的同班工友……」看我餘怒未消，妻只好娓娓道出了其中的心意。

原來，這阿枝與妻是同學，一九七〇年大家一起去的廣西農墾生產師某農場，與妻分在同隊同班，年紀也比妻大幾個月，農場幾年，倆人工作生活都互相照顧，感情如同親生姐妹。但是，一件偶然的事情，意外地改變了阿枝的命運。據妻說，當時隊裡

領導要妻去割邊遠山坳的橡膠。這工作要三更半夜起床，然後翻山越嶺獨自到黑沉沉的膠林去割膠，妻本來膽子就很小，聽到有個風吹草動就怕得不行，才兩天就胡亂割傷了許多膠樹，氣得連隊領導要開會批鬥⋯⋯

這事讓阿枝知道了，就主動找到連隊領導解釋，並要求頂替妻子割膠。因為當時女知青誰都不願意夜晚擔驚受怕地去割膠，隊裡領導見到阿枝如此求情，也就作罷。

但其實，阿枝膽子也很小。為了給自己壯膽，她常常獨自在深山密林中哼著京劇。一天夜裡，她正在割膠，突然聽到山下樹叢中有一陣急促的腳步聲向她奔來，她趕緊熄滅了頭燈，躲到了草叢之中。驚恐中她聽到其中一個黑影說道：「剛才還聽她唱歌，現在跑那裡去了呢？」三個黑影一邊說著流氓的話語，一邊在樹林中四處搜尋。嚇得阿枝躲在草叢中大氣也不敢喘。許久，她才聽到有一個傢伙歎氣道：「唉！可惜，這麼一個水靈鮮嫩的城市妹子，到嘴的肥肉沒有吃上，咱們明晚再來狠狠搞死她⋯⋯」

顯然，這是當地農村胡作非為的歹徒，因為男多女少，農場時常發生襲擊強姦女知青的案件。次晚，為了避免遇上麻煩，阿枝主動要求和鄰近山頭的男工友作伴，一起割膠收膠。這男青年是農場子弟，名叫阿貴。人也還算厚道，開始到還相安無事，沒想到竟日久生情喜歡上了阿枝。

此時，知青返城風起，不少知青都通過各種渠道返回了城市。阿枝的父親也準備安排她回來頂職，誰知那男青年聽說阿枝要走，竟以喝農藥自殺相威脅。心軟的阿枝守著搶救過來的阿貴竟同意結婚，為此，阿枝的母親還特意趕到農場進行了勸說。可阿枝還是鐵了心在一九七九年與那男青年成了家。就在這一年，

作為最後同隊的知青夥伴，妻子也通過調到湛江前進農場轉輾回到了首府。離別之時，姐妹們自然好不傷感的抱著痛哭了一番。

阿枝結婚的第三年，丈夫通過關係調到了農場的機務隊，開上了拖拉機，由於搭乘的便利，竟與鄰近隊裡的女人好上了。常常一個月難得回家一趟，將阿枝孤零零地丟在家裡。而同隊一些農工也冷眼看待這個留守農場的知青，說她是作風不正，自食苦果。在這期間，隊裡的個別領導曾不懷好意打過她的主意，但阿枝依然堅守著她對阿貴的一份貞潔，帶著孩子苦苦盼望著丈夫的回心轉意。

轉眼到了一九八四年底，農場實行承包改革，隊裡領導將阿枝的承包山地分在了最為偏僻貧瘠的山頭，並幾次趁阿枝獨自幹活時前來騷擾，忍無可忍的阿枝感到在農場實在難以生活下去，只好於一九九〇年初帶著孩子返回了城市。但此時，父親早已退休讓大弟頂職。家中的生活本來就十分困難，40多平方米的住房也十分擁擠。陡然增加兩個人的吃住，再加上阿枝當年不聽勸說在農場結婚的過失，自然也少不了受到家人的白眼和閒話。

而此時，無奈的阿枝只有將眼淚往肚子裡咽，為了孩子，她強打起精神，四處奔波托人，竟然在某大集體性質的企業找到了一份工作，並將戶口遷了回來。之後，又通過房產部門的領導租賃了一套30多平方的公房。然而，誰也不會知道，為了解決這些問題，每次阿枝都要付出屈辱的代價。用她的話說，有時她真想用刀殺掉那些糾纏不休的臭男人。

可是，阿枝不能那麼做，她要將孩子帶大。那是她唯一的希望。然而，隨著改革開放，阿枝賴以生存的大集體性質企業也垮掉了，失業的阿枝只好做起了擺賣水果地攤的生意。而那時，缺少資金的阿枝最擔心的就是當天從火車站貨場批發來的水果賣不

出去，還有最害怕的就是城管將她的擺賣水果三輪車沒收掉。因為這個原故，妻子每天都要幫忙買些她的水果。

聽完淚水汪汪妻子講完阿枝的往事，從那以後，我也沒再干涉妻子買爛水果的"愛好"。而且在她擺地攤的很長一段時間，出於對阿枝的同情和尊重，每次路過阿枝的地攤，我都裝著不認識她沒有打過招呼。後來阿枝在較遠的水果市場找到了一個攤位，家中的爛水果才少了許多。

好像是二〇〇五年中秋前的一個晚上，阿枝提著一袋新上市的龍眼突然造訪我家，要我幫她寫一個補交養老金並退休的報告，說是省市社保部門有政策精神，當年的知青只要續夠中斷工齡的養老金，就可以將上山下鄉時的工齡續接起來，享受不同檔次的養老金待遇。對此，我當然義不容辭。

之後，聽說阿枝在補交了近兩萬元的養老金後，如今每個月都可以領上過千元的養老金。這對於飽受艱難曲折的阿枝實在是苦盡甘來的好事。況且她的兒子技校畢業後，也學著搞起了住房裝修，並成了家。雖然姑娘家是農村，但小倆口已經在城市買房並將戶口遷到了一起。前不久還會帶著孫子，又回去農場看望了他們已經無所事事的父親。

但是，不管兒子媳婦怎麼懇求和親朋好友怎麼勸說，阿枝此後再也沒有回過農場。每當有人問起她的丈夫情況，她只有兩個冰冷的字眼：「死了！」。

筆者還熟悉一個一九七〇年上山下鄉到廣西農墾生產師的女知青，當年為了追求入團入黨政治上的進步，被連隊的一個幹部多次誘姦，不慎懷上了對方的孩子，無奈之下只好和那幹部在當地成了家。最初，那幹部也確實很喜歡她，兩人顯得很恩愛。有關方面還將她樹為紮根農場的先進典型，將她調到了場部醫院收

費，令許多同去的兄弟姐妹羨慕不已。

三十五年過去，許多回城的知青早已淡忘了這位姐妹，總以為她日子過得一帆風順。誰知二〇〇六年春節，她還是出乎意料地獨身返回了城市。

原來，自成家後，由於她對當地的紛紜繁雜的風俗習慣缺乏瞭解，常常受到眾人的指責。尤其是與家婆性格不和，很難相處，每逢與之發生口角時，丈夫又擺出一副孝子態度，不管有理無理都要她認錯，讓她受了不少窩囊氣。在經過漫長的煎熬之後，她發現自己不管怎麼忍耐克制，也很難適應當地的生活，於是，在農場能領到退休金後的第二個月，便拖著疲憊的身心回到了她已經十分陌生的城市。

回來後，很長一段時間她都是與父母住在一起。為了多掙些錢讓自己居有其所。她不顧臉面又給人家當起了全職保姆，每月可增加收入800多元。後來，在家人七拼八湊的贊助下，她總算買上了一間20多平方的房子，讓自己有了一個安頓晚年生活的小天地。

每逢農友聚會，說起各自往事，她都要懊悔地自我嘲笑一番。說自己是個受騙上當的傻瓜，為了不值錢的所謂「政治進步」，枉費了自己的寶貴青春和30多載度日如年的光陰。

## 第三節　曾為先進典型知青的苦果

想來還有些不可思議的是，有些知青靠鑽營表演，處處積極回應上級的號召，事事搶在形勢變幻的浪頭，從而博得了知青先進典型的榮耀之後，被有關部門優先安置或提拔回到了城市。還有一些在受到「四人幫」當局的青睞之後，竟泯滅良知地出賣

自己的人格，充當了推行極左路線的「宣傳工具」或「打人石頭」。最後不得不品嘗自己結下的苦果。對此，《南方都市報》記者韓福東在〈知青代表柴春澤，紅了兩年，跌宕半生〉講述：

柴春澤，一九五二年生，祖籍河北。一九七一年下鄉，一九七四年成全國知青典範，一九七六年被隔離審查、關押，一九七九年獲釋。現為赤峰學院思政助理研究員。

「一旦黨變修，國變色，我們還會有什麼家爸……爸，我現在百分之百地需要你對我進行紮根教育，我不同意你這拔根教育。」這是令柴春澤在一九七四年紅遍全國的家書中的一段話語。而現在幾乎沒有人再把柴春澤作為偶像。雖然利用互聯網聚集了一群知青，但他的角色只是這個平臺的提供者。

三十五年前可不是這樣。柴春澤的全國性聲望，就是在那時鵲起的。他給父親的覆信一九七四年被《人民日報》全文刊載——「這封信，代表了我們的革命小將在思想領域裡向老將的挑戰：看誰敢於同舊的傳統觀念實行最徹底的決裂！」一場知識青年學習柴春澤運動由此引發。但榮耀並沒有持續太久。「四人幫」倒臺後，柴春澤也被隔離審查，歷經18個月鐵窗生涯後獲釋。此後，他開始回歸遠離關注的正常生活，但對那段知青歲月仍無法忘情。「柴春澤聯盟網」是他傾心耕耘的精神家園，被稱為「知青朋友的家」。那裡有他們一代人的苦難與救贖。

「不是完全自願」的典型：一九七一年底，柴春澤是以知青代表的身分在千人大會上表了決心之後，才開始上山下鄉之旅的。一年半前，還在赤峰市六中讀書的柴春澤，就被選調到市紅代會任副主任，除了組織紅衛兵開學習會外，還常於週六帶著300多名學生上街維護交通秩序，在當地算是個名人。柴春澤那時崇拜解放軍，想當兵。但一九七一年畢業時，昭烏達盟（當時

赤峰隸屬於遼寧省昭烏達盟）相關領導就找他談話：因為有學生說柴春澤下鄉他們才去，要他顧全大局。

「我不是完全自願的。」柴春澤說，為了不影響其他知青，他只好在盟市縣聯合召開的歡送大會上，提出「堅決紮根農村」的決心。他「立志上山下鄉幹革命」的文章，還被刊發在《昭烏達報》上，在赤峰市沿街的高音喇叭內連續播放。

在離家相對較遠的學校定點下鄉地點赤峰翁牛特旗玉田皋大隊，柴春澤成為知青點的負責人。此時已是文革末期，氣氛不同於早年，城裡仍有很多滯留的知青不肯下鄉。作為典範的柴春澤為此還被安排到赤峰市各街道參加會議，現身說法做動員工作。在一九七三年八月，向女知青吳獻忠學習的活動蓬勃展開時，他也在昭烏達盟知青辦組織的大會上，再度亮相表態「紮根農村奮鬥六十年」。

誰知會後不久，他就收到了父親的來信，準備把他招工回城。「從其他知青的眼神中，我感覺他們（私拆）看過這封信的內容。我自己動員別人來，自己卻先回城去，其他知青會罵我。」柴春澤說，「對城裡生活懷念是懷念，但既然被樹為典型，就要顧全大局，不能給其他知青造成消極影響。而且看到農村這麼落後，確實也想改變這裡的面貌。」

那封寫在九月二日的覆信，被柴春澤公佈在知青點，「當時有人說我是不是精神有問題」，但它最終給他帶來榮耀。最初是中共昭烏達盟委員會發出〈向上山下鄉知識青年柴春澤學習的通知〉，明確要求把他的覆信在《昭烏達報》上發表；緊接著，《遼寧日報》也以〈小將的挑戰〉為題刊發了對他的報導。

而真正將柴春澤推向全國舞臺的，是《人民日報》的頭版頭條。那是一九七四年一月五日，《人民日報》刊發他覆信全文的

同時，還做了一個編者按：「柴春澤，還有千千萬萬的下鄉知識青年，堅決走毛主席指引的與工農相結合的道路，紮根農村，建設農村，與輕視農村、輕視農業勞動的舊思想、舊觀念，實行最徹底的決裂。我們的老將們，經受過革命鬥爭的多次考驗⋯⋯更應該堅決地支持子女上山下鄉，紮根農村⋯⋯」

　　**反對父親「拔根」教育：**柴春澤在信中對他「在戰爭年代同敵人鬥過」的父親說：「進工廠，當工人，這一主觀願望同咱家的客觀情況來看，站在個人利益的角度來說，好像是相符的。但是這同我們家和我個人真正的最根本的利益、最大利益卻是不相符的。這個最根本的利益是消滅私有制，決裂舊觀念。⋯⋯一旦黨變修，國變色，我們還會有什麼家，甚至還會有什麼我們自己現在的政治地位？爸爸，我現在百分之百地需要你對我進行紮根教育，我不同意你這拔根教育。」

　　在事件驚動《人民日報》之前，他父親就在《昭烏達報》上刊發文章，表態說：不應把孩子看做自己私有財產，今後堅決支持春澤紮根農村幹革命，做知識青年上山下鄉的促進派。

　　柴春澤開始成為全國知青效仿的偶像，前來玉田皋參觀和採訪者絡繹於途，他也開始前往北京給中學生做報告。據柴春澤一九七四年二月二十一日的日記，「我當天下午在北京展覽館召開應屆畢業生（二千七百人）大會⋯⋯會後很多戰友湧上主席臺要我簽字，擁擠得很厲害。市裡領導也無法解圍，北京市教育局的領導硬把我拉進一間休息室，仍有十幾人擠入。後來他們排成行一一握手，我擠進車內，開動後才算解圍⋯⋯」

　　次年三月，柴春澤迎來一生中最輝煌的時日，他作為中國訪日青年代表團代表，在日本訪問了20天。九月，他和另外11名知青，參加了在山西省昔陽縣舉辦的全國農業學大寨會議。他們

12位知青聯合給毛主席寫的信，照例被刊發在《人民日報》頭版上。柴春澤並不會料到，一直緊跟時代潮流的他，一年後竟會突然落入谷底。

〈我的心仍在農村〉：粉碎「四人幫」時，柴春澤正在鐵嶺開會。「毛主席去世了，很多人都擔心修正主義，我寫了發言稿，認為有7個不同的因素導致中國不會像蘇聯一樣變修，到處講。」柴春澤說。

雖然馬上起草了「擁護黨中央，粉碎四人幫」的決心書，但一九七六年的十二月初，柴春澤還是被送進了學習班，開始寫交代材料。3個月後，他被隔離審查，一九七八年五月五日，下達了正式逮捕的通知。

「我想不通了。我怎麼成了反革命，是不是搞錯了？我很革命的。」柴春澤說，他在隔離審查的時候，就開始用鉛筆或牙膏皮寫信，表白自己對黨和國家的忠誠。一九七九年十二月十三日，他被宣佈無罪釋放，但被開除了黨籍。

柴春澤精神深受刺激，有一段時間嘴裡不停說「我相信黨，忠於黨」，還去看過醫生。一九八〇年，他的黨籍被恢復，兩年後，考上了內蒙古廣播大學，畢業後成為了一名教師。

五年的知青生涯，不算長也不算短，但在柴春澤心中，卻是生命中最難以忘懷的經歷。那是一段艱苦的歲月，玉田皋大隊是一片以半流動沙丘和風蝕沙地為主的貧困農村，平均畝產不足百斤。剛到玉田皋大隊時，他們要借宿在老鄉家，或者將空閒的倉庫作為宿舍，沒有電，晚上就點油燈學習毛主席語錄。每天還要起早貪黑下地幹活。

「青春無悔。」但說起下鄉往事，柴春澤臉上甚至洋溢著光澤，他最願意提及的是從一九七五年開始在玉田皋大隊進行的種

植水稻田試驗，從50畝起步，逐漸擴展到兩年後的7000畝，「沒有什麼後悔的，因為我在農村做了一點事。」

柴春澤如今的身體狀況並不好，他說和當年下鄉腳板經常被涼水浸泡及體力勞動過度有關。他住在城裡，已背棄了當年「紮根農村奮鬥六十年」的誓言，但他說，「我的心還在農村」。在二○○六年，他幫玉田皋建了一個網站，賣大米。

同齡的老知青中，有的在新時期遭遇了下崗，但柴春澤還算順利，他還開了一個列印店。從一九九六年開始，他印製「知青資訊服務」的八開小報，免費郵寄給分散在全國各地的知青朋友。持續了八年的一百餘期小報，最終被《柴春澤聯盟》網站所替代。知青生活，在他們這一代人身上打下了擦拭不掉的印記。

前不久，柴春澤被鳳凰網評選為建國六十年60位標誌性人物之一。他說，「我們知青點的成績和共和國連在一起，我們跌的跤，我們犯的錯誤也是在共和國這片土地上。我相信在新時期，我們能夠邁向新的生活，有新的人生，作出新的貢獻，那就還是要和共和國同命運。」

**作者佚名在〈朱克家：二十二歲的中共中央候補委員〉中**述說：一九六九年四月，年方17歲的朱克家從上海市海南中學畢業，不久隨浩浩蕩蕩的知青上山下鄉隊伍，到雲南省西雙版納勐臘勐侖公社勐掌生產隊插隊落戶。這裡是傣族聚居區，生活條件遠比上海艱苦，語言不通，生活風俗不同。但這些困難並未使他卻步，在勞動中，他很快學會耕地、插秧，還利用空餘時間學會了木工，並在不長的時間裡，掌握了傣族的語言和文字，他很快和傣族老鄉們打成一片，因為他出生在一家多子女的貧窮家庭裡，父親是上海紡織品供應站的業務員，母親是紗廠的女工，自小就養成吃苦耐勞的秉性。

　　勐掌寨有座高山，山腰有個愛尼族人的山寨，即莫登生產隊，生產隊長下山辦事往返途經勐掌，便與朱克家成了好朋友，這位愛尼漢子告訴他，解放二十多年了，至今還在經受沒有文化的痛苦，寨子裡曾經辦過一所小學，但請來的幾位教師受不了山寨的寂寞與貧窮的煎熬，都一個個地走了，五、六十名學齡兒童只能輟學，希望他到山寨教書。朱克家明知那裡條件比勐掌還要艱苦，但毛主席的話給了他信心與勇氣「越是困難的地方越要去，這才是好同志。」他主動向公社黨委提出要求，轉到莫登山寨去。

　　一九七〇年十二月，朱克家上山了，當他看到用漢文編寫的教材學生聽不懂時，便刻苦學習逐步掌握了愛尼語。愛尼婦女白天勞動，晚上春米到深夜，家務勞動繁重，他看在眼裡和幾個愛尼族青年設法用手扶拖拉機帶動碾米機，減輕了她們的負擔。為了讓電燈早日照亮山寨，他利用回上海探親的機會，搜集安裝小型水力發電機的資料，學習電工操作技術，回到山寨後引來山泉，帶動發電機山上便有了電。他還學習了理髮、裁剪、蹬縫紉機，修收音機、手電筒、鬧鐘，為愛尼鄉親們服務，他成為愛尼山寨中最受歡迎的人。

　　一九七二年，勐倉公社黨委根據他的突出表現，推薦他去昆明師範學院上大學。意想不到的是，朱克家放棄了這次難得的機會，表示要繼續留在偏僻的愛尼山寨，要把它建設得更加美好。他這一選擇與當時絕大多數知青千方百計的要離開農村大趨勢格格不入，帶有某種「反潮流」的精神。當時上海市革委會派出的駐雲南知青慰問團發現了他這個典型的，他們出於一種職責，將朱克家的事蹟整理成材料〈山寨裡最忙的青年〉及時送上海市委參閱。這份材料被當時主管文教宣傳的徐景賢看到了，立即轉呈

姚文元。姚文元佈置採訪時得知朱克家還不是黨員，當即表示：
「這樣的人不入黨，要什麼人才可以入黨？！」

四月二十七日上海方面打電話給雲南有關部門要突擊解決朱
克家的入黨問題。電話傳到地、縣、公社黨委，不巧他此時正在
昆明開會，生產隊黨小組和大隊黨支部認為：他雖然在一個月前
寫過入黨申請書，但對其家庭和社會關係的政治歷史並不瞭解，
要調查清楚後才能討論，但上面催督急如星火，要求當晚答覆，
公社黨委書記只好宣佈：代表公社黨委批准他入黨，日期就從當
天（四月二十七日）算起。手續等他回來補辦，這樣朱克家在沒
有履行入黨手續的情況下，被突擊吸收入黨，從上海市委打電話
算起，到他「入黨」止，前後11個電話，總共才9個小時。

在姚文元的安排下，上海市委派出寫作班子赴雲南，不久
署名朱克家的文章〈我深深愛上了邊疆的一草一木〉，以及〈農
村也是大學〉、〈貧下中農的好兒女〉等通訊連篇累牘地見諸報
刊，這些文章對他的事蹟作了任意誇大，把他吹捧為「山寨的第
一人民教師」、「第一個木匠」、「第一個理髮師」，朱克家立
即成為知識青年的先進典型。

一九七三年六月「四人幫」集團加緊物色中共「十大」委員
人選，張春橋以「支持新生力量」為藉口，要求雲南省委將朱克
家作為知識份子代表出席「十大」。八月下旬，他赴京參加黨的
「十大」。在主席團成員和中央候補委員名單裡都有朱克家。有
人提出，這個年輕人入黨才3個月，沒有經過政治考驗，當選不
合適，這個意見受到上海方面的指責，認為是看不起青年幹部，
壓制新生力量。這樣22歲的朱克家便躋身中央委員會，成為最年
輕的中央候補委員。中共「十大」以後，江青、張春橋為了加緊
培植自己的政治力量，準備在即將召開的四屆人大上，由他們組

閣。朱克家又被送進王洪文直接控制的中央工農讀書班深造。
王洪文還接見他，叮囑他要「好好學習，要參與上層的路線鬥
爭」。朱克家從此捲入政治鬥爭的漩渦難以自拔。

一九七五年九月，他參加了全國農業學大寨會議。會上，他
與柴春澤起草了與會的12名知青代表給毛主席和黨中央寫了一封
充滿革命激情的信，表示要在「兩、三年內把自己所在的社隊建
成大寨式的先進單位。」事實上，他的戶口與糧油關係已遷入昆
明的省委機關。「邊疆的一草一木」不再使他眷念。

一九七六年二月，他到北京參加中共中央「打招呼」會議，
晉見江青、王洪文等人，借彙報機會，把雲南省委在一九七五年
進行的整頓，消除派性說成是「右傾翻案風」。王洪文鼓勵他回
雲南仍要堅持鬥爭，「幫助省委轉彎子」。為了總結推廣批鄧，
反擊右傾翻案風的所謂經驗，他親自到昆明師院「蹲點」，將
師院變成為全省批鄧的典型。為了給層層揪「走資派」製造輿
論，他還積極參與炮製話劇《典型報告》，到省話劇團佈置任
務，要求大寫「揪走資派」，要把走資派寫到省一級，要通過這
個戲回答「中央出了修正主義怎麼辦？」的問題。僅半個月，6
場話劇《典型報告》就粉墨登場了，產生一片喧囂。一九七六年
雲南省受層層揪「走資派」「投降派」的衝擊，工農業生產受到
破壞，社會秩序一度陷入混亂。朱克家雖然受到唆使，但不能辭
其咎的。

一九七六年十月，「四人幫」傾覆後朱克家當然就成為雲南
省批判的聲討的對象。被關押進監獄接受審查，並接受省直機關
一場場批判。但在最終處理時，考慮到他犯錯誤的歷史背景，給
予他寬大處理。他被下放到滇黔邊界一個叫洪恩的煤礦勞動。畢
竟他有當過知青的經歷，幹什麼都不在乎，他穿上工作服，套上

長統水靴，戴上安全帽、礦燈，跟班下井了，但沒讓他去採煤，他分去掘進風井巷道，以後又調到地面上來，去洗煤廠出煤泥，這是誰也不願意幹的苦活。他穿上漁民穿的橡皮服，一下跳入齊腰身的煤泥中，不叫一聲苦，一個月的包乾任務，他十二三天便完成了，礦工們驚呆了，他當時只是個二級工，每月工資37元。

礦上的人們主動關心他的婚姻問題。礦山子弟學校教外語的小杜老師看上了他，女方比他小7歲，是一個老地質隊員的女兒，月薪110元。朱克家遲疑地說：「你要考慮好，和我結婚可能會給你帶來不幸。」但小杜姑娘熱情似火，非他不嫁，並說：「過去的事情咱們不去管它，對今後你會怎樣我不考慮，當一輩子工人也可以，只要咱們合得來就行。人家能在礦山，我跟你也能過一生」。一九八三年他們結婚了，不久有了一個女兒叫小星星，這是他們夫婦倆的全部寄託與希望。前幾年，有記者尋到洪恩煤礦去採訪朱克家，他的日子過的很平靜，現在在洗煤廠開水泵，酷愛讀電子與機械等科技書籍，他對記者說「我太想去愛尼山去看看，帶上妻子和女兒，不知允不允許？」

去年聽從雲南來的老知青說，朱克家在煤礦承包了一家勞動服務公司，當了礦招待所所長，但又有人說朱克家已帶著妻子和女兒提前退休返回上海了。

與上面兩位知青典型類似的經歷，還有曾經大紅大紫的吳獻忠。吳的曲折人生在記者青苗寫的〈吳風琴，吳獻忠〉中有著詳細的講述：吳獻忠原名吳風琴，撫順市第十中學學生，品學兼優，能歌善舞，是班長、校革委會副主任。毛澤東發出「知識青年到農村去，接受貧下中農的再教育」的號召，她二話沒說，扛起行李，毅然到錦州市黑山縣耿屯一隊插隊，並改名吳獻忠——向廣闊天地獻忠心。在那裡，一年之內，吳獻忠學會扶犁、點

種、收割等農活，悶著頭揚場，一口氣能揚1萬公斤，揚得農村小夥子直咋舌。

一九七〇年秋，國家開始在知青中招工，耿屯的貧下中農和知青一致推薦吳獻忠，她卻回答得很乾脆：「我不走！」有人說她眼界高，想上大學。不久，大學招生名額下來，全體知青又一致推薦她，她仍然說「我願意留在農村」，把機會讓給別的同學。後來北大、清華也來招生，縣、社領導根據貧下中農的強烈呼籲，把吳獻忠推薦上去，除了個人申請書，其他所有手續全為她辦好了，吳獻忠仍然不走。在日記裡，吳寫下誓言：「鐵下一條心，紮根在農村，甘願吃盡天下苦，樂把青春獻人民。」

一連9個春節，吳獻忠沒有回家跟親人團聚，調她去市、縣做專職團委書記，她不去。她說：「如果有人把農村比做荒山，把城市比做花園，那麼，我願做荒山的開拓者，決不做花園的享樂人。」作為全國19位知青典型中的典型，吳獻忠在《人民日報》上發表堅決紮根農村的倡議書，一時名揚全國，成為上山下鄉時代第一號驕女。她的事蹟見諸全國各大報，名氣越來越大，榮譽越來越多，可她仍然穿著農田鞋、補丁衣。作為遼寧知青的唯一代表，吳獻忠坐過三叉戟飛機，到北京參加共產黨第十次全國代表大會，並受到毛澤東的接見。

不知不覺，吳獻忠的愛情在農村艱苦的環境中萌芽。他是吳的知青同學，也是她的助手——吳是耿屯大隊黨支部書記，他是副書記，二人志同道合。寒風刺骨的冬天，吳獻忠率領社員興修水利，需要有人跳到水裡作業，她只須向他瞟一眼，他就二話不說，跳進齊腰深的冰水裡。秋天打場，他包的活兒幹完了，看到吳獻忠還沒幹完，不管多晚，他都過來幫忙。吳獻忠忙，沒時間洗衣服，他拿過來就洗。吳獻忠出差，他細心地幫她收拾行裝。

吳獻忠回來晚了，他守候在灶口，將飯菜熱了又熱。那段日子，吳獻忠認為自己是天底下最幸福的人。

正當二人牽手準備共築愛巢的時候，她出事了。一九七六年九月毛澤東去世，華國鋒當上黨主席。在縣裡的一次會議上，吳獻忠說：「新一代領導人能否像毛主席一樣受到人民愛戴，那就要看他的行動了。」一九七七年，吳獻忠以現行反革命罪遭到逮捕。起初，辦案人員以為吳是四人幫在遼寧的重要骨幹，對她批鬥的力度很大，掛著現行反革命的大牌子，到處遊鬥，每天上午批鬥4小時，下午批鬥4小時，一批就是兩個月。為了取得突破，他們決定把吳獻忠拉到她所在的公社揭發批判。

那天本來下著瓢潑大雨，可當吳獻忠被帶到貼滿「打倒吳獻忠」標語的大臺子前時，雨卻停了，一束陽光穿過烏雲，照耀大地。台下黑壓壓的一片人，全是她熟悉的鄉親、同學。他們輪流上臺批判發言，可沒有狂熱和激憤，只是冷靜地念批判稿。大會進行了3個多小時，沒有人向她吐口水，也沒有人動她一個手指頭，反而有人細心地把她的衣領墊在掛牌的鐵絲下⋯⋯直到批判大會結束，吳獻忠沒有聽到他的聲音。他拒絕對吳獻忠作批判發言——他的沉默給苦難中的吳獻忠莫大的安慰。

審查了三年多，沒有發現吳獻忠與四人幫有任何瓜葛。一九八一年春，吳獻忠被釋放。她的第一個念頭是找到他，馬上見他，撲到他的懷裡痛哭一場，哭出自己這三年多磨難裡對他的無窮無盡的思念。通過一位同學，吳獻忠得到了他的確切消息：「他等了你三年，實在受不了來自家庭和社會的壓力，就是在這個春天，剛剛經人介紹找了一個女朋友。他請你多多保重。」

在同學的安排下，二人見了最後一面。她對臉色灰白、面帶愧意的他說：「在我最艱難的時候，你沒有批判我，沒有落井

下石，這已經對得起我。作為朋友，我希望你能坦然走好未來的路，祝你生活幸福。」

這段刻骨銘心的愛情就此結束。吳獻忠跌跌撞撞回到家，兄弟姐妹們與她抱頭痛哭。家人想把吳獻忠留在身邊，試圖用親情溫暖她那顆冰冷的心。他們問她：「為了紮根農村，你已坐了一回牢，你還想回到那裡嗎？」吳獻忠說：「紮根農村是我的青春誓言，不論遇到什麼樣的挫折，我都要堅持。」姐姐說：「連許多偉大人物都會根據環境的變化而改口，你一個小小人物的誓言值多少錢？再說，現在知青大多已返城，你回農村已毫無意義。」吳獻忠說：「我怎麼說就怎麼做。」全家人不再說什麼。

錦州市有關部門根據吳的意願，將她安排到農業科學研究所當農工。經歷大波大折後，吳獻忠沉寂下來了，渴望過上普通人平靜的日子。然而，作為當年全國最有影響的知青典型，她留給人們的印象並沒有隨時代的變遷而徹底消失，她的遭際和人格仍然在一些人心中產生影響。這時的吳獻忠，除了接到一些朋友的問候書信外，還陸續收到黑山縣一位農村青年發來的幾十封情書，其中一句話令她無比感動：「我追求吳獻忠，只是想用一顆滾燙的心去溫暖另一顆受傷的冰冷的心。」吳說：「我是政治犯，將來有可能再蹲監獄。」那青年說：「我主動求婚，就說明我不怕。我相信你是好人，你就是再蹲二十年監獄，我也等你。」「我比你大4歲半。」「農村有句老話，女大三，抱金磚，別說相差4歲半，就是相差10歲，只要真心相愛就是幸福的。」「我是沒有前途的人，你家裡人沒有意見嗎？」「我與你搞對象，不是我家人與你搞對象。你要相信人間自有真情在！」

他們結婚了，次年有了一個兒子。農科所為了解決他們婚後夫妻兩地生活的問題，特地出面把吳獻忠丈夫的戶口從黑山縣轉

到錦州近郊農村。隨著環境的變化，他產生了新的企求：藉助吳獻忠的關係，把自己的戶口從農村遷到城裡。吳告訴他，自己要的是農民丈夫。他不甘心，四處奔走，偷偷找吳獻忠的老朋友、老熟人幫忙。吳獻忠知道後，火了，要他死了這個念頭。從此，他露出了性格中醜陋的一面，對吳獻忠三天兩頭非打即罵，上班三天打魚兩天曬網，後來乾脆什麼也不幹。

一九八八年，小叔子一家4口因生活無著，投奔吳獻忠家。8口人擠在一間半房裡，8張嘴全靠吳獻忠那一點點微薄的工資維持。吳獻忠每天早晨做好飯才上班，穿的是好多男人也不屑穿的藍色中山裝，每天午飯帶的是窩頭鹹菜，下班回來又拖著疲憊的身子再做好晚飯擺上桌子。儘管這樣，她毫無怨言，只要全家人和和睦睦。工會主席一次又一次把困難補助送到她手裡，她都拒絕了：「我現在生活得挺好，不用組織照顧。」

吳獻忠已經無法與丈夫溝通。她做好飯讓他洗過手再吃，他怒火中燒，說她嫌他髒，伸手把桌子掀翻。工會給的補助她不要，他罵她太傻。過春節回娘家，她千囑咐萬叮嚀，要他吃飯說話講文明，他滿口答應，可是一上飯桌喝上酒就原形畢露，知識不多，話頭不少，吆五喝六，喝得酩酊大醉，將灌到肚子裡的酒全嘔出來，從屋裡噴到屋外。

一九八九年一月四日，吳獻忠向法院遞交了離婚起訴書。她說，這次婚姻給她的精神肉體折磨，超過監獄裡那三年多。她的精神有些失常，老忘事兒，身體也徹底垮了，體重從60公斤降到40公斤，風一吹人打晃。吳獻忠已經無法工作，需要將養身體，不得不離開這觸景生情的傷心地，回到闊別二十多年的家鄉撫順。

家鄉人向她伸出了熱情的手，告訴她，她可以重新選擇工

作。她說，我大半生都給了農業，我已離不開它。吳獻忠被分配到撫順肉雞聯營公司當保管員，先後又在撫順飼料公司當辦公室主任，在撫順鴕鳥養殖中心當副經理，在瀋陽高樓香雞公司任經營經理。

一九九八年六月，吳獻忠辭去公職，拿出多年積蓄，辦起了自己的遼寧知青食品有限公司。親自擔任公司董事長兼總經理。這一天，與吳獻忠當年下鄉插隊的日子，一九六八年九月二十八日，整整相距三十年。

吳獻忠親身經歷了大多數同代人的「無奈三部曲」：想讀書趕上下鄉；想工作趕上下崗；40多歲家庭剛剛穩定，又遇上各種變故。如今，吳獻忠已年過半百，她唯一安慰的就是有一個與她相依為命的兒子，唯一的樂趣就是工作，唯一的追求就是建一座知青大廈，讓老知青能在那裡愉快地工作、生活，為自己的同代人真正做點什麼。

**據報轉載**：……一九七四年，因率領119名旅大知青奔赴昭盟草原而被樹為典型的女知青王冬梅，在文革結束後，懷著沉重的心情談到「典型人物」的代價問題。為了符合知青典型的「光輝形象」，唯有一次又一次地放棄上調的機會。關於當年的內心活動，她後來在回憶文章〈被埋葬的青春夢〉中這樣寫道：我想上大學，想得發瘋，但我心甘情願不去，我不想紮根農村，我害怕嫁給牧民，但我心甘情願留下，並且準備在這荒蕪、落後、愚昧、貧窮、邊遠的地方待一輩子。誰也沒強迫我，我自己願意，我堵死了自己上大學的路，還以為自己是個悲劇的勇士。

幾乎每個知青典型都有過放棄上調機會的經歷，換言之，沒有這種經歷也就很難取得典型的資格。他們的理想與追求，沒等開花結果，已在一種窒息個性發展的氛圍中過早凋謝了。為此王

冬梅曾反問道：我是那個時代的寵兒、驕子，但這些難道不是那個時代對我的傷害，對我靈魂的深深傷害嗎？

　　當然，並不是知青典型在痛定思痛之餘都有王冬梅這樣的悟性。就王冬梅個人而言，她所付出的代價遠遠不止失去上調的機會。由於她的典型身分，父母必須一次次扮演「革命家長」的角色，在報紙廣播中不斷拋頭露面，向廣大知青家長進行現身說法。不但違心地將二女兒王玉梅也送往昭盟，最後，連自己也被遷到偏僻的赤峰。由於典型的身分，她本人付出了沉重代價。像她這樣的典型，本來就是被時勢「製造」出來的。要求上山下鄉時，她年僅17歲，一九七六年受到批判、審查時也不過20歲。一九七九年才被解脫。

　　多年後她深有感觸地指出：知青典型，作為一種「政治道具」，被利用者高高舉起，名聲顯赫。一旦風雲變幻，立刻打翻在地，大批特批。而我們在心靈的大起大落中僅僅學到一點政治常識。這，就是典型的悲劇。值得慶倖的是，與其他知青典型比，王冬梅畢竟年齡很輕，這使她在身世浮沉之後，來得及重新設計自己的人生，一九七九年她考入了大學，畢業後成為一名記者。有的知青典型，至今不改「青春無悔」的舊調，王冬梅則不然，在回憶當年的那段經歷時，她感到的只是「痛悔萬分！」

## 第四節　網上掛賣遺失的青春檔案

　　《長春晚報》二〇一〇年八月二十六日刊登了李彤寫的〈留日老知青找到檔案終於能重返祖國定居〉的文章，其中介紹說：近日，一通來自日本的越洋求助電話引起了12345市長公開電話工作人員的注意，打來電話的周必仁老先生是曾經在長春工

作過的上海知青，但是因為找不到在長春工作時的檔案，一直無法實現自己落葉歸根的願望。隨後，為了幫老人找到回家的「路」，12345和網路單位多方走訪，終於找到了二十多年前的一份檔案。

記者瞭解到，周必仁一九四八年三月七日出生於上海市，一九六九年來到吉林省當知青，一九八三年四月到一九八七年二月在市光學玻璃廠當工人，隨後自費留學日本並在當地生活至今。他在日本居住使用的是日本人配偶的簽證，因為一直沒有子女，而且現在年歲大了，非常想回上海安度晚年。他的戶口在當知青時遷出了上海，後來落在長春市寬城區興業街派出所，但想要回遷還需要全面審查。周老先生在辦理手續時發現，自己缺少一份工作單位的相關有效原始憑證，即個人檔案。他多次打電話諮詢，一直沒找到，還委託朋友多次到相關部門查詢，也沒有絲毫音信。周老先生表示，如果自己無法回到上海，就想申請加入日本國籍，但因為沒有檔案也無法開具戶口所在地公證書，萬般無奈下，他在朋友的建議下於本月五日撥打了12345求助。

接到求助電話後，12345工作人員與市檔案局取得聯繫，但市檔案局回覆表示，職工個人檔案不屬於檔案館的保管範圍，應到其最後工作過的單位查詢。而該廠是二十多年前的單位，現在已經找不到相關資訊，工作人員又與省、市人才市場聯繫，均表示其只保管在職人員檔案，周先生已經到了退休年紀，沒有查到他的檔案。隨後，12345又與市人力資源與社會保障局、市工業公司聯繫，但得到的回覆都是市光學玻璃廠早已不存在。

「沒有此人的檔案」、「沒有該廠的資訊」……儘管得到的都是沒有結果的答覆，但12345始終沒有放棄，工作人員表示，只要有一線希望，就要幫漂泊在海外的老人找到回家的「路」。

後經工作人員多方瞭解獲悉，市光學玻璃廠應在寬城區轄區內，便馬上交辦相關工作人員查找。

寬城區瞭解到此事後非常重視，但與區工業公司、區企改辦等部門聯繫均沒找到該廠資訊，就連到周老先生戶口所在地興業街派出所也沒找到相關資料。興業街道工作人員下社區走訪老住戶，詢問當年該廠的相關資訊。九日，功夫不負有心人，工作人員在走訪中瞭解到原長春市光學玻璃廠位於利國街12號，該廠在一九八七年的時候就被吉林省光明儀器廠兼併，全部人員由新廠接收，已經不存在了。而省光明儀器廠也已於二〇〇七年一月二十六日破產，只有一名留守人員負責保管部分職工檔案。

據該單位留守人員高鐵強介紹，他手中確實保留著周必仁的檔案，因周先生當年離開時沒有與單位辦理解除勞動關係的手續，單位破產時還有一筆費用需要周先生簽字認領，該廠目前正在為職工辦理醫保手續，因此他也一直在尋找周先生。檔案找到後，卻因為通信產生了新的問題。周先生在打求助電話的時候沒有留下有效的聯繫方式，他所使用的號碼又是政府辦公電話限制撥打的國際長途電話，用手機撥打也提示無法接通。為此，12345只好等待周老先生再次來電，並將相關情況告知所有接線員，一旦接到他的電話馬上說明具體情況。

十二日，12345接到了周老先生從日本東京都江東區大島寫來的一封信件，上面顯示的發信日期是5日。原來周老先生當天打完求助電話後，又親筆寫了一封信，把自己的情況詳細地說明，並將相關證明材料一起郵寄過來，信件上除了留下自己在日本的電話外，還留了他姐姐在上海的電話號碼。工作人員馬上撥通該電話，請她轉達已經找到周先生檔案的好消息。

近日，周先生再次致電12345，用已經說得不是很流利的中

文向工作人員表達著自己的感激之情，他表示會儘快辦理好回國的手續，過一段時間會親自來長春，當面向給予他幫助的工作人員表示謝意。

隨著歷史的漸行漸遠，知青的歷史開始步入邊緣時代的地步。據新京報記者陳甯一在〈成都人保局84卷知青檔案被掛於網上叫賣〉一文中披露：成都市人保局流失的檔案凌亂地堆放在販賣者家中。成都市84卷知青檔案被掛於網上叫賣。雖然今年五月，警方已將檔案追回。但成都市檔案局至今未查明，是誰將檔案當作廢品賣於回收站。

這些檔案原由市人保局管理。人保局出具的調查情況稱，因年代久遠已查不清這些檔案如何流失。成都市檔案局副局長趙建強認為檔案流失根源在於，一些機關單位對檔案管理不重視，並缺乏專業人才。有收藏者也表示，不少機關單位曾將知青檔案當作廢品賣。如今這些知青檔案已成為收藏市場上的搶手貨。而同時不少老知青因找不到檔案，無法核算工齡，而不能辦理社保。

成都市副市長批示，要求徹查。趙建強稱，令人保局自查，直到查清為止。84卷知青檔案究竟從何處流出，最近趙建強常困惑於這個問題。

今年四月，一家舊書網，售賣成都知青檔案，共84卷，標價12500元。成都市副市長傅勇林聽聞後批示，要求徹查。趙建強是成都市檔案局副局長。此次事件令他感到責任重大。

成都市檔案局接收的知青檔案一直不完整。資料顯示，在二〇一〇年中旬，有近七成的知青未能在市檔案館找到自己的檔案。這直接影響到他們辦理社會保障。甚至有知青為此去市政府請願。

市檔案局的一名知情人告訴記者，每個機關部門在處理知

青工作時，都會形成知青檔案。有些單位不將這些檔案移交檔案局，而直接賣給廢品回收站。

趙建強開始派人調查，他發現，此次的84卷知青檔案，是原成都市知青辦的工作檔案。如今知青辦早已撤銷，所有檔案都歸由人保局（即成都市人力資源和社會勞動保障局）管理。於是聯繫人保局，令其自查。

六月二十一日，成都市檔案局接到人保局傳真，有新的自查結果。但這個結果，出人意料。人保局的調查結果，非但沒有清晰檔案從何處流出，反而將其推入更深的謎團。

網上叫賣知青檔案：鍾家強在舊書網售賣知青檔案84卷，標價12500元；國家檔案嚴禁倒賣，警方將檔案追回。舊書網上售賣知青檔案，是徐東升發現的。他是成都市檔案局接收徵集整理部的工作人員。

四月十三日，他在網上瀏覽，看見一家舊書網貼出8張照片，全是成都知青上山下鄉的資料。每份資料都用牛皮紙封包裹著。

它們的標題分別是，成都市人民委員會安置辦動員知青上山下鄉和支邊的報告、一九六四年知青返蓉的發言稿、一九七七年知青回老家農村插隊落戶的介紹信存根，以及成都市革命委員會知青辦（簡稱「成都知青辦」）一九七九年至一九八〇年的知青名冊等。

當時徐東升認為，這些資料可能是原成都市知青辦的工作檔案。按法律規定，政府機關的工作檔案屬於國家檔案，任何組織、個人嚴禁倒賣牟利。

徐東升於是自稱「老知青」，與檔案賣主鍾家強取得聯繫。四月十五日上午，徐東升到其家中，一進屋，看到那些卷宗，堆

放在床邊凳子上。翻閱後，徐東升確認，這些卷宗均屬國家檔案。四月二十日，徐東升帶工作人員再去鍾家，並告知販賣國家檔案屬於違法，要求他將卷宗贈給檔案館可給予適當獎勵。鍾家強提出獎捐勵9000元。雙方未達成一致。此後，鍾家強依舊將檔案掛在網上販賣。

他還曾對扮成買家的記者保證，「絕對都是原始檔案，如果是再版，就沒有價值了。檔案局的人聯繫我，不准在網上出售，還讓我捐贈，但我沒同意。」

五月五日，當地媒體披露此事。六日，檔案局向派出所報案，將檔案追回。鍾家強對警方說，他是從一個廢品收購站購得這批檔案。當時他們有4人，每人分了一部分。其他人手中還有類似的卷宗。後來，警方又先後4次前往鍾家。其家人說，他已外出打工。

成都市檔案局一名知情人說，「因為警方沒有拘留當事人，導致追查不到那個賣廢品的，並且也不知道剩下檔案的去處。」

誰將檔案作廢品賣？這些檔案由人保局管理，人保局「調查情況」稱，因年代久遠無法詳細說明檔案流失情況

五月六日，市檔案局接到領導批示，要求嚴查檔案如何流失。成都市檔案局著手調查，究竟是誰把知青檔案賣給廢品回收站。但隨著調查深入，他們發現，這個問題變得越來越難以查清。

成都市知青辦在一九八一年已併入勞動局，交接人員未對檔案登記造冊，導致知青檔案數目不清。這期間就有可能出現檔案流失。勞動局又於二〇一〇年與人事局一同，合併為成都市人保局。

五月二十日，人保局出具了一份〈知青工作文書檔案調查情

況〉。該「調查情況」稱，關於當時的兩位經手人，一位年事已高，記不清狀況，一位長期不在家，聯繫不上。現在無法對檔案流失情況做詳細說明。

知青檔案流失後，市檔案局和人保局有過一次會談。市檔案局一名知情人說，會上人保局表示，這兩年他們曾銷毀過一批知青檔案。按法律規定，機關單位必須將檔案分為永久檔案、長期檔案和短期檔案。前兩者必須移交檔案局，只有短期檔案可以自行銷毀，但必須留有銷毀記錄。上述知情人說，流失的84卷知青檔案當時被定為短期檔案，而人保局拿不出那份銷毀記錄。他認為，可能存在這樣一種情況：原勞動局錯分了檔案，將應移交的檔案歸入短期檔案，又將其當作廢品，賣給回收站。

六月八日，記者到成都市人保局瞭解情況。該局宣教處副處長楊海雲稱，這是三十年前的事情，中間工作人員換了幾撥，情況還不清楚。目前市檔案局正牽頭調查中，到一定程度會有說法。

市檔案局的上述知情人告訴記者，他們曾於一九九九年，從勞動局「搶救」回了一批知青檔案。一九七九年全國檔案系統工作恢復，規定機關單位每二十年須移交一批檔案。一九九九年，市檔案局接到勞動局的移交檔案申請，派人去接收。當時去接收檔案的是楊曉蓉和她的同事。他們在接收檔案時，發現一些隨意堆放的散亂檔案，經詢問得知是原知青辦的檔案，正準備處理；楊當即指出這批檔案很重要，應該移交給檔案館保存。由於這次「搶救」，檔案館有了知青檔案166卷。這是檔案館從勞動局處，接收的唯一一批知青檔案。

私賣檔案不止一家：一名收藏者稱，他曾從許多機關單位回收過知青檔案，價錢五百、一千、兩千不等。

六月二十一日，人保局給檔案館發去一份傳真，令整個調查峰迴路轉。傳真的大致內容是，人保局找到一張原勞動局於一九九九年出具的收條，當時他們交給檔案局的知青檔案是500多卷。收條上是楊曉蓉的簽字。

記者電話聯繫楊曉蓉。楊承認從勞動局拿回過這些知青檔案。但為什麼拿回500多卷，檔案館只保留166卷，剩餘的300多卷哪兒去了？楊曉蓉說，如果有剩餘的檔案，一定是退回給勞動局了。對於在整理中，是否見過這84卷知青檔案，楊曉蓉表示，時間太長，她也不記得了。

檔案局的一名工作人員說，其實按照正常接收程序，是不會出現這樣的收條。正常的接收程序是，檔案局工作人員去勞動局，檢驗他們整理得是否合格。若合格了，勞動局會再派人，將那些檔案送至檔案局。檔案局的知情人告訴記者，但在現實中，一些機關單位常會缺乏專業的檔案整理人員，他們就會把檔案私下交給檔案局的工作人員，請他們幫忙整理，並支付一定費用。

「現在就很難查清，究竟是誰錯分了檔案，又是誰將其賣給廢品回收站。如今對方也可以認為是檔案局的工作人員做的。」這名知情人說。

市檔案局政策法規處的一名工作人員說，其實很多機關單位都會將一些國家檔案也包括知青檔案，賣給廢品回收站。「比如到移交時，若一時忙不過來，有的就當廢品處理；有的就移交一部分，扔一部分。」

王巨集（化名）是一名知青檔案的收藏者，他曾先後從原成都市糖酒公司、前進機械廠等單位，買到過完整的知青檔案，「他們把我叫過去，一次性處理給我。價錢三百、五百、一千、兩千不等。」

二○○二年，他從原成都市某公安分局買了一部分檔案。「當時對方是作為廢紙賣給我的，幾毛錢一斤，我花了200元買了一千多份知青檔案。」

趙建強認為，造成檔案流失的根源在於，對檔案管理的不重視，和缺乏專業的人才。

據檔案局相關人士介紹，檔案局每年都要給各單位培訓檔案管理員。檔案管理人員流動速度太快，有的剛培訓完就被調走，來年又要培訓。檔案管理人員呈兩極化，要麼年紀特別小，要麼年紀特別老。

「檔案一旦流失，就會對社會造成影響，比如會影響知青辦社保。」趙建強說。

**沒檔案辦不了社保**：老知青饒克誨為辦社保四處找檔案，終因檔案缺失少算八年工齡；還有知青為此去市政府請願。

饒克誨是一名老知青，他曾為找自己的檔案而費盡心思。他是成都市浮水印工藝廠的工人，一九九二年退休。二○○六年，他去申請社保，發現沒有證明自己工齡的材料。饒克誨找到原來的浮水印廠，廠領導一直給他道歉，浮水印廠在一九九八年改制時，把一些職工的檔案弄丟了。廠領導對他說，無論是饒克誨的個人檔案，還是該廠其他的知青檔案，都找不到了。相關部門給饒克誨出了個主意，讓他去告原來的單位，饒克誨想了想，還是算了。「不但麻煩，還解決不了實質問題。」

饒克誨去曾經下鄉過的西昌縣。但西昌縣知青辦曾遭搶，知青檔案都被人燒了。他決定去市檔案館碰下運氣，看看能找到些什麼。他在市檔案館待了兩個月，由於眼睛不好，還叫上讀大四的女兒幫他找。他們從一些簡報等下鄉資料中，找到了一份西昌縣農場的花名冊，發現其中有饒克誨的名字。

由於浮水印廠屬於成都市二輕局，饒克誨又跑到局裡，翻出當時整個系統的招工手續，又找到了他的名字。饒克誨這才把社保辦下來。但下鄉前的八年工作經歷，再也找不回來了。為此，他每月少領近百元。

「當年，很多老知青與我一起在檔案館裡找檔案。我算幸運。很多人至今還沒找到。」饒克誨說。

一名老知青記得，二○○八年，成都金牛區曾有個老知青，每天在成都市政府請願，然後又去街道辦，人保局。因為他的檔案丟失，導致無法辦社保。最後相關部門特事特辦，為他辦了社保。還有老知青稱，這甚至催生了一種生意，每當有老知青去社保局因檔案丟失辦不了社保時。門外就會有各種陌生人湊過來詢問。他們都是做假檔案的。有人就花了3000塊做了假檔案辦了社保。

**檔案交易形成市場：**知青檔案是收藏市場搶手貨，每份交易價50元到500元；有老知青會去收藏者處找自己的檔案，饒克誨目前是西昌地區知青團體的串聯人。他周圍有很多知青在尋找檔案。他聽說，有人甚至會推薦老知青，去找檔案收藏者碰碰運氣。收藏者王巨集手中就有大量知青檔案和文件，他從一九八三年開始收藏，還曾辦過一次知青文物展。一位前去幫忙的老知青，無意中發現同學的檔案也在展品中。而她的同學正在尋找檔案。王宏得知後，共從那些展品中找到7名知青的檔案，並幫助他們辦理了社保手續。隨後，很多找檔案的知青都慕名來找王宏。

曾有個下崗女知青，花了半年時間，找遍原單位和相關部門都沒找到檔案，無法辦社保。「唯一的辦法就是回到當年插隊的雲南農場去碰運氣，但農場取消了，只有找當地政府。而她甚至

沒錢支付來回的路費。」王宏說。

女知青找到王宏。王答應試一試，但讓她別抱希望。王宏花了6個小時，從一萬多份知青檔案中，找到了那個女知青的檔案。王宏說，「就是從公安局賣給我的那堆檔案裡找到的。」

興奮的王宏當晚11點打電話給女知青，電話那邊的女人，激動萬分。女知青拿不出錢報答王宏，便執意請他吃了一頓火鍋。王宏說，「就在那個老知青火鍋店。」

知青檔案多數是通過廢品收購者轉賣給收藏者的。「一些收廢品的人對帶字的紙張特別敏感。」收藏者陳兵說，他們不會把那些古老的文件當廢紙處理，而是會主動向我們兜售。

知青或「文革」相關的檔案目前是市場上的搶手貨，已經形成了一個基本的市場價值，但價格並不固定。比如說，專門針對知青的紅頭文件一般在50元到500元一份。一些特別的東西價格會更高。

「檔案的價格在於內容、成色、年代、品相，和當時的背景，以及這份檔所起的作用。」王宏說。王巨集的朋友有一份知青檔案，內容是中央政治局希望知青作為特別代表參加國慶觀禮，還附有各省的名額分配。王宏出500元想購買，但賣家不願意。

王宏說，他也有幾份重要文件，也不願輕易交易，其中一份是當年知青罷工回城的文件。

**繼續查，直到查清**：市檔案局副局長認為有些單位移交不規範導致檔案流失

王宏現在很少能在文物市場覓到知青檔案了。他說，現在知青檔案文書非常難得。以前偶爾在一些舊書攤上能看到，如今幾乎沒有了。

陳兵（化名）是一個老知青，也是收藏者。他說，市場上交易知青檔案都是私下交易，即買賣雙方均相熟，知道對方需要什麼。在市場上見了，會遞上一張紙條，上面寫著目錄，買家合適，一拍即合。約地方喝茶聊天，完成交易。不合適，還了紙條，雙手作揖，下次還請多多照顧。

成都市檔案局也知道，現實中存在這樣一個檔案交易市場。據該檔案局一名工作人員介紹，二○一○年，有市民在文物市場買了一份知青的個人檔案，他送到成都市檔案局，引起重視，局裡派人走訪文物市場，發現有一些企業的個人人事檔案被買賣。

這名工作人員說，「轉讓個人的人事檔案，只須去人事部門和組織部門登記。而國家檔案是嚴禁買賣的。」該局副局長趙建強表示，他們也曾不定期去文物市場檢查，但是沒發現過交易國家檔案。如果是私下交易的話，就比較難處理。因為要清楚誰在違法，才能執法。

五月下旬，成都市領導再次批示，要求全市各級檔案館引以為戒，不再出現此類嚴重問題。趙建強認為，要防止檔案流失，還要從源頭抓起。

他說，檔案管理是一個持續工作，需要隨時整理，並且做到心中有數。總是換人，當然保證不了管理質量。一到移交時，大量的檔案需要處理，登記。移交環節也不規範，出了問題，查都查不出來。

「檔案流失，不僅影響到個人隱私和權益，還影響到國家利益和機密。不是一件小事。」趙建強說。按照相關規定，造成國家檔案損失的，對單位處以1萬元以上，10萬元以下罰款。個人處以500元到5000元罰款。對責任人和主管人員依法給予行政處分。趙建強表示，此次事件的結果還沒出來，所以最後如何處理

還不清楚。查不清楚會繼續要求查。

## 第五節　知青結團回訪故地的感慨

　　知青在九九、〇九年曾湧現了回訪農村農場的高潮，故地重遊不免感慨萬端。雲南兵團知青〈張貴洪在一個老知青上山下鄉淚的訴說〉中講道：男兒有淚不輕彈，只是沒到傷心處。

　　二〇〇六年三月三日，我隨上海老知青赴雲南回訪團一行，前往西雙版納東風農場，拜祭長眠在那片紅土地下的知青亡友們，由我讀〈拜祭知青墳墓祭文〉。我全身心地讀著這篇祭文，不由我淚流滿面、泣不成聲的呼喊：「請你們不要感到孤獨寂寞！你們躺在冰冷的黑暗中，在天國、伴著無聲的魂，守護著翠綠的膠林、一年、一年、又一年！我們許願：待我們身後，與你們泉下，再作好友」。此時此刻，回訪團全體人員沉浸在無比的悲痛之中，一個個潛然淚下。

　　這種悲壯的場合，我們回訪團的全體成員，每顆顫抖的心，以同一個頻率跳動著。我們悼念亡友，悲傷流淚，也為自己被活生生地埋葬了的八年青春而哭泣。為什麼老知青眼裡，總是飽含著淚，也許知青的人生旅途中，有太多，永遠也無法抹去的心中之痛。這不僅又使我回憶起那個荒唐的激情年代。往事一幕、一幕，又在眼前重演。

　　一九七一年四月一日，是我人生轉折中最最難忘的一天。胸戴大紅花的我，背著革命委員委贈送的毛主席語錄，《毛澤東選集》以及簡單的行囊，在海洋般的歡送人群中，離開了生我養我的黃渡鎮這塊古老的土地。喧天般的鼓聲陪著淚水，和著快要啟動的列車，車輪滾滾轟鳴的哭聲。幼稚的我們，懷著一顆顆雄心

壯志，告別了可愛的故鄉和親愛的父母親人，準備把一生中最最美好的青春年華，奉獻給那片幻想著有所作為紅土地。

自從到達兵團那一刻起，我們這群知青，像被拐賣的孤兒，開始了苦難的歷程。現實的環境，把騙子們當初作動員所說的：「頭頂香蕉、腳踏鳳梨、手拿甘蔗，一跤摔下去兩袋袋花生，樓上樓下電燈電話」，以及那些在大庭廣眾面前的大量諾言，擊個粉碎，通通變成了一堆空話。在那個不講實事求是的年代，我們被無情地拐騙了。家鄉的護送人員「張××、顧××、杭××、莊××」，深夜不告而別，悄悄地溜走了……

當時很多知青，抱在一起嚎啕大哭。我們這批農村青年文化淺，有些人字一點也不識，連家信也要叫人幫忙代寫。他們在農村中本身是貧下中農子女，在家中種田，也被拐騙到了那個地方。我們這批受害者，也同樣和所有的城市知識青年一樣，歷盡了人生生涯中的「酸甜苦辣」，終生難忘。

在那個年代，生活在那種環境下，知青們逐漸變得消沉憂鬱。一些女知青一到晚上宿舍裡時常傳出來悲傷的哭聲，男知青也經常在暗地裡流淚傷心。熱帶叢林的惡劣氣候以及難以想像的物質匱乏，毒蛇、毒蜂、毒蟻、毒蚊、和帶毒的瘴氣，時時侵襲著我們。我們年輕的生命，經歷了那烈火般的考驗，知青們的身體和精神，受到了極大的摧殘。很多知青兄弟姐妹，由此長眠在那塊紅土地下。

據有關資料統計，整個西雙版納墾區，非正常死亡達到二千多人，我們勐臘地區農場，知青由於受到迫害，自殺25名，遭野蠻官僚迫害，毆打致死2名，致殘16名，被迫逃亡國外35名。非正常死亡145名，被執行過野蠻專政的知青，無法統計，不計其數。勐滿農場三分場七隊，一名知青在逃亡途中被槍殺。我在

版納的八年中，就親身經歷了三次被捆綁押送營部，受到所謂監督勞動，幾十年過去了，我的心靈上還殘留著那一幕幕深沉的陰影，感慨萬千，心靈上的這一道裂痕，將永遠無法撫平。版納知青艱難生活的歷程，是一部奮鬥史，也是一部血淚史。

直到黨的十一屆三中全會召開、鄧小平重新出來主持中央工作、全國上下都在撥亂反正、再加上我們版納知青群體與命運抗爭的偉大團隊精神，我們的苦難終於有了盡頭，被拐騙的孤兒終於回到了故里，我們像遷移的候鳥一樣，回到了可愛的家鄉——上海。……

二〇〇六年三月，我帶領上海知青回訪團嘉定分團回訪版納。我們又一次來到了版納這塊充滿神奇色彩的土地。在農場，我們又重逢當年的許徵文老營長。我又一次深深地陷入回憶往事的痛苦之中。上山下鄉是一座煉獄，是一場噩夢。當那些亨亨諾言，變成了一堆空話，人生美好理想之夢，被擊個粉碎，我感到前途已渺茫無望，開始對人生逐漸變得憂鬱消沉。在「豪傑出於草莽論」的影響下，知青群中出現了偷雞摸狗，群體鬥毆，甚至不惜單打獨鬥。我也自甘墮落，感染上了這些壞習氣。

記得在粉碎四人幫後，我們勐滿農場三分場，最嚴重的一次惡性打架事件，就發生在我身上，當時我與一個經常欺負老實知青的「暴哥」，為某些事情爭吵，我倆約好單打獨鬥。我勇敢地赴約，「開場子」鬥毆。在毆打過程中，對方被我連砍三刀，倒在血泊中。後雖經及時搶救，脫離了生命危險，而勝利者的我，卻被五花大綁，押往營部，失去了人身的尊嚴和自由，手銬腳鐐套住被監督勞動，遭受到了人生中難以想像的種種折磨，揮之不去的創傷永遠也無法撫平……

那次，在拜祭知青墓地時，往事一一再現，淚水再也忍不

住奪眶而出。三十多年前，在營部監督勞動期間，每當遇難知青的遺體送來，都由監督勞動的我，參加挖坑、埋葬。那時我想：「今天我在給他人挖坑，不知哪一天也由別人來給我挖坑」。當時我想，即使那次鬥毆事件，我沒勇敢地戰死疆場，或許哪一次在野蠻專政下，也會被折磨死，或許，因為某種疾病而倒下，永不再起來。

今天的我，將會在黃土地下陪伴著他們，但我頑強地活了下來。在此我特別要感謝我們的老營長許徵文，想起來，如今他已經是78歲的老人了，願天下好心人一生平安！記得有一次在監督勞動期間，可能是我的剛強意志感動了他，當他親眼目睹，伙房人員克扣我的飯量時，他竟大聲指責他們說，「這個傢伙飯要給他吃飽」，這句皇恩般的慈話，使我在萬般苦難中，免受了飢餓之苦。當時，我頓時感動得淚流滿面。記得還有一次在營部放電影《劉三姐》，我把一個偷知青木材的傢伙，打掉了二顆門牙，他滿面是血地告狀到營長處，營長把我叫去，瞭解了事情的前因後果後，竟指責他是活該，並指令他把偷來的東西歸還給被偷者，這次在老營長的呵護下，我受到了寬容，這使我感激不盡，終生難忘。

回訪之中，在勐滿農場的領導幫助下，使我找到了已經調離原來三分場二隊的事務長。我經常思念原連隊的湖南籍老工人朱本有一家。他老倆口已年近古稀，我們的友情是建立在牢不可破的基礎上，在連隊共同的生活中，長期下來他知道我是一個好人，「凡是對知青不另眼看待的老職工，我從來不偷他們的東西」。一次，在我受到野蠻專政，失去自由的日子裡，老人偷偷地來看望我，給我送來10只燒熟的雞蛋。那時他的家中有6個待吃飯的孩子要護養，而雞蛋在當時是非常寶貴的營養補品啊！

這種情誼使我終生難忘。一個人在「落難」時，方能深深地感覺到這樣的溫馨。「滴水之恩，湧泉難報」。這是我人生世界中，人世間，最最珍貴的情誼、友情。人生也有「玄妙之處」，這種珍貴的友情，永遠保留在版納，來自於目前正繼續生活在版納的一個老人身上，來自那10只金子般一樣的雞蛋之中。

我的突然到來，使他們全家激動不已，他們特意殺了3只生蛋的母雞招待我們，他們一定認為，我這個遠方的來客，一個受盡知青苦難生活折磨，對知青生活悲觀失望，即將走向深淵的人，應該當作最尊貴的特殊客人，鞭炮放個不停。我指示隨我一起來到版納的小孫子叫兩位老人祖爺爺、祖奶奶時，二老已泣不成聲。現在老人的6個孩子都已相繼成材，一個大女兒在北京航太城工作，兒子們都有理想的崗位，孩子們管我叫叔叔，叫我愛人叫阿姨。實際我愛人還沒離開版納時，就已改口叫他們二老乾爹乾媽了。

當初我們離開版納時，一些可以用的家具都留給了他們，雖然現在都破舊沒用了，但老人們還珍藏著一只我們從上海帶來的臉盆，放在床底下捨不得用。這次，他們特地拿出來給我們看，老人說：「每當想念你知青們時，我們就看看這些東西。」相遇的時候總是短暫的，當離別的時刻來臨，我們擁抱在一起流淚，難捨難分，老人把一只珍藏在家中很久的碩大天麻送給我，堅持要我收下，我顫抖的雙手，低垂著，竟無法抬起接受這珍貴的禮物！

這時，我突然感覺到，二位老人像荒野中的一堆篝火，在我對生活失去信心時，無數次給我關懷，讓我有了堅強生活下去的勇氣，我會把這只天麻好好珍藏起來，直到永遠，永遠……還有那10只金子般的雞蛋，每當我回憶這段往事，堅強的我，被感情

的旋渦擊個粉碎，我淚如泉湧，在明年的春天我們相約在上海，我會盡一份孝心，款待二位老人。

我們一行，來到了曾經生活過八年的老連隊，十五營二連：我夢中的老連隊，山依舊，水依舊，但坡下那棵枝葉繁茂，挺立蒼穹，粗壯通直，幾人才能合抱起來的大芒果樹不見了。在艱難時世中，它給過我們很多的歡樂，每當碩果成熟，被大風一吹，掉下來後，我們都搶著，撿著吃，知青返城後，它也失去了生機。如今，我們看到衰萎的枯枝，只留下半殘樹身，中間一個大窟窿，彷彿在為當年的苦難知青低吟。在這棵枯萎，蒼涼，已經凋零的芒果樹背後的連隊中，已經看不到當年知青們的身影了。

連隊中我們拜見了當年帶領我們戰天鬥地的指導員孫召生，指導員在當年和我們一起開墾梯田的日日夜夜中，和我們知青一起，吃睡在山頭，白天與我們一樣赤膊短褲，揮鋤挖坡，遭受烈日烤熬，夜晚也許他獨自在想，他帶領大家，通過執著的奮鬥，邊疆也會變成天堂。但這一天還沒來到，出現在我們眼前的已是一個不會講話，可能已經失去了記憶的呆呆老人。

我站在他面前，感慨萬千，遲遲說不出話來。我想，也許那個年代，他帶頭提倡革命加拼命「小病大幹，大病小幹，不生病拼命幹」的精神，給他帶來的這種職業疾病，真是後患無窮。現在他也許不會想到，一個離別了二十七年的知青、當初我在連隊因與人毆鬥，是他親自下令，把我送往營部執行專政的我來到了他身邊。我大聲地呼喊：「指導員！指導員！」但他已處於寧靜之中，身外已無物，那麼的平靜，整個身體只是顫抖不停。

我從口袋裡掏出了300元錢給他，他根本不知道是何物。他的家人告訴我們，指導員生病快要十個年頭了，歷史有那麼驚人的相似，記得那個年代，主席也不是郵匯給李慶林300元錢嗎，

一時轟動全國上下。而今天我在尋找自已走過的足跡，遇到當年的指導員已在病中度日，獻出了300元，代表一個失落知青對一個農場當初的老領導，一點謙意。

接著，我們一行來到十五營六連，看望我的老鄉，當初嫁給一個老職工的女知青袁敏娟。遇見她後，我們都震撼驚呆了，一個瘋瘋癲癲的老太婆出現在我們眼前，這是當年聰敏漂亮的她嗎？她已經三十年沒回故鄉了，當初和她睡在一間宿舍裡的知青，她也認不出來了，她已經沒有回憶，也許，也不會有什麼痛苦，整天不停的低語別人無法聽懂的話，或許這就是人們常說的，「癡人在夢囈」吧。我想，也許她在咒罵，這個世道對她的不公，或許在真誠的祈禱，讓自己死後的靈魂得到淨化昇華。如再投胎，能過上一個正常人的生活，回憶起她的過去……

我們曾在一列火車上，她是一個中等個子活潑的姑娘，白皙的臉上帶著幾分秀氣，還時常唱幾段革命樣板戲給我們聽，想到這裡，我不僅萬分傷感，淚水奪眶而出。據說這個老工人的丈夫，當初為了得到這個如花似玉的知青姑娘，當班長的他，經常獻出一些討好的諂媚，為了達到和她成婚，使用了當地土產的一種迷藥，由於藥量過重，導致她神經失常，變成了一個瘋子。知青命運悲劇的真實寫照淋漓盡致的在她身上散發，近距離的出現在我們面前。

目前她獨自一人在一間很髒的破屋裡生活，丈夫和三個已成家的孩子也無法照料她，每天她都要外出，撿些破破爛爛的東西拿回家中，堆在床底下。到了晚上，獨自一人望著這些破爛品味著自己的「傑作」，可能她認為這是白天勞動而得的碩果。看她的模樣，可能從來不洗澡和更換衣褲，與故鄉上海的親人也幾十年沒有書信。我把拍好的錄影，回來製作好後，給她家中的親人

看，他們全家人都目瞪口呆，他們一定在怨恨當初作動員的那些
騙子們。

她的父親已故世了，但臨終雙目沒閉，臨終時還想和遠方的
女兒見一次面，年邁的老母親認為女兒已經死了，經常在夢中驚
醒，哭乾了眼淚。我指行他們到政府有關部門去求援，雖然當初
動員加拐騙她出去的當事人都調換了崗位，或已退休，在靜靜的
享受天倫之樂，但這個政府機構還存在，難道說這不是歷史遺
留問題嗎？我看，此類情況應該納入國家政策的照顧解決範圍
之中。

在老營長的引導下，我們又踏上了威虎山──十五營四連，
拜訪和老工人子女成婚的知青顧谷明老鄉。此時的他已變成一個
地地道道的山村老農，家鄉的話已經不會說了，用一口完整的當
地農場老職工的土話不停的與我們交談，聽起來倒還不算彆扭。
他熱情邀請我們一行在他家中小憩。映入我眼裡的情境，與我們
在農場時的變化，不是很大。

當年我們知青，曾經自豪過，做出來的老虎腳爪家具，已經
破舊了，但還在用，可在內地早已淘汰，白漿樹做的木床上終年
掛著蚊帳。蚊帳頂端有好幾個窟窿，可能是老鼠在飢餓時或在玩
耍中咬破的。牆上有好幾道水跡，一定是下雨時房頂瓦片漏水造
成的。牆的角落裡，幾隻勤勞的蜘蛛掛在上面，編織著捕蚊蟲的
網。一隻二十一英寸彩電到還很新，可能買的時間不長。電視機
周圍被一層灰塵籠罩著，也沒人去擦擦。客廳內，一隻40支光電
燈，被一根80公分左右長的電線吊在空中，在微風的吹動中不停
的搖晃。

客廳內，沒有沙發和像樣的擺設，可能在他邊疆的一生中，
沒有什麼貴客，鄰居們也很少串門，所以那些沙發啊！什麼等！

等！都是多餘的。後面一間燒飯菜和洗澡的小廚房，但看不到當年茅草和竹排了，廚房也是瓦蓋的，廚房內，幾塊被煙火薰幹的魚肉，和自製的香腸，吊在空中，這樣老鼠也偷吃不到。我暗想，「如在那個年代，這些珍貴的食品如映入眼中，一定會想盡一切辦法把它偷吃掉，享受一下酒肉穿腸過的歡樂」。在窗旁，掛著一串一串的幹辣椒，灶臺上，放著一隻裝鹽巴的瓶子，和半桶油，不見其他調味品。牆的角落還堆放著幾隻烈酒的空瓶。可能是在煩惱的時候，他常常喝烈酒。

　　我的這個老鄉，由於長時間處在邊疆低層次的群體中生活，已經完全溶入了自然。遺憾的是，在老營長的口中，我們得知，他已得了絕症，並已經晚期。骨瘦如柴的他，我親愛的老鄉，來日已不長，很快將謝世，消失在人間，也許你作古後，不會是那種絢麗如虹，但你畢竟獻了青春，獻終生，獻了終生，獻子孫。這時他的一個小孫子突然出現在我們面前，一個打著光腳的大山裡的孩子那麼天真，不知他們長大後是否知道，他們的祖先，曾經來自祖國最美麗的城市上海，那裡曾經有過祖先們的一席之地。

　　這些年來，當初我們一列火車上出來的好友，錢根道、張建明、徐永章、周桂興等等……！一個個未老先亡，都相繼離我們而去，我都一一最後為他們送行。如果你走後，遠離了人世塵囂爭紛，靈魂得到了永久安寧，也許這是人生中幸福的解脫。但你要常到外面的世界去走走，回去看看自己的故鄉，如果能看到故鄉日新月異的變化，也一定會感歎、自豪，到了天國，如果與好友們相遇，代向他們問好，告訴他們，待我身後，我們一起，再作好友。

　　流逝中的歲月，已經把我們帶到了不惑之年，數不勝數的

知青故事，太多、太多……但都離不開這種主題——「淚的述說」。我還有很多話題想述說，想表達，只是本人學歷貧淺，無法雕琢出來獻給讀者。本文的述說，都是真人、真事、真名。多年來，本人一直堅持在一線，為郊區版納知青，討回了一個公道。目前，我有一份稱心如意的工作，身邊，還有一幫信賴我的朋友，我的精神世界充滿了「知青情結」，我將高舉起這面旗幟。我將永遠守衛著這種特殊的知青情結，直到永遠、永遠！

# 第七章
# 散落境外各地知青的悵惘

## 第一節　越境緬甸革命知青的悵惘

　　與許多回城知青不同的是，當年還有一個特殊的群體——那就是曾經越境緬甸革命的知青。這些群體後來生活的狀況，作者佚名〈中國知青在緬甸——活下來的，不同的結局……〉有所講述：……在同緬甸僅一江之隔的××縣，邊民們經常在街上看到一個30多歲的男人，他有著不同於當地人的保養得很好的白淨的皮膚，卻操著同當地人一樣地道的雲南方言。有時他背著一個破舊的鹿皮旅行包整日在街上閒逛，微笑地同旁人打招呼；有時候挽著一個年輕豐腴的漂亮女人同入同出；還有的時候，他忽然幾個月不見蹤影，然後又像突然從地下冒出來一樣出現在人們面前。在這個彙集了三教九流黑道白道各類人物，明裡暗裡做著各種交易的邊境小鎮上，沒人知道他從哪兒來，在做什麼，他的凝固的笑容同他手上那枚厚重的純金戒指一樣，閃爍著詭秘的光。

　　他確是一個生意人。人們也許想不到，他背的鹿皮包裡都是一疊一疊像書一樣厚的印著四個人頭的人民幣。在背人的陰暗角落，會有早已約好的人等他，然後他掏出包裡的錢，換成一捆一捆的盧比，有時接到七八十萬的大宗生意，他一次就可以賺上七八萬盧比。八十年代，許多中國人一輩子也沒見過那麼多錢。

手指掠過嶄新的鈔票，發出誘人的「沙沙」聲，他的唇邊露出不易察覺的微笑，他的精明的腦袋清楚地知道這不是夢境，但又時常詫異於命運的陰錯陽差。槍聲、革命、號角、宣誓似乎是很遙遠的事了，那些所謂的戰友或者至今仍沐血戰場，或者正在輾轉回城，衣食無著。他們做夢也想不到當年那個白皙文弱的「小上海」在這個鮮為人知的地方一夜巨富。

他也曾是那群熱血沸騰的知青中的一個。他家在上海，父母大概希望獨子出人頭地，生當做人傑，所以取名為「傑」。阿傑卻偏偏生不逢時，因父母是資本家，他也連帶遭殃，學校裡沒人理他，連紅衛兵也沒資格當。「1222」指示後，知青上山下鄉的大潮湧動，他痛下決心，和家庭斷絕了關係，自願到條件最艱苦的雲南去插隊。18歲，已經飽受冷眼，所以他比別人更清楚地看到：政治生命就是人的一切。

農場的知青們對這個「小上海」並沒有留下太深的印象，他是那種絕不引人注目也絕不惹人討厭的人。他總是謙卑溫和地對所有人笑，從不與人爭吵，幹活也挺賣勁，政治學習表決心的時候常常聲淚俱下，有上海的親戚給他寄來東西，他總要把糖果和點心不厭其煩地分送給連長、指導員和其他知青。可是評「優秀學員」、「模範戰士」的時候從沒他的份。他的一切恭順和努力也抵不住一句話：出身不好。

一九七〇年，阿傑離開農場參加了緬共。走之前他猶豫很久。他不想否認自己怕死，可在日漸冷清的農場同樣沒有出路，尤其是出身問題像塊巨石壓得他喘不過氣。還是走吧，憑著自己的機靈，也許真能出人頭地，衣錦還鄉呢。政治與革命能在一夜之間把人打入地獄或者捧上天堂，他已不再單純。

然而事實並沒有像他想像的那樣發展，戰爭中的幸運兒畢

竟太少，尤其是在這樣一場把人拖的筋疲力盡的戰爭中。他在一個營部做秘書，一做就是十年。他依然掛著人人喜歡的謙恭的笑臉。當時緬共官兵情緒很對立，他處在夾縫中卻遊刃有餘，面對情緒沮喪的士兵，他不失時機地大加撫慰，深表同情；和上司在一起，則把他的克扣軍餉、黑市買賣瞞得滴水不漏。他實在不明白為什麼自己這麼多年未被提升，直到有一次營長對別人洩露了祕密：「我實在捨不得提升他，他走了我就再找不到這麼好的秘書了。」

但有時候他又慶倖自己。雖然他沒有值得炫耀的戰鬥經歷，但他也從沒有死的危險，在戰火侵襲不到的營部裡，他可以頓頓吃飽，還能吃到緬甸特產的大蝦和螃蟹，有乾燥暖和的床，沒有震耳的炮聲驚醒好夢。可是那些打了十幾年仗的士兵呢？吃的是樹林中的野果和根莖，是蛇是蜥蜴和青蛙，他們衣不遮體像野獸一樣整年奔逃在暗無天日的叢林裡，睡在潮濕的泥坑中，身上長滿綠苔，感染著熱帶雨林中各種可怕的惡疾；他們死了，連墓碑也留不下，更留不下名字，甚至找不到屍骨。這就是革命嗎？這就是英雄嗎？當他激昂地對那些滿面愁苦的士兵宣揚著「事業」、「勝利」、「信仰」，「共產主義」時，他發現自己越來越不相信了，也許從來就沒有信過。

機會終於來了，由於營長的信任，阿傑開始掌管全營的伙食，他每月暗暗從中扣下一筆錢。士兵吃不飽關他什麼事？仗打不贏又關他什麼事？他一向轉的很快的腦袋在為自己設計前途。兩年後的他聚斂了一小筆錢，一九八〇年，他離開了緬共，對這個曾參與十年的組織毫無留戀。

他孤身回到中國，來到這個邊境小鎮，當時來往於邊境的有許多中國和緬甸的商人，而邊境上卻沒有任何官方的貨幣兌換機

構，阿傑成了中國最早從事炒彙生意的人之一，他的生意如滾雪球般越做越大。幾年之後，他早已不像當初那樣在街上尋找願意兌換人民幣的緬商，他有自己豪華的辦公室，而他的固定客戶中不乏一些國際的走私和販毒組織。

他幾乎已經喜歡上這塊地方了。他沒有家，沒有親人，沒有朋友，只有錢。這裡盛產罪惡和享樂，沒有法律和道德，有槍、有錢就可以在東南亞貧瘠的土地上建立王國。他頻繁來往於中緬兩國。他有一個中國妻子一個緬甸妻子，所謂妻子，只不過是供一時歡娛的女人，也許有時還可以緩解寂寞。他在緬甸的大城市曼德勒置辦地產，沒有知道他到底有多少財產，他的「妻子們」也不例外。

他很少想到故鄉，很少回憶往事，也很少憧憬將來，他活得舒服而自在。這塊盛開著邪惡之花的土地最適合那些認為自己曾經有過諸如「信仰」、「理想」之類的美好感情而最終什麼都失去的人。

有些人的依戀神經特別發達，他們容易陷在往事中不能自拔，然而你把自己的一切：年輕的歡笑和淚水，整個青春的熱情，刻骨銘心的初戀，最初的信仰和理想，從小一起長大的朋友……都留在一個地方了，你能不留戀這塊地方嗎？你能不醒時夢時牽掛它嗎？

一九八八年，張明走下一輛風塵僕僕滿身創痕的長途汽車，又踏上了這片熟悉的土地。這是雲南中緬邊境的一個小鎮，三公里之外就是緬甸一條繁華的街市。熟悉的街景，亞熱帶的情調，黎黑的面孔，他止不住怦怦地地心跳，時光似乎又回到了二十年前，那時他們是唱著歌，高喊著口號走過這條街的。街市過去，是一片開闊的田地，這裡曾長滿齊刷刷的甘蔗，甘蔗林後顯出一

張張的笑臉，穿著黃軍裝的，紮著兩根小辮子的……然而什麼都沒有了，一片荒草。

張明是一九六八年來到這裡的北京知青，也是第一批越過國境參加緬共的知青之一，沒升官，沒發財，也沒受大傷，談不上什麼轟轟烈烈的戰績。一九七七年他離開緬共回國，不久就回了北京，後來他找了一個妻子，有了個家庭，做著小筆生意又賺了點錢，沒什麼不如意的，熱帶雨林的記憶即便是場長夢也該結束了吧？不，遠遠沒有，每夜他都從驚悸中醒來。有時夢見自己扛著槍在沒天沒日的樹林中走，追蹤著前面一個總也追不上的少女飄逸的影子；有時清清楚楚地在夢中看到一張張的臉：掛著笑的，含著淚的，帶著血的……汗透重衣之後心裡便空空的沒有著落，總覺得什麼東西丟在那了，一定是很重要的東西，要不為什麼現在自己什麼都沒有了呢？舒適的臥室，身邊的妻子，鏡中驚慌蒼白的自己都變的那麼不真實，唯有熱帶雨林中沙沙的葉響和絲絲縷縷的日光真實地呈現眼前。

「他像瘋了似的。」認識他的人都這麼說。他瘋狂地一次次從北京跑到雲南，跑到中緬邊境，開始是幾年一次，後來是一年兩次。地方還是過去的地方，人卻已不是過去的人了，那些一起哭過笑過的知青死的死，走的走，再無消息。他知道他要找的永遠也找不到，可仍然不停地尋找，彷彿生命就是為了回憶為了尋找才存在的。

而這次他不準備再走了。人越走向衰老，便越想抓住過去。他雖然才40多歲，卻已無力承受這種回憶而造成的精神壓力，他知道自己早已離不開那裡了，那不是熱愛，不是牽戀，而是一種複雜得多的包容萬千的感情，正因為這樣，才越難以擺脫。什麼妻子、家庭，他拋下不管了，運貨的卡車賣掉了。帶著這麼多年

積蓄的十萬塊錢，他準備在中緬邊境開一家公司，客死他鄉也無所謂。

他的計畫沒能實現。一九八八年正直全國合併裁減公司，邊境地帶不允許開新的公司。他並沒有特別沮喪，也許開公司本來就是個藉口。他像一個流浪者，借宿在熟人家裡，這兒住幾天，那兒住幾天。這些熟人大多是當年插隊時認識的老鄉，還有就是軍墾農場的復員軍人。一壺燒酒，一碟蝦仁就能聊上一天，當然都是十年、二十年前的事。那些事為什麼記得那樣清楚啊！徹夜不眠的夜裡設計著自己如何像一個英雄一樣戰死；濃黑的夜色中，留下豪邁的血書和王陽、高強一起奔赴戰場；後來一起挨餓、受凍，又染上了敗血症，自己挺過來了，高強卻再沒能醒過來；再後來愛上一個緬甸姑娘，不打仗的時候，她總來連隊找他，她有一雙寶石一樣的眼睛；她死在他的臂彎裡了，胸口汩汩地冒著血……往事如煙，不堪不忍卻抑制不住地頻頻回首。

酒已不能滿足他所需要的麻醉和刺激了。邊境線上是天堂也是地獄，只要有錢，就能得到一切，除了青春；只要有錢就能躲開一切，除了往事。他開始揮霍，他住在最繁華的酒店，包著一輛吉普車每天兜風。夜晚小鎮上的街市出奇的繁華，燈紅酒綠，映出許多濃妝的媚笑的女人的臉。他夜夜出入於咖啡廳與酒吧，午夜的豪賭中，把錢大把大把地拋出去，他不在乎輸贏，只想在淋漓酣暢的快意中忘掉一切。墮落是不用學的，一旦陷入一失足便再難全身而退，在兼營色情的咖啡廳裡，他沉迷於印度女郎那迷人的肉體。他有過各種各樣的女人，不同膚色不同種族不同的風情，片刻歡娛和滿足之後他以為得到了幸福，但激情過後還是什麼都沒有，他就不停地去找她們。

不可避免地他找到最終的刺激和麻醉、吸毒，邊境上20塊錢

就可以賣到一克海洛因，那種忘乎一切的飄逸和沉醉正是他想得到的，讓一切都不再想起，過去和未來，只讓沉迷的現在永存。他吸食的量越來越大，毒癮一次比一次發作得更頻繁。

不到一年的時間，他的十萬塊錢就花的精光。在這裡，有錢就是上帝，沒錢連街邊的狗都不如。他開始露宿街頭，他不再回憶年輕時打仗的往事，只是偶然想起北京的家和妻子，雖然沒有溫情只有吵聲但畢竟是家，可是已經回不去了，他什麼都不願去想，只想著如何去弄到一克海洛因以緩解難以忍受的毒癮，他骨瘦如柴，骯髒不堪，那些和他春風一度的女人早已不認識他了，雖然他送過她們很多貴重的禮物。毒素已充滿了他的血液，已無藥可救，也沒有人會救他，二十年前的噩夢終於在這時找到了歸宿。

他死了，在夜晚的街頭，僵直地倒斃在遠遠近近歌女的調笑聲中。當地人把他葬在公共墳場，胡亂地埋了。第二天，他的墳上一片狼藉，屍骨無存，貪心的販毒者們剁走了他的每一塊骨頭以提取深入骨髓的毒液。

這是西元一九九〇年，二十年前他為自己設計的結局終於如願以償了：倒在沉沉的腐葉堆中死去。只不過沒有任何的英雄主義與浪漫色彩……

更有甚者，上世紀七十年代末，「知青」的返城大潮席捲了中國。緬共「人民軍」當中的「知青兵」已經為數不多了，其中有的是到八十年代末時候才返回祖國。但有些人卻因為各種原因，卻永遠留在了異國他鄉，回不了城。這些人，有的是早已命喪黃泉，有的是身處要職，有的是在外暴富發財，據有關文章記載：雲南知青車炬在緬共的發跡史到與緬共的分裂，就是一個從革命者到毒販的亡命史。

　　車炬是雲南文山人，早年父母離異，車炬隨母返回昆明生活。一九六八年上山下鄉時由昆明赴邊疆「再教育」，不久，於一九七〇年出境參加了緬甸共產黨。由於吃苦耐勞，打仗勇敢不怕死，很快被提拔為人民軍第6旅的政委。一九七八年始，這個旅擔任了向泰緬邊境武裝運輸「特貨」的任務。車炬開始尚能認真完成「黨交辦的事情」，後來就慢慢發生了改變。

　　第6旅駐防區是緬共中央所在地邦桑楠卡河以南的地區，第6旅當時的勢力範圍，已經到達了泰緬邊境地區。很自然，運送與交易「特貨」的任務，義不容辭地落在了第6旅的身上。車炬辦事精明幹練，得到中央的好評。久而久之，車炬成了緬共中炙手可熱的人物，誰都要有求於他。

　　一九八五年，岩小石正與坤沙部在泰緬邊境大打出手，車炬派員支援岩小石部，攻下了坤沙在泰緬邊境景帕布山一線的據點，奪得了不少地盤。車炬在泰緬邊境的勢力由此更加鞏固。據知情人透露，一九八五年～一九八九年緬共瓦解，車炬與岩小石部個人的「特貨」交易收入高達3億泰銖，約合1200萬美元。

　　一九八六年以前，緬共儘管加工生產毒品，但基本限制在「黃砒」的加工與貿易上，走私的方向也是泰國和老撾。一九八六年四月後，緬共有了海洛因加工廠。這個廠就是車炬開設的。當時，這個廠的地點在楠漠。車炬從泰國請來了技術人員，開始從事海洛因的加工。

　　於是，中國雲南的邊境村寨，有了年輕的海洛因癮君子。兩年後的一九八八年，緊鄰緬北的雲南德宏自治州，有包括鴉片、海洛因吸食者在內的癮君子，已經高達18萬餘人，這其中，90％為「四號客」。中國被緬共的海洛因所毒害了。十年後的今天，中國2千多個縣市，幾乎已經沒有不被海洛因侵蝕的淨土。中央

政府公佈的癮君子為52萬，顯然，這只是冰山一角。

車炬的命運也是悲慘的，不久，他成為了佤聯軍內部鬥爭的犧牲品。一九八九年後，車炬升任由原緬共中部軍區演變而成的「佤聯軍」第420師的師長，並分管本師的財政。420師仍然駐防泰緬邊境。後由於420師出現了許多「分離」的異常動向與車炬手中權力一天天坐大，佤邦領導層終於下決心對其動手。車炬於一九九〇年被叫到總部邦康開會，期間，佤邦中央警衛團團長尼東奉命逮捕了車炬。後關押在北佤縣中央警衛團的地牢之中，不久車炬死於地牢。

車炬在緬共中的發跡到處死，只是當時中國知青在緬甸一個小小的縮影。據悉，一九八九年三月緬共內部鬧分裂，三月十一日果敢王彭家聲率先向政府投誠。緬共中央企圖除掉一批不可靠的包括中國知青在內的軍官，於四月初以中央名義開了個鴻門宴。會間中部軍區副司令四川知青鮑有祥先得密報，率眾知青發動了宮廷政變，但總書記德欽巴登頂逃脫。

四月十一日北佤縣長趙尼來和緬共人民軍中部軍區副司令鮑有祥率中部軍區第5、12旅全體官兵宣佈起義。十七日鮑、趙兩人在緬共中央警衛旅政委羅常保（昆明知青）等人的內應下，動用兩個旅的全部兵力包圍了緬共中央所在地邦桑，扣押了緬共總書記德欽巴登頂和東北軍區司令楊光等人，不久把他們遣送出轄境。

十九日彭的女婿815軍區司令林明賢（廣東知青）、東北軍區副參謀長蔣志明（雲南知青）等先後宣佈脫共。六月緬共中央遷至101軍區所在地板瓦，九月克欽族人控制的101軍區司令丁英、澤龍等人也易幟反共。緬共主席德欽巴登頂失掉了最後的根據地板瓦，八九年九月被驅逐的德欽巴登頂率其中央領導成員避

難於中國境內的孟連縣。

分裂後的緬共武裝部隊在中緬邊境的金三角地區建立了四個特區，其中第二和第四特區都是處在當年出境革命的知青領導下。緬甸撣邦第二特區，即原緬共中部軍區。四月十一日「起義」後，四月二十二日，成立了以趙尼來為總書記的「緬甸民族聯合黨」和鮑友祥任總司令的「緬甸民族聯合軍」。總部設在了與中國西盟縣僅一江之隔的困馬小蘭寨，現有軍隊2萬多人，是金三角地區勢力最大的地方武裝。

第二特區東北方與中國雲南省臨滄地區和思茅地區及西雙版納接壤。北方與緬甸撣邦第一特區（果敢）相連。南方與緬甸撣邦第四特區相鄰。西方至緬甸第二條大江——薩爾溫江（怒江），與滾弄、當陽等城、鎮隔江相望。南方地區與泰國接壤。面積3萬平方公里，人口約60萬。

除第二特區，在緬甸撣邦還有第四特區也是中國知青領導。它是由原緬共紅極一時的「八一五」軍區演化而來，是一個極為袖珍的「割據之地」。林明賢任「主席」和同盟軍「司令」，兵力3000餘人。林部絕大多數領導人是從中國出去的「知青」。原東北軍區副參謀長蔣志明出任同盟軍秘書長，原緬共中央警衛旅政委羅常保出任參謀長。林部控制的地域與中國的西雙版納接壤，面積4952平方公里，轄區內人口74022人。

特區領導人林明賢原是中國知青。林明賢生在海南，長在廣州，相當精明。他是緬共人民軍內部最早和緬甸政府和解的高級將領之一，也是最早在其轄區內全面禁絕鴉片種植和毒品買賣的，為此，他贏得了國際組織和中國政府的高度讚賞，而「第四特區」的替代種植計畫（即鼓勵山民種植經濟作物來替代罌粟）則全部是依靠西雙版納勐海縣的無償援助來完成的。當然，林明

賢最為精明的地方則是娶了被稱為「果敢王」的緬甸華僑彭家聲的女兒為妻，曾為彭平定了楊茂良兄弟兵變。

林明賢的緬共815部隊是一個以中國知青為骨幹組建的人民軍王牌勁旅。在著名的景棟攻擊戰中，林所率領的部隊取得了輝煌的戰果。他最大的特點是足智多謀，善戰巧戰，尤其善於遠距離突襲。當年諸葛亮在雲南和緬北的戰事中，多數是用智謀巧勝，林明賢的815部隊亦是如此。

誰也不會想到，由於緬共內部的清洗所引發的」自立為王、劃土為界」的突然變故，竟會使許多越境革命的中國知青，為了維持生存，不得不走上種毒販毒的邪道，還有的則是身負命案或其他特殊原因滯留在外的「知青」。有人稱他們是中國最後的「知青」，永遠行走在「青春逃亡」的險途。後來變成了一群不能回家的人。關於這段經歷，記者楊磊在〈無法回家的人〉一文中有更為詳細的描述：（摘要）

……運動在很多中國知青猝不及防的狀況下突然來臨。趙力（中國知青）回憶說，那是一個暴雨之後的傍晚。在緬甸一個名叫捆馬小蘭寨的地方，緬共中央召開了一次重要會議，連級以上的軍官們都被要求列席。

在這次會議上，最核心的議題是如何在軍事鬥爭不利的情況下更有效的團結隊伍，以及清除隊伍中不堅定分子。在後來有關緬甸共產黨的記錄中，這個會議被定義為「整風」。很多軍事指揮官被要求集中學習，交出手中的指揮權，而那些一直在總部的政治幹部們則開始進入基層指揮系統。

事後很多人認為，這是緬共大規模潰敗的開始。只不過在當時，幾乎所有人都認為，對隊伍進行及時政治教育以及部分清洗是應該的，因為隨著一連串的失敗，動搖和叛變的思想開始露出

苗頭。趙力說，當時他曾經舉手贊同，並率先交出他的獨立連連長職務，參加學習。

但後來的形勢顯然發生了變化。最早的學習是圍繞著如何更好的革命開始的，但之後路線有所轉移。「失敗的原因沒有人在意，更多的焦點集中在是不是有山頭主義和修正主義上。」趙力說。這顯然是針對某些特定政治對象的，而中國知青毫無疑問的是其中的一個。

一個眾所皆知的原因是，從一九六八年開始的大規模上山下鄉運動是以地域為特徵展開的，這導致一個城市的知青往往會被下放到另一個山區，他們地域和語言相近，所經受的運動以及教育程度都相似，毫無疑問他們更具有親近性。在進行戰鬥時，這種以老鄉和友情為紐帶的組織關係能夠有效的凝結戰鬥力，「甚至超過了某些政治口號的驅動」。

相對應的，在中國知青的隊伍中，也存在以雲南、北京、重慶等知青為團體的鄉幫，而在和緬共本地組織配合作戰時，他們又往往被視為「中國」部隊。在後來的政治運動中，這種架構很明顯的被定義為「山頭主義」。

而問題的核心在於，當軍事鬥爭開始潰敗、政治運動升溫的前提下，這種無法判斷對錯的定位很快就被稱為一個「替罪羊」——這就是緬共文件中所提到的「戰鬥力和革命意志分散，並導致戰鬥失利」的根源。趙力承認說，這種判斷有其合理性，但「如果政治運動得當的話，仍然有可能扭轉。」

但事實上，另外的一個極端開始出現：整風帶來的清洗運動開始席捲軍隊。幾乎沒有指揮官都被要求向組織交心，由政治官員們進行審查。如果被認定為隱瞞動機或者出現動搖，等待他們的下場就是撤職、關押，甚至是槍斃。

　　趙力回憶說，一開始的鬥爭仍然是趨向於口頭教育，但半個月後，當一個中國知青對所謂的教育表示不滿並試圖帶著隊伍獨自戰鬥時，轉向了體罰層面。這位知青很快被當眾審判，並被槍斃。更具震懾力的是，他的屍體被吊在黨部門口，風吹日曬。趙力說，會議持續了整整一個月，那個戰友的屍體也就被懸掛了一個月。

　　此後的運動開始失控。大規模的清洗從中國知青中開始，並進而蔓延到緬共本地黨員身上。當時的緬甸政府軍方面曾經有份情報證實，在這一輪的清洗運動中，緬共部隊中層軍事幹部中有三分之一被槍決或者下落不明，有三分之一的人被撤換，下隊伍當兵。這使得從這個時候開始，緬甸政府軍的反攻開始無往不利。

　　這次會議召開後不久，緬共更大規模的分裂開始：根據公開資料，原緬共人民軍曾先後成立了四個軍區，東北軍區、中部軍區、「八一五」軍區和以克欽族為主的「101」軍區。在這些軍區的主官中，大多跟中國知青有關，而隨著運動的深入，他們開始意識到，「如果不抓緊手中的軍隊，可能連命都保不住，更別提堅持革命了，」原緬共101軍區司令員丁英在一次訪談中說。

　　於是，越來越多的跡象顯示，緬共中央對軍隊的控制權正在被弱化，而這個導致了更大規模的政治運動，如此反復。

　　而這個時候，正在緬共東北軍區中接受審查的趙力被關進了禁閉室，之後有傳言說，他將作為叛徒被槍決。他開始意識到，自己的革命道路或將走到終點；而在緬共中部軍區的譚司令（重慶知青）也開始對前途覺得悲觀，他嘗試著偷偷私藏一部分彈藥和糧食，準備逃跑。

　　此時的中國國內，知青回城的風聲已經開始吹起。從雲南

到北大荒一波又一波的知青上街遊行，要求回城探親或者回城就業，家裡擁有關係的早就已經以參軍或者看病的名義悄悄溜走。當風聲傳到緬甸時，知青隊伍中開始出現回國的跡象。先是一個、兩個，再後來就是以排為建制的隊伍失去控制，幾乎每一天都能傳出戰友返鄉的消息。

而在捆馬小蘭寨，政治運動已經走到高潮。在一個傍晚，一名中國知青在廣場上被執行軍法，為了起到更好的震懾作用，他是被用刀殺死，之後被亂刀分屍。隔著禁閉室的視窗，趙力看到這一幕，而令他覺得更加恐懼的是，旁觀者興高采烈高呼口號，而絲毫沒有想到，這個被殺死的人之前是他們的戰友，他們曾經一起浴血奮戰。

在這天晚上，負責看守趙力的另一名中國知青悄悄打開了大門。他們帶著槍支，進入了緬甸密林。而在百里之外譚司令在幾天之後，也帶著槍支和一些中國知青逃跑。他們拒絕返鄉，仍然試圖繼續革命。後來緬共中央的一份文件認為，這次運動起到了清洗叛徒，純潔革命的作用。而趙力、譚司令等人被宣佈為叛徒，並在緬共實際控制區內遭到通緝。緬共中央要求說，要用這些叛徒的污血洗清革命旗幟上的污點。為此，「每一個革命同志都要牢記，面對叛徒，只能用槍口對話。」

所有的跡象都顯示，這場轟轟烈烈的革命正在轉向一個誰也無法控制的軌道。在很多年後，事件當事人或多或少的對此都表示過不同的理解。但有一點絲毫沒有爭議，正是隨著這場「清洗」運動的進行，緬共開始走向潰敗乃至最終解體的命運。

逃跑之後的譚司令是在一個名叫野人山的地方和趙力碰面的。在中國有關緬甸的記載上，野人山是作為一個歷史名詞出現的——上溯到更早之前的抗日戰爭期間，杜聿明帶領的中國遠征

軍就是在這裡迎來了全盤潰敗，經由這個長滿荊棘、螞蟥四處遊動的險惡之地，當時的中國軍隊開始陸續潰敗回國，至少有7000人長眠在這個地方。因而，對於很多熟悉歷史的人而言，緬甸野人山是一個永遠抹不去的傷痕。

就連當時緬共遊擊隊的人都認為，這個地方似乎預示著悲觀的前途開始以極端惡劣的情形出現——因而即便在他們被政府軍的連串攻勢打得潰不成軍時，他們都沒有動過任何穿越野人山的念頭——雖然很多地理資料都證明，只要能走過此地，就可以從一個隱秘的小道進入雲南。當時杜聿明就是如此選擇。

而也正是如此，這裡幾乎成為那些所謂「叛徒」或者「逃兵」試圖逃跑時最理想的通道。譚司令毫無疑問是其中之一。譚司令後來回憶說，當時他和另外一個戰友，也就是後來跑去金三角的高建軍，帶著兩隻槍，還有幾十發子彈正在野人山中尋找逃生的機會時，突然聽到有人說著普通話以小跑的速度向他們趕來，他的第一個念頭就是開槍。

趙力在這場革命中唯一的一處槍傷就是這麼來的。趙力跟我說，當時大家都在倉皇逃命，聽到別人的腳步聲就以為是追逐他們的人，因而開槍是不可避免的。雖然他後來恨恨地說，從來沒想到譚司令的槍法是這麼準。但他似乎從來就沒有介意過。

短暫的交火之後，雙方開始對話，也就是在這個時候，他們才知道原來彼此都是被追殺的人。於是，兩支逃命的隊伍開始匯合。

至此，他們總共擁有5個人、5支長槍還有一支短槍，以及子彈若干。而隨著沿途的損耗，子彈很快將要用完。有人提議說扔掉槍支輕裝上路，這個念頭被趙力打斷。

他回憶說，根據當時的形勢，回國顯然是不可能的。隨著知

青的大量回城，曾經沿著邊境線密集排開的知青點已經一個接一個的撤銷或者被廢棄。他們找不到可以落腳的地方，甚至他們都找不到人來為他們做證明，證明他們也是知青。

因而，一個必然的選擇是，他們必須要往緬甸更北部的地方走，在那裡，緬甸佤邦的隊伍雖然仍在緬共的旗幟下戰鬥，但已經暴露出「分家」的念頭，擁有槍支是可以投奔他們的唯一本錢。

即便在這個時候，「叛變」這個提議在這個散亂的隊伍中仍然是一個隱晦的話題。譚司令說，他們當時的判斷是，佤邦的領導人是一個雲南知青，他們革命的念頭始終高漲，之所以要提出「分家」，也是因為他們看不慣緬共的清洗運動。

後來，經過將近十天的跋涉。他們終於來到了佤邦的所在地。當地人用超乎想像的熱情歡迎他們。趙力說，他們以為，在這個地方，革命仍在持續。因而，他成為了部隊的小領導。但事實證明，他們過高的估計了革命的形勢。一場遍佈緬共遊擊區的分離運動已經開始展開，只不過，所有的事實都隱藏在更深處。

時間就這樣一年一年的過去。堅持革命的念頭雖然仍在心頭徘徊，但隨著時間的消磨越來越淡漠。在這些年中，趙力在佤邦的隊伍中青雲直上，而譚司令選擇了去果敢，那裡有另外一支部隊，首領是彭家聲。

根據事後公開的歷史資料，當時緬共已經分裂成四個主體。原緬共人民軍曾先後成立了四個軍區，東北軍區、中部軍區、「八‧一五」軍區和以克欽族為主的「101」軍區。其中果敢彭家聲的勢力範圍位於緬甸臘戍至滇緬公路北線的龐大區域，與我國雲南臨滄地區的鎮康縣、滄源縣、耿馬縣以及保山地區龍陵縣接壤；而佤邦控制的部隊，軍部設在與中國西盟佤族自治縣僅一江

之隔的捆馬小蘭寨，行政中心為邦康，靠近中國思茅地區孟連自治縣，行政長官趙尼來，聯軍總司令鮑有祥；而密支那地區克欽獨立軍轄區的總部位於和中國騰沖、盈江、隴川接壤的得窩，101軍區的總部在騰沖境外的甘拜迪，司令員為丁英；而「八‧一五」軍區長官為林明賢，系彭家聲女婿，海南知青，轄區位於中國臨滄地區境外。這也就是後來緬北地區的政治武裝的雛形。

在這個歷史變幻的時刻，這些越境參加革命的知青命如棋子，很多人都被不由自主的操控。有些人選擇回國，而有些人選擇去了泰國和緬甸交錯的金三角，那裡是國民黨殘軍的地盤，以種植鴉片為生。這些經歷過戰火和革命洗禮的中國知青，正是那裡需要的生力軍。

而就在緬甸共產黨內部，一場軍費從何來的爭議也開始出現。趙力說，就在這個時期，佤邦所在地也開始種植鴉片，並開辦提煉工廠。這些販賣毒品而來的資金變成更加先進的重型武器。在後來的十五年間，佤邦就成為繼金三角之後最大的鴉片輸出地之一，而控制部隊的知青鮑有祥開始成為聯合國定義的毒梟。

這就涉及到另外一個隱秘的話題。革命失敗後，流落在緬甸的一些知青們究竟靠什麼為生？這個話題有很多種答案。譚司令說他沒有碰過毒品買賣。很多人並不相信，包括我。

漫山遍野的罌粟花肆無忌憚的充斥著我眼前的每一寸土地。那種奪目的絢麗色彩讓我感到一陣眩暈……

對於每一個在二〇〇四年之前到達過緬甸佤邦的人來說，瘋狂生長的罌粟應該都是最深刻的印象之一。很多人都說，這種妖異的花海，給人們製造了一個最大的假像——這是一片多麼平靜的土地。而在聯合國禁毒署的衛星地圖上，盛開的罌粟花被稱為

「毒瘤」，不但侵蝕這個貧窮的地方，也在別的地方製造貧窮和殺戮。

譚司令說，在他的一生中，從來沒有碰過一次毒品，也沒有縱容過手下去接觸毒品。雖然他也說，在果敢，要想過上更好的生活，除了毒品和賭場之外，幾乎沒有別的選擇。他強調說，自己曾經是一個革命軍人。

這讓我的思緒不由自主地回到了更早之前。在緬共內部的分裂表面化後，軍隊內部瀰漫著潰敗的氣息，而槍支彈藥、食品和藥品的短缺則成為最大的難題。在公開或者非公開的資料中，都有這樣的記載：「隨著國際革命形勢的變化，緬共能夠獲得的資金和補給援助越來越少，到最後就徹底沒有了。」

這是緬共最後解體的另一個核心原因。而在當時，種植罌粟的熱潮已經興起。在幾百公里之外，金三角的坤沙已經開發出一種新的產品，並有一個「雙獅踩地球」的響亮商標，這就是著名的金三角高精度海洛因。後來很多資料顯示，金三角的海洛因一度佔領了全球市場，而換回來的錢則成了坤沙武裝的軍費。

不知道是不是這個原因，在緬共內部也有人開始提議小範圍地種植罌粟，畢竟這是一個快速補充軍費的有效方法，更重要的是，罌粟在某種程度上能夠充當藥品，為戰士們鎮痛之用。有一份文字記載，在邦康地區，第一片成型的罌粟田就是以野戰醫院的名義種植的。後來，罌粟種植的擴大化似乎不可避免。

譚司令告訴我，與金三角的毒品相比，緬北的毒品是比較低級的。因為缺少某種化學物品或者核心技術，緬北在八十年代沒有辦法自己將罌粟提煉成海洛因，他們只能做最低級的提煉工作，經過凝固、部分合成之後，成為具有標準重量的方塊——因為它凝固之後會稍微呈現黃色，因此很多人將它叫做「黃吡」

——只要從緬北運出，到某個地下工廠，經過稍微的化學合成，它就可以成為鴉片或者更高端的海洛因。

但不管毒品怎樣低級，它的利潤仍然超出想像。直到後來，緬共中央發現，它幾乎不能有效控制罌粟的種植趨勢，而且他們也離不開它所能帶來的資金。緬共中央的一位高官後來回憶說，「這是一種雙向依賴，直到最後，我們已經徹底失去控制。」

在這個環節中，仍然滯留在緬甸境內的中國知青們或多或少都捲進了這趟混水之中。趙力說，當時他曾經作過一個統計，至少還有兩百名左右的中國知青滯留。

真正的裂變發生在一九八三年左右。當時在雲南邊境，中國的邊防軍警發現了有上噸規模的鴉片被武裝人員押運著試圖借道雲南邊境。沒有資料顯示當時是否發生了槍戰，但中國最終扣押並銷毀了該批毒品，據說，這是中國第一次發現大規模的毒品入境。

很多人後來證實，當時的押運人員就是緬共遊擊隊。後來，更多的中國知青離開了這支部隊。他們有些回國，有些去了泰國。還有一些，乾脆就去了金三角直接從事毒品買賣。

二〇〇六年，我在金三角的美斯樂地區，曾經遇到過一個雲南知青。他承認，他就是緬共遊擊隊的殘餘部分，現在「在金三角，除了靠這個（毒品），幾乎沒有發財機會」。

但更多的中國知青就此不知蹤影。趙力說，在一九八五年之後，緬共隊伍中中國知青的數量已經少得不用統計，他們選擇了各自的道路，很多人甚至改變了名字，從此相忘於江湖。

歷史最終走到了一九八九年，在這一年，位於果敢的緬共彭家聲部隊開始與緬甸政府接觸，並達成了協議，之後彭家聲宣佈脫離緬甸共產黨，其實際轄區被緬甸政府確定為緬甸撣邦第一

特區。

在緬共的序列中，這是被推倒的第一塊骨牌。在之後的一個月內，緬共的中央軍區、518軍區陸續宣佈脫黨，並逐步和緬甸政府達成和平協議。而在這個環節中，緬共中央的高官們被從一個地方「護送」到另外一個地方，最後，他們到達了位於雲南騰沖邊境附近的101軍區軍部所在地。

那裡曾是他們所謂重新革命的唯一希望。而在半個月後的一個早晨，該軍區司令員丁英通知緬共中央，已經和緬甸政府達成協議，雙方實現停火。作為條件之一，丁英將緬共中央委員會的十餘名官員「禮送出境」。至此，曾經在緬北承擔了重要角色的緬甸共產黨宣告徹底解體，就此進入歷史的山洞。

很多年後的二〇〇四年，在一個至今還無法對外明說的地方。我參訪了當時緬共中央委員會的一個中央委員，他對我回憶說，「在很大程度上，是經濟的困頓打敗了緬甸共產黨。」

而他對中國那批知青的最終評價是，「這些中國同志抱著革命的熱情來到這裡，最終又被革命分化。如果說現實證明他們從事了一個錯誤的事情的話，那也只能說他們是在一個錯誤的時間點出現在一個錯誤的地方」。他說，他個人對這些中國同志的革命熱情感到欽佩，而對革命的最終失敗感到遺憾。

這是我在過去幾年間對原緬共100多名人士採訪中，最接近事實真相的一個評價。但當我把這個結論告訴譚司令時，他說，他沒有後悔，而且也沒有覺得選擇錯誤。

時光飛逝，在二〇〇六年底的時候，我聽到了譚司令的死訊。當時，我沒有感到任何震驚。譚司令最終還是死了。

在和他接觸的幾年中，我不止一次地問過他，在這種不安定的環境中，他有沒有設想過萬一有一天出意外了，會希望別人怎

麼評價他。他說，如果這一天真的來臨，他希望能有很多戰友們來送他，這樣子會讓他更像是一個戰士。

事實上，他意識到，打打殺殺的生涯始終沒有辦法遠離。因而在很多時候，我能看到他是多麼的恐懼死亡——在每次出門前，他都會在屋裡的神像前面上香，然後仔細檢查自己的槍支，還有車輛，「你知道，這裡不太平。」

所以在很多時候，他周圍的人都確信，譚司令是一個迷信的人，這一點絲毫不像是一個曾經的革命戰士——大家都知道，跟他吃飯時，一定要讓他面向門口，這樣他可以更好地觀察進來的人；跟他出行時，一定要讓他靠近道路內側；絕對不要從背後拍他的肩膀……如此種種，以至於很多人說，他是一個很怕死的人。

只有死過一次的人，才知道活著有多艱難。聽到這種說法的時候，譚司令通常會這樣子說，「那些年要不是靠這些小心，早就死掉了。」

於是，在他看來，一切都是這麼的合理，雖然他自己內心究竟怎麼恐懼，表面上一點都看不出來。但是，回家的話題卻仍然是一個禁忌。從他跨出國境的那一刻起，他就再也沒有回過家。在過去的幾年間，陸續有重慶來的人跑到他這邊，跟他說家裡的一些變化。有幾次我也在場，試圖看看他有什麼表示。他卻總是淡淡地說：「知道了。」

他似乎從來就沒有想過要回去。這是很奇怪的事實。在酒喝多的時候，他也會跟我說起老家的事情，說自己是怎麼樣的想念家裡，但一旦清醒了，就能忘掉說過的一切。有人告訴我，他再也回不去了。

後來我翻閱一些資料才知道，對於當時那些越境參加革命的

遊擊隊員們，回家並不是一個好的選擇。在一些地方，有關他們這些人的性質認定問題，至今仍然很模糊，有人傾向於認為他們「非法越境」，而有人則認為他們是一群無組織無紀律的人。

但有一點毫無疑問，他們浴血奮戰的過程，並不能為他們換取一個「革命戰士」或者「革命烈士」的稱號。事實上，在很大程度上，他們被模糊對待，沒人關心他們的經歷和動機。相應的，也沒有人會耗盡心思為他們提供一個恰當的定義。

在一次醉酒的時候，譚司令說，他此生再也不會，也沒有機會回家：「我不能看著我的戰友們倒下而沒有榮譽，也不能看著戰友們回去卻沒有身分。」對於他個人，他相信即使回去，也不會有什麼好的結果。

在我跟這些遊擊隊員們接觸的日子裡，這樣的說法時時被掛在嘴邊，也成為他們拒絕回家的最有力理由。但我知道，這只不過眾多有說服力的藉口之一。

趙力就是這麼跟我說的，「回去？誰敢回去？」——在緬北遊蕩的日子裡，很多遊擊隊戰士們或多或少地參與了一些跟法律背離的事情，他們當中的有些人，甚至已經化為「毒梟」。雖然這只是其中很少的一部分，但對於資訊嚴重隔絕的家鄉和緬甸，這似乎有成為共同定義的可能。

趙力說，據他所知，革命失敗後留在緬甸的這群人中，幾乎都是因為這樣那樣的理由不能回家，「有些人是不樂意，更多的人是不敢回。」而我在雲南邊境這邊，也在雲南邊防部門口中得到了同樣的說法。緝毒員警們毫不遲疑地告訴我，有些人只要一進來，就會被抓起來，因為他們直接或間接地往中國境內輸入毒品。

事實上，在過去的好幾年中，雲南緝毒部門中確實有這樣的

案例存在。只不過很少有人會和過去的那段歷史聯繫起來。

　　只要跟毒品沾邊，就意味著所有的道路都會被封死。在雲南邊境的這一側，這是一個絕對不可能有彈性的原則。而對於譚司令來說，這就意味著，即使他聲稱沒有沾過這些東西，但他提供保護這個事實是絕對存在的，他不敢越過邊境。

　　所以，在二〇〇六年的下半年，跟他有關的「壞消息」一個一個傳來──中國斷絕了「出境賭博」的通道，在緬甸一側的賭場全線停業；而由雲南方面提供的「鴉片替代種植」方案開始收到成效，越來越多的緬北地區開始放棄鴉片，改為種植由雲南提供的水稻，並獲得部分援助──中國針對毒品的打擊力度則日益加大。由此，果敢的形勢開始急轉直下。

　　有人認為，譚司令的模式已經過時，必須要有更加高明的手段來延續果敢的地下產業。很顯然，作為一個所謂的絆腳石，他只能面臨兩個選擇──以更兇猛的手段打擊對手或者就此讓出勢力範圍。

　　譚司令選擇了第三條路──他向對手們示弱，表示不會退出原有產業，但可以做出適當讓步。也就是在這個時候，很多人意識到，他終於不再是那個不可一世的譚司令了，他的兇狠和野心正在隨著時局變化而漸漸老去。

　　在很多人看來，示弱是一個最壞的選擇，但他偏偏選擇了這一個。在和我的一次深談中，他說自己已經老了，而他那些堅定的支持者同樣也已經老了，「好不容易穩定下來，已經沒有人會像以前那樣拼命了。」

　　「事實就是，我們再也打不贏了。」這就是他跟我最後一次談話的收尾。他說，對他而言，從到緬甸的第一天開始，他就知道，這是一場沒有辦法打贏的戰爭。只不過之前很多人想著說要

繼續革命，現在只是想要繼續活著。

但顯然他的對手們沒有給他這個機會。二〇〇六年底，我在阿富汗，電話突然響起，有人告訴我，譚司令死了——他被人發現死在一個名叫八莫的地方，身上有槍傷。沒有人知道是誰幹的，也沒有人去探究這個。

雨過無痕。那個叫譚凱旋的戰士，那個叫譚凱旋的中國知青，終於不再想家。很久以後，有人告訴我，在譚司令出殯的那天，從金三角、緬北甚至是雲南來了很多老遊擊戰士，這些曾經的中國知青們聚在一起高唱革命歌曲，直至深夜……

看了楊磊的述說，令人心痛不已。因為，當如今「上山下鄉」已經成為歷史記憶，可誰也說不清楚當年到底有多少越境的中國知青就此永遠留在了異國他鄉，他們直至老死也只能是有國難回，有家難歸的孤魂野鬼。還有那些偷渡出逃港澳的廣東知青，由於都是非法出境，國內早已按失蹤註銷了他們的中國公民身分，即使他們有幸回國，也只能是某個國家或地區的入境客人，想來實在是有些心酸和痛楚……

## 第二節　偷渡逃港知青艱難的拼搏

知青山人在〈初到香港的日子〉講述：……我到香港的第一份工作，是在一間製衣廠裡面做包裝部的雜工，記憶中日薪是15塊錢。工作是搬運包裝好成衣的紙箱，七十年代初的香港製衣業旺盛。包裝部的大多數都是上了年齡的老婦人，她們負責包裝，我負責搬箱子。雖然費力氣，但對於當慣知青的我不算辛苦，而且有飽飯吃。雖然工作上可以適應，可是收入就比較難捱，沒多久我又找到了一份另外的工作。

第二份工作也是一份製衣廠的工作，不過是燙衫，把完工的恤衫燙好。這一份屬於有點技術性的工作，按件計算。本來這份工作要入行，要幫燙衣部領班白做半個月沒有工資，可是那時我剛到香港沒多久，根本沒有錢，要靠領工資才有錢吃飯。領班是個好人，體諒我沒錢，不用我白做，只要請那幾個燙部工友去大排檔吃一頓飯就可以。說來失禮，當年請人吃飯的那一百塊錢也沒有，還是同大隊知青夫婦百福和阿嬋墊付的，後來領到工資才還給他們。可惜沒多久這間工廠倒閉了，工友又介紹我到另外一間工廠工作。

這間工廠的工作有個好處，就是時間上比較自由，晚上不用加班，可以上夜校讀書，而且同在一起的工友都是比較單純的好人。大家每天中午用一個電鍋做飯吃，菜肴就隨便要包伙食的商家送來一些，不夠就吃些罐頭。我當過知青，有飯吃飽就行，最主要是能節省一些金錢。不過這工廠也有不好的地方，他們都是一批一班左派工會的會員，醉心追求公平社會主義。常常向我宣揚革命道理，我雖然對政治沒有興趣，但剛從四人幫控制的內地出來，對偉大革命道理瞭解當然比他們深刻，但我為了謀生，從不跟他們辯論。

我當時也實在太忙，每天中午都利用休息時間做夜校的功課，根本也沒有時間跟他們去工會學習偉大領袖的光輝思想。可是他們的確是一班好人，沒有像以前讀書時班級領導那樣嚴格要求我改造思想，還在生活上關心我，偶爾星期天休息，還領著我去參加工會的遊船河和燒烤活動。這些人大概就是今天的建制派，他們沒有什麼機心，只是盲目的崇拜偉大祖國和領袖，比起許多今天另有目的，打著追求民主的民粹主義的政客好多了。如果在今日兩班政客中挑選，我寧願支持他們，至少他們可以令這

個社會安穩一些。

除了工作上的煩惱之外，居住也是一個很大的問題。我剛來香港的時候，沒有什麼錢，和百福一同租住一個沒有窗戶的房間。那房間在九樓，沒有電梯，是由一間廚房改裝而成，那屋子住了許多夥人，大家都在自己的房間做飯，根本不需要廚房。房租也不便宜，要170塊錢一個月，兩個人一起住負擔可以輕鬆一些。不過，由於房間由廚房改裝，根本不夠長度放下一張床，只好自己動手把床板鋸短一些。百福個子矮一些還好，我就根本伸不直腳，每晚曲著身子睡，第二天醒了很累。住了一兩個月，百福和阿嫦要結婚了，我只好又另找地方搬家了。

剛好舅父的一個朋友有一間空置了的徙置屋，那是他從前居住的木屋被大火燒毀了以後政府建來安置他們。他們只有一個兒子不時在那裡居住，那是現在美輪美奐的公共房屋的始祖。由於是政府倉促之間建成的，七層高，沒有電梯，沒有廚房，廁所和洗澡的地方是公用的。一條長走廊並列著一個個面積十幾個平方公尺的簡陋房間，就是居民的住家。大家都是在房間門口擺放爐具，一天三頓都在這裡。

居住條件不好是一個問題，更大的問題是這裡龍蛇混雜。賭場、白粉都有，還有許多飛仔飛女和黑社會。我是個窮人，身無財物，只有幾件替換衣服和棉被，最值錢的就是用來學習英文的答錄機，自然不怕被人打劫。再說，跟我一起來到香港的同伴都是昔日在廣州參加過武鬥，又經歷過逃亡收容的知青，自然不會害怕這裡的飛仔。不過來到香港，我們只想好好生活，不想惹事。但是後來新來剛到，還是給人欺負，有一天這裡的白粉仔終於偷去了我的答錄機，還是由他們出面幫我拿回來。舅父雖然不是守那一區，收到風聲，還是怕我闖出禍來，親自來看我好幾

次。其實他不用擔心，我經歷了許多事情才走到今天，只是希望用心讀書，好好生活，儘快的追回失去的光陰，絕對不會在這裡惹事。

七十年代初期正值香港的經濟開始起飛，低下層的市民生活一般還是很苦。白天他們到附近的工廠上班，他們做飯也是只在門口的走廊邊上放一隻火水爐子，晚上他們一家大小就睡在那個十幾平方公尺的小房間裡面。有些睡在上下格的碌架床上，很多晚上睡在地上，夏天的晚上，很多乾脆睡到樓梯的平臺上。不過那裡的人情味濃郁，鄰居都樂意借電話給我使用，那裡很多跟我年齡差不多的青年人都讀夜校，後來那裡也出了一些名人，七十年代的香港青年人肯捱，大家守望相助，就像「獅子山下」那首歌曲所描述的一樣，為生活，為明天拚搏人生，我慶倖自己有機會來到香港，見證了這個城市怎樣在暴亂後，一步一步的成為一個現代化的國際大都會。

那個地方也有一個比較獨特的現象，一到每年的十月十日，辛亥革命和中華民國的國慶日，就到處飄揚著青天白日滿地紅的旗幟，和共和國的五星紅旗一樣隨風飄揚，和平共處。還有逃亡臺灣的前中國領袖的大幅照片，我頭一次這麼清楚的正面的看到這位曾經領導中國抵抗日本侵略的中國領袖的面貌，對於剛從內地出來的我很是新鮮。我很希望兩岸領袖有一天能心平氣和的坐下來，以和平方式解決兩岸對峙的局面。兩岸雙方不再以兵戎相見，那就真正是中華民族的最大福祉了。我在那個地方住了差不多兩年，一直到那個地方有消息說需要拆遷。

來到香港已經差不多四十年了，昔日經歷過的許多事情還是歷歷在目。我吃了許多苦頭才走到今天，不過，我始終沒有後悔當日自己的選擇。性格決定命運。也許，一切都是冥冥之中上天

早已有所註定。

知青蔡子琛在〈失落的愛情，人生的拐點（二）他的故事〉中回憶：他，也是上山下鄉華僑學生，是我的同校同窗，但不是一個班的，來自月亮之國。他在僑居國上的是非華語學校，已經讀到高中，外語很棒而漢語不行。六三年僑居國當局排華回國剛進補校時，還說不成整句的漢語，進補校就是惡補漢語。經補校老師精心教，本人刻苦學，倒也進步神速，文科理科均達到高中畢業水平，準備一九六六年參加高考。一場文化大革命，北京女一中革命小將的一紙發端，高考沒了，變成「廣闊天地煉紅心」。一九六七年下鄉到農場時分到實驗農場，並不跟我在一起。

我們走得近，是一九七四年落實政策回北京以後的事情。我們倆上班的廠子很近，又都是單身沒有家庭歸宿，週末假日沒有地方去就湊到一起消磨時光，或逛公園游名勝，或躲在宿舍裡窮聊海吹說說心裡話，感情逐漸篤深。

他在農場時因出身無產階級，勞動表現好，被吸收入黨，提拔為司務長，並被推選為第四屆人大代表。有了這個政治背景，他進工廠後很快就被重用，進了黨支部班子，任青年委員。黨支部青年委員嘛，當然要聯繫、指導共青團工作。團支部書記是位漂亮姑娘，政治上很要求進步，入黨願望強烈，積極靠攏組織，經常向他請示工作、彙報思想。一來二去，他可就動了凡心，對團支書產生了「非份之想」。有一天特意跑來找我，滿臉的憂愁，一問才知，老先生墜入愛河，心神不定、食不甘味，心裡沒著沒落跑來找我討主意。我一聽便樂，天大的好事啊，值得慶祝，立即在餐桌上加了酒菜和啤酒，乾杯慶賀，他的愁容才雲開霧散。

　　藉著酒精的興奮作用，我們開始謀劃下一步的行動計畫，首先寫一封含而不露的信給團支書，投石問路試探試探，信要寫得既含蓄地表露心跡，點到為止，又不能掉價有失青年委員的身分，讓人瞧不起，能進能退，不傷面子。說到寫情書，他臉上又有難色，有些懊惱地說：這種信太難寫了，我可寫不來。不容分說為朋友兩肋插刀，我當即爽快地自告奮勇，我來寫，寫完你抄了給她。見到我把「攔路虎」的事應承下來，他眉開眼笑，拍著我的肩膀，「這才是好朋友嘛！」

　　接下來兩天裡，我白天幹活時構思晚上動筆，寫了改，改了寫，可謂絞盡腦汁。那邊廂他也不消停，每天來一次電話催，急著要來拿信稿，熱戀的人真是像熱鍋上的螞蟻。終於有了比較滿意的成稿，我沒打招呼約時間，便徑直把信稿送過去。他見到我的到來，知道信稿已經完成，喜出望外，到食堂加了份葷菜犒勞犒勞我。

　　信是這樣寫的（因為是盡心之作，頗有些孤芳自賞，故存留至今）：在你跟我促膝相談之後，我想了很多很多……你那規勸的婉言，久久縈繞在我的腦海……

　　我總認為，靠別人介紹不可能稱心如意。我記得小說《豔陽天》裡的焦淑紅曾有過一段獨白：「一個人選擇一個如意的人實在不容易，選上了，好起來更難呀！」的確，認識一個人容易，瞭解一個人也不太難，可是要相互之間建立起真摯的感情，攜手共同創造未來的生活，就不是一件容易的事了。我抱定這樣的信念：只有在共同的工作和學習中，相互關心、相互幫助、相互瞭解，從而建立起真正感情的伴侶，這才是美滿和我所期望的。

　　在短暫的一年間，有這樣一位同志在我心目中留下了良好的印象：她政治上積極要求上進，生活上艱苦樸素，工作上認真負

責，待同志熱情和藹。在頻繁的接觸過程，她一直牽動著我的心靈。雖然我有心向她表白自己的忠誠。然而又怎樣才能打開她的心扉？為此，我曾費心琢磨：儘管我有這份心，可是她呢，不知她是怎麼想的⋯⋯

一個人的心田，一旦讓人埋下情感的種子，她就會生根發芽。這根紮得深，這根長得壯，任誰也拔不走、替不了⋯⋯雖然不能說沒有她我就活不下去，但也失缺了生活的歡趣。

時光流逝，歲月對我是無情的。她怎樣才能知道我的心靈；知道了，又會作什麼樣的答覆。解鈴還得系鈴人。情感的種子已經在心裡埋下，只要她來勤灌溉，多鋤草，何愁不能成長壯大成參天大樹呢？過些日子就是立春，大地已經微吐春意，節令不等人，就看她的心扉能不能為這書簡打開了。

信是由郵局寄出去的。我焦急地等待結果，不出兩天，他跑來喜滋滋地告訴我團支書邀請他到家裡玩。我說，有門。並給他分析道，肯定是團支書徵求了她家長的意見，家長有意相未來女婿，他也同意我的說法。然後，我們仔細研究了如何準備這次事關終身、非同尋常的見面。事已了然，只要過了家長這一關那就大功告成，準備喝喜酒吃喜糖了，這是最後也是最為重要，最為難邁的一道坎，成敗在此一舉。

一天、兩天，好幾天過去了，他都沒來找我。我心裡直罵，這重色輕友的傢伙過河拆橋，連個喜訊也不給報一個。你不主動我主動，直接找他去。一見面，看他的臉色就知道大事不妙，我小心翼翼地回避著敏感話題，沒說上兩句，他的一句話差點沒把我擊昏過去：「你幫我寫份出國報告。」我不解地問他：「為什麼？」他這才沮喪地娓娓道來前因後果。

原來我們把事情想得太樂觀了，哪是未來丈母娘相姑爺呀，

是請他去見面攤牌來著。老人見識太多中國「翻手為雲覆手為雨」的事情，別看現今風光，焉知日後華僑身分的海外關係會不會帶來麻煩，這可是政治為先的國度。老人擔心陷入情感的女兒做不了決斷，於是親自出馬……

聽罷，我的心沉進深淵海底，既是哀兒也是歎己，罩著政治光環的他尚且不能庇護尋覓到的愛情，我這非黨非無的豈不是前途更加黯淡，永無出頭之日。我默默地點頭答應他的請求，默默地拍拍他的肩膀，默默地轉身離去，留下默默的他……泥菩薩過河自身難保的我，此時說什麼也是多餘。

後來的事情順理成章，他遠去香港，離開了北京，離開了愛情，也離開了輝煌、離開了理想……車站送行時，三大偉人已故去。他憂心忡忡地對我說，周朱毛都不在了，誰知道今後中國會怎樣？華僑的日子不會太好過。我心同此情地答道，可不是，你安頓後，也幫幫我，把我弄出去。他頗為仗義，斬釘截鐵地回答：沒問題。送完他，留下感言：奈何重蹈父輩路，含淚惜別故鄉土，風風雨雨難盡訴，單道平安來相祝。

不是華僑學生「愛情至上」，不要埋怨華僑學生經不起失戀的打擊。不是華僑學生太戀家。那年月，華僑學生背著出身、海外關係的包袱太沉重，活得太不輕鬆，這兩個緊箍咒死死地卡著僑生的每個人生關口，不能升學提幹，當個工農也罷；不能入團入黨，做個民主人士也行；獨獨不能享有愛情和家庭，讓人無望、心碎。本來過著富裕溫馨家庭生活的華僑學生為了心中的愛國理想，小小年紀回到祖國，一直過著飄泊不定沒有歸宿的生活，他們吃膩了食堂的大鍋飯，住煩了集體宿舍的床，好想好想有個家，讓疲憊的感情有個驛站歇歇腳，像安徒生筆下賣火柴的姑娘劃根小火柴暖一暖冰冷的心。可是連這點起碼最低的願望，

也因出身、海外關係而不得時，還能有什麼更好的選擇？不得不作出違心的選擇：走回頭路、吃回頭草，這滋味、這心境，不是很好受的，除非親身經歷、感受，很難理解。

其實這些上山下鄉華僑學生去了香港之後，除了少數靠家裡支持有所成就外，大多數並不能夠像父輩那樣靠勤奮勞動致富，達到事業的輝煌。因為，時代變了，事業發展要靠文化知識，而上山下鄉華僑學生因文革失學，恰是在文化知識方面是短板、弱勢，極大地限制了發展。一九八五年我到香港專程拜訪了他，那時他在集裝箱碼頭工作，收入不高，住的蝸居，仍然單身。無意間端詳，發現眼上有傷疤，我假裝沒看見，未敢觸動這根脆弱的神經。我感心酸，把淚流進肚子裡，沒敢把話挑明：資本主義也沒個好……

## 第三節　越洋插隊落戶知青的奮鬥

知青呂華在〈二次「洋插隊」〉中講述：……一九九六年一個偶然的機會讓我離開北京，離開老公和女兒，隻身一人來到了一個完全陌生的異國他鄉，開始一個人的新生活，當時我已經43歲。還沒有下飛機我已經遇到了困難，雖然乘務員說的是中文，但是入境表可是用英文填寫，對於我這個小69來講是何等的難啊。我只能拿出事前準備好的地址和親屬聯繫便條，照貓畫虎去寫，一共寫了五張才把入境表填好，總算可以順利通關了。

踏上這塊土地，新鮮感還沒有消退，我就發現自己像一個剛剛出生的嬰兒，除了腦子還可以用，五官都不好使了：眼睛看不懂路上的文字，耳朵聽不懂別人講的話，而我講的話別人也聽不懂。這時候除了和家人（弟弟的一家人）聊幾句家常話之外，

沒有一個人和我講話，那時我每天講的話不超過十句。遠離了父母，遠離了老公和女兒，那種撕心裂肺的思念無以言表，就像一片樹葉飄落在汪洋大海中，不知道會飄流到何處。

每當入夜時，也是我最痛心的時候，身邊沒有老公，心中惦記著女兒，腦子裡想著年邁的父母，每一個夜晚都是流著眼淚睡著，伴著眼淚醒來，做的夢都是女兒那流淚的雙眼，目送我離家的那一刻。那種思念遠遠超過16歲離開家的想念，16歲時我想的只是父母，而現在想的是兩個家，更想念的是我的女兒。這時候我可以選擇離開，遠離這個陌生的世界，重新回到我溫暖的小家，回到我原來的日子，但是為了女兒我沒有選擇放棄。我選擇了等待，選擇了在這塊土地上去嘗試……

我的英語課堂：在美國生存的第一關是語言關。我返城後雖然利用業餘時間完成了高等教育課程，但唯獨缺失英語課。我的「英文」是在社會這個大課堂裡學習的，沒有語法，沒有修辭，人們能聽懂，我就有了生存的希望。出外打的第一份工是在一個三明治小店，給客人做三明治，雖然我的語言不行，但是我眼明手快幹活乾淨俐落，小店正好缺人經理就讓我「試工」。

美國是個移民國家，各種口音的英語彙集在這裡，特別是加州的美國人，他們的英文特別好，不是說的有多麼的好，而是聽和理解的能力特別好：一個單詞，一個眼神，一個手勢，一個YES和NO他們就會知道你要什麼；如果你忘記要說的話，他們會用手勢和語言說出一二三，供你選擇。我的英文教室就是這個三明治小店，我的老師就是這個小店經理和我的客人們。

小店經理是一位印度裔移民，操著一口不標準的英文，可是她很愛講話，嘮叨叨說個不停。我在她的薰陶下學懂了一些簡單的對話。這位印度經理，雖然待人嚴厲但是人很熱心。我是賣三

明治給客人，要聽得懂客人說什麼，想要什麼，然後按照客人的要求做出一個新鮮的三明治給他，如果你做的不對，客人不滿意去「老闆」那投訴，店裡就要賠個新的給客人，如果你的投訴多了，給店裡造成損失，那你就會被開除。

剛剛開始，我不僅要學聽英語，還要認識那些原來沒吃過的西方食品，光是cheese就有七、八種；肉的種類更多，有原味的，薰味的，帶黑胡椒的，火雞肉，豬肉和各種蔬菜……一下子要記住這麼多的東西，緊張的我一個星期下來，一下子瘦了十磅。就是這位經理邊幹邊教，在實踐中學習比在課堂上學的更快。也許是生活給的壓力，我當時的腦子比上學時還好用。這畢竟是熟練工種，幾個星期下來，我不再用手勢、眼神和微笑來接待客人了。我可以用簡單的問話來詢問客人喜歡什麼了，欣喜的心情更增添了我的自信，因為我可以勝任這份工作了。

每當中午飯忙碌過後，別的員工可以邊休息邊照顧零星的客人，可我又被派去刷廁所。因為我語言不好，就給我多做一些講話少別人又不願意做的活。雖然很累而且有點委屈，但是我別無選擇。當時的我就像阿Q一樣安慰自己：這算什麼，當年在北大荒冬天刨糞，站在糞堆上比這可髒多了累多了，現在不是小巫見大巫嘛。再說我去學英文要給學校交學費，在這裡你們教我，不用交錢還要發給我工資，多合適啊。這麼一想心裡舒服很多。在兵團那些年的捽打和磨練，造就了我不怕吃苦和獨立的性格；現在的這些事又教會了我，遇事要權衡取捨，不忍讓眼前，就不會獲得今後。

我說「偶像」有點誇大其詞，其實她就是現在工作在我身邊的小組經理。她是一位很普通的美國白人婦女。在這裡沒有「高大全」式的人物，但是這些普通人所做的某些事，足以讓你的心

靈震撼。在許多人眼中，西方國家是個自由世界，對愛情很隨便，對家庭一點也不負責任，其實事實上並非全是如此。在美國更多的人當中，家庭是第一位的，有些時候她們對愛情的執著讓人敬佩和有些不可思議。我身邊的這個「布安達」就是這樣。她很早就結婚了，並且有了兩個女兒。當她三十幾歲時，老公不幸因車禍身亡。當她從悲痛中走出來的時候，完全可以再找一位男士和她共同支撐這個家，撫養兩個女兒。她卻選擇了另一種方式。

她把老公的名字用刺青刺在了胸前，自己一個人把兩個女兒拉扯成人。她很樂觀沒有什麼困難可以嚇倒她，前些時候因為心臟病突發住進了醫院，要做心臟搭橋手術。這樣大的手術，一般人會嚇個半死，但她用堅強的毅力和樂觀的心情，逃出了死神的陰影，六個月之後又回到了工作崗位，生龍活虎地幹了起來。按照我們當年的話講，就是身先士卒。我對她講你要注意休息。她卻說：我換了新的零件，現在好了，今後我不抽煙了，不喝含糖的飲料，多吃健康食品。她沒做什麼驚天動地的事情，但是她對生活的態度，足以讓我敬重。

積極地面對生活中的困難，快樂地去解決，也許這就是我們普通人所需要的。這裡也有物價飛漲的時候，特別是我們每天離不開的汽油，最便宜時才2元一加侖，而現在是4元多一加侖。我就時常抱怨（也許這也是東方人的習慣），這出門還沒掙著錢，就先花出去4塊錢油。在一次食品漲價的電視報導中，記者採訪東方人，他講漲價不好啦，但是沒辦法，我們只好接受了。記者又採訪西方人，而他幽默地說，我正好在減肥，這樣正好讓我少吃點。由於東西方文化的不同，接受的方式也不同，從中我學到了：有些事情是人的意志不可以改變的，但是可以用自己樂觀的

態度去接受，提高自己對生活的認知。

在這裡生活，感覺最大不同的是，無論你是低收入、中產階級還是大富翁，很多人都把無償的奉獻做為是自己的責任。每年的粉色絲帶日（乳房癌救助活動），我的同伴們多會獻上自己的愛心，哪怕是區區的5元錢，因為他們都屬於低收入的一族。

我從遠方走來，這裡有我心中的「精彩」。這次我真正的出「嫁」了，把自己嫁到了異國他鄉。也許我得到的和失去的不能成正比，可是我用自己的經歷在人生的畫紙上塗上了不同的色彩。每當有人問我「你喜歡中國還是美國」時？我會問他：你愛媽媽還是愛老婆？對我來講中國是我的母親，她給了我靈與肉，給了我堅強的意志；美國是我的「愛人」，他教會了我做事要負責，對人要寬容，對社會要奉獻。

晁峪知青嚴錫景在〈洋插隊〉中述說：和我過去在國內準備的履歷表不一樣，在北美通用的求職履歷表格式中，羅列申請人工作經歷時，不是按時間順序從過去到現在，而是從現在，或最近一個工作開始，按時間順序往回倒推。因此工作經歷的第一行最左面的時間指示，清清楚楚地也非常醒目地表明了申請人目前的工作情況。如果第一行的時間段是開放式的，即從某年某月到現在，就表明申請人目前在崗，及在此崗位上工作了多久。如第一行的時間段是封閉式的，例如從某年某月到某年某月，就表明申請人的工作經歷在這一時間段以後就中斷了，目前沒有工作經歷可以羅列。

在不斷求職的過程中，我漸漸地瞭解到對於專業人員來說，失業或離開本專業崗位的時間越長，要找回本專業的工作崗位就越難。最好是騎著馬找馬。但是我的履歷表上工作經歷的第一行，很醒目地表明瞭我從九二年三月就沒了工作。隨著時間的推

移，這個問題在履歷表上就越來越扎眼。為了解決這個問題，儘管還是沒工作，我在履歷表的工作經歷中添了一條新的第一行：一九九二年三月——現在：專利諮詢顧問，自由職業。這樣，我的求職履歷表看起來比原來要舒服多了。

這麼修改我的求職履歷表也並不是弄虛作假喔，算是一個擦邊球吧。諮詢顧問在北美是一個含義極廣的抬頭，任何一個向客戶提供解決問題方案而賺取傭金的人，都可以稱自己為諮詢顧問。沒有什麼特別的資質要求，可以是水平檔次極高的，可以極一般，也許一文不值的。你別說，在我失業期間，甚至再就業以後，我還真向各式各樣的人，是朋友或不是朋友的，出過不少專利方面的主意，也算是提供過不少這樣的諮詢服務。這種所謂的自由職業一直繼續到我考過加拿大專利代理人資格證書，受雇於目前就職的律師事務所。不過我幫著出主意的對象大部分都是經濟情況不佳的華人，大部分都成了我的朋友。中國人在朋友那裡是不賺錢的，或很難賺到錢的，起碼我的實踐經驗讓我是這樣感覺的。

不過，後來人家告訴我，中國人是最「殺熟」的。（喔，今天在新加坡「早報」網上新聞看到一篇文章「朝鮮在外交上殺熟」）想起來也對。當時做傳銷，我爺爺級上線要我做的第一件事，就是準備一份世界範圍內我的親戚朋友熟人的名單交給他。他會督促和幫我走上「殺熟」的戰場。當然，我拒絕了。理由是中國當時還不允許傳銷公司進入，而我所有親朋好友都在中國。看來，我還真不是當商海裡弄潮手的料。然而無論如何，賺不到錢的諮詢顧問也還算是諮詢顧問。

還是先來講一件更接近真實意義上的專利諮詢服務的經歷吧。我的服務對象是一位原加拿大專利律師，加拿大籍埃及人，

在德國受的教育，讓我稱他薩迪克先生吧。他個子高高，皮膚棕色，頭髮灰白，六十左右，鼓鼓的大眼睛裡流露出阿拉伯人特有的智慧和狡猾。我認識薩迪克先生是八五～八六年公派進修時，在渥太華。他那時在我進修所在那家律師事務所當律師，那是一家加拿大著名的律師事務所，很大，好幾百人。我和另一位北京來的訪問學者是該所第一次接待的中國學者。那時加拿大人對中國瞭解甚少，會問我「中國會造汽車嗎？」之類的問題。當聽我告訴他們，中國已把人造衛星送上天了，他們會非常疑惑地點著頭。

物以稀為貴。作為中國來的訪問學者，我們倆週末經常被邀請到各位律師家中，或別墅裡去做客。邀請我們的律師家庭太多，往往還要排隊呢。薩迪克先生也請過我們，不過不是在他家。他離婚了，和女朋友住在一起，不過他的女朋友常換，所以家裡較亂，大概無法待客。那天他請我們倆和其他七八位律師到一家中餐館，吃的北京烤鴨。

在我求職期間聽說薩迪克先生目前與另兩位律師合夥，在渥太華開了自己的律師事務所。於是我打電話給他，碰碰運氣，詢問是否需要雇傭專利助手。薩迪克先生說他並不需要專利助手，但是他手上正有兩件專利申請案需要請人起草撰寫，如我願意，可交予我做。這就是現在很流行的服務外包（business process outsourcing），可那時我還沒聽說過這個術語。現在陳剛（老茂）是服務外包學院的院長，這方面的專家。大家有問題可向他請教。雖然渥太華離多倫多有四百公里路程，可這是我第一筆可以掙錢的活，我一口就答應了。因為過去相熟的關係，我也沒問報酬多少，第二天就開著車屁顛屁顛地趕往渥太華去了。

我在渥太華一位華人朋友家裡歇腳。他是我在上一篇文章中

提到的被省政府發配到監獄裡代替罷工獄警的會計師，也是諸位讀者的熟人嘍。他西安交大本科畢業，加拿大的MBA當時在一家小公司當一個收入不高的會計。在加拿大會計這個職務，可以是年薪兩萬左右，非常初級的，也可以是年薪超過十萬的高級會計師。我們當時都不會懷疑他有一天會成為加拿大註冊會計師。但是無論是我還是他本人，絕不會想到十幾年後他會到監獄裡住三個星期去看守囚犯。他一家四口當時在渥太華市區一個僻靜街區的廉價公寓樓裡租了一個單元，我就在他家客廳裡打地鋪。他家舊沙發的彈簧太硌人，無法睡。那時中國留學生們大部分的家具都是檢別人家在收垃圾時丟出來的舊貨。怕人看見不好意思，一般都在收垃圾前一天天黑以後，外出尋覓。破舊床墊和沙發最容易找到，要找還能安全使用的桌子椅子難度就要大點。

渥太華雖然是加拿大的首都，可是城市不大，當時市區人口就三十萬。薩迪克先生的辦公室所在的小辦公樓雖然還算坐落在市區，不過遠離商業中心，那裡沒有一點點市區的氛圍了。薩迪克先生笑眯眯地交給了我一疊資料，要我天天到他辦公室來工作，兩三天內完成這兩個專利申請案的起草撰寫。辦公室地方很逼促，薩迪克先生的秘書費了不少勁，才給我安頓了一個可以坐下寫字的地方。我早出晚歸，三天時間完成了任務。自我感覺還不錯，因為我對這兩個案子的技術內容和發明要點有相當的理解。在我向薩迪克先生交差時，他接過我撰寫的文件，也沒過目就放在一旁，說讓我先回去，以後與我電話聯繫。雖然有點意外和掃興，不過我也沒好意思說什麼。

回到多倫多後一直沒有薩迪克先生的消息，我只好一次一次地打電話找他。一開始他說因為忙，還沒時間看我寫好的文件。後來他說文件寫得不好，他沒用，隻字沒提如何處理報酬的問

題，就把電話掛了。我愣在那裡，不知說什麼好。想想很窩火，錢一分沒掙到，還倒貼了好幾十元的汽油費和飯錢。白貼了幾天時間倒沒什麼，咱不差時間，差得只是錢。叫我更窩火和憤怒的是一種被人持強勢欺負的感覺，自己處於一種很無助很無奈的境地。這大慨和國內目前處於弱勢群體的個人受了欺凌後的感覺差不多。不過當時我並不懂得「弱勢群體」這一概念，以前好像也沒有類似的感覺。就在處於當時社會最低層的「土插隊」期間，我們總還有點傲氣，見了公社幹部也不用像老鄉們那樣低聲下氣。無票扒火車被抓，好像也不特別害怕。知青這個群體，當時社會地位確實很低，有些人的經歷也確實很慘，不過總體似乎並沒很弱勢的自我感覺。

後來和我另一位白人洋人朋友談起此事，他也曾是渥太華那家大律師事務所共事的律師。他說我肯定是被那個埃及人給騙了，那些說辭是故意編排的，沒有白乾三天不付錢的道理。他又告訴我，就是因為聲名狼藉，那位埃及人才被迫離開那家律師事務所的。大家不要以為我有什麼種族歧視，在此糟蹋有色人種。這裡完全是就事論事。我就順便再講講如何被一位白人大學者欺騙的經過吧，騙得還挺慘。

那是我剛考過汽車駕照，忙著要買一輛便宜的二手車。雜誌上看到一輛黑色八二年的福特車廣告，不顯舊，才一千八。電話聯繫好了去看車，特遠，在多倫多遠郊，倒了好幾回公交車才到。賣車的是一位五十左右的白人，胖胖的，揣個大肚子，禿頂，小鬍子，看上去挺有學問的樣子。一交談，把我折服得五體投地。因為見我是中國人，他就開始和我談中國。上至天文，下至地理，無所不曉無所不知。從春秋戰國到文化大革命，從聖人孔夫子到叛國的林彪，他都能侃侃而談。他又告訴我，他替聯邦

政府做戰略諮詢顧問（嘿，也是諮詢顧問！）我肅然起敬，一下子對他有了無限的親近和信任感。下面就可想而知了，他說什麼我都OK。

知道我剛拿駕照，他自告奮勇替我試車，讓我坐在副駕駛座上。他不上高速公路，說是目前交通繁忙，不安全。在一條僻靜的路上，他最快才開到七十多公里。我問能否再快些，他很誇張地說，超過八十公里，我老婆非殺了我。倆人哈哈一笑，我也沒堅持。按規定，他賣車需交給我一份最新的車檢證明，我以此辦理過戶上牌手續。當他告訴我，由於時間緊，他沒來得及做車檢，願讓價二百元，以一千六百元的價錢把車賣給我，出於對這位中國通的好感和信任，還有當時對車毫無經驗，我同意了。他說隨便找一家修車行，五十元就把車檢搞定了。

結果把車買回家，修理林林總總大大小小各種問題，花了一千元才算通過車檢，完成過戶手續。這時再打電話找這位老兄論理，根本沒門，他老婆永遠說他不在家。幾天後開車上高速公路後，我發覺儘管我已置身在時速100～110公里的車流中，但速度表卻在80公里左右。原來速度表在高速時顯示的結果只有實際的百分之七八十。更要命的是，十一月的北國冷風一個勁地從腿下面望裡灌，凍得我直打哆嗦，暖氣開到最大也不頂用。同車的朋友最後用羽絨服把我兩大腿包住，我才勉強把車開回家。這在很長時間裡都成了朋友們笑談的話題了。第二天洗車，在車頭蓋上澆了了一桶水，車裡駕駛坐下居然汪一灘水。經檢查，才發現方向盤下面的車體爛了一個比拳頭還大的洞，冷風就是從那裡灌進來的。我用一件舊襯衣團巴團巴，把那大洞堵死了，車裡的暖氣才上得來。此車我開了六個月，因為又有故障要花大錢修理，我只好割愛了。

對比上述兩次受欺騙的感覺，其實相當不一樣。買車受騙，騙得還很慘，但是我沒有感到氣憤，沒有前面講的那種因為處於弱勢而被欺負的感覺。那種被人持強勢欺凌受辱的感覺，在我一生中非常少。但買車受騙純粹是我缺乏經驗，盲目崇拜知識權威的緣故。這種受騙情況，過去和以後也還時有發生，有大有小而已。不過這次受騙的故事，我自認是最出彩的了。

迄今為止，我講的似乎都是我經歷中走麥城的故事：求職不果，傳銷失敗，上當受騙。咱也不能老打悲情牌。得找點多少也發點光帶點彩的故事說說。比如我這「諮詢顧問」是如何為人民服務的。嘿，這頂帽子有點大。不過和香港臺灣來的華人比，受過共產黨文化薰陶的大陸來的華人（不論政治觀點如何）一般說話是口氣大點，立論高點，談得深點，扯得遠點。多少會點提綱挈領。這讓港臺籍的華人們不得不服：「大陸來的個個會講話。」

不過，醜話說前頭。我那大帽子下說的都是雞毛蒜皮，與偉大事業沒什麼直接的關係。我和大部分在海外紮根的許多華人一樣，關起門來過日子，沒人談思想、談抱負。談得上有成就感的海外華人，是那些在頂尖或重要崗位上的少數人，他們為這個社會作比較重要一點的貢獻。然而，沒有疊疊眾生，這個社會是不成社會的。所以不談思想，不談抱負，勤勤懇懇工作，安安穩穩生活的大眾，他們一點一滴的貢獻集合起來，更是這個社會不可缺少的。想到這些，我的心態平和了。我不用去同哪位攀比成就和抱負。接下來我還是和老夥計們說故事，講感受，跟著感覺走，聊一出是一出，聊到哪裡算哪裡。

吳琦幸在〈美國的中國知青群落〉講述：知青作為一個特殊的群體又是在特殊的時代來到美國洋插隊的中年人，他們在洛杉

磯、三藩市、紐約、休斯頓等各個分散的城市中奮鬥，他們不為人所知，他們也不願炫耀自己的過去，周圍的人們只知道這群人特別能吃苦，特別認真，也特別熱心助人。於是我用了「俐落」這個詞，我希望發現這批人的奮鬥經歷，他們的生活和他們的思想，讓世人知道，在遙遠的大洋彼岸，有著這麼一群人，雖然兩鬢斑白，十指蒼蒼，散居在各個不同的地方，相隔很遠很遠，但他們這群人的志向，他們的熱情，他們的意志卻仍是那樣的年輕富有朝氣，他們是美國的華人中鮮見的一組。

**舞動的青春**：洛杉磯一個白人集中的社區阿凱迪亞市會場中，一場迎接二○○二年的新春晚會正在舉行。隨著一聲嘹亮的軍號，熟悉的紅色娘子軍舞曲歡快明亮的響起，一個身著灰布軍裝、臂佩紅軍袖章的小戰士擎著一面火紅的戰旗踏著舞步閃了出來，「向前進、向前進、戰士責任重，婦女冤仇深……」，一首歌激蕩起一個時代，在場的人們被這歌聲和場面帶進了自己熟悉的歲月，每個人情不自禁地隨著節拍哼起來，許多在座的人眼中含著淚水。尤其是座中貴賓、當年的紅色娘子軍吳瓊花的扮演者祝希娟，在美國的土地上看到這個場面，不由得帶頭鼓起掌來，全場一片歡騰。然後是一隊娘子軍昂揚而出，一色的軍裝、一樣的舞姿，英姿颯爽。

主辦者之一的南加州知青協會會長王建華是一九七○年赴江西插隊的女知青，現在已經在洛杉磯創辦了一家法律事務所，她也是紅色娘子軍等舞蹈的積極參與者。說起知青的這台節目，王建華說，這真是發揚了知青這一代人的集體主義和同甘共苦的傳統，每個週末逢排演的時候，幾十上百名知青準時來，洛杉磯方圓幾百里，最遠的人要開一個多小時的路程，差不多也就是從上海到蘇州的距離，知青們安排好家務，有的是妻子陪丈夫來，

有的是丈夫開車送妻子前來。這麼大年紀的人蹦蹦跳跳一開始不是很容易的，除了幾個原先是專業的舞蹈演員如烏蘭牧騎的劉月英、文工團的楊建蓉、花鼓戲演員石青子等，其他舞者都是大姑娘坐轎——頭一回，一種共同歲月和經歷積累起來的激情，把這一群人連在一起。

**中年的艱辛**：今天美國的知青已經不再是躺在昔日的歲月中回憶的一群人，而是面對現實去開創自己的天地。洋插隊中的艱辛，只有自己經歷過的人才會知道其中的滋味。來到美國的知青大多數已是人到中年，在美國這個新的陌生的土地上，比起通過託福來讀書的大學生更有一番別樣的艱辛。除了少數一些知青搭上讀大學的末班車以外，大多數知青都是以探親、訪問或者移民來到美國的。四川知青劉茄蓉來到美國七八年都是在車衣場工作，每天工作達10小時以上，工資則是每小時6元美金，每天累得腰酸背痛，昔日在下鄉時累壞的脊椎病復發，可是不能請假。

曾經是海南建設兵團的廣州知青許克羅，在一家電器廠修理電器，利用當年的一技之長賺錢，路上開車就要一個多小時，常常是頂著朝陽出車，披著晚霞回家。一位曾經在南京藝術學院畢業的編劇呂一平，才華橫溢，但是在美國卻無法重操舊業，找到了一家電話簿公司拉廣告，他對於工作的極端負責使他很快就從一個新手成為公司中頂尖的業務員，每個月都是排名第一的高手。他的秘訣就是每天第一個上班，最後一個下班，為廣告客戶一絲不苟地進行廣告策劃、設計甚至製作，使他的廣告客戶越來越多，在為老闆聚斂了財富的同時，他也積累了經驗和財富，幾年之後，買了房子、新車，正在他能夠和家人一起享受生活的時候，可怕的結腸癌奪去了他的50歲的生命。

知青協會在會長邱新睦等人的熱心操辦下，為他舉行隆重

的追悼會，知青們滿含著眼淚，用他生前最喜歡的歌聲來為他告別：「讓我們蕩起雙槳，小船兒推開波浪……」。他那拼命工作的形象似乎要把失去的一切補回來的幹勁突然使知青們警覺，在艱辛的工作之餘，我們還要注意什麼？可是知青一代是這樣的一代，他們幾乎承擔了國家的所有災難烈焰中的灰燼，輪到這個國家走向光明時，他們的年齡已經開始走向衰老。

知青老田在〈旅美知青故事（2）洋插隊，知青再受二荏罪〉講述：老曹是上海知青，人比較老實，不大愛笑，也不大愛說話，喜歡低頭走路，好像總有什麼心思似的。一九九一年我來到美國休斯頓負責管理合資企業時，老曹就在美方的工廠裡上班，負責操作塑膠袋的封切機。那時候我們都住在公司二樓的宿舍裡，我自己住單間，老曹和一個姓安的小夥子住在走廊盡頭的那間屋子裡。可能由於職務和工作上的關係，老曹很少與我們中方管理人員交流。

設備安裝完畢的那一天，中方工作人員在二樓的大廳裡舉行慶祝晚宴，席間還有中國白酒。這時老曹剛剛下班回來，我見他也是單身一人，於是對他說：「老曹，過來喝兩杯。」老曹苦苦一笑，擺擺手。承德人熱情是出了名的。按蝸牛的話說，承德人的優點是熱情，缺點是太熱情。承德第三塑膠廠的幾個工人見我邀請老曹，哥幾個蜂擁而上，愣是把老曹給按在椅子上。這個倒酒，那個夾菜，搞得老曹不知如何是好。我說：「都是中國人，來趟美國不容易。我們為國家奮鬥，你為老闆打工，其實都是出大力，流大汗，扛大活的，你我之間沒有什麼區別。來，受一天累了，喝杯酒，解解乏。」老曹看看我，端起了酒杯：「好吧，今天我就不客氣了。」說完一口就幹了。我一看，老曹行啊，趕緊招呼工人給老曹滿上。老曹一連幹了三杯後，說啥也不喝了。

我知道，美方工廠的勞動強度很大，工人們下了班後，基本就是躺在床上休息，沒什麼其他心思了。我不勉強老曹，老曹說了聲謝謝，就回宿舍休息了。

從此以後，老曹和我見面都打個招呼。真正和老曹交上朋友還是因為他那次受傷的事。一日半夜，一陣急促的敲門聲再次把我從睡夢中驚醒。我一邊穿鞋，一邊罵：「他媽的，又出事了！」推開門，見小劉站在門外。我問：「又出啥事了？不是又切了手指頭吧？」小劉說：「老曹切了手指頭。」我一愣，心想，老曹在美方的工廠上班，應該跟我沒啥關係。可轉念一想，都是國內來的，不管也不大合適。於是我穿好衣服，跟小劉去了工廠。我一路走一路尋思，真是禍不單行啊，老駱的手指頭剛接上，老曹的手指頭又斷了。我還尋思，這回有經驗了，到了工廠我就先找手指頭，省的我再超速闖紅燈。

來到工廠，只見老曹痛苦地趴在機器上。我走上前一看，原來老曹的右手掌被機器上那根筷子粗細的熱針穿透，牢牢地釘在墊板上。我的心定了下來，這回不用找手指頭了。可是老曹緊張不安的神色又把我的心吊了起來，老曹臉上豆大的汗珠一個接一個地往下滾。我知道熱針的溫度很高，老曹此時此刻一定非常痛苦。我立刻招呼小劉端來一盆涼水，先給熱針降溫。片刻後，老曹的情緒穩定多了。我立刻動手拆卸機器。我在承德石油機械廠的電機車間當了五年的鉗工，和村民十兄弟是工友。那時候學的本事這會兒都用上了，喊哩喀喳，我就把機器給卸了。可是問題又來了，老曹的手掌被熱針釘在墊板上，我卸不下來啊。我試了幾試，把老曹疼的直叫喚，我也不再忍心卸了。沒有別的辦法，我只好扶著老曹，小劉托著老曹帶著熱針和墊板的右手，先回了宿舍。

　　正想安慰老曹，老曹卻說：「田總，明天可千萬別把我受傷的事告訴老闆。」我聽後，不覺一陣心酸。我理解，老曹是怕因為受傷的事被老闆解雇。於是我對他說：「咱的手要緊，別的事都扯淡。」沒想到的是，老曹竟然嗚嗚地哭了起來，嘴裡喃喃地說：「右手廢了可就完了。什麼也幹不了了，往後怎麼生活啊？」情急之中，我突然想起了唐醫生。我安慰老曹：「天亮了，我就給唐醫生打電話。唐醫生醫術高明，把老駱的手指頭都給接上了。不管咋說，你這五個手指頭還都在嘛。」老曹繼續嗚咽：「我的右手現在一點兒知覺都沒有，右手廢了，我在美國可咋活啊？老闆肯定不要我了……」我站起來說：「沒那麼嚴重。你放心，老闆不要你，上我這兒幹來，我們中資公司收留你！」

　　老曹濕潤的眼睛看著我，歎了一口氣：「下鄉插隊就受了一回罪，到了美國又他媽的，受了一回洋罪……」我一聽，急忙問道：「你是知青啊，在哪兒榜地來著？」老曹說：「在北大荒待了五年。」我說：「我也是知青啊。」老曹的眼睛亮了：「你也是知青？怪不得呢。那天見你和工人一塊兒光著膀子安裝設備。我還納悶呢，公司老闆哪兒有你這樣的？田總，你是知青我就明白了。沒當過知青，受不了這麼大的累啊。」我說：「是知青，就是哥們兒了。以後叫我老田，別老是田總，田總的，我聽著不舒坦。」老曹樂了，卻又突然「哎呦」一聲，嚇了我一跳。原來老曹想握握手，卻忘了熱針穿透的右手還在墊板上呢。

　　天亮後我帶老曹去看了唐醫生。唐醫生拔出了老曹右手上的熱針，拆下了墊板。唐醫生說，老曹是幸運的，200°高溫的熱針從老曹手掌指骨間的縫隙穿過，沒有傷到骨頭，也沒有刺斷神經。否則，老曹的右手還真的廢了。後來我和老曹成了好朋友，我對老曹無微不至，老曹跟我無話不說。那時候我早就知道老曹

是個「黑戶」，這個情況是外方老闆告訴我的，讓我防備著移民局。在美國我們一般把沒有合法身分的人稱為「黑戶」，「黑戶」隨時都面臨被移民局逮捕和遣返的危險。一日我和老曹喝酒，也許是因為知青哥們兒深厚的感情基礎，也許是因為那天他多喝了幾杯的緣故，老曹終於向我敞開心扉，吐露了他成功偷渡美國的驚險一幕，講述了他與小紅的悲歡離合。

原來老曹調回上海後，在一家建築公司當了一名架子工。後來老曹與一位來自浙江的女人結了婚，但一直沒有孩子。老曹與大多數知青一樣，過著平淡而又簡單的生活。改革開放後，不滿於現狀的老曹報考了電大，苦心學習，一心想借此改變自己的命運。老曹的老婆沒有正式工作，於是就在路邊擺起地攤，做起了服裝生意。老曹有些書生氣，覺得男人不讀書，幹不出什麼大名堂，因此對老婆的生意莫不關心，不聞不問。沒想到一年後，曹老婆的地攤就搬進了路邊的商店。更沒想到的是，三年後，曹老婆竟然在上海開了五家分店。一天，曹老婆突然向老曹提出了離婚的要求，老曹一聽就懵了。一心讀書的老曹哪裡知道，曹老婆早已紅杏出牆，與他人在花前月下，卿卿我我，山盟海誓，把個傻老曹忘的一乾二淨。都說男人有錢就學壞，敢情這女人有錢也不學好。

離婚對老曹的打擊是巨大的，老曹從此一蹶不振，整日悶悶不樂，寡言少語，借酒澆愁，像是換了個人似的。但老曹畢竟當過一回知青，受過磨難，遇過挫折。兩年後老曹就重新振作起來，發誓這輩子，即使不擇手段，也要混出個人樣來，出人頭地，耀武揚威，給老婆和那個鬼男人看看，我老曹也不是吃素的！那年月，人人都盼著出國，特別是想去美國。老曹也制定了自己的目標，出國，到美國去！機會終於來了，老曹所在的建築

公司承擔了在墨西哥的一個援建專案，老曹作為工人被派往墨西哥工作。在墨西哥工作期間，老曹一直在尋找出走的機會。一天公司派老曹等幾個工人前往墨西哥城的中國大使館協助裝修。裝修完畢，老曹藉口到附近商店買包煙的機會，悄悄地溜了。從此，老曹便消失在墨西哥城的茫茫人海之中。之後，老曹通過蛇頭引路偷渡到的美國……

## 第四節　出國淘金海歸知青的酸楚

　　除了合法或非法出國定居的知青之外，還有一些想到國外掙一筆大財就回國的知青，他們的艱險也讓人歎為觀止。由張年峰口述，劉芳整理的〈土插隊與洋插隊之後〉就詳細地述說了洋插隊的艱難：我出生在一九五二年的上海，父親是「紅幫裁縫」裡最年輕的一代。父親的名氣很大，據說20世紀四十年代給外國人做一套西裝，賺的錢就能買一擔大米。上海解放前，他本要自己開廠，後來觀察形勢，在五十年代成為上海時裝合作社的發起人之一。公私合營後，父親做過上海第一服裝廠的廠長，又做過上海時裝總廠的廠長。我們兄弟姐妹都沒有繼承他的裁縫手藝，但大都從他身上遺傳了商業頭腦和闖蕩精神。

　　我家兄弟姐妹五個，一女四男，我是弟兄中最大的。小時候印象很深的是，一家六口住在虹口區臨平路一帶的石庫門房子，大概十二三平米，用水要到外面去提，每天聽著叮鈴鈴的車鈴聲，就知道倒馬桶的車子來了。直到我五歲，父親單位分了三十幾平米的公房，一家人才住得寬敞些。

　　文革開始，我正上初中。14歲那年，被班裡推選為紅衛兵代表，去北京接受毛主席接見。那時衣服上別著像章，手裡捧著

紅寶書，在大安門前留影，心裡美滋滋的。初中基本只上了一年課，然後就是停課、鬧革命、搞批鬥。

一九六八年十二月二十一日，毛主席指示「知識青年到農村去接受貧下中農的再教育，很有必要。」同學們一下子活躍起來，校園裡貼滿標語，我至今還記得其中兩句：「祖國的需要就是我的第一志願，哪裡艱苦哪裡就是我的家。」

我那一屆的上海學生有六個地方可去：內蒙古、黑龍江、吉林、雲南、貴州、江西。當時我想去黑龍江，那裡是邊疆，又是軍人編制，可以發工資的。但是後來知道那邊吃麵食，天氣又冷，而當時雲南來的軍代表講得很好，說是「頭頂香蕉、腳踩鳳梨、四季如春」，我就決心去雲南。

當時老師照顧我，想讓我去距離上海最近的江西，我堅決不去，就要到邊疆，現在想想也覺得很可笑。一九六九年四月二十日，我坐上火車，整列車都載滿知青，車站哭聲一片。

父親塞給我一張紙條，是拿香煙盒子裡面的錫紙撕下來寫的，上面只有六個字：「要當心，要堅強。」我忍著沒哭。

火車開了四天四夜。那時的昆明站連檢票口和站臺都沒有，只有間小小的房子做售票處。有的同學看到這種荒涼景況，在昆明就下車溜走了。我們一直到了雲南楚雄的姚安縣。

離開上海之前，母親擔心我到了西南水土不服，囑咐我帶著一包上海的土，要我每次喝水都拿這土沖一沖。我依言做了，但沒有用。那時我連什麼是蝨子都不知道，修水庫的時候只覺身上發癢，看到有小蟲子爬，以為洗澡就可以除掉。想不到穿上衣服之後蝨子又重新生出來，才見識到這小蟲的厲害。

我在隊裡表現好，很快就被貧下中農推薦去楚雄做了工人。當時還是屬於級別很高的單位，是中央冶金部第十四冶金建設公

司下屬的後勤木工廠。我很好學，技術很好，記得一九七六年兩級工升三級工的考試，技術考的三個指標，廠裡沒有一個超過我的。

七十年代後期慢慢興起了回城潮。但在農村的回去相對容易，正式工人要調動卻很難。後來山東省某市輕工業局局長跟我父親的服裝公司搞聯營，聽說我還在雲南，就承諾把我調到山東。一九八一年四月，在雲南生活了十二年後，我到了山東。因為以前學的是木工，我就調到市輕工業局下屬的家具公司。一開始做供銷員，在全國各地跑採購，負責木料調配，後來一步步提升，到出國之前，我已經是廠長了。

出國也是意外的事情。八十年代末有出國潮，當時我在工作之外還搞些字畫裝裱，有幾萬元積蓄，就動了心思。我去了澳洲。我在悉尼學習家具製造與設計，一般選擇下午或晚上的課，騰出時間去打工，什麼活都做——在餐廳洗碗，在唐人街給人寫廣告，在雞肉加工廠肢解凍雞，在家具公司做家具組裝。

一九九三年，原來公司的老闆許諾我，要在上海成立浦東開發辦事處，讓我回來管理，一年薪水不少於20萬。我想在澳洲的情形也不明朗，就決心回國了。想不到回來後公司另派了人在浦東負責，而澳洲在8個月後就出了新政策，像我這樣在那邊逗留這麼久的都可以拿到綠卡。當時覺得非常遺憾，後來想想，保不定是天數。

在澳洲家具公司的經驗讓我收穫很大。當時國內的企業還沒有成熟的經營理念，沒有解聘的說法，也缺乏激勵機制，職工都沒有熱情。我回到山東後，承包下一個長期虧損的廠子，許諾他們絕不拖欠工資，做得多賺得就多，正式員工如果考核不合格也要下崗。這種私有化的嘗試很快就讓廠子活起來，幾個月之後就

扭虧為盈。其實並不是我管理上有一套，只是更敢做一點，把國外的經驗帶進來。

但是，單位領導抓住財權不放，我設想的是每年交夠利潤，剩下的都歸自己分配，領導一直不肯。因為這個衝突幾起幾落之後，我從廠裡出來單幹，在社會上自己攬伙，搞工藝美術裝潢，也有聲有色。

二〇〇一年我終於回到上海。那時兒子讀高三，正在備考。兒子是我與前妻的孩子，從五歲起就一直在上海生活。我在山東又成了家，後來在上海買房之後，才將現在的妻子接過來。

我剛去上海時，兒子在全年級400個學生中排名200左右，我去了之後，他心思穩定下來。高考時，他的考分是全校文科生中最高的，考入了北京一所名牌大學。這之後我又換了幾次工作，現在在一家地板公司做監理，工作很忙，最近正想再換一家相對清閒的地方。

前幾天我們老知青聚會，聽說以前留在雲南的那些夥伴，有的當了當地的黨委書記，有的是公司老總，說實話都比我混得好。我如果留在那裡，當時也是重點培養對象，現在不知道是什麼狀況。但是人生很難假設，也不能後悔，就這麼一步步走過來，也很好。

**曾到過黑龍江遜克縣松樹溝五三大隊插隊落戶的上海知青徐燦偉在〈土插隊與洋插隊〉中更為詳細講述了洋插隊的艱難：八十年代後期九十年代初，全國掀起出國風潮，探親的、旅遊的、留學的、因私出國的，只要能出國，什麼都可以，我就是其中之一。**

**再次離鄉背井：**經家裡上下同意，我辭了職，丟掉穩定的工作，跟著已下崗的朋友，經過不少「歪門邪道」與精力，一九

九〇年二月19號，辦好護照洋插隊去了。因為家庭經濟條件有限，還是通過親戚、朋友、插兄插妹大力援助，才艱難地湊足費用的。首先是去澳大利亞留學，就讀學校已經落實，準備交錢、簽證，幾天後獲得通告，超齡免簽，失敗告終。其次是日本，朋友的親戚在日本，可以保送，談條件時，不知什麼原因鬧翻了，錯過機會。錢也借了，已沒有退路，只好破釜沉舟，再找機會。一邊等消息，一邊去充電（英語汽車維修、廚師培訓），以備後用。雖然很忙，倒也很充實、很有緊迫感。經過各種方法，一九九一年六月3號，泰國三個月的旅遊簽證出來了，有點突然，有點茫然，也很無奈。

泰國冒險記：廠裡一位好友，聽說我要去泰國，馬上幫我聯繫在泰國的同事，幫我解決困難。事後才知，他和泰國朋友合資辦了公司，註冊在曼谷，有了這層關係，踏實不少。一九九一年六月19號，坐火車到深圳進入香港，當天住在朋友親戚家，晚飯是我提議包餃子來作為答謝他們對我的招待，想不到香港人也愛吃水餃，飯後與陳龍根通了電話，但沒機會碰面，剛出國門，也不敢亂跑，怕給人家添麻煩。

二十三日飛機降落在曼谷機場，驗查行李，不知為什麼邊警對我倆的行李特別感興趣。放在箱子裡的榨菜、肥皂、牙膏、胡椒粉兜底翻了出來，肥皂要切割開來，牙膏要手擠一下，鮮辣粉鼻聞，就差點沒把汗衫、褲衩穿在身上，一架飛機180多個遊客都走了，就剩下我們還沒走。最後朋友也走了，只剩下我一個人，要查看我隨手拎的拷克箱。奇跡發生了，箱子剛打開，從縫中掉下幾盒萬金油、風油精，邊警眼神一亮，拿了兩三盒看著我，邊說OK、OK，邊往口袋裡放，大手一揮「（Please）請進」。早知這樣，拷克箱放在前面，就什麼事都不會發生了。

入境後，聯繫朋友的公司，反復打了多次電話沒人接（手機還未普及），胸悶，準備與機場客服部聯繫訂賓館的事宜。這時來了一位觀察我們多時、會講一口中文的當地中年人，說接大陸親戚，沒接到，看到我們有困難，很有禮貌地說順便帶我們去賓館。賓館環境不錯，價格也不低（160美元一間）。這個中年人幫我們安頓好後走之前說，第二天一早來接我們要去的公司，10點多我又聯繫對方，還是一無所得，年輕女孩子打來的電話倒是不少。中年人也來了兩次電話，睡不著，天亮後沒什麼事幹。

突然電話來了，正是我要找的人。直呼「大偉」，他曾留學北京大學中文系三年，現在是該公司的董事長——張先生，剛辦完事，回公司見了來電顯示後趕來。之前發生的事跟他說了下，他告誡說，遇到陌生女人，大不了色誘破財；陌生男人則應儘量避開，他們多數是黑手黨組織，拖你下水，中了圈套連命都保不住。他叫我們放心住下，第二天一早帶上照片來接我們。聽了他的話嚇出一身冷汗，差點錢沒掙到丟了命。

公司員工見大陸來朋友，客氣又熱情，白吃、白住、白喝。太不好意思了，於是又包了一頓餃子，表示感謝。

去匈牙利是免簽證的，要憑曼谷——匈牙利航班來回機票，還要使館的通行證。機票隨到隨買，通行證通過張先生大學同學在使館擔任秘書的關係搞定，沒有這層關係，估計也要費一番功夫。

**囊中羞澀**自有良計：六月二十八日，坐上泰航班機，十幾個小時後降落在一個義大利機場，兩小時後登上去匈牙利的航班。20幾個人已客滿的小飛機，兩小時左右到了布達佩斯機場。前面幾個很順利進關，輪到我們兩個中國人，就出「洋相」了。海關看了護照，用英語問我「dollar」出示一下（看一下美元），問

了幾遍沒反應，又問「福林」有沒有（匈牙利幣），胸悶不知所以然，問我同伴，他也犯愁，總以為露出什麼破綻。緊要關頭，救星來了，排在後面一位臺灣同胞見此場景馬上用中文/英語打破僵局，拿出腰包，拉開拉鏈，露出一疊美元就OK了，很簡單，之前學的英語速成班全丟腦後了。其實一路走來，只剩下30幾美元，不夠旅遊的數，海關真要的話，此路也就斷了，如此打道回府就太狼狽了（說明一點：因這架航班都是遊客，當時形勢出境旅遊的中國人有限，所以對我倆關照有加）。

機場候機室裡等朋友來接，差點中了蛇頭的圈套，說要幫我們找工作，要不是朋友來的早，兩個人的命就交給蛇頭擺佈了。命運就是這樣，好運來時推也推不掉，差的時候趕也趕不走。（不詳說了，說了也很無奈）。

當晚一切就緒，準備給家中打國際電話報平安，同屋的朋友說：「大偉，我先帶儂打電話攢鈔票。」真是莫名奇妙，半信半疑之下還是跟他去了。操作時才知道，有很多竅門：先是準備很多一元硬幣，慢慢連著投進公用電話箱，反復多次，通過一種聽覺，硬幣卡住了，電話隨即暢通無阻。也就是說，打七、八分鐘電話幾十美元就免了，聽說是「上代」中國人傳下來的。我真佩服，「先」人太有才了！雖然行為不當，生存本能驅動下，不得不入鄉隨俗，不過邊打還要隨時觀察巡邏員警。

初擺地攤掉入陷阱：跟大多數在匈牙利闖蕩的中國人一樣，我也開始「擺地攤」，第一天就碰了壁。來了一位中年婦女，為了不放棄有生以來的第一筆生意，用肢體語言，手勢比劃，熱情接待了第一個客戶，但是搗鼓來搗鼓去，討價還價，她還是什麼都沒買就走了，心裡直覺得可惜。於是安慰自己慢慢來，整完貨，回頭一看，心一下涼到腳底跟，裝滿兩個旅行袋的三分之二

　　貨品不翼而飛，那可是賒來的大部分家當呀，一下子不見蹤影。心情一落千丈，差點要嘔血，全部崩潰。據記憶，前後就來了一個婦女，貨就沒了。擺攤前就聽朋友說起，要提高警惕，防範吉普賽人偷東西，而如今「第一桶金」就毀在一個女人手上了。

　　生意沒法做了，只好收拾行李，放在朋友處，順便去瞭解一下，不信我找不到她。那條街東西兩頭最多200米左右，不到半小時還真找到了她，於是抓著她要她跟我去警察局。她雖然有一幫男女同夥，心裡有點虛，不敢靠近我。畢竟中國功夫在全世界都有名，早已根深蒂固，看我這個頭和架勢，知道好漢不能吃眼前虧。到了警察局，員警一看都笑了，不用說明已心照不宣。備了案，員警說有了消息會通知當事人。雖知沒用，但在朋友勸說下，我還是心不甘情不願地離開那個傷心地……

　　講到這些不愉快的經歷，不得不說另外一件事。某日，與朋友拉著從批發市場進的貨，準備坐電車回家，想不到一個跟隨我多時的吉普賽小傢伙剛上車，就拉開我放在身後面的腰包拉鏈，把不少進貨餘錢掏出來。我一轉身，錢都散落在車廂與站臺上（車還沒啟動），氣得我轉身大吼一聲「抓小偷」。朋友看見，二話不說，抓住他衣領一頓暴打，我抽了他一大巴掌，他半邊臉頓時像整了容一樣，鼻嘴見紅。再看旁邊的老外與司機，車也不開，目瞪口呆，眼前的「中國功夫」現實版，免費觀賞。那傢伙領教了厲害，乘著空隙溜之大吉，乘客都很友好，一起幫忙撿起散落的錢，口口聲聲講打的好解恨，司機伸長脖子，誇張的用手劃著脖子大聲說「O——K」（可以走了嗎？），哈哈哈。

　　做生意的日子裡，經常遇到小偷小摸的事，防不勝防，主要是部分吉普賽人的「偷竊」，住久了也就習慣了。

　　為了出門方便，我去學開車。當地百姓學車便宜，100元人

民幣即可，包括剛學車的中國人。但由於中國人逐漸多起來，把國內不良風氣帶到歐洲，請客、送禮、賄賂等，價格水漲船高，到了我要學開車時，已經漲了好幾倍，但比國內還是便宜多了。九二年四月29號，駕照到手，補辦了一本國際駕照，能在五六十個國家行駛。中國暫時沒有加入國際汽車協會，這項目還沒有開展但認可國際駕照。

逼不得已，離開匈牙利：在布達佩斯時，與三個上海人合租一套房子（100多平米）。有一天，與朋友外出回家，老遠見到門口停著三輛消防車和警車，而我們所住的公寓正在冒煙。員警封鎖了現場，走近一看，冒煙的正是我們的房間，裡面已有消防隊員在走動。出事了！我們的身分已被員警控制。原來，另一位朋友在電驢上燉豬腳湯，出門辦事燒幹了，熊熊濃煙把鄰居嚇得趕緊報警。門被劈開，我倆的身分已進入員警的檔案。燒豬腳的朋友走運，第一他已經是黑戶口，如果在現場肯定叫他回老家。第二天，也就是九二年的五月30號一早，我坐火車離開匈牙利，去了捷克。

有車子，生意稍微擴大了些，先租門面，招員工還要去布拉格周邊的城市趕集。新手上路，格外小心。歐洲交通很發達，路況又好，不收費，興奮了幾個月才安靜下來。小生意經營得很辛苦，早出晚歸。盼著哪天下大雨或下大雪，找個理由不出門，睡大覺。

**CASINOS好進錢難贏**：至今中國還不讓開CASINOS（賭場），九二年中我就去試了手氣。那時候，每天晚飯後中國人唯一的娛樂場所就是賭場，約會、交流、談生意、消遣等等。有一段時間，賭場每晚會贈送5馬克誘人去玩，維持了很長時間。很多人受不起5馬克小利的誘惑，異想天開，想去賭場碰碰運氣，

一夜暴富。有段時間我也不能免俗，得到的是什麼呢？贈送的馬克沒了，不知幾倍的馬克進了賭場，啥人講得清。

有一位很好的朋友，家中條件較好，喜歡賭，輸光了，找理由向家裡討錢，幾次下來，上海的老婆感覺不對，跟著來捷克勸老公戒賭。輪番幾次，奇跡發生了，老婆比老公賭的更厲害，嚇得老公連連勸老婆收手，成了朋友圈子裡的笑料。往後我與朋友每天去拿5馬克，不賭集中起來換現金，一筆不少的數字，用於日常生活，開銷更實用。

**異鄉重操舊業**：聖誕前夕，生意興旺。凌晨四點左右準備出車時，發現車門凍住了（已換了一輛斯柯達小車），回屋燒開水，處理了一個多小時，時間緊，心又急，開在市區的路上，雪地打滑，拐彎剎不住，撞到人行安全島上。幸好天沒亮，行人稀少，沒出傷亡，要不然後果不堪設想。但車子損壞嚴重（沒買保險），不但生意沒做成，本來回國的機票錢也泡了湯，損失慘重啊！

九二年九月去了德國法蘭克福附近的一個小鎮，朋友介紹下，進入一家中國飯館打工。老闆臺灣人，其餘全是上海人，包括老闆娘，交流方便，生活習慣也差不多，老本行，很順手，混熟了，相互信任，老闆對我們也不錯，外出購物辦事都交給我與二廚。我會開車，他會德語，有了假期，開著老闆的車，帶著一幫師兄出國去旅遊，荷蘭、比利時、盧森堡，時間允許還去法國和瑞士兜了兩次。德國牌照，有效身分，又有國際駕照，歐共體內暢通無阻，何樂而不為，幾位師兄都是上海喬家柵集團出來的正牌貨，山寨版多功能的我也不比他們遜色多少，雖然是小師弟，關係很融洽。

平靜的生活是不長久的，老闆的哥哥嫂嫂在臺灣開的鋼鐵廠

倒閉破產，到德國避難求生，幾天後老闆叫我帶他到捷克去開一家連鎖店，我倆經營，資金由他提供（此時我已有捷克長期居住身分）。無知的我很信任地接受了這份好差使，到了捷克，醞釀計畫，托熟人，找關係，尋店鋪，還要節約成本，我付出精力、人力也就算了，兩位臺灣來的「老人家」受不了粗茶淡飯，大手大腳，住、吃、用都由他們拿主意，雖然資金我控制，那個做弟弟的卻知道哥嫂的習性，叫我再容忍一段時間。兩個月後，我連老本也賠進去不少，再也受不了，雖然他們是親兄弟，再怎麼努力、幫忙，結果還是無功而退。杠頭沒開花，出了幾次沖。

**回家**。九六年春節一個人回家，途徑英國轉機去香港。英國與上海一樣，有兩個機場，需要坐巴士到另一個機場才能趕上去香港的航班。當時不知巴士的候車點在哪裡，全是英文，而且地方又大，它們看得懂我，我卻看不懂它們。最後沒辦法，拿出去香港的機票，碰到工作人員就打招呼「Excuse me」，然後給他們看機票。最後兩個字「HONG KONG」，一看就明白，就指著前方，只知要向前走，後面就聽不懂了，那也無所謂，到了轉彎處，詢問工作人員「OK？」就是了。反復問了幾次，這才坐上巴士去另一個機場。

二月一日到了香港，在那之前已與龍根約好玩幾天。陳巍那時也在香港工作，很興奮又迫切，幾位好友能在香港聚會，五十年一次吧？很榮幸，陳巍親自到機場迎接海外歸來的貴賓，龍根見到我，第一句就說「你這老兄膽子比我還大，不懂外語，東奔西走，走了那麼多國家，還獨自一個人從一個國家跑到另一個國家，高！高！高！實在是高！（胡司令的腔調又來了）當晚三人在九龍逛了一圈，買了點小禮品。

前後三天，龍根請了兩天假。為了我，他特意在幾天前在某

高檔大飯店買了一張自助餐會員卡，一次沒去過，因為至少帶一個人同去才會得到半價優惠。我去了，他的願望也實現了。那天晚上是我出來幾年最好的一頓晚宴，直到現在也忘不了。玩了不少著名景點，拍了照，讓他破費不少。謝謝龍根，謝謝我的好兄弟。陳巍因工作原因，脫離了「團隊」，在此也謝謝她，我的好夥伴——陳巍。

說出來不相信，六七年的海外生活，除了牙痛從來沒有感冒生病吃藥，挺自豪的，任何事物知道原理就可以，不要刻意鑽牛角尖，現實點，擺正心態，保持平衡。也希望各位保重身體，永遠健康，藥房倒閉，醫生下崗。以上是我幾年來的喜怒哀樂、酸甜苦辣，雖然在國外那幾年賄賭騙偷打罵，眾毒齊全。請諒解，因為我要生存。

# 第五節　令人苦澀的打工留學生涯

與一些出國定居或發財的知青不同，我們有些回城知青是深感文革耽擱了曾經的學業，有心到國外深造，立志成才的。這些知青由於經濟基礎薄弱，只好邊讀書，邊打工。女知青凌兆山在〈回首望東京〉中回憶：……這堂課結束便是午間休息一個半小時。大家湧出教室到外面吃飯，那兩位大陸男同學招呼我：「走哇，吃飯去。」

我稀裡糊塗地跟著他倆走到外面，滿街都是放課的大學生和周圍商社的職員，家家餐館都爆滿。我們來到與學校相隔一條街的一家叫「隨園」的中國餐館，他倆各要了一份蔥油餅夾油條，一碗雞蛋湯。我不懂價格也同樣要了一份，方知是800日元，折合人民幣32元，差不多是我半個月的工資了。我吃驚地說：「這

太貴啦！吃這個一個月要多少錢？」

他們卻說這夠實惠的了，要不，去日本餐館吃一碗麵條還要500日元吶。再便宜點兒就得去食品店買三明治、牛奶，碗仔麵也行，店裡備有開水器，一沖就得。

我說：「那我以後就吃速食麵，我可吃不起這飯館。」

鄭桑說：「你能總吃速食麵呀？那東西一點兒營養也沒有，時間長了身體垮了怎麼辦？出門在外，身體是第一重要的，別因小失大。」

我苦笑著說：「我真的吃不起呀，這午餐錢還是保證人給我的哪。」我將自己的情況講給他們聽。

許桑嘖嘖稱奇：「你可真夠有福氣的，遇上貴人了。不過，你如果不打工賺錢也夠嗆，寄居人家，學費人家替你付，生活零用錢花1元給1元......」

我一口餅差點兒噎住，這些話正觸著了我的肺管子。我急忙喝口湯抻了抻脖子，咽下這口餅，說：「我一定得打工去，學費也要還給人家。這樣手心兒朝上向別人要錢還是生平第一次，我簡直受不了啦。請你們幫我找找工作好不好？」

他們連連點頭，但說急不得，得碰運氣。飯館的人越來越多，亂哄哄的一片，我們急忙吃完走出來。鄭桑像老大哥一樣關切地說：「在日本，像你這樣的女孩子找個打工的地方並不難，不過打工也分很多種，在大眾餐館端盤子、洗碗累死人，一小時600～700日元；去夜總會，也就是俱樂部陪客人喝酒、跳舞，一小時1500～2000日元，還有掙錢更多的......咱就不說了，看你幹哪個啦。」

我急急地說：「我當然是洗碗、端盤子了。告訴你，我下鄉插隊七年，當過婦女隊長、生產隊長，什麼苦活都幹過。我就不

信這『洋插隊』能把人累死！」

他們倆人同時站住了，望著我半天沒說話。鄭桑歎了口氣說：「我們是同齡人呵，我倆都當過知青。」

許桑說：「我還以為你是二十五、六歲的小姑娘呢，看不出來你也是老知青。唉，我們這一代人也不知怎麼啦，有吃苦挨累的癮，當年為形勢所迫上山下鄉吃盡苦頭，現在又心甘情願想方設法跑外國遭洋罪來了。人呵人，真是不可思議的怪物。咱班還有一個男生是北京的，一個女生是上海的，都是老知青，這二天蹺課也不知謀什麼差事去了。唉，不說了，以後再聊，我困死了，昨晚幹了一宿，修馬路，天亮才睡了三個小時，我得回教室睡一會兒。」

鄭桑說：「你去吧，我陪肖桑去買本招工雜誌看看。」

在一家臨街書店，他買了一本電話號碼簿那麼厚那麼大的《招工指南》，說：「這種雜誌每天一大厚本，專門登招工廣告，你拿回去看看，條件可以就打電話聯繫。」

我看看標價是200日元，要給他錢。他堅決地擺擺手：「不要這樣，這點錢對我不算什麼，可你眼下卻分文沒有呵。」

我輕輕地說：「謝謝。」只得將錢收起來。我們默默地往回走，我忍不住又問道：「你來日本幾年了？」

他「哈」地乾笑了一聲：「幾年？五年了。我兒子和我一起在這兒留學。」

「你兒子？」我詫異地問，「你有那麼大的兒子？」

「那有什麼可奇怪的？我是老高三畢業生呵。我下鄉第二年二十歲就結婚了，我們那兒興早婚。我今年三十九歲，兒子都十八歲了，一直鬧著要出國留學，去年我就給他辦來了。死仔子，讓他嘗嘗受苦的滋味也好，免得他在家充大少爺，不知錢是怎麼

來的。」

「你也讓他打工？」

「他多個啥？莫非還讓我供養他不成？不瞞你說，我真的是老闆呵。我在福州是最早幹個體的之一，現在有一個建築裝修公司，我是董事長兼總經理，還有一間不小的餐館，眼下由我老婆經管著，真的是不缺錢。」

「為什麼到日本留學呢？」

「為什麼？我自己也說不清，也許是為了換個活法吧。當個生意人有時真是煩得很，一會兒裝孫子，一會兒裝大爺，爾虞我詐，心力交瘁。手裡有錢又怎麼樣？人家一提就說：哦，個體戶呵，立刻矮人三分。有朋友就給我出主意讓我留洋一趟，回國就有資本吹牛啦。再說我也真的想換換環境，喏，就出來了。其實我滿可以不打工的，我舅舅在日本有公司，他是老一輩出洋的人啦，他給我做的經濟擔保，也同意負擔我的費用，但我不用，我要試一試自己在外國的生存能力。你看，五年了，我的日語學成了，打工賺的錢也不少。五年中，我什麼都幹過，一開始我洗盤子、伐樹、修馬路、洗汽車、刷樓梯，一天只睡四、五個小時，有時我困得一邊幹活一邊睡覺，你信嗎？我就有這個本事，比如說洗汽車，我一邊用水龍頭沖著一邊就可以打盹……現在我日語講得不錯了我就不幹這種苦力了，我在麻將場打工，替客人買煙、訂飯、清洗麻將牌。剛開始我洗一副牌要二十多分鐘，現在，八分鐘，洗得又快又乾淨，老闆特別滿意。我在那兒幹了快一年了，工錢不低，而且這是個輕鬆活兒。」他比比劃劃地說。

我望著那有著深眼窩、高顴骨、厚嘴唇的淳樸臉龐，覺得他是個可信賴的大哥哥，便懇求他道：「介紹我到你那兒，同你一起打工好不好？」

他連連搖頭：「不行不行，那是賭場呵，烏煙瘴氣的，不是女孩子去的地方，你還是找端盤子的活兒吧，洗碗太辛苦了，你這身體恐怕吃不消，日本人幹活時的緊張勁兒你還沒領教過呢。告訴你，每一個到日本自費留學的人，剛來的頭二個月都想自殺，精神壓力和經濟壓力太大了。不過，挺過這最初的階段就好了，都找到活路了。記住，要咬牙挺住！」

回到教室，許桑正伏在桌上呼呼大睡，其他的同學也陸續回來了，有的端著紙杯咖啡喝著，有的吃著水果。

我同鄭桑坐下翻看那本《招工指南》，看到有招洗碗工或女侍應生、時給（即每小時工錢）600或700元、位址也在新宿附近的便剪下來。旁邊一位三十多歲、文質彬彬戴眼鏡的男生也湊過來幫著參考。另一個也戴眼鏡、二十多歲很年輕的陳姓男生說：「放學後我和曾桑陪你去打電話，我教給你怎麼說。」

鄭桑說：「對了，讓他們倆陪你去，我沒時間，我那兒子嫌洗盤子太累，哭著死活不幹了，我還得替他找份工。二位拜託了，幫幫她，初來乍到什麼也不懂。」

那二位眼鏡連連點頭：「沒問題，誰剛來都有困難，應該幫忙的。」

幾個臺灣女生便取笑：「二位蠻有騎士風度嘛。」

曾桑笑道：「你們不幫忙還說風涼話。」

其中一個叫林麗純的說：「誰說不幫忙了？喂，大家出去吃飯時都幫著打聽一下，看有沒有飯店要用人的。」

其他同學都含笑答應著，並勸慰我別著急，說一定會找到工作的。我心裡很感動，覺得臺灣同學真是親切、熱誠，他們斯文大方而有禮貌，尤其是女生，不論外貌醜俊，說話都輕輕的、軟軟的，真的同看過的臺灣電視劇裡的人一樣。我開始悄悄地喜歡

這些同學了。

放課鈴一響，許桑和鄭桑便像趕什麼場似的跑掉了。二位戴眼鏡的臺灣男生陪著我到一家飲食店坐下，要了三杯果汁，便開始翻那本《招工指南》，挑了幾個條件可以的他們倆就去櫃檯打電話，我看他們撥了幾次，說完就回來了。

我急切地問：「怎麼樣？」他們說：「時間不行，都是白天，要上課的呀。有二家招洗碗工，中午就有人去了。其實做洗碗工的最多，那些不會講日語的、在語言學校的就讀生都幹這個，所以洗碗的工作更難找。你會講日語，還是當侍應生端盤子、點菜吧。」

我歎了口氣，有些沮喪，曾桑安慰道：「走吧，明天再買一本試試。」……

我仍在想法找工作，每天一本《招工指南》，翻來倒去地看，然後是打電話推薦自己，終於有一家店說可以去見工。放學後，又是陳桑和曾桑答應陪我去，那兩位大陸男同胞倒指望不上，一放學就跑沒影兒了，他們也是趕著去打工，實在沒空呵。

從學校到那家麵館走了二十多分鐘，快到門口時，他倆說：「你自己進去，有人陪著不好，勇敢點。」他們又是同我握手，又是學著日本人的習慣雙手握拳高舉喊著：「萬歲、萬歲！加油、加油！」

我鼓足勇氣拉開門走進去。一間小小的店，兩邊各有三張桌子，迎面是櫃檯，裡邊便是廚房，熱氣騰騰的有一個人正在忙著，聽見門響便喊著「依拉瞎依媽塞」（歡迎）跑出來。我怯生生地說：「我是來見工的，中午打過電話……有位元宮澤桑……」

「呵，我就是宮澤。你是中國留學生？來日本多久了？在餐

館幹過嗎？」

我老老實實地說：「剛來一個多星期，還沒幹過……但我什麼都會幹……」

他一聽，馬上截斷我的話：「那不行，沒經驗不行，我的店很忙，你除了給客人端麵條外，還要洗菜洗碗，你幹不了，幹不了，對不起了。」他擺擺手，返身進裡面去了。

我垂頭喪氣地出來一講，陳桑拍了一下頭：「怪我，應該告訴你，在日本找工作，一定要說你幹過、有經驗。誰也不願意用生手呵。」

我不明白：「撒謊有什麼用？一幹起來不就露餡了，還得被辭掉。」

曾桑說：「光說實話不行的，你得撒謊說幹過二個月。既使幹幾天被炒掉，不也是有幾天經驗了嗎？否則永遠也不會有經驗的。記住了？」

我當然記住了，在特殊的條件下，為了生存，撒謊是必要的。

趙會明身材瘦小，臉色微黃，五官並不難看也淡淡化了妝，但仍然掩飾不了臉上的疲憊憔悴之色。我入學一星期後才見到她，給我的第一印象是：一個心事重重的女人。平常也很少見她開心地笑過。課間休息時，大家都儘量放鬆，插科打諢，有幾個臺灣男生特別會講笑話，大家常常笑得前仰後合，趙會明卻也只是淡淡地微微一笑而已。

有一天中午，教室裡只剩下我倆吃飯盒，我把自己做的雞肉塊給她吃，她給我一塊大牛排，我說：「你還會做牛排呵，挺費事的吧？」

她說：「不是。我在西餐館打工，每天都有剩下的菜，我挑好的留下來。另外，老闆娘對我也很照顧，冰箱裡的肉菜放二天

不新鮮了，她就讓我拿回去。」說完，看看我，「你不會瞧不起我吧？」

我一邊吃著牛排一邊說：「看你說哪裡去了？這有什麼？我們是窮留學生呵。我也想找這種省飯錢的地方呢。再說，這些東西也不髒。」

她歎了一口氣：「是呵，房租、水電、交通費是無法省下的，只能從嘴裡省了。我從來不吃早餐，中午吃這飯盒，晚餐是餐館免費提供的，所以，可以說我一個月基本上不用花吃飯錢。」

我說：「你幹嗎這樣苦著自己？看你瘦得這個樣子，身體垮了怎麼辦？」

她苦笑一下搖頭說：「你說得不對，其實我現在每天攝取的營養足夠。你看，每天除了牛排就是火腿煎蛋、義大利香腸，比在國內家裡吃得好多了。我消瘦不是物質生活苦，而是我心裡苦，命太苦……」

她告訴我：她是六八屆高三畢業生，在北大荒幹了十年，回上海時已快三十歲了，又待業一年，才在街道小廠找到一份工作。三十多歲的老姑娘，工作不起眼兒，人又長得不漂亮，在婚姻上已無選擇的餘地，本不想結婚，獨身一輩子算了。可年邁的父母不答應，四處托人保媒，硬撮合了她的婚事。男方竟是個大學畢業生，除了性格孤僻，不愛說話外，彷彿也挑不出什麼大毛病。婚後一年有了兒子，但丈夫卻突然發起精神病來，摔盤碗、砸玻璃、唱語錄歌、跳忠字舞，鬧過之後便昏然入睡人事不省，嚇得她抱著兒子躲在牆角發抖。她的父母找到介紹人，方知男方在文革中遭過批鬥、監禁，得了精神分裂症。文革後被平反，住院治療了二年，說治好了，所以在婚前隱瞞了這段病史。沒想到

這精神病是會反復的，婚後不到二年就又發作了。

　　生米煮成了熟飯，找誰鬧也沒用，苦果子還得自己吃。丈夫又住進了精神病院，她靠著微薄的薪水養活兒子，還得經常去精神病院探望丈夫、送營養品，精神和經濟的雙重壓力幾乎使她都要崩潰了。就過著這種日子，熬到兒子五歲，丈夫出院了，卻仍不能工作，只是每天待坐在房裡傻笑，從「狂暴型」變成了「幻想型」。

　　她流著淚說：「那時，每天下班我都怕回家，多少次我走到黃浦江邊都想一閉眼跳下去算了，那就一了百了，什麼痛苦也沒有了。可是，我有兒子呵，聰明可愛的兒子，剛剛五歲比大孩子都懂事，看我流淚時就說；『媽媽不哭，我快快長大，掙好多好多錢給爸爸治病，讓媽媽高興。』為了兒子，我也要活下去呵。後來上海掀起出國熱潮，有幾個老同學都出去了，來信說日本好賺錢，在餐館洗盤子每月也能掙十幾萬日元，合人民幣四、五千元。我為擺脫這折磨人的環境，為了養活兒子和丈夫，下狠心借了2萬塊錢，買了經濟擔保證明和入學通知書，把丈夫又送進醫院，兒子託付給父母，就到日本來了。」

　　「你到日本幾年了？」

　　「三年了。一開始在語言學校學基礎日語，那種學校只上半天課，我就白天打一份工，晚上再打一份工，一天幹十幾個小時。我洗過盤子、送過報紙、給情人旅館刷洗衛生間、到下班後的大商社寫字樓拖地板、擦玻璃，每天累得我爬樓梯都抬不起腿。第二年我累得得了肝炎，回上海治病休養了三個月又回來了。不管怎麼說，我現在已還清了債務，能每月往上海寄錢，我的兒子能吃得好、穿得好，進了高級幼稚園，現在已上學了。眼下這所大學的學費是太貴了點兒，但我也要讀下去，拿到文憑回上海就能找到較好的工作，我和兒子就再也不會分開了。不過這

學校的出席率要求的太嚴，白天不能打工了，只能晚上去，少賺不少錢。為了兒子，我什麼苦都能吃，可惜我已不年輕，長得也不漂亮，否則去夜總會陪舞也行！」

　　沒等她說完我已熱淚盈眶，只是撫摩著她的手一句話也說不出來。從那以後我們倆經常放學後一起走，聽她講一些生活的注意事項及她的打工經驗。走在新宿大街上，耳邊常常聽到講上海話、北京話的。這一帶有好幾間語言學校，租一間房子放幾把椅子便叫學校了。趙會明指著仨一群倆一夥的語言學校的學生說：「看見沒有，中國留學生源源不斷，辦這些所謂學校都賺大錢了。有幾個像你這樣有真正經濟擔保人不花一文錢拿到日本入境簽證的？都是花高價買的呀。不拼命的打工怎麼還債？怎麼應付這高昂的東京物價？不過，『周瑜打黃蓋──願打願挨』，誰叫咱們窮呢？如果咱們中國也像日本一樣經濟發達、國民富裕，誰還來這兒找罪受呢？」

　　「現在國內在搞改革開放，將來我們也會富起來的吧。」

　　她歎了一口氣：「恐怕得二十年才能趕上目前的日本吧。」

　　最近幾天趙會明好像特別忙，有時最後一節課不上就走了，臉色也更憔悴了。現在我倆坐在這日本餐館裡吃著麵，我便問她：「你這幾天怎麼這麼忙呵，放學也不同我一起走了。」

　　她說：「有人介紹我照顧一個病老太太，每天晚上4點到6點2個小時，每小時2000元，給病人做飯、餵飯、侍候大小便。我6點半到西餐館上班，正好來得及。這恐怕也幹不了多久，那老太太都90多歲了，奄奄一息……反正賺一點兒是一點兒，不就是累嗎？我已經累慣了，回到住處倒頭就睡，免得閒下來想兒子、想煩惱事……」

<h1 style="text-align:right">第八章</h1>

# 知青後代對知青悲苦的認識

## 第一節　被遺棄而永遠傷痛知青後代

　　更有甚者，為了回城，有的知青竟不得不泯滅良心，不惜拋棄自己的親生骨肉，上演了一出出人間悲劇。雲南知青楠竹在〈孽債在延續〉的文中就講述了一個讓人傷感無奈的故事：……回到東風農場，我就去看望同一天入伍，分在一個連隊頭部受傷的戰友趙雲星，在與他分享久別重逢的友情時，看到他隔壁鄰居正在給小孩餵飯，出於禮貌，誇獎小孩聰明漂亮。小孩的母親說：「我二姐的女兒更漂亮，還說我二姐是知青的女兒。」一聽這話，激起了我想瞭解事情原委的願望。讓她將二姐的女兒叫出來，果然很漂亮。這時小孩的媽媽及外婆也來了，從與她外婆的交談中，我瞭解到大致的情況。

　　原來，一九七四年，在二分場某隊，一位北京男知青和一位上海女知青生下了一個女孩，由於是非婚生育，在懷孕時吃了許多打胎藥，致使小女孩先天不足，很瘦小，兩知青無法撫養。在這種情況下，隊上女職工周女士就將小孩抱養，給了知青五十元的營養費。為此，周女士為得到每月六斤糧食餵養小孩，還向分場寫下保證，自己今後不再生育，分場才給這個小孩落戶，為孩子起名叫周靜。之後，周女士找了一個李姓男士結婚，小女孩又

改姓李。由於小女孩先天稍有不足,再加上周女士家中貧窮,使得小女孩不能上學,至今,李靜也不識字。

　　周外婆說:「結婚時李姓老公帶來一個女孩(老大);我收養了知青的女兒(老二);與老公生了一個女兒(老三);後來與李姓老公離婚了,我家現在是三個女兒三個媽,還有二個外孫女。到現在為止,家中日子過得很艱難。老二沒文化,在招待所打掃衛生,工資幾百元;(老二的老公沒工作)。老三也沒有工作,老二(養女)的女兒(李夢玲)學習不怎麼好,每學期還得交五百元的補課費,現在一家五口就靠退休工資1120元過日子。」

　　我問李靜:「知道你親生父母嗎?」

　　她回答:「知道,是知青。聽人家講爸爸在法院工作,也有人講在北京開超市。媽媽住在上海南站附近。」

　　我問:「他們叫什麼名字?」她說:「不知道,媽媽(養母)不告訴她。但我很想他們。」我說:「你去找他們呀!」李靜說:「不能去找,因為他們都有自己的家庭,這樣會影響他們家庭不和的。」

　　這時,旁邊的人說李靜的生父去年在農場五十大慶時隨北京知青代表團來到農場,只是遠遠地看了她一眼,也沒有相認。我們也只有在事後告訴李靜。無奈呀!……

　　可憐的孩子,無辜的孩子,她何罪之有?從一出生就先天不足,爾後又被親生父母拋棄,讓這無辜的小生命面臨沒有營養,沒有書讀的苦難。我不禁要問,這一切都是誰造成的?難道僅僅歸咎於狠心的知青父母嗎?如果沒有上山下鄉運動,這一切難道還會發生嗎?

　　我提出將帶李夢玲來上海,將她送入舞蹈學校或音樂學校學

習，她外婆就是不同意。還說以後就是在農場割膠也不讓她離開自已。沒辦法，我將此事告訴了華騰夢歌。過了幾天隨華騰夢歌一起又去了李靜家，華騰夢歌當即收李夢玲為學生，教她美術及字畫，並免費提供所需的筆墨紙硯……

　　類似的情景，在中國安全時報黑龍江記者站韓寶霞所寫的〈36歲至今未婚的女孩常常在夢中呼喚：媽媽您在那裡〉也有感歎：大約在一九七六年的一個春節前夕，一個或一對上海插隊黑龍江省佳木斯市郊區群勝公社樺樹大隊的上海的知青，由於多種原因，將自己在這裡出生的、尚在繈褓中的女孩，送給當地樺樹屯一戶叫張加華的農民撫養，現這孩子已經長大成人，經養父母的辛勤撫養培育和自己勤奮努力讀完大學，居住在佳木斯市區，有一份屬於自己的事業，現在養父母都相繼過逝，她本人知道自己身世後，尋根心切，欲尋找親生父母。

　　現希望當年插隊落戶黑龍江省佳木斯市郊區群勝公社樺樹大隊的上海知青中的知情人，特別是同在群勝公社樺樹大隊插隊佳木斯市發電廠的王振興先生，能提供點線索資訊，為她找回自己的親生父母和其他親人。

　　她的父母竟沒有留下一點可以證明孩子身分的證據，包括一張出身時間的紙條。當時唯一能證明這個孩子是上海知青後代的證據，就是當時同在群勝公社樺樹大隊插隊佳木斯市發電廠的王振興曾經和她說過父母的名字，但是由於當時年幼沒有記住。還有後來父母也曾經來尋找過，也許是日久生情，養父母竟然說孩子已經夭折了。加上和佳木斯市發電廠的王振興失去聯繫，後來就沒有父母的任何資訊了。

　　謝謝了！所有知情者、同情者，如有線索，請與蕭湘聯繫，當事人會感謝萬分，通過各種方式致謝！確有價值的資訊，肯定

會以德報德，希望上海當年插隊佳木斯市郊區群勝公社樺樹大隊
的上海知青中的知情人和現在各地的老三屆知青，特別是同在群
勝公社樺樹大隊插隊佳木斯市發電廠的王振興先生提供線索，以
圓這位知青女兒尋根之夢。常說「可憐天下父母心」，可在這件
事上倒要天下父母可憐這位子女心了，在那個特殊的年代出生的
她，一點也不想埋怨自己的親生父母，一點也不會增加她親生父
母的負擔。相反的是儘管現實是如此，她還想為自己親生父母多
一份親情，盡一點孝心……茫茫人海，誰是她的父母親呀？這
個如今已經36歲至今未婚的女孩常常在夢中呼喚：媽媽，您在
那裡？

　　作者邢陽、王國彬在〈撫養32年的松原養母替兒尋生母〉介
紹：64歲的劉女士昨日在家中向記者講述了事情的經過。一九七
八年，劉女士已經有了一個女兒。「那年一月份，在省外貿包裝
公司的叔叔給我打電話，問我想不想要一個男孩兒。」劉女士回
憶說，「我叔叔單位的一名司機在省醫院生小孩時，聽說有一名
產婦生下個男嬰想要送人。」

　　劉女士當時就答應了，並且很快就坐車來到了長春市，但此
時才知道這名男嬰已經被人收養了。「我叔叔告訴我，在省醫院
還有一名女知青生了一名男嬰，也想要送養。」劉女士說，「孩
子出生那天是一九七八年一月二十三日，農曆臘月十五。我趕到
長春時，叔叔已經將孩子抱回家了。」

　　劉女士說，自己一看到這個男嬰就喜歡得不得了，這麼多
年來，她一直把他當親生孩子撫養。在問及一些細節時，劉女士
遺憾地說，因為叔叔已經過世，無法瞭解更多的情況。「我叔叔
說她是德惠的知青，但我不知道她是老家在德惠還是在德惠下
鄉。」劉女士還記得，叔叔給了她90斤糧票。這個女孩個子不太

高，有一個姐姐在長春。「現在算來，她也應該60歲左右了。」

……劉女士說：「以前我想，就這樣了吧，一家人很和美。但後來他的養父去世，我的身體也不是特別好，就想給小軍找生母，即使將來有一天我不在了，孩子也有自己的母親。」

她無法提供太多細節，但她相信，小軍的生母不會忘記一九七八年一月二十三日這個日子。如果能看到這篇報導，希望與他們取得聯繫。「我想要告訴她，我把孩子照顧得很好，現在他已經成家，還有一個9歲的女兒，我相信除了兒子外，她也一定想見見她的孫女……」

作者溫籌二〇〇六年在〈陝西女子自稱2歲被遺棄，尋找北京知青父母〉的帖子中介紹說：「我希望能夠早日找到爸爸媽媽。」昨日，36歲的蘇婕說。現在定居陝西省西安市的她，自稱是北京知青在陝西插隊時生下的孩子，2歲時被遺棄在當地農村。她希望能夠尋找到親生父母及知情者。

蘇婕稱，小時候，她居住在陝西省咸陽地區淳化縣胡家廟鄉胡家廟村，原名雷小梅，養父叫雷德閨，養母姓蘇。從小，她便隨雷德閨四處乞討。8歲那年，雷德閨離婚，她隨養母離開胡家廟村，又被轉送到別家。一九九二年，她給自己改名叫蘇婕。

去年上半年，蘇婕接到了一個操廣東口音老人的電話，對方在尋找自己丟失30多年的女兒。蘇婕因此想起了小時候的遭遇，而當時並未留下那位老人的聯繫方式。二〇〇四年九月，她回到胡家廟村，探聽自己的身世。

「雷家什麼都不告訴我。」蘇婕說，當地一名計程車司機告訴她，曾有一廣東口音的老人開車到村子裡找過女兒，老人自稱當年是北京知青，一九七二年離開陝西時，將不到2歲的女兒遺棄在當地。

「和我的情況很吻合。」蘇婕稱，自己於是循著「北京知青」這條僅有的線索，乘坐大巴在附近的禮泉縣、乾縣、永壽縣等地，尋找知情者。

蘇婕表示，在她尋訪的幾十個村子中，不少人目睹過「尋女」的老人，並將老人敘述的一些細節告訴了她。但是，目前她尚未找到有北京知青居住過的村子。胡家廟村村主任胡北戰向記者證實，村裡確有「雷小梅」此人，8歲時離開雷德閏家，但沒有證實蘇婕的身世故事。

蘇婕稱，她要尋找的親生父母是一對北京知青，曾經在陝西農村插過隊。一九七○年前後，生下一女孩，起名「絨絨」。一九七二年秋天離開陝西，將女兒遺棄在當地村子裡。當時，在女兒身上放了50元錢，還附了一張紙條，寫明孩子的詳細情況。根據她所打聽到的情況，「父親」是高個子，白頭髮，操廣東口音，目前可能定居在南方，開一輛「中澳」牌黑色加長型轎車。

**無獨有偶**，二○○九年十月二十日〈杭州日報知青往事：36年前偷吃禁果森林產子〉報導：上海女子張英今年58歲，她老家在紹興。當歲月的指針回撥36年，張英正是二十出頭，風華正茂，是江南水鄉的漂亮姑娘。

都說哪個少年不鍾情，哪個少女不懷春。雖然那個時代十分保守，張英還是芳心暗許，和一個叫陳強的男孩子談起了戀愛，還忍不住偷吃了禁果。甜蜜的日子沒多久，張英不得不和陳強分別。一九七○年下半年，為了響應上山下鄉的號召，張英和許多同齡人一起，來到了黑龍江大興安嶺加格達奇插隊。此時，沒人知道，張英的肚子裡已經懷了陳強的孩子。北方的冬天，寒冷而漫長。厚重的軍大衣，把這個祕密裹了起來。

一九七一年六月的一天，張英突然覺得肚子一陣陣的劇痛，

下身還流出血來。直到這時，知青們才發現，張英要生孩子了。

救人要緊！大家推選了最年長的女性；一位20多歲的未婚女知青為張英接生。「哇哇」隨著一陣啼哭聲，一個男嬰降生在地處原始森林的連隊中。

未婚生子讓張英在連隊裡羞得抬不起頭來。可是，知青們卻給了張英母子無限的關愛。戰友們拆了自己的大棉襖，給嬰兒縫了件小棉襖。大家想盡各種辦法，給母子倆增加營養。張英坐月子的時候，連長和知青們商量：這個月你們大米飯就不要吃了，全給張英吃。在特殊情況面前，大夥沒有怨言，每人省下一個雞蛋給產婦張英吃。

張英給兒子取了個名字，叫「建江」，意思是建設黑龍江。可是，兵團的連隊裡怎麼可以養一個孩子呢？等孩子稍大一點，連隊決定將母子倆送回了紹興。張英把兒子抱到了陳家，不久重返大興安嶺。

孩子到了陳家，先由奶奶管著，奶奶十分疼愛這個過早來到人世的孫子。到了次年的年初，為了撮合成這樁「先結果後開花」的婚事，陳家又把孩子送回到張英的父母家。

一九七四年的一天，張英千里迢迢回老家探望兒子，但令她萬萬沒想到的是，自己的哥哥由於頂不住世俗的眼光，居然把這個小外甥送人了！再哭再心痛也沒用，年輕的張英只好無奈地接受了這個事實。

母子連心啊！雖說孩子被送走了，可張英對親骨肉的思念，卻一直沒有停止過。

時光荏苒，在後來的日子裡，張英嫁到上海，陳強也結婚生子。這個被送走的孩子，就像印在張英胸口的朱砂痣，一想起來就隱隱作痛。想得難受的時候，張英就會問哥哥，孩子到底被送

到哪裡去了，可哥哥卻一直沒有說清楚。

一九八九年那年，張英患重病的哥哥到了彌留之際。看著妹妹，哥哥終於吐露了實情，孩子是被當時紹興縣政府一個山東轉業幹部的弟弟抱走的，應該就在山東。可是，再具體的線索也沒有了。偌大個山東，到哪去找自己的兒子？張英只好到處托朋友打聽。可是，遲遲沒有結果。

二○○五年，那些曾經一起到大興安嶺支邊的紹興老戰友，搞了個支邊35周年聚會，張英也趕去參加，見到了老戰友，她也顧不著面子了，拜託大家幫她找找那個失散36年的兒子。

參加聚會的人中，有個叫馮百泉的老知青，是個熱心腸，現在《紹興晚報》熱線室工作。老馮曾通過報導幫助過很多人找到親人，有的還是從山東方面找到紹興來的。老馮對張英說：「這件事我一定我幫你留心留心，要是有線索，馬上通知你。」

**在網易克山知青緣博客，我看到了網名「h25」二○○六年七月十八日轉發的一篇〈知青子女尋找一九七○年曾在克山縣湧泉公社插隊的上海生母〉文章，這篇文章是以知青子女韓青第一人稱寫的，讀來催人淚下**：北方的四月是黑土地上最美的季節了。春天的風喚醒了所有生命的東西。花開滿了山崗，開滿了貼滿標語的大街小巷，一片片各色的花。被風湧動著，濃烈的花香說不出字來……

春天是花開的季節是戀愛的季節。媽媽就是在那個季節裡戀愛了，她的心就像一塊荒蕪的山崗被人開墾成了一片充滿歡樂沃土。那裡長滿了鮮花。我就是在那個時候被她們種下的一粒種子，在那個瘋狂的年代裡悄悄地生長著。媽媽在不安的等著我到來。蛇誘惑了她們也帶給了她們無邊的恐懼和後悔。終於有一天我離開了媽媽。我大聲的哭喊著。雙手試圖抓住什麼不離開媽媽

的身體，因為我不喜歡那個瘋狂的時代。從此這個從上海來的小姑娘就成了我一生都在找尋，都在思念的媽媽！……

僅僅18天啊！我們母子僅僅相聚了18天就這樣分別了。媽媽當年曾經走過的路，我不知道走了多少回。還有當年的風當年的晚霞，親愛的媽媽啊，那裡有你走過腳印，那裡是媽媽生我的茅草屋啊？……為了找您我用了15年的時間了幾乎走遍了黑龍江，有一次在克山我去坐車的時候被兩個人拿著刀把我砍傷了。搶走我所有的財物，我只好在黑夜裡獨自己走到了湧泉。媽媽你知道嗎，那裡的石子路真的好不走啊，那裡的風吹的我直想哭！半夜了，我才到了我養父的一個朋友家。鞋子都脫不下來了。裡面全是血啊！媽媽我一點也不痛，因為我終於到了你來過的地方。我聞到了您的氣息，就像回到了您的懷裡一樣，媽媽啊！對不起媽媽，我寫不下去了……兒子真的很想你啊！

我媽媽是上海知青，在黑龍江省克山縣湧泉公社下鄉插隊的。我是73年出生的，生日好像是大年三十的晚上。不知什麼原因，當我出生後第18天就被一位姓韓的人（即現在的養父）揀走了。我養父那時侯任職黑龍江省克山縣湧泉公社勤儉大隊幹部，他叫韓香元，現已遷回山東老家。後來在我6個月大的時候，他們就把我送回老家山東單縣了。親媽媽姓什麼？叫什麼？我都不知道，長什麼樣都不知道。我去東北找了幾次，他們都說我跟媽媽很像。我真的很想媽媽，夢裡經常見到媽媽，夢裡哭醒過好多次……

我現在在威海市工作並已成家，生活的很好，閒了的時候就會想起上海，想起自己的親媽媽，兒子想你啊……希望有知情者或我的生母看到我寫的尋人文章，即與我聯繫。若有認識原黑龍江省克山縣湧泉公社勤儉村村幹部韓香元的，也請聯繫我。還有

認識當時知情人——原在黑龍江省克山縣湧泉公社下鄉插隊的上海知青吳國偉（男），束桂蘭（女）和何稼寶（女），也請聯繫我。韓青。

後來，我欣喜地在這篇博文的下方，看到了難忘知青二〇〇九年十一月六日的回覆：在經過10多年的努力尋找，韓青總算與勤儉大隊的老知青們聯繫上了，終於尋找到了自己的親生父母。為此，韓青特別感謝原勤儉大隊的女知青宋君美女士提供的線索。

記者孫春龍二〇〇六年底在〈留守陝北的北京知青〉也揭示了相同的境遇：一位北京知青告訴他的女兒，你不要結婚。多年以來，33歲的傅育華經常會做一個非常奇怪的夢。夢裡，他只有三、四歲的樣子，一個白淨的女人坐在炕沿，遞給他一包好吃的，然後緊緊地把他抱在懷裡，女人的淚珠子不停地掉在他的臉上，很燙。這時候，會有一個陝北口音的女人說，「你要走了，給娃多說幾句話。」

傅育華是陝西省延安市延川縣的一位農民。他清楚地記的夢裡的事情發生在冬天，透過窗櫺可以看見漫天飛舞的雪花。他曾十分好奇地給父母講過這個夢，父母說，夢見女人是該給你娶媳婦了。二〇〇二年國慶日，傅育華與當地的一位女子結婚。第二天，他的父母第一次主動向他說起那個夢，「你說過的那個夢是真的，那個白淨的女人是你的親生母親。」

一九七三年，剛剛出生兩個月的傅育華被送給了延川縣的一個農民家庭。那時，他的親生父母沒有結婚，他們的身分是北京知青。三年後的一九七六年，在這個中國歷史永遠也無法淡忘的年代，傅育華的親生父母結束了八年「接受貧下中農再教育」的生活，回到了北京。

傅育華的養父母告訴他身世的同時，曾十分大度地對他說，他可以到北京尋找親生父母。傅育華思考了許久之後，終於放棄了這個念頭。他明白，養父母在內心裡是不情願讓他離開的，他也不願望離開他的養父母。傅育華不願去北京的另外一個原因在於，他不知道自己的親生父母回北京後是否結婚了，如果他們各自都有自己的家庭，他的出現只會給他們惹來尷尬和更多的麻煩。

從至今依然留守在延安市的部分北京知青那裡，傅育華暸解到親生父母當年的一些事情。他的父親因為出身不好，插隊後經常被做為「火靶子」－－「鬥私批羞」的對象。有一次，幾位一同插隊的知青嘴饞，慫恿他父親偷來老百姓家裡的一隻狗，殺了吃肉。等大家吃完了，又以此為由對其進行「鬥私批修」。傅育華的母親看不過眼，站出來說了幾句公道話。

一九七三年初，當地知青統一檢查身體時，傅育華母親肚子裡的一個祕密再也藏不住了。管理知青的幹部找到她，輪流給他做工作，要她告傅育華的父親強姦罪，而且允諾她可以提前調回北京。據稱，當時已經給傅育華的父親定好了15年的刑期。但她始終堅稱那是她自願的……

當年插隊的知青，多多少少都在感情上有一些糾葛，誰都不可否認，那是一個容易衝動的年齡。就像他們爭先恐後地搭上那列西去的火車一樣，蒼涼的黃土高原、單調孤寂的勞作，讓他們體內的荷爾蒙瀰漫了整個軀體。在黃陵縣一個監獄工作的北京知青龔鳳海，曾親眼目睹他的好多戰友和鄉親因為男女作風問題鋃鐺入獄。在那個把破壞知識青年上山下鄉和破壞軍婚相提並論的年代，和北京知青談感情無疑是一個「高壓線」，搞好了可以成家立業、繁衍續種，搞不好就會被批鬥、進監獄。若干年後，當龔鳳海看著滿街的按摩院、洗頭房時，他心中的那份失落和鬱

悶旁人無法理喻,貼滿了美女畫的單身宿舍給他帶來了極大的非議,也讓他繼續堅守著自己內心深入的烏托邦。

留守宜川縣的北京知青于小婭剛剛從縣城建局黨委書記的位子上退休。在留守知青裡,能幹到這個位子無疑是一位成功者。于小婭的成功來自於自己的正直和執著。在工作不久後的一次民主生活會上,口無遮攔的于小婭向與會的縣委書記反映了好多真實存在的問題,那些問題大家都心知肚明,但沒人願意得罪人。于小婭的發言引起縣委書記的關注,不久後她被提拔為副鄉長。于小婭覺得,一個人不能太自私,不能為了自己就不顧大局。于小婭認為,這就是知青精神。

于小婭的經歷充滿了感傷。她的父親在鐵路上工作,會講一口流利的日語,有許多的日本朋友。文革的時候,他翻閱日本詞典時被紅衛兵發現,結果招來一頓慘無人道的毒打,致使全身12處骨折,到處都是血窟窿,裡面生滿了蛆,戰戰兢兢的于小婭拿著鑷子一個個地往外夾。于小婭的爺爺一氣之下離開人世,在家裡亂成一團糟的情況下,于小婭等姊妹三個分赴陝北、內蒙古、黑龍江插隊,一家人從此天各一方。

插隊時,于小婭和一位知青有了戀情,並且有了一個孩子,孩子生下不久就送給了當地的一位鄉親。這位知青後來回了北京,于小婭則和當地的一位農民結婚。一九八〇年,于小婭結束了12年的農民生活,成了縣食品公司的一名合同工,職業是餵豬。因為工作努力,她在一九八五年被評為縣級先進工作者,一九九二年加入中國共產黨,令人刮目相看。而那個特殊年代特殊背景下發生的那段戀情,成了于小婭難以捨棄的一段往事,當年生下的那個孩子如今已有了自己的家室,而且知道了自己的身世,兩人偶爾會在路上遇到,但都顯得很生分,沒有過多的話語

......

# 第二節　被殃及池魚的無辜知青後代

知青悲愴的命運還殃及了無辜的知青後代，使他們在入學、就業，甚至婚姻家庭遭受了不少磨難。南方人物週刊在〈我到底是哪裡人？〉記述：……在新疆的上海知青和後代問：我到底是哪裡人？對於這些在新疆的上海知青和他們的後代來說，戶口和身分認同遙不可及。

「平均」的不平均：一九八五年，胡耀邦到新疆考察，他為知青題詞：「歷史貢獻與托木峰共存，新的業績同塔里木河長流。」知青們奔相走告，重燃了希望。次年，上海副市長謝麗娟到新疆考察，得知消息的知青張寶瑄向她遞交了聯名請願書，並要求召開座談會。知青們紛紛要求回城，至少讓子女回到上海。

幾十年後，張寶瑄回憶起來唏噓不已，當年被保證不「秋後算賬」的帶頭人，最後都難逃懲罰。多年來，他總結、反思，最終走上法律的道路。他屢屢呈交行政訴訟狀，請求判當年的行政行為為違法的強迫勞動，並給予補償。如今，他相信法治的力量，再也不會像年輕時那樣去請願上訪了。

當時，他們的要求在一九八九年部分實現了：知青家庭的一個子女可回到城裡。但知青的命運似乎已經註定了。一九八〇年代以後，不符合回城規定的知青有了分化：有的永遠留在新疆，有的死亡，有的流散到第三地，最大的一撥有三萬多人，他們幹到退休，然後返城。有六千人左右自動和新疆脫離關係，選擇滯留在上海，成了黑戶。

一九八八年，謝虎禮帶著兩個孩子逃回上海，成了六千分之

一。為存退路，張維敏選擇繼續留在新疆。回到上海的謝虎禮和母親及兩個學生兒女擠在7平方的老房子裡。他的兒子謝君至今都記得，自己整整一周都躲在門後偷窺外面的一切，那種既嚮往又恐懼的情形。一九八〇初的記憶還困擾著當時的他——那時，他上小學二年級，和姐姐在開學的第一天，就被展示到眾多小朋友面前：這是新疆來的借讀生。姐弟倆一聽就把頭低了下去。

起初，少年謝君上課的時候總是走神，在本子上偷偷畫在新疆的房子、房子周圍的道路和建築，「怕自己忘了新疆」。可隨著生活的展開，他確實再也回憶不起新疆的模樣。

謝萍對於過去有著超強的記憶力。從房子的結構到老師的姓名到別人看她的眼神。在八十年代那些年，她聽到最多的評價就是「野蠻人」。一天傍晚，她請新疆回來的同學到家裡吃飯，飯桌擺在門口，他們看到肉都特別興奮。她還記得，姑姑高聲對街坊說：他們新疆來的就是奇形怪狀。走在路上，她也總低著頭，感覺所有的人都看不起她。她覺得，所有的癥結都在於，沒有上海戶口，而她本該是上海人。

轉眼間到了一九九〇年，這對龍鳳胎16周歲了。按照政策，倆人中的一個可以入上海戶口。那時的謝萍想報考美術中專，而報考前提是要有上海戶口。老師兩次到她家向謝虎禮誇獎她，希望戶口能給謝萍。但每次的答案都是：戶口要留給兒子。

那一陣子，她的心情跌到了谷底，似乎人生也望到了盡頭。一個傍晚，回到亂糟糟的家裡，她再也不想去馬桶間做作業了。她拿起菜刀往手腕一割——幸好菜刀並不鋒利，家人立刻撲過來搶救。割腕事件終究是一場小風波，依舊改變不了戶口的走向。

舊矛盾未了，謝家又有了新矛盾。謝君報戶口，遭到了奶奶的阻攔。她把戶口本藏了起來。謝虎禮在家裡鬧得天翻地覆，把

櫃子都踢爛了，最終才讓母親交出了戶口本。

許多年後，支離破碎的親情仍是謝虎禮難以言說的痛楚。他悲哀又自我安慰地想，這也許是他們這一代人的宿命。一九五三年，父親作為資本家被打為反革命分子送去新疆勞改，留下母親帶著幾個孩子領救濟金生活。從童年開始，自卑感便如影隨形，他從未買得起書包和課本。當他站到臺上帶領少先隊員唱歌時，他發現「下面的紅領巾一片鮮紅鮮紅的，而自己卻是淡紅淡紅的。」都是父親害的，他想。去新疆後他從未給父親寫信，從未見他一面。少年謝虎禮以父親為恥，他認為是父親阻礙了他在新中國變成一個新人；中年謝虎禮不敢恨母親，卻不能原諒母親阻撓他在新時代進入新生活。

一九九二年，戶口總算對那些滯留在上海的黑戶知青開禁了，同時他們也被要求寫下保證書：不向政府要工作、要房子。再過五六年，他們又得到了每月兩三百元的補助，有一年，他們拿到了369元。從此，「369」成了這撥知青的稱呼。

謝虎禮也是這一結果的受益人。可向母親討要戶口時，又是一番爭吵，最終謝虎禮以保證書來交換戶口本——不參與分房子。此後，這個7平米的屋子充滿了緊張。同一屋簷下，母親和謝虎禮一家分開爐灶做飯。而直到老人去世，謝君未曾叫過她一聲奶奶。

這樣的故事在當時反復上演。而隨著歲月的消逝，人們也慢慢淡忘了其中的情節。一九九三年，擁有了戶口的謝萍理直氣壯地在大街上昂首闊步，因為戶口問題而流產的初戀也已遠去。烙印在慢慢消退。她讀夜校，努力工作，結婚生子，融入了大都市的生活。

謝萍為自己感到幸運。她知道，在她身後，還有三萬多知青的

子女們，註定要經歷更多的掙扎，43歲的陳莉就是其中的一個。

戶口人生：週末的傍晚，陳莉在廚房燒飯，看到記者，她勉強笑了一下。關於知青二代的生活，她不願回憶，不願看到他人同情的目光。

「講述過去能改變什麼嗎？不能。對我有好處嗎？沒有。除了揭開傷疤，讓我痛苦。」飯桌上，她眼皮下垂，把辣椒皮一點點地從豆腐上挑下來。可沉默良久，她還是回憶了，因為，「北方人會為人著想」。

陳莉傲氣、敏感，有一股把生活看明白不自欺的倔勁。如果可以重來，她不會選擇回到上海。可是一九八八年，如同其他知青二代，她和妹妹都只是被不甘心的父母送回上海的懵懂少年。她們四處打工，被欺負、被欠薪，飽一頓餓一頓，一斤麵條倆人搶著吃。妹妹哭著要回新疆，可她們根本買不起火車票，陳莉強裝狠心：要回，你自己回！

一九八九年報戶口時，陳家把戶口給了唯一的男孩。母親李鳳嬌想，女孩子畢竟可以嫁個上海人。於是，陳莉走上了通過嫁人改變戶口的道路。漂亮的陳莉對那些看得上她的上海男人從未動心過。她早就看透了待價而沽的交換本質：對方要結婚，她要戶口。

第一場婚姻以她遲遲沒生孩子而告終，而直到離婚，她還沒達到落戶的年限。二○○一年，母親從新疆退休回到上海，開始為解決女兒的戶口問題而上訪。上訪的結果給了她一些優惠：結婚滿兩年就可以入戶。

第二場婚姻的選擇餘地更小了，對象是五十來歲的上海男人。總算兩年過去了，陳莉在家四處找戶口本，丈夫卻站在一旁，冷冷地說：你放一百二十個心吧，我是永遠都不會讓你入

戶的。

陳莉果斷離了婚。慢慢地，她已經不再想戶口的事情，她甚至只想找到自己的家庭。後來，她又被介紹給一個帶著孩子的鰥夫。男人找各種藉口不和她結婚，但她還是和他同居了兩年。孩子和母親都慢慢喜歡上她，可他總對她挑三揀四，嫌她掙錢少，當他炒股失敗的時候，又把責任歸咎到她身上。

「如果有本事我還會找你這樣的人嗎？」陳莉反唇相譏。她總是忍氣吞聲，還嘴時，她已經下定了離開的決心。

如今，她似乎看開了，對於戶口也不再執著，她想擺脫戶口魔力──她的一些知青朋友，解決了戶口問題就像變成另外的人種似的。生活告訴她：安全感必須自我供給。所有以交換為目的的婚姻都是不會長久的，在矛盾和爭吵中，終究會暴露它不堪的面目。

過去，一種強大的自我保護本能讓她隱藏身分，她講一口流利地道的上海話，她察言觀色，她小心翼翼地打量自己，生怕露出外地人的馬腳──但她又看不起上海人，雖然她也遇過開明謙和的本地人，但在她的世界裡，那是少數。

許多時候，她感覺空蕩蕩的。她拼命掙錢，每天一早出門，深夜才回到家裡，必須為自己的晚年生活打下經濟基礎。上海許多角落都有她打工的身影，但是，「沒有留下任何痕跡」，她這麼形容過去的生活。她甚至羨慕起母親，他們有工齡、有歷史、有群體歸屬感，他們可以隨時放聲痛哭，可以理直氣壯地要求賠償青春，可以大聲說「我是上海人」。她覺得自己，什麼也不是。

母親李鳳嬌一邊打毛衣，一邊靜靜聽著，不住抹眼淚。許多事情她也是這一晚才聽女兒第一次說。多年來，她為愧疚感所壓

抑，畢竟陳莉是大女兒，戶口本應歸她的。女兒有時問，我是你親生的麼？李鳳嬌說，我看不是。女兒回答，我也覺得不是。這樣的對話讓她心裡難受到極點。

這位63歲的老太太，講述起往事，總帶著不自知的黑色幽默。

一九六四年，李鳳嬌還是一名初中生。五月二十八日──她還記得──下午，她去上學。校長笑眯眯把她招到辦公室，說，李鳳嬌同志，你被批准到新疆參加生產建設兵團了。

她困惑地說，我沒申請啊。但幾天後，她就到了新疆。然後被通知，分到農四師牧場。

「什麼是牧場？」她問。

然後，她就到了牧場。一晃35年。回城10年裡，她四處打工，為女兒的戶口四處上訪，還去了北京，可是還沒下火車就被打回來。在一次上訪中，她認識了謝虎禮的妻子張維敏。此後，每次遇到什麼事，張總是「挺身而出」，她感覺自己找到了「主心骨」。

母親，快來救救我……

（應受訪者要求，文中陳莉、李鳳嬌為化名，本文來源：《南方人物週刊》）

知青田小野在〈嫁給農民的女知青〉也講述了一個悲愴的故事：一九七四年春天，內蒙古農村一名24歲的女知青喝敵敵畏，自殺身亡。她叫何朝陽，原北京89中初二學生。何朝陽一九六八年下鄉，一九六九年嫁給青年農民棟棟，一九七○年生一子，取名宏俊。一九七四年又生一子，何朝陽自殺身亡時，她的小兒子只有39天。何朝陽所在的公社給她開了追悼會，許多其他公社的知青也都去了，許多人落了淚，許多人捐了錢物。

何朝陽出身於普通工人家庭，在學校時，是89中校革委會委員，上山下鄉的帶頭人，下鄉第二年就嫁給農民，順理成章是一種率先的，與貧下中農相結合的革命行為。翻開何朝陽留下的日記，滿目是毛主席語錄和幼稚的自我鞭策：

「爸爸7歲就當學徒工，經常受老闆的打罵，吃不飽穿不暖，過著牛馬不如的生活。」

「最近一時期，我對主席著作的學習抓得不緊了，有時間也不抓緊了，也不知都幹些什麼，今天我針對問題學習，使我認識到，不學習主席著作，就要落後於形勢，落後於群眾。」

「今年的婦女工作大有發展，同工同酬也比每年做得好，從我們大隊來看，今年一年的農業生產，大部分是閨女們在發揮作用，婦女能頂半邊天。」

從日記裡找不到涉及自殺的原因的任何跡象，然而她確實連同理想一道，毅然地熄滅了自己年輕的生命。

何朝陽的丈夫棟棟，個子雖矮，卻是一個多才多藝的農村青年，他吹拉彈唱無所不通，又因讀過高中，他一直在村小學做民辦教師。村民們說，棟棟脾氣溫和，他們夫妻感情不錯，何朝陽自殺後，棟棟抱著她哭得死去活來，在炕上把她揉過來揉過去，想把何朝陽揉活。

這次，我見到何朝陽的大兒子宏俊。他對我說，每年我都要給我媽去上墳，都要自己哭一場，我才4歲，弟弟才39天，她為什麼扔下我們就走了？村子裡喝安眠藥自殺的都能救過來，為什麼我媽要喝敵敵畏？宏俊十多年前，想作為知青子女把戶口辦回北京，可北京的姥姥家拒絕做他的監護人，姥姥說，我眼珠子沒有了，還要眼眶做什麼？！他從姥姥家出來，到處去找北京市的有關部門，甚至還見到陳希同的秘書，一概被拒斥。為此，他很

傷心，問自己，我究竟是不是北京知青子女，為什麼別人能回北京，我回不了北京？

**朱曉軍在採訪了留守知青時聽說了這麼一個故事：**還有一位發明了分格寫作教學法的北大荒知青叫常青，因為對中國的教育事業做出了傑出貢獻，被評為特等功臣。然而因為在革命時期，常青的老師曾為國民黨工作，常青後來也受到牽連，被定為特務。當時常青的妻子是空軍報社的記者，為了不連累自己的妻子，他執意要與其離婚。他還沒來得及看上出世的孩子一眼，就被迫離開了。

文革後常青到了農墾師範學院擔任大學教授，後來升為副校長。一次他去深圳開會，一位北京教授說起一個學生，說那孩子的父親在北大荒，她一出生就沒了父親，可那孩子特別爭氣，特別刻苦，後來考上了北大，畢業後做了新華社記者。言者無意，聽者有心。他旁敲側擊地向北京教授打聽那學生母親的名字。果然那就是他的女兒！

常青當即退了返城機票，買了去北京的機票。可是近鄉情怯，常青找到了前妻住處卻一直不敢進去，只待在樓外想等前妻出來，可等到人差不多都走完了也沒見前妻出來。他耐不住了，跑去問保安。保安奇怪地說，早就看你在外面等人了，那最後出去的不就是何繁嗎？

常青悲從中來，這麼多年過去了，常青記著的還是前妻年輕時的模樣，誰知光陰不饒人哪，現在大家都老了。保安告訴常青，何繁的女兒大概還在家中。常青來到前妻的家門口，卻遲遲不敢敲門。最後女兒出來開了門，常青多想抱一抱她啊，可終究不敢，只是顫抖著說：「我是從北大荒來的……」

女兒聽了後愣了一下，連忙請常青進屋，可在給常青倒水

時手一直顫抖著。當常青問她「你知道我是誰嗎？」時孩子哽咽了，說：「我一開始就知道了，您是我爸爸。」

那天常青和女兒在外面的公園聊了一下午，就坐在當年常青和前妻談離婚的椅子上。現在故地重遊，心境卻大不一樣了。臨近傍晚的時候，常青對女兒說：「孩子，你長那麼大從來沒有吃過爸爸的一粒飯，今天爸爸請你吃飯，喜歡吃什麼儘管說。」

可女兒說：「爸爸，這麼多年我沒孝順過您，今天我來請您吃飯，讓我盡點為人子女的責任吧。」聽女兒這樣說，常青的眼淚又禁不住地留下來。臨別時常青囑咐女兒：「不要告訴你媽媽我來過，也不要聯繫我，就當今天沒見過我。」

原來那時常青的身分問題還是沒有解決，而女兒是新華社記者，即將被派往加拿大工作，他怕影響女兒，不敢和妻兒多聯繫。半年後事情終於查清楚了。常青特地多要了一份平反決定書，趕到北京拿著決定書給前妻看說：「三十年前，我答應一定會給你個結果，現在我平反了，我是清白的啊。」

前妻看到決定書就哭了，她流著眼淚背了一首普希金的長詩，末了她反復地問：「這難道都是命嗎？」命運待常青不公，但也正是因為這樣的命運，才磨礪出了常青堅忍不拔的意志，也見證了這段不被光陰打磨、不為挫折泯滅的親情。

## 第三節　知青後代對知青恩怨的認識

在北京青年報上，我看到了記者安頓二〇〇一年對周曉燕採訪，她講述如何拆掉了父母的婚姻。在這篇題目為〈我就是要把這個家拆掉〉文章中講述了一個令人欣慰的故事：

他們的婚姻基礎並不好，有一種相互利用的色彩。　我是我

們家的「罪人」，知道一些情況的人都這麼說。可是，我不這麼認為。我覺得我做的事情是很對的，而且，這也是只有我可以做到的事情。我促成了我爸和我媽的離婚。實際上，應該說是在我的動員和勸說之下，他們倆終於決定離婚了。這件事發生在我高考之前。高考一結束，我幹的第一件事就是陪著爸爸、媽媽到街道辦事處辦離婚手續。

我慢慢給你講。我可能有點兒緊張，說亂了。我家跟很多人家不一樣。我的父母都是知青，他們是很晚回城的那一批。在他們之後，就沒有什麼人插隊了。我媽媽是上海人，爸爸是天津人。他們是在插隊的時候認識的，也是在那個時候好上的。當時的媽媽就是為了能找到一個男人保護她、陪伴她、替她跑前跑後幹重活。其實，她並沒有真心愛上爸爸，即使有一點兒愛，也是因為爸爸能滿足她這些要求，別人不吃她那一套。這麼說起來，他們的婚姻基礎並不好，有一種相互利用的色彩。

爸爸愛媽媽可能比媽媽愛他要多一些，但也是經過了現實的分析的。爸爸出身於工人家庭，兄弟姐妹多，都沒受過太好的教育，不能說沒文化，但實在太平常了。到現在，姑姑、大伯和叔叔們還在為了孩子們的住房緊張著急。媽媽家可不一樣。我的外公、外婆都是醫學院的教授，唯一的一個舅舅現在在日本，也很有錢。外公、外婆都被舅舅接到東京去養老了。後來，外公、外婆不再是什麼反動學術權威了，國家把當年沒收的房子還給了他們。據說，那房子也很值錢，現在租給了一對在上海開公司的日本夫妻，一個月好多錢，都歸媽媽所有。用媽媽的話說，她那時候是「鳳凰脫毛不如雞」，所以，跟了爸爸是純粹的公主下嫁。以爸爸的條件，能娶到個上海高級知識份子家庭出身的大小姐，也就是在那個時代。要是現在，他根本就沒戲。

誰也不讓著誰，誰也瞧不起誰。　他們插隊結束之後，爸爸回到天津，媽媽也跟著來了。他們在天津落了戶。但是，媽媽並不是情願的。這些事情都是後來我分別跟他們談心的時候他們親口告訴我的。

當初，為了跟爸爸回天津，媽媽還鬧過。她是上海人，上海人那種優越感在我媽媽身上有特別顯著的體現。她認為這個世界上除了上海之外，全是農村。那時候，爸爸沒有選擇，要不就是留在東北安家落戶，要不就是回天津等著國家給分配一個工作，沒有別的辦法。媽媽當時已經跟爸爸在一起了，她也沒有別的辦法，但是，她又從心裡不願意到天津。她就跟爸爸鬧，逼著爸爸跟她回上海。

那次是我爸爸非常堅決的一次。他說天津有他的父母，他是男人，不能為了媳婦兒拋下父母不管，而女人就應該跟著男人走。他們倆那時候天天打架。爸爸說，媽媽曾經以自殺來威脅他，但是他還是堅持住了。我也問過爸爸，難道真的不害怕媽媽死掉嗎？爸爸說，他瞭解媽媽的脾氣。媽媽就是這麼一種人，鬧的時候比誰都凶，但真做起事情來，比誰都膽小，她根本不可能真的自殺。這樣，媽媽最後還是來了天津，而且在天津跟爸爸結婚、生了我，在天津工作了這麼多年，一直到現在。

但是，媽媽一直對這件事耿耿於懷。她跟我說，她真正感覺到爸爸並不愛她就是在那個時候。她鬧自殺，爸爸一點兒也不害怕，連一點兒口氣上的鬆動都沒有，特別倔，翻來覆去就是一句話：「反正你得跟我走，要不就分手。」雖然最後的結果是媽媽妥協了，但這個妥協成了他們倆之間一個解不開的大疙瘩，影響了兩個人大半輩子。

我從小就習慣了爸爸、媽媽的爭吵。他們倆能為了吃麵條應

該用大碗還是大盤子而一個晚上誰也不搭理誰。媽媽講究生活情調，我們吃飯從來很複雜：吃米飯有吃米飯的小碗，喝湯有喝湯的小碗，吃麵條有吃麵條的深盤子，盛菜有盛菜的淺盤子。後來家裡的錢多起來了，有了啤酒杯、香檳杯、紅酒杯、咖啡杯，有客廳裡穿的拖鞋、臥室裡穿的拖鞋、夏天穿的塑膠拖鞋和冬天穿的布拖鞋，亂七八糟的講究，別說爸爸不習慣，就連我都嫌煩。他們倆為了這些東西吵架，為了爸爸忘記換拖鞋吵架，為了我跟著爸爸反對這種繁瑣的生活吵架……總之，要是你在那時候的我家住上一天，隨時隨地都能聽見媽媽罵爸爸「土包子」，爸爸罵媽媽「窮毛病太多」。

他們倆就是不一樣，而且誰也不讓著誰，誰也瞧不起誰。我小時候，聽見最多的就是媽媽說爸爸「沒本事」。爸爸回到天津，在造汽車的工廠裡當工人，媽媽在一個國營企業當出納。一般單位的財務部，都是女人多。女人和女人在一起，不是比老公就是比孩子──誰的老公能掙錢，誰的孩子成績好，誰家房子大，誰家有背景，說來說去就是這些。媽媽在外面有時候能占上風，有時候不能，回家就拿爸爸出氣。

爸爸那時候是挺窩囊的。他是一個非常要強的人，但是沒趕上好機會，別說上大學沒可能，連高中都沒上全。爸爸是從工人到技術員到車間主任到副廠長到現在的副總經理，一點一點自己努力發展起來的。任何一個男人都不願意被自己的老婆看不起，更不願意老婆天天回家把自己跟別人的老公比來比去。媽媽偏偏就這麼做。爸爸不說話，不搭理她。她就罵自己、罵上山下鄉、罵她的父母，說她瞎了眼、饑不擇食跟了爸爸，說她家上輩子一定欠了爸爸家，所以要讓她用一輩子的幸福來還債。這些話實在太多了，爸爸受不了，我都受不了。爸爸是不到忍無可忍不反

駁。實在忍不住了，他也會說媽媽，說你既然覺得那麼不好，為什麼還要死皮賴臉跟著來天津，滾回上海不是挺好嗎？還能找個上海小白臉兒。然後，就是媽媽撲在床上哭，爸爸摔上門就走，後半夜再回來。

每次他們這麼爭吵，我都是躲在自己的房間裡，特別傷心。我不知道別人家的父母什麼樣，但是我相信哪個孩子也不希望自己的父母是這個樣。他們每天吵啊、吵啊，吵得一個家裡連一點熱乎氣兒都沒有。他們自己肯定是不幸福的，我在這樣的環境裡也感覺不到幸福。

**爸爸，你想過跟媽媽離婚嗎？** 後來，爸爸的工作越做越好，錢也越掙越多，我們搬進了他分來的大房子，享受著他帶來的優越的物質條件。照理說，爸爸奮鬥到今天，媽媽應該滿足了吧？還是不行！

他們倆就跟爭氣似的，給你舉個最近的例子。那是高二第二學期。我在學校是成績非常好的學生，爸爸覺得我有精力，想讓我學鋼琴。花了好多錢，給我買了一架鋼琴。鋼琴買回來第一天，擺在家裡，爸爸特別得意，說有一天女兒學好了，他就不用去音樂廳了。本來是一句玩笑，誰也沒覺得什麼。媽媽突然就不高興了，臉沉下來，什麼話也不說，坐在鋼琴前面就開始彈。在那之前，我真不知道媽媽小時候學過彈鋼琴。她這一下子把我和爸爸都弄愣了。她彈的是《致愛麗絲》，很普通也很簡單的曲子，其實沒什麼可炫耀的。可是我們都不會啊，至少爸爸不會啊，而且，爸爸連這曲子是什麼都不知道，就是聽著耳熟。媽媽彈完了，扔下一句話：「有錢能買琴有什麼用？放著還不是個擺設。附庸風雅！」

結果，本來高高興興的一件事，這麼一來，大家都特別

掃興。

那天，媽媽出去了，家裡只有我和爸爸。我們坐在客廳的沙發裡，誰也不知道說什麼好。我第一次發現，爸爸的表情很痛苦，而且特別迷茫，好像一個人被按進很深的海水裡面，怎麼也掙扎不到岸上一樣。我憋了半天，終於問了個問題。我說：「爸爸，你跟媽媽在一起，是不是覺得不開心？」我還沒敢用「幸福」這個詞，覺得分量太重。爸爸想了一會兒才跟我說：「有時候是不開心，可是，你都這麼大了，這麼多年都過來了，爸爸也習慣了。媽媽不是壞人，就是脾氣不好。」

聽見爸爸的話，我都要哭了。我能感覺到爸爸心理的複雜，而且，他沒有說出自己最真實的感覺。我又問：「爸爸，你想過跟媽媽離婚嗎？」爸爸突然伸手摸了摸我的頭髮，然後拍了拍我的肩膀。他說：「女兒，爸爸想過跟媽媽離婚，想了之後馬上就不敢想了。爸爸怎麼能讓你沒有媽媽呢？」我實在忍不住了，眼淚掉在腿上。我已經17歲了，在這個家庭裡，還從來沒有跟爸爸這樣親近地坐在一起過，根本沒有這種氛圍。我哭著說：「可是，我覺得你們倆要是離婚了，也許我能比現在幸福得多。」我的話讓爸爸和我自己都大吃一驚。我也不知道這話是怎麼說出來的，可我知道那是我的心裡話，是我最真實的感覺。爸爸的表情更痛苦了，他什麼也沒說，站起來去了廚房，我也回了自己的房間。

就是從那天開始，我心裡有一個越來越強烈的念頭，就是我認為我的爸爸、媽媽應該離婚，他們應該去尋找屬於自己的幸福。

兩天之後的一個晚上，我正在複習英語，爸爸進來，猶豫了半天，好像很費勁似地說了這麼一番話：「女兒，你讓爸爸好

幾天沒睡好覺。爸爸很自責，沒有給你足夠的關心，讓你變成今天這種樣子。你說爸爸、媽媽離婚了，你能感覺更幸福，這不是在拆咱們家嗎？你一個未成年的小女孩兒，怎麼能想出這種主意來？你每天接觸的都是什麼人？你天天在琢磨什麼？你這樣，爸爸覺得很危險，不知道你到底遇到了什麼事、什麼人，這種壞影響是從哪兒來的。爸爸很擔心你。爸爸、媽媽的生活也就這樣了，你要是再有什麼不好的事情發生，爸爸就徹底絕望了。」

那天是我第一次看見爸爸哭，也是到今天為止唯一的一次。爸爸那麼一哭，我也手足無措了。而且，從爸爸的狀態，我看到了成年人的恐懼和無奈。他一個大男人，什麼事都沒把他難倒過，這時，他是真的為難了。

爸爸一支接一支地抽煙，等著我跟他說話。我不能不說。我覺得事已至此，前面的話都說出來了，其他的也沒什麼不能說。我說我沒結交任何壞朋友，功課一直都很抓緊，我不會拿自己的前途開玩笑。我可以失去一個表面上完整、內部已經腐爛的家庭，但不會讓自己失去美好的將來。正因為是這樣，才會提出來希望他們離婚，這才是真正對自己負責。我需要的是真實的幸福，這種虛偽的表面繁榮我不需要。拆散自己的家庭肯定不是一件開心的事，但是如果這樣做能讓三個人都擺脫困境，我覺得必須做。

我的這封信給爸爸、媽媽都帶來了特別大的震動。　我開始分別跟爸爸、媽媽談話。這個過程一直持續到我高考之前。我把提給爸爸的問題同樣也提出來給媽媽。媽媽說：「你爸爸是個好人，但是一個好人未必能讓女人過上好日子。而且，我們出身不同，生活方式也不一樣，互相都不能適應對方。這個婚姻就是特定時代的產物。要不是因為你，媽媽早就跟他分手，回上海

了。」

我跟媽媽說，我希望他們離婚。媽媽當時就哭了。她還對我破口大罵，說我是混蛋，說她怎麼也沒想到我是這麼一個「孽種」，要是知道有今天，當初就不應該生下我。她越是不理智，我就越是冷靜。我說如果他們口口聲聲為了我而犧牲自己的婚姻幸福，我可承受不起，這種奉獻我不需要。

我特別直接，可能也特別刺痛我媽媽。我問她：「你拍著自己的良心告訴我，你跟爸爸這麼多年，幸福嗎？」

媽媽滿臉都是眼淚，平常一絲不亂的頭髮也東一撮、西一撮了，她憋得說不出話來。我覺得我特殘忍，一定要把一個最不美好的真相撕碎了讓他們看個清楚。人只有看清楚真相了，才能有決心改變。我一遍遍追問她：「你幸福嗎？」

媽媽忍了很長時間，終於流著眼淚搖頭了。這個無聲的回答也讓我很傷心。

他們倆其實等於都承認了一點，就是他們之間早就沒有愛情了，這個婚姻之所以能存在這麼長時間，無非就是因為有一個我，他們以為我是需要一個家庭的。可是，他們從來沒問過我的感覺。他們根本就不知道，當他們倆那麼三天一大吵、一天一小吵的時候，我的痛苦並不比他們自己少。大約在我13歲的時候，爸爸、媽媽就不住在一個房間裡了，他們的理由是誰也不願意影響對方休息。這個家對他們來說早就不是家了。

我有寫日記的習慣，我的日記裡有很多內容都是在說父母吵架，我怎麼怎麼傷心。我多希望他們能和睦相處，即便不能，就是他們離婚了，也比這樣將就下去更讓我平靜。我把日記分別拿給爸爸、媽媽看。我告訴他們，如果真心為了我，而他們又確實不能和諧地一起生活，我不僅不反對他們分手，還很支持他們

離婚。

我那個日記本的最後一篇是寫給他們倆的一封信。大概意思是說：我已經長大了，很快會考上大學離開家。那時候，家裡只剩下他們兩個人，一對男女住在一起，卻不是恩愛夫妻，甚至連一點兒親情都沒有，你過你的日子，我過我的日子，這是不人道的。我說我知道他們這麼多年為了讓我有一個家而壓抑了自己，如果說我是一個阻礙了他們創造屬於自己的生活的絆腳石，那麼我現在已經不是了，而且，我從來就不願意充當這麼一個角色。

我的這封信給爸爸、媽媽都帶來了特別大的震動。在此之前，他們可能從來沒有瞭解過他們的女兒到底需要的是什麼，到底每天都在想什麼。

**我們都覺得你是對的。**那天是個禮拜六，爸爸、媽媽一起出去了。他們很少有這種時候，我覺得很奇怪。到了晚上，他們一起回來，還帶回來很多從飯館打包的飯菜。他們說要跟我談談。

我們一家人坐在飯桌前，爸爸還開了一瓶紅葡萄酒，也給我倒了一杯。爸爸先說話。他說：「我跟你媽媽經過了很長時間的商量，我們都覺得你是對的。我們都認為對方是很好的人，但是，我們兩個人在一起繼續生活肯定是不合適的。所以，我們決定離婚。不過，我和你媽媽都認為現在你最重要的任務是考上理想的大學。那樣，我們也會覺得沒有太多的負疚。所以，我們想跟你商量，能不能在高考之後辦手續。」

媽媽什麼話也沒說，一個勁兒往我的盤子裡夾菜。她好像特別平靜，沒有那種知道自己的家庭將要解體的女人經常會有的那種煩躁和委屈。

我也不覺得很吃驚。我猜想他們倆一定已經談過很長時間才

這麼決定的，兩個人都是經過了深思熟慮，不然，是不會這麼鄭重地跟我說這件事的。他們剛才一起出去一定是最後做出了這個決定，然後才正式告訴我。

怎麼說呢？那個時刻，我沒覺得有什麼失落感，反而覺得很安慰。我的爸爸、媽媽一起生活了這麼多年，一起爭吵了這麼多年，這還是頭一次心平氣和地跟我坐在一起好好吃一頓飯，他們終於能坦然地面對自己和對方了。唯一讓我想起來會有些傷感的是，這個時刻到來得太晚了，爸爸、媽媽都已經是快50歲的人了，而且，我們最和諧的家庭氣氛竟然是在宣佈他們決定離婚的時候才出現的。

那天，爸爸、媽媽和我都喝了很多酒，我們聊天兒到很晚。他們倆第一次在我面前共同回憶插隊時的一些事情，他們互相誇對方。我一直陪著他們，聽他們說那些年輕時代的事情。那時候，我心裡隱隱約約地有一個希望，我希望他們倆都能找到自己喜歡的人。一對年過半百的男女，大半輩子為了孩子活著，他們也應該開始享受自己的人生了。

最後，爸爸把瓶子裡剩下的一點兒酒給了我。他跟媽媽說：「咱們倆應該敬女兒一杯，要不是她，咱倆一輩子也沒有勇氣離婚。咱們老了，以後怎麼樣，誰也不知道，可是咱們女兒年輕啊。有了這一回，爸爸、媽媽以後就不用為你擔心了。」我們三個人站著喝完了最後一杯酒，各自回房間睡覺。

我要告訴你，那天晚上，其實我還是哭了。我哭了很長時間。我忽然覺得我不知道自己幹了什麼、為什麼要這樣做。而且，不管怎麼說，我還是覺得從此我是一個沒有家的人了。我明知道原來那個家對誰都沒好處，也知道我這樣做其實也是解放了我的父母，但我還是覺得難過。我知道我做對了，可是就是特別

難過。

後來的事情就變得很簡單了。他們倆居然再也沒吵過架。我進入了最緊張的階段，然後，我考上了第一志願。

我知道我是對的，可我還是想讓你也肯定我。高考一結束，我就陪著他們去了街道辦事處。他們倆進了街道辦事處，我在外面等著。過了一會兒，他們出來了。兩個人都沒有難過。那天我們在外面吃飯，氣氛也很好。吃完飯，他們帶著我到天津最好的商場去買上大學要用的東西。我們還是一家人，我走在他們倆中間，一邊拉著爸爸，一邊拉著媽媽。

媽媽回上海時，我已經開學了。我請了假跟爸爸一起送她到火車站。媽媽跟爸爸說：「以後，你不光要照顧自己，還要替我照顧女兒，你多受累吧。有任何困難，一定要告訴我，我隨時都可以過來。」爸爸跟媽媽說：「你一個人在上海，處處要小心，年紀大了，身體最重要，有困難別不說話，什麼時候想孩子了，就回來。這兒也是你的家。」

從我有記憶以來，就沒見過他們這麼客氣和體貼地跟對方說話，兩個吵了半輩子的人，在最後分手的時候，卻是這麼的溫柔……

在我們學校，都傳為佳話了。所以才有人說，我是我們家的「罪人」；還說，這孩子連她父母都能拆散，沒有什麼不敢拆的了。不過這些都是玩笑，我的同學都挺佩服我，說要是他們處在我的位置也會這麼做的。我們可不管別人說什麼，自己覺得對就去做。人生有很多道理是我們還沒懂得的，但誰不願意去學著懂道理啊？俗話說：寧拆十座廟，不拆一個家。可是，當我親自把家庭拆掉時，最深的感觸卻是：建築一座廟遠遠比建設一個家要簡單得多。走進廟裡的人往往只有祈求和膜拜，而走進家庭的人

要的卻是實在的幸福與和諧。以後的我，要的也是這個。

那天，離開周曉燕回北京，一路上我都在想：如果我處在她的位置上，她所做的一切，我敢做嗎？

**無獨有偶，曾經參加過抗美援老的女兵阿丹在前往老撾故地旅遊途中發現〈老撾導遊姑娘竟是知青孩子〉文中也講述了一個凄婉的故事：**「你們猜對了一半，我是中國人，但也是老撾人」在車上導遊姑娘的回答揭開了大家的疑惑，原來進入邊境後老撾導遊姑娘流利的普通話引起大家的好奇心，紛紛猜測起她的國籍，於是猜測她是中國人的一方得到她肯定的回答，還得知她的中國名叫陳欣。

陳欣身材嬌小，眉清目秀，面帶微笑，溫柔和順，討人喜歡，她的一番回答更引起大家追根刨底，她只好進一步交代：爸爸在版納，是當年的上海知青，媽媽是老撾人，父母早已離婚，父親另組了家庭，她們姐弟3人與媽媽一起在老撾生活。

陳欣家在去孟塞的路上，這次她要帶團10天，要回家拿衣服，她的親戚們在路邊等她，她們擁抱親吻顯得格外溫馨。中間的女孩是她的姐姐，白背心是姐夫，那白髮的是她的姑媽，抱孩子的是姑媽女兒，母女從中國來看她們，聽說姑媽也是上海知青，當年和弟弟一起下鄉，可現在哪還有一絲上海姑娘靚麗的身影，和當地的大媽簡直沒兩樣，真是造化弄人哪！我的心陣陣酸楚……

由此一來，更引起我對陳欣身世的格外好奇。正好途中我與她住一房（這要拜託旅行社對我的關照，特安排了女導遊，這就免了我的單房費），我在與她斷斷續續的交談中逐步瞭解到當年陳欣的父親姐弟倆來到西雙版納插隊，她的母親在中國生活了十年後與其父親相識結婚，她與姐姐相繼出生，然而，九十年代初

陳欣剛6歲，中國開始遣返鄰國的僑民，媽媽只好帶著姐妹倆回到了老撾祖輩的山村。

我當時不解的問，你母親與父親已結婚十年，有2個孩子，怎麼說趕走就趕走呢，你爸沒有什麼表示嗎？陳欣說，我那年6歲，我跪在爸爸的腳邊拉著他的褲腳和姐姐媽媽哭成一團，我一直在喊「爸爸，不要趕我們走……，可是爸爸只是一直揮著手說：「走吧！走吧！」聽到這裡我一股怒火中燒，恨恨地說「你爸真夠狠心的，面對孩子的哭求他竟然毫不動心」。「那時他有後媽了！」陳欣理解的說。

我恍然大悟，不過一轉念「不對，難道有了外心就要把妻子兒女都趕盡殺絕嗎，他完全可以把你們安排好，最起碼讓孩子有書讀，那時你再離婚娶你的二房也不遲啊！我急忙絞盡腦汁搜尋著以往那些，因暴富娶了3妻4妾而受到法律懲治的「扶貧模範」，作為陳欣爸爸要學習的好榜樣，列舉到姑娘面前，來襯托她爸爸行為的不齒。

可陳欣從不責怪父親，她只是淡淡地說：「回來後我就沒書讀了，我和姐姐特別想爸爸常常哭，我都記得過去爸爸常來幼稚園接我，晚上給我講故事的情景，我很長一段時間都是在被子裡流著淚睡著的，而剛回老撾時爸爸也還想我們，一個星期後就來看我，後來半年又來了一次，以後就沒來了。」

「你恨他嗎？」我問。

「不恨，還很想他，特別有一次，有人誤傳說我爸爸死了，結果我們全家都哭了好幾天，好像天都塌了一樣，後來又得知是誤傳，才松了一口氣，從那以後我更知道哪怕爸爸再對不起我們，只要他活著就好了」說到這，姑娘的臉上又顯出欣慰的笑容。

如今的陳欣長大了，姐姐也出嫁了，有了兩個孩子，陳欣成了家裡的頂樑柱，她成天奔波在外，當導遊，能接到我們這樣的10天團她很開心，一天能掙50美金，不過這樣的機會不多，大部分是三五天。在送我們回來的路上，她又接到接團的通知，她說，像這樣每個月都能有事做，生活就有保障了。當我們從南烏江大橋返回時，又要路過陳欣的家了，我們大家把剩下的食品糖果都留給了陳欣，並全體人員跟著她去她家看看，她家的房子就在路邊，很簡陋。

陳欣媽媽也沒閒著，她和小兒子一起種了幾畝橡膠林，橡膠六年後才有收益。陳欣說，等橡膠樹能割膠了，賣些錢家裡日子就好過些了。到家了，媽媽來接女兒了，大家圍著使勁拍照，陳欣都不好意思了。從陳欣與父親一家人的合影，看得出姑娘很渴望親情，聽說父親一家現在日子還很不錯。

陳欣想她爸爸，也常去看爸爸，當她送我們到磨憨邊檢站時，我問她是否順便回中國看爸爸，她低下頭沮喪的說：「不能常去了！去了後，爸爸總要拿些錢給我，後媽不高興了，好像我是專門要錢去的，所以不能常去了。」說完，她抬起頭，勉強笑了笑，向我擺擺手「阿姨，再見了」

大家又蜂擁而上與姑娘合影，依依惜別，姑娘總是擺出甜美的笑容與大家合影，看著姑娘笑臉，誰又能窺視到她心裡藏著那份渴望親情，渴望父愛的期盼；誰又能知道這愛笑的姑娘還有著令人唏噓的身世……再見了姑娘！人生路還得自己走下去，祝福你找到自己的幸福！

## 第四節　留守知青子女肩負的回城夢

更讓人感歎的是，許多留守知青儘管自己無法回城，但仍然執著地將回城希望寄託在子孫身上。於是，這些知青後代比其他同齡的孩子肩上多了一份重任。幾年前，作家朝花在〈說不盡的回城故事〉曾充滿憐憫的情感，講述了留守東北的上海知青三代人的回城夢：……上週末，我應邀參加了一個小範圍的知青聯誼聚會。為圓上子女的回城夢，更為了自己「葉落歸根」，他們演繹著一個個令人動容的故事。想揮也揮之不去的知青情結，迫使我再一次走近他們……

為了女兒回城，他竟然放棄了一份收入頗豐的好工作。在聯誼聚會時，我和他兩年後竟然在上海又一次見面了。由於特殊的原因，當我要記錄他和其他知青的真實經歷時，他們一致要求隱去他們真實的姓名，以免引起不必要的家庭矛盾。

他叫陳前，下鄉時曾是知青點的頭，或許正是他表現不錯，縣裡第一批招工就輪到了他，他成了黑河小興安嶺金礦的一名采金工人。有了一份穩定的工作，他也就在金礦找了一位當地姑娘成了一個幸福的家。女兒出世了，三口之家，在大山裡日子過得也很紅火。企業改革，他敢開頂風船第一個簽約承包采金船，成了一名知青采金船船長，一年少說也可掙上三四萬元。生活富裕了，他在黑河就買了三房一廳的商品房，女兒和妻子住進了城市，一到週末，他驅車趕回城裡與她們團聚，兩點一線的生活，按理說一家三口應該滿足了。可他們隨著女兒的長大，精神上的負擔卻越來越重。

女兒已是16周歲了，按政策，他們的女兒恰好到了回滬返

城年齡。對這些至今留在異地的知青來說，這是一條充滿人情味的政策，子女回城，也就意味著當年沒能返城的知青在年老退休後，也可去子女那兒葉落歸根，回到他們當年下鄉的出發地，人生終將劃出一個圓。

可是陳前心裡卻在為女兒的回城而犯難，他知道，女兒能按政策回城當然做夢都想。可上海家裡的住房十分擁擠，要為女兒多擠出一張床顯然是十分困難的，年邁的母親當然渴望遠在黑河的大孫女能如期回到自己的身邊。可陳前真擔心自己的弟弟妹妹是否能真正接受這個「天外」飛落的姪女。另外，女兒與陳前他們在黑河生活慣了，分開後女兒是否能習慣，讀書是否能跟上大城市的節奏？

這一系列實際困難，正折磨著這位當年的老知青陳前，他既為女兒可按政策回滬圓夢而感到慰藉，更在為女兒回城的困境而擔憂。最後決定，先把女兒戶口遷回上海，女兒人仍在黑河，爭取考上上海的大學，這才是最佳方案。

也就是兩年前，陳前作出這種決定的那天，我正好在小興安嶺金礦採訪，與陳前一起坐在土炕上相識喝酒。初識陳前，他幾乎已經東北化了，可內心的知青情結仍深深潛藏著，只不過他把這種情結在女兒身上強烈地折射出來罷了。這天，陳前有些醉，他女兒也在一邊勸父親放心，她說她會爭氣的，一定要考回上海，幫父親早日圓上一個難圓的回城夢。

兩年後的今天再次相逢，陳前不堪回首地告訴我，去年女兒高考落榜，可女兒並未就此失去考大學讀書的信心，表示複讀一年後，今年再考。為了女兒的大學夢，並在上海複讀高三，陳前為此辭去了金礦的工作，變賣了黑河的三房一廳，一家三口在上海買了一間不足15平方米的二手房，舉家回到了上海。

因為年齡已大很難找到合適的工作，迫於生活，他們夫妻倆起早貪黑在附近的集貿市場租了一個賣蔬菜的小攤位。日子過得很辛苦，但為了女兒，為了自己過幾年退休後能葉落歸根，他覺得吃這點苦不算什麼。不管怎樣作為一名當年的知青，陳前仍感到自己是幸運的，因為畢竟在這座別離三十多年的母親城裡找到一席立足之地。一個小小的賣菜的攤位，已足以使他滿足，這畢竟是他走出葉落歸根的第一步。真誠地祝福他們。

**女兒終於考上復旦回城，對分離女知青有喜悅，也有傷感。**在不久前的一個夜晚，我接到了又一個我所熟悉的仍然遠在黑河女知青的電話，電話裡她有為女兒能考上復旦感到榮耀的喜悅，但更有一種暫時難以回城以及母女別離的傷感。

她沉沉地向我訴說：「我們這一代人，當年16歲就離開父母，去農村插隊落戶，如今許多按政策16歲可回城的子女，又要離開自己的父母，獨自回到上海。這種別離的感受，我們真難以訴說。是的，我們有喜悅，也有隱隱的傷感……」

這與其說是她與我一次普通的通話和問候，還不如說這是一位女知青在對昨天的歷史發出的拷問和思考。

她叫史梅，原是上海師大附中六八屆高中的高材生，一九六九年來到黑河插隊，最後把根也留在了黑河，如今她是黑河某局辦公室主任。今天的她把一切已看得很淡，她現在什麼也不想，只想讓女兒能把她當年的夢想繼續擴張和延續。史梅的女兒的確是爭氣的，也圓上了她的夢，她的女兒不僅能寫一手好文章，而且還能彈一手好琴。出類拔萃的女兒，兩年前，終於考上了上海復旦大學，成為黑河市所有留守知青的一件值得驕傲的大喜事。

女兒臨行上海這天，所有相熟的知青紛紛趕到史梅家，為她女兒送行。把這本不太寬暢的小屋擠得滿滿一堂。他們一個個在

為史梅祝賀，爭氣的女兒終於圓了史梅年輕時未圓的大學夢，而且如願以償地考上了復旦，回到了日夜思念的上海。可史梅卻一個人獨坐在小屋的一角，喜悅之中在暗暗地流淚。

18歲的女兒要遠行，母女要將作暫時的分別，她感到難以訴說這種別離的感情，她禁不住又回憶自己三十多年前遠赴黑河插隊離開上海，離開母親那一瞬間。歷史竟是這樣的相似，三十多年後，自己的女兒又要離她而去，回到朝思暮想的上海。

一個別字，竟然要在三代人身上重演……女兒最理解自己的母親，她輕輕地擦去了母親的淚水，並告訴母親到了上海，每到週末她會去外婆家，替母親照顧好年邁的外婆。在讀書階段，女兒要去勤工儉學，為母親掙一些錢，積攢下來好為母親退休回上海買間居住的小屋出一點微薄之力。女兒如此動情的一席安慰話，說得所有前來送行的知青都為之動容。

別情難訴，最後史梅的女兒為在座的每一位知青叔叔阿姨彈奏了一曲滿文軍的《懂你》作別，以示對父母深深的眷戀。琴聲悠悠，勾起在座知青多少親情的回憶和思念。此時此刻，他們禁不住都想起了遠在上海的父母以及自己已回城奮鬥的兒女來……種種的思念，種種的艱辛，一齊湧上心頭，那種早日企盼葉落歸根的願望似乎在瞬間變得更為迫切和強烈！

說來也巧，兩年前，我恰巧在黑河採訪，在史梅家見證了這母女別離的難忘一幕！為圓子女回城夢，他們有所如願，但他們也失去了不少，每個圓夢的故事背後，都可寫出一個令人動容的故事。據我所知，僅黑河市就有二三百個知青留在了遙遠的邊陲，他們中的絕大部分子女已按政策回到上海讀書就業。於是，為了子女，也為了自己，他們中絕大部分人都相繼回到上海，來到子女身邊，在這座曾經熟悉的都市裡開始新一輪闖蕩，重新找

回屬於自己的一席之地。

這些本已相熟的老知青時常會聚一聚，談談子女的成長，說說各自的境遇。有時候聚會，各自的兒女也會不約而同地前來，說一說孩提時的東北，侃一侃自己未來的理想，談笑之間獲得一抹輕鬆已很滿足。一次短暫的聚會，猶如一次生命的充電，第二天，他們即刻充滿信心地走向生活，忙碌在城市的一角。

**為了子女，他重操舊業，在市郊承包一片農田，走一條自己的新路。**在知青聚會上，我認識了也是從黑河返城的知青林冬生。兩年前，他的兒子年滿16周歲，本以為兒子的戶口報回自己的弟弟家，在母親留下的小屋裡放一張床即可使兒子有個放心的安身之處。自己的親兄弟一口答應沒問題，住房再擠也要親侄子住下。

可是，弟媳婦就是講不通，她只同意落戶口，侄子要到外面借房子住，理由是她自己的女兒也大了，少男少女住一間房不方便。為此事他的弟媳婦吵著要離婚，一場新的家庭糾紛就此產生。林冬生不想因兒子住房為難弟弟，於是決定自己辭去工作，舉家返滬。兒子的戶口落在了弟弟家，他們三人在市郊結合部借了一間農舍算是安頓了下來。

兒子每天清晨6點騎車去上高中，林冬生夫婦倆推著爐子在路邊叫賣煎餅，因為沒執照，讓執法隊罰了好多次。在一次偶然的機會中，他獲悉市郊有家農場可以出租承包。他與妻子和兒子商量後一致同意去承包農田，就算再插一次隊，再當一名知青。農田終於承包了。他朝出晚歸，播種耕耘，儼然是一把裡手行家。一到兒子放寒暑假，一家三人忙在田裡，累是累了點，可心裡很踏實。

這一年秋天，他收穫了，一年下來還積攢了近萬元。兒子笑

著對林冬生說，將來他要考農學院，畢業後好好跟父母在此大幹一番。兒子果然沒有食言，去年如願以償地考上了交大農學院。今年，林冬生又追加承包了二十畝農田，農忙時還聘請了外來工幫忙。他這輩子沒想到回到上海，生活使他重操舊業，走了一條創業的新路，圓上了一個「莊園主」的夢。

日前，我如約來到市郊林冬生承包的農田，林冬生正在忙著搭建塑膠薄膜大棚，他高興地告訴我，今年要蓋大棚種一點綠色蔬菜試試，增加一些經濟效益……對未來林冬生充滿著信心。是的，在眾多的返城圓夢的知青中，林冬生算是成功的。他走了一條適合自己的新路！

## 第五節　自卑陰影下的知青子女訴說

在手機寬帶山網站，我意外地發現了一個網名叫kakas寫的〈我是個知青子女，心情不好，純發洩情緒，談談自己的經歷〉的帖子，帖子是用手機寫的，時斷時續，我耐心地將其拼接後，總算可以從一個側面瞭解了這一代人的心路歷程：我和女朋友分手了，就在最後雙方家長見面後，說到底還是錢的事情。記得陪父母回家的時候我心理很難受，我不想借錢去完成這個婚禮，更不想父母再花費了。其實，他們也真的沒什麼可以拿出來了，他們為了我已經賣掉了自己的房子。那時候最難受的是女朋友發給我短信埋怨我怎麼沒有準備好一份像樣的聘禮。

我今年已經虛歲31了，父母都是知青，很普通的家庭，我還有個哥哥前幾年已經成家了。想到我的父母，我總是忍不住淚水。父母已經退休了，和大部分知青回滬的一樣，家裡經濟條件都不是很寬裕，父母退休工資加在一起也沒有2000塊。哥哥是從

小跟著外婆，而我確很幸遇的一直在父母身邊長大，和從小在上海長大的孩子不同，我的童年很普通很普通。記憶最深刻的就是火車來來回回的顛簸和綠色的鐵皮車廂。我父母支邊是在某地，那時候從上海來回一次要一個禮拜，三天四夜。

二〇〇一年的時候我大學畢業到了上海工作。母親也內退來了上海照顧外婆。父親還在當地工作，那個時候我們還沒有自己的家，借宿在外婆家中。我和媽媽哥哥擠在一間五六平米的小房間裡。記得剛開始工作第一個月的試用期工資是900塊，TF可能嗤之以鼻還不夠一頓飯錢，可是當時確真的很開心滿足，從來沒有覺得錢會有這麼多過。當時我工作的地方就在靠近大華的地方類似物業的公司。記得那個時候那裡的房價還是3200塊左右，那個時候工作很枯燥做晚班，做2休2，除了工作，週六周日我和同事調班還要去讀專，後來又經人介紹做了一份兼職。一周去二次。也就是沒有一天能休息。

二〇〇三年的時候父親也退休回來了，我們家裡終於團聚了，那最重要的是我們有了一套屬於自己的家。房子不大70幾個平方，總共是12萬左右，我貸款，父母借了點錢加上他們的積蓄買下的。當時算很偏的地區在寶山彭浦淞南一片，至此我們終於在上海有了一處落腳之地。二〇〇四年我從原來的公司辭職了，走的時候到手差不多也有2500塊左右了。第一份工作要辭職需要很大的勇氣，我也是猶豫了很久才下的決心，一直等到正式通知可以去新單位上班，我才辭職的。我覺得這樣保險。

辭職後我去了家網路公司。因為工作需要我正式上山了。肯定會有TF疑問：為什麼上KDS是工作需要？其實很簡單，因為我去的那家網路公司就是KDS。我很自豪能見證它的成長。一筆帶過，因為可能有些老人會記得我曾默默的生活奮鬥著。對著電

腦的時候永遠比睡覺的時間長。不買股票，不買基金，更不買彩
票。人生對我來說是如此平淡寂寞，沒有一絲討巧的地方。

**Kakas傷感地說：**我繼續我的故事，太晚了，沒想到還有這
麼多tf未眠，我用手機打的，可能會慢點。

我明白知青家庭每家都有一本難念的經，都有苦，很感謝大
家鼓勵我，我是在苦難中長大的。父母有兩個兒子一直是他們最
大的財富他們一直這麼說，要供兩個子女考上大學，成家立業其
艱辛更是可想而知，父母很節省。

作為知青子女，我一直擺脫不了自卑的心理，我想我們兄
弟倆都有，我們都很努力的在工作生活，因為我是他們的希望。
哥哥經過一次跳槽後入的是房地產行業，我從事互聯網行業。二
〇〇六年哥哥結婚了，娶了個外地的嫂子。

為了這個，母親一直不是很開心，他們有他們的想法，有他
們的固執。那時候我想要娶個家也是上海的姑娘。當時我父母在
哥哥結婚時出了四萬塊左右，女方一分未出。只帶了一床被子。
其餘都是我哥哥負擔的，家具電器和徐家彙二室一廳商品房一
套。當然是有貸款的，當時大概每平方米8000多元，就在體育館
對面，現在來說很不錯的地段。

說說我自己吧，零六年我辭職離開了，其中的原因很簡單，
為了磨練自己，還有就是期望更高的待遇。那個時候心理的想法
是只要待遇能高於現有水平的30%，只要公司背景還可以我就會
毫不猶豫的換環境。可能和行業有關我和哥哥完全是兩種不同的
擇業態度，他在一家單位一待就是十年。

我想說我寫的都是真實的，我是大學畢業來上海工作的，當
時還不是上海戶口，根據政策上海有單位接受是可以落戶的。知
青回戶政策是後來才開始的。我和我哥哥都是走的畢業工作這個

方式的。對我來說有個掛靠關係的單位已經不錯了。我繼續我的故事。

相對來說，我們家庭親戚的關係還算可以，阿娘家老房一直說拆，可十年了也還沒動靜，那曾經是我們的希望，七十年的房子了已經算危房，是那種沒廁所用馬桶廚房公用的老房。當中也經歷了一些感情，但都因為種種擱淺了，爸媽一直很希望拆遷哥哥能儘快多還掉點貸款，而他們拿到的拆遷款也可以為我以後買房準備，畢竟一室今後如果結婚的話是不可能的，但那當然目前還是個美好的期望。要麼他們就賣掉現在住的，外面去租，或者再回去農場。他們時常這麼說，可這樣，我情願不結婚。每每想起心都會一痛。

是xj的不過當時時分是否是兵團還是地方的，我父母都不是建設兵團的。所以那時候政策照顧不到。零六年辭職後我進了新公司當然工資待遇也翻了一番，住的房子貸款也還清了。當時還是父母幫還的，一個月六七百塊，我的工資除了日常開銷，讀書外大部分都存下來。經過又一次失敗的感情後，我終於下決心買房，現在想來是很正確，因為過了不久國家就出臺了對第二套商品住房的限制，我趕上了末班車，第二個月房子每平米就一下提高了1000元。

到公司裡。路上一個多鐘頭，抽點時間繼續我的故事。謝謝大家的鼓勵，我會努力的。零六年底，因為一次失敗的感情，當時是因為姑娘喜歡了別人，感情的事情不想再提起，失戀後，為了讓自己早點忘卻和更努力的工作，我下了決心買房，拿出五年來的全部積蓄十萬元。然後以我的名義問親戚借了10多萬，是分4個人借的。湊夠了30%的首付款。買下了一套2室2廳90多個平米的房子，靠近父母附近不遠。當時成交價格是每平方7000多

元，現在地鐵通車了，房價又翻了一番，如果親戚不借，如果決心不大，再晚一個月，情況可能又不同了。我肯定萬萬也買不起。這裡還是要感謝親戚。

買了房子，生活水平一下子只有回到了幾年前。三年來，還是節約，和父母的共同努力終於把首付借的錢連本帶息的還清楚了。雖然還背著貸款，一個月還款就要3000多。但是至少多了一套婚房。第一套房子因為是父母償還的，但是是我的名義貸的款，父母不捨得花幾千塊錢再去做戶主變更，我寫個簡單的證明給父母，並且在第二套房子上把我和母親的名字都寫在房產證上。這樣可以避免可能的紛爭，也許我想的太多了。比起樓上的各位，我還是幸運的，至少我還是個健全的人。謝謝大家的鼓勵。

**Kakas的帖子引來了許多同齡知青子女的共鳴，他們紛紛跟帖訴說心中的委屈或感受**，知青子女混在浦東說：樓主繼續努力吧，我也三十好幾了，才找到合適的姑娘。同樣是知青子女，也只有我們才能真正的相互理解。從一開始的戶口問題、然後是和媽媽的弟弟之間的房子問題、然後又是自己房子的問題。這裡要特別感謝一下准丈母娘，把她家多出的一套房子將來給我們做婚房，自己的房子出租也好，留給父母來上海時住也好，隨便我們。九幾年中專畢業才七百塊錢一個月，現在在讀研究生，萬吧塊一個月，剛到kds的平均水平。樓主千萬別放棄，放棄的話就沒有任何人能幫你了。

**路過說**：和你一樣的背景，回滬，大學，工作，買房，結婚，生女，買車。工作一般，收入一般，這一切依靠了父母很多，覺得虧欠他們蠻多的。老婆一家都是好人，女兒也懂事，謝謝我身邊所有的人。希望公司新專案順利，該死的GILDAN。

**忘了開說**：父母安徽插隊的，回到上海時，房價已經2萬一

平方了，沒啥好說的，趕上這狗屁政策老子認了，現在只想把父母老婆孩子照顧好，等我死了後再去找「臘肉」算賬。

**神豬說**：知青！這個詞一苦苦兩代人，索性不回上海那也就算了，政策一出，知青子女可以回滬，造成多少家庭矛盾，怕就怕你回來搶房子！哎，樓主，你家親戚關係還算好的，我家就沒這麼幸運了。

**羅伯斯庇爾說**：我比你也許算更慘，父母很早就離婚了。所以很早就懂得，這個世界只能依靠自己，回到上海覺得親戚都是假的，開始的時候更是無法適應這裡的生活，會說上海話又如何呢？所以自己努力吧！讓該來的都來吧！誰都可以拋棄我們，國家，親戚。但我們自己不能拋棄自己，我們能做的就是在能力範圍內好好孝順父母，他們真的沒過過什麼好日子。

**蛋炒飯說**：很多上海人都看不起知青子女，我讀高中一直被他們歧視。說我鄉下人，哎，不堪回首啊！還好現在混的比高中那些傢伙好。

**escada*max說**：每個知青支邊的家庭都不容易。我和樓主歲數差不多。我父母都是上海人（虹口、靜安的大家庭，都因文革敗落），20歲不到就去了外地。我也是兄弟兩個中的弟弟。八十年代父母從外地回滬，因住房問題後不得不去江蘇工作。外地大學畢業後，我們兄弟2人計畫都回滬工作。畢竟出生在上海，親戚又都在上海，在心底裡上海就是故鄉。哥哥的戶口按政策回來了，我二○○三年外地大學畢業後，戶口卻回不來。

就在全家都準備在上海安頓下來的時候，父親卻因為長年的辛苦勞累導致病患。這中間有將近兩年的時間，其中一年的時間，我辭去了工作，和母親、哥哥白天、晚上輪流在醫院照看。因為天天我們都要做一個多小時的車去醫院輪換，所以當時和我

們住在一起的外婆，只能暫居養老院了。外婆因一次意外在養老院去世，一個月後父親也走了，這對母親的打擊實在太大……

最近兩年，母親、哥哥、我又開始為房子的事情奔波。從開始回上海時買的30個平方的小房子（5個人住），到為了有利於父親養病，借貸50萬去買了套90個平方左右的房子。儘管我們盡了很大努力，但因為找工作的種種困難，使得哥哥和我目前的工作都不怎麼樣，工資也很低。母親退休工資更是一千不到。考慮到以後的生活，我們商量把這套房子賣掉，在還清貸款的前提下用餘款再買兩套面積小點的房子。將近半年的輾轉比較，我們選了套面積和原來差不多的老房子，價格上正好是出手前套房子還掉貸款的餘額。但房子是毛坯的，這一裝修又是折騰2個月。國慶8天不是在買材料，就是在買材料的路上，在家就吃了一頓飯。又要續辦居住證了，又要開始搬家了，希望等來的是一個新的開始。安家之後再努力爭取一份好的工作！

**Kakas在回覆escada*max的帖子說：**看來兄弟的生活要比我家還差。每家知青家庭都很苦。大家都要更努力的拼搏。我發帖不是為了博什麼同情。我只是想發洩一下，壓抑了太久了，這幾天因為感情的事情心情還是不能平復。在上海這個大都市有的時候覺得自己很孤獨，這段生活經歷總是避而不談。

在上海生活這麼久了，除了回憶和上6開頭的編碼還能證明自己是一個知青的子女，有過這樣一段在外地生活成長的經歷，其他真的看不出來了。至少我的人生還是比較順利的，工作也還好。只是感情總是挫折，當中也浪費了很多時間和精力還有金錢。可能我總是把另一半想的太完美了，或是我們本來就屬於不同一類人，我們的想法總是如此格格不入。找一個合適的人好難。以前的一切都是靠自己努力得來的。可是感情好像再努力也

無濟於事。不求什麼患難與共只求一個能夠體諒對方，善待我父母的她。

生煎饅頭說：我也是知青子女，不過我父母帶我長大的地方不是太遠，現在交通發達了，原來到上海，從24小時的火車，變成10幾個小時的火車或者汽車了。我父母在當地已經落地生根了。我是獨生子女。上海的親戚也不過爾爾，沒啥真感情。可有可無。老的一輩，爺爺奶奶都過去了。只剩外婆。

我在上海讀的大學，剛畢業找不到工作。在外婆家的亭子間待了五六年。這五、六年裡，忍受過人情冷暖，一點點滄桑。交了幾個女朋友，找了幾份工作。直到二〇〇四年才走上正途。學了一門技術，找了一份像樣的工作。零七年和老婆在淮海路上一見鍾情，零八年結婚，和老婆租了房子，還是群居房。去年總算買了房，不過，上海買不起，買在昆山。靠自己，也靠外婆。靠父母，靠老婆，也靠老婆家裡。

我相信身體是最重要的。在這個城市裡，我能感受到樓主的失落，希望樓主能夠挺住。把驕傲的心留住！

更為欣喜的是，我們有的知青後代見多識廣，不畏強權，敢於為父母正當權益討個公道。二〇一一年八月七日留學美國的知青子女維尼，為了媽媽的工齡問題給當地政府官員致信就是證明。他在信中有理有節地說：

　　尊敬的于書記：您好！我是留學美國的廈門籍學生。近日，因家母辦理退休、遭遇不公而甚感煩心。自二〇〇一年四月起，母親花費了超過十年的時間，力求討回被誤計的上山下鄉工齡，但至今沒有結果，這讓遠離祖國的我很不理解，也讓我難於專心學習。經再三考慮，我決定將

實際情況反映給您，希望書記為我們做主。

母親一九六八年畢業於廈門一中。一九六九年二月，經廈門四面向辦公室批准，回原籍漳浦縣農村插隊落戶。一九七一年十二月，由所在大隊推薦到漳平油庫工作；一九七六年調回廈門；二〇〇一年四月正式退休，並領取退休證。在辦理退休時，市勞動局養老處湯清林為首的某些人，以媽媽「不在龍岩地區插隊不算上山下鄉，屬回鄉」為由，強行扣掉媽媽近三年的上山下鄉工齡。之後，他（她）們謊稱省勞動廳〔2001〕371號文件是他們執行的依據。經查，此文件是二〇〇一年六月頒佈的，比媽媽的退休時間晚了兩個半月。閱讀該文件後，我瞭解了「回鄉」知青工齡確認的相關規定。

我不明白，為什麼《廈門市上山下鄉人員花名冊》上分明列有媽媽的姓名，卻說媽媽不屬上山下鄉？省勞動廳文件的精神在於，明確了對所謂「回鄉」知青工齡的確認，養老處的工作人員果真不理解？當媽媽依據「花名冊」與養老處處長湯清林理論時，湯誣陷道：這（花名冊）是假的。母親堅持要追討上山下鄉工齡，湯不耐煩地對媽媽說：只要你能找出情況與你類似的人同樣享受下鄉工齡，我就將那幾年工齡補還你。媽媽的校友、廈一中的高阿姨以及廈門四中的知青朋友李阿姨情況與媽媽一樣，她倆一個插隊於我省的安溪縣，一個到黑龍江省去插隊落戶，從她倆提供的退休證複印件，可見她們享受了「回鄉」的工齡。

不料湯出爾反爾，他改口說要查看個人檔案。在媽媽的個人檔案中，一張四十多年前的招工表，記錄了媽媽

當時的情況：由廈門四面向辦公室推薦到漳浦縣插隊落戶……。湯信口雌雄，說招工表是媽媽自己寫的不算數（招工表的確不是媽媽填的，而是當年大隊工作組的林組長根據大隊推薦填寫的）。接著，湯從高阿姨的檔案袋中找出一張「工齡確認書」，鄭重其事地告訴媽媽：你的檔案裡沒有這張（就職單位開具的確認書），據此將媽媽拒之門外。此事發生於二〇一一年五月二十日上午；地點：廈門市勞動和社會保障局養老處。就在這一天，湯清林坦言，他們於二〇〇一年頒發給媽媽的退休證是無效的，因為該證未加蓋鋼印。

以上情況當然是媽媽告訴我的，對媽媽的人品我深信不疑。媽媽向來為人真誠、善良、富有愛心，她在蒙受了十年委屈之後，至今依然默默地在愛心領域奉獻餘熱。媽媽絕不是為了不及三年的工齡、為了每月差二十幾塊錢與人抗爭。她只是堅信：她當年是響應「再教育」的號召上山下鄉，按政策規定，就應該享受上山下鄉的待遇；媽媽提供的資料全部是真實有效的，沒有假的；她個人檔案袋中那張發黃的〈招工表〉，是她上山下鄉的又一個證明。

湯清林處長不尊重歷史，無視事實，荒唐地以他人工作單位的一紙「確認書」，推翻媽媽三年上山下鄉的經歷，實在讓人無法忍受。我不禁要問湯清林處長：哪份文件規定，認定知青工齡必須依據工作單位的工齡確認書？媽媽插隊的農村願意為媽媽的知青經歷作證，你為何不允許？

我忽然覺得我確實很幸福。我慶倖我晚三十年出生，趕上了改革開放的好時代。我的17歲是在廈門雙十中學的

課堂上度過的，而媽媽17歲時可就沒那麼幸運了。那時的媽媽因「文革」而輟學，無奈地離開校園，到農村接受貧下中農再教育。她曾與貧下中農一起頂風冒雨地勞作，一起奮戰於如火的七月天的「雙搶」；她曾為了17個工分而爭取去當民工。此時，我彷彿看見一個梳著長辮子的城市女孩，在如花的年齡，她來到修造水利工程的工地。工地水渠最深處達十幾米，女孩穿一雙綠色帶子的泡沫人字拖（拖鞋是「四面向」為獎勵知識青年上山下鄉，發給票證購買的），肩挑裝滿黃泥土的擔子，從水渠的底部，一步一步地、艱難地往上爬⋯⋯

　　我問過媽媽：當時您哭了嗎？媽媽說：沒有。因為我以當民工的方式，爭取到了難以啟齒的同工同酬的待遇，當時很滿足，倒是現在想起來挺後怕的。如今，在媽媽右腳的腳背，仍然可見一塊隆起的錐形小胞，那是媽媽當年挑水時不慎摔傷留下的痕跡。此刻我不禁一陣哆嗦，好在是在挑水時摔倒，要是從工地的水渠上掉下去，可就沒命了。

　　我不知道湯清林處長為何要刁難一位年過花甲的老婦人？是誰給了養老處這些官員如此大的權力，他們可以不顧事實，任意篡改退休人員的工齡。一件原本非常簡單，事實清楚，證據確鑿的事情，為什麼折騰了十年仍然沒有結果？讓這些人格缺失、政策水平低下的官僚把持工作，哪來的公平與公正。他們拿著普通納稅人所難以企及的高薪，他們真的有在全心全意為人民服務嗎？這難道就是我們新時代的人民公僕嗎？我不敢相信，在我生長、曾經生活過的文明城市，竟然存在如此刁蠻的政府官員。他（她）們的做派，不僅傷透了百姓的心，也影響了廈門

政府的形象。

　　于書記對不起了！耽誤了您寶貴的時間，但媽媽確實是投訴無門啊！希望于書記能過問此事，並抽空給予答覆，謝謝！

　　謹祝夏安！

知青子女：維尼

　　**據悉**：這封給于書記的信經批示，勞動局已答應給予解決。謝謝各位網友的支持！

# 後記：回眸知青！記住知青

　　仔細想來，半個世紀來，知青這一群體的大多數人，一直都是一個難以把握自己命運的群體，從當年的上山下鄉，到後來的回城就業，再到現在的晚年養老，無不都在乞求政府的開恩或其他強勢群體的同情。廣西知青冷星在〈回眸知青！記住知青〉說得好：

　　知青運動已成為過去而不復存在。但一代人所經歷身同感受以及對它的歷史評判，每一個人都會有著各自不同的價值觀。教訓是深刻的，挫折也是深刻的，毫無疑問，現實也是殘酷的！人類所經歷的每一段歷史，特別是災難性的歷史，無論後人對它的評判如何，都值得當事人由粗到細的仔細清理。而所有的清理，都應當是對歷史的一種反思，這是毋庸置疑的。

　　作為一種人為政治意向的社會大實驗，幾千萬人懷著一顆單純幼稚的心曾幾度繹動，從城市走向鄉野，來到艱苦荒涼的地方。於是，許多從來不會預知的困境終於排山倒海似的向這一代人壓了過來，許多從未感受過的感受，讓這一代人過早、過多地

得感受了。但是，人性！人性呢？由知青運動而產生的再教育，不能不令人對其的現實效果感到駭然，一切的人與人之間最原始的同情與憐憫，天注命定地在啟程的那一瞬間就開始了質的裂變。而這一代人所能採的應對，只能是永遠的麻木。

或許，這一代人的知青夢做得實在是太久太長了，而太長的夢，免不了要轉成惡夢。

知青運動給予我們這一代人最大財富就是青春的白白浪費，它給予我們年輕生命最大的精神扼殺是前途渺茫。我們的熱血青春，我們的美好年華，就是這樣在接受貧下中農的再教育中被耽誤的。我們的青春被掩埋了，不是被風沙掩埋，而是被那段特定的政治和歷史。這是一個特定的歷史對一代人的青春和成長實行的一次錯誤的流放，是一個以政治為目的的權宜大計對一批有知識或正在學知識的人推向蒙昧的摧殘。這場運動人為地造成了和平時期大規模的人口遷徙而背井離鄉，一代人用自己的青春熱血、汗水和眼淚寫下了一段不堪回首的知青歷史。可以說，我們是一個東方國度歷史上一場由政治而來、又為政治而去的犧牲品，我們和同時代的權貴子女以及其他同齡人不同的是，我們經歷了一種別樣的人生。我們要認識它和評價它，因為那是我們的生命歷程中最重要的一段路。我們要反思它和祭祀它，因為那是我們在一個動亂年代中走過的一條充滿荊棘坎坷的青春歲月。而它，本來就是毫無價值的，也是本不該發生的。

什麼叫知青？知青就是沒有知識的青年，為了一個不切實際的接受貧下中農的再教育，他們被政治性地動員，浪漫化地欺騙、強制性地自願被流放，美其名曰：「上山下鄉幹革命」，這就是知青意思的總概括。用古人的話來說，叫做「天將降大任於斯人」，儘管其中不泛有人以個人的努力和拼搏改變了自身的命

運得以修成正果。但絕大多數的知青，而今已被時代的知識化和現實社會的市場經濟運作，正在一步步地無情拋棄，成為多餘的人。從來沒有哪一代人能像這代人那樣，全體歷經這樣的被愚弄、被剝奪、被遺棄的遭遇。因為他們是一個動亂年代的歉疚，也是一個民族的隱痛，更是一個政治運動的敗筆！

知青是什麼？知青是一幕歷史不會忘記的荒誕劇，知青是一種荒謬而確實的歷史曾經。所有經歷過這場荒誕劇的演繹者們，如果還具有一點被紀念、被言說的歷史價值的話，那就是這群活化石們正在一個個老去走向消失。在歲月的留駐的同時，也抹去了他們被污辱、被損害的印記。看看現實生活中的知青，他們的或苦笑、或麻木，或面無表情，既不像當年的知青，也不像進城務工的農民，許多時候，他們更像淪落街頭的流浪藝人，唱著一首無人能聽得懂的過去歌謠，所有的音符在超越了以往的意識形態、浪漫情懷與傷感主義的同時，也超越了他們自己的不堪記憶。

一場大革命，十年大動亂。不管歷史如何圈點，發生於這其間前後的人口大遷徙，對於我們來說都是一種沉重，或是一種惘然若失，是自我人生的一種磨礪。儘管這樣的沉重惘然與磨礪若失被冠予了一道道眩目的光環，但它失大於得的現實存在卻不容質疑。從荒涼的漠北草原到荒涼的西雙版納，從荒涼的天山戈壁到荒涼的海南叢林，大江南北、黃河上下，在整個東方國度版圖內的窮山惡水，甚至在國境線上的邊關內外，知青們經歷了難以想像的艱難困苦和繁重勞動所帶來的血肉創傷和心靈摧殘。而政治教科書授予我們的洗腦知識，竟仍然是生命價值不平等的世界觀，知青非正常死亡的讀數數不堪數，而我們只知道一個金訓華、一個張勇的喪命因果，就足以令我們對著那冠以國家財產名義下的幾根木頭、幾隻羊羔而衝鋒陷陣，許許多多年輕的生命由

此鍛練成了一丘荒塚而成為了孤魂野鬼，永遠地停留在他們的第二故鄉。或許，這就是某些當年的榜樣者們、典型者們、紮根者們、以及即得利益者們的最大財富吧！可是，這樣的財富我們不需要，如果今天還有誰願意對這些荒唐的財富抱殘守缺的話，不訪以身作則去嘗試傳承一下金訓華和張勇的死亡滋味。別以為那些荒唐的故事都遠如隔世，也別看那些時隔多年後又專程重訪舊地的劫後眷戀，事實上知青的歷史離我們的現在並不遠，那種為搶救根木頭、幾隻羊羔而獻出寶貴生命的壯舉，不會被毫無憐惜地無休止地歌頌，而是被尊重生命的人性和人道情懷所代替。

人在惡劣環境首先要解決的是生存問題，求生環境下沒有誰能強求環境去適應人的需求。可以說，把一代人送到廣闊天地的熔爐裡磨練，雖造就了這樣或那樣的先進和榜樣，但都免不了其中人為炒作的因素環境，除去這些水分，我們就會看到知青的大多數的生存環境，之所以能艱難度日，為的還是能有逃生的希望。許多時侯，這一代人的生存韌性是非常頑強的，只要還有一點希望，他們就不會死心，即使是更惡劣的環境，他們都會逐漸地去適應。別人的感觸如何我不知道，我在插隊的日子就是這麼走過來的，請不要羨慕這樣的生活，也不要去重複歷史的不再。如果可以，那就盡可能去享受今天，盡可能地珍惜自己想珍惜的，盡可能地去完成自己想完成的，過好自己的每一天，這才是自己所能真實掌握著的現實。

一代人在記憶力最旺盛的年齡沒有了記憶，在最需要學習知識的時侯卻沒有知識可學，在身體正在發育的時侯卻因超體力勞作而不堪負重，在選擇能力最盛的時侯卻沒有選擇的權力，在最富創造力的時侯卻沒有了創造的環境與物需，一代人的苦難深淵由此而始，歷練在沒有風流倜儻的遙遠荒野。誰處在這樣惡劣的

環境下誰都會幡然醒悟，因為這樣下去是沒有出路的，不管採用什麼辦法與方式，只要稍有機會誰都會率先逃離那個鬼地方。

讓死人去痛哭和埋葬自己的屍體是可悲的，同樣的道理，假若讓活人去為自己蓋棺定論，又何曾不是一件非常滑稽的事？歷史不但要由後人去評說，更要由當代人去評說。知青的歷史如果連知青自己都說不清，教後人又如何說得清？如果任由時光的流逝洗盡歷史的鉛華，那麼知青的歷史真藐將永遠無法言說。沒有人會相信歷史上曾經有過那麼一個物質極度匱乏短缺的社會，還有那麼的一群人的激情被燃燒在那個火紅的年代裡，甚至於他們的思維操守以及日常生活中衣食住行的一切基本需求，都被自覺與不自覺地限制在統一的紅色光環之下。一切的一切，都被這個紅色的光環打成了千頭萬緒的死結，成了一道無解的多元次方程，永遠都別想從歷史的風頁上消解地蔓延開去。

生活的實驗敲碎了一切說教的理論，人在任何環境下首選的要件是生存的出路，於是在這個群體中，各種各樣的人性醜陋點開始得到了昇華，為了一紙回城的指標，親朋好友之間鬧翻了臉，兄弟姐妹之間罵破了天，有人笑了，也有人哭了，而更多的人只有無奈地歎息，人啊人！利益面前竟是如此的不堪一擊。夢，終於醒了，所有的理想原來都是遙不可及的泡影。心，也冷了，所有執著又毫無變數的固執，構築了一切愚昧的徒勞嘗試。多少人曾嘗試過要放棄這一切的憂愁和痛苦，而每一次的放棄都會條件反射地觸心微顫，看來這場人生歷程的大浩劫，其所產生的負面影響將永遠揮之不散，知青運動，成了壓在一代人心頭沉沉作痛的頑疾。

一代人就這樣被囚禁在那個窮鄉僻壤裡，大好的青春年華就這樣被白白浪費。沒有前途，沒有靈感，所有的理想已經被牧耕

農作所代替。幾千萬人口就這樣被一個紅色的光環，緊緊地樞鎖在沒有出口的廣闊天地裡，沿著欽命正名的光輝大道，前赴後繼地往那懸崖下的深淵走去，不是為著獻身於理想的主義，也不是為著心存久遠的夢想，只是因為人在練獄身不由己。苦海茫茫，回頭無岸，只有不可選擇地聽天由命。我們走過了人生的崇山峻嶺，也走過青春的荊棘密林，卻不是為了尋找到達光輝頂點的捷徑，也不是為了後人開闢新的坦途，而是為著在傷痕累累的幾欲止步時，能尋到一線逃離的生機，縱是前面已是絕命天崖，或是斷魂荒原，就算有最殘酷的狂風驟雨，生命的顫音總是在長嘯嘶昂地回應著那悲壯的喝彩。除此之外，我們還能有什麼祈求？

當環境已將人逼到退無可退的地步，你還能選擇什麼？最初的痛苦過後，知青們開始為生存搏命。沒有更多想法，也講不出多少道理。人在風景裡走，血在心尖上流，知青不僅僅是知識青年的代名詞，它更能代表著一代人的無奈歡息和難言的悲涼。許多時侯，它與那些默默地苟活著又艱難地掙扎仍被拋到社會底層的知青，更具有無可質疑的同義性。相比較起那些早死於非命的知青而言，任何成功者們的劫後再輝煌，也比不過荒野中那一丘丘已無人祭祀的墳土。

那一片廣闊的窮鄉僻壞留給知青的不僅僅是青春不悔，所有的記憶中應該還包涵有知青的率真、本色、本性及輾轉於城鄉之間，掙扎於貴賤之間，求索於文明與野蠻之間、真理與偽學之間的心路歷程和自尊。如果在走出那片土地多年以後的今天，還有誰大話知青夢的天堂，不啻是自欺欺人，信者寥寥。如果時間能讓苦痛漸漸釀出甜蜜的甘露，那麼天堂也可以成為地獄的閻王殿了。但這樣的天堂甘露是我們是不齒的，我們寧願屙尿都不朝那一個方向。

每個人都說自己可以不顧一切去流浪，可是，又有多少人可以義無反顧地拋棄那些自己依依不捨的風景線？我們總是要在多年以後的回顧中，向著昨天的不堪回首頻頻張望。就像一隻焚火涅盤的鳳凰，總是害怕有一天會因為過於躊躇而迷失明天的路而飛到死、飛到重生。對於我們來說，知青就是一個無形的牢籠，讓我們從惡夢中醒來的時侯，還依然迷失在黃昏寂靜的陽臺上。歲月的滄桑已經洗盡了原有的鉛華，走不出的心路歷程，看到的還是當年的天空和煙雲，或許一切的思維都沒有改變，或許變的是我們眼前這個世界的顏色，還有那些在我們生命中匆匆而過的一道道光環。但是，變與不變的的結果又能如何呢？這年頭還有多少人會記得我們這代人命運裡的遠去背影呢？也許這就是命運吧！天註定我們要在這條知青的心路歷程中繼續流浪下去，即使是在一次又一次燈紅酒綠的群聚中也會倍覺孤單。那些曾經和我們一樣走向流浪知青旅途的人們，那些我們以為永遠都不會再見的人們，也許是該與知青說再見的時侯了。

人生最大的悲哀莫過於其所經歷過的一切都匆匆而來又匆匆而去，終消匿歷史的悠悠長河中。也許，我們只能期待一些問題儘早得到妥善的解決，不只是知青，很多問題的存在往往是很嚴重的隱患，而在未來那些可能出現的深淵裡，掙扎的恰恰是大多數人的無奈痛苦和呻吟。我們的名字與歷史終將在某個被人遺忘的角落裡銷聲匿跡，消失得最終連我們自己也難以回顧。

記住知青吧！記住那一片廣闊天地中所熬過的那一段苦難的生活，記住那些被詩化浪漫所掩蓋的心路歷程，記住那些被迫中止了學業的蹉陀歲月，記住那些苦苦掙扎的難忘往事，記住那些歷經風雨回城後依然找不到的定位與座標，記住那些被遺忘與被拋棄的默默咀嚼。

Do歷史44　PC0525

# 中國知青半個世紀的血淚史(五)
## ──青春延續的苦難

編　　纂／自由兄弟
責任編輯／林千惠
圖文排版／周政緯
封面設計／王嵩賀

出版策劃／獨立作家
發 行 人／宋政坤
法律顧問／毛國樑　律師
製作發行／秀威資訊科技股份有限公司
　　　　　地址：114 台北市內湖區瑞光路76巷65號1樓
　　　　　電話：+886-2-2796-3638　傳真：+886-2-2796-1377
　　　　　服務信箱：service@showwe.com.tw
展售門市／國家書店【松江門市】
　　　　　地址：104 台北市中山區松江路209號1樓
　　　　　電話：+886-2-2518-0207　傳真：+886-2-2518-0778
網路訂購／秀威網路書店：https://store.showwe.tw
　　　　　國家網路書店：https://www.govbooks.com.tw

出版日期／2015年10月　BOD一版　定價／500元

|獨立|作家|
Independent Author

寫自己的故事，唱自己的歌

國家圖書館出版品預行編目

中國知青半個世紀的血淚史, 五, 青春延續的苦難 / 自由兄
弟編纂. -- 一版. -- 臺北市 : 獨立作家, 2015. 10
　　面 ; 公分.
BOD版
ISBN 978-986-92064-2-6(平裝)

1. 中國史　2. 知識分子

628.7　　　　　　　　　　　　　　　　　104013225

# 讀者回函卡

感謝您購買本書，為提升服務品質，請填妥以下資料，將讀者回函卡直接寄回或傳真本公司，收到您的寶貴意見後，我們會收藏記錄及檢討，謝謝！如您需要了解本公司最新出版書目、購書優惠或企劃活動，歡迎您上網查詢或下載相關資料：http:// www.showwe.com.tw

您購買的書名：＿＿＿＿＿＿＿＿＿＿＿＿＿＿＿＿＿＿＿＿＿＿＿＿

出生日期：＿＿＿＿＿年＿＿＿＿＿月＿＿＿＿＿日

學歷：□高中 (含) 以下 　　□大專 　　□研究所 (含) 以上

職業：□製造業 　□金融業 　□資訊業 　□軍警 　□傳播業 　□自由業
　　　□服務業 　□公務員 　□教職 　　□學生 　□家管 　　□其它＿＿＿＿

購書地點：□網路書店 　□實體書店 　□書展 　□郵購 　□贈閱 　□其他

您從何得知本書的消息？

　□網路書店 　□實體書店 　□網路搜尋 　□電子報 　□書訊 　□雜誌
　□傳播媒體 　□親友推薦 　□網站推薦 　□部落格 　□其他＿＿＿＿＿＿

您對本書的評價：(請填代號　1.非常滿意　2.滿意　3.尚可　4.再改進)

　封面設計＿＿＿　版面編排＿＿＿　內容＿＿＿　文／譯筆＿＿＿　價格＿＿＿

讀完書後您覺得：

　□很有收穫 　□有收穫 　□收穫不多 　□沒收穫

對我們的建議：＿＿＿＿＿＿＿＿＿＿＿＿＿＿＿＿＿＿＿＿＿＿＿＿

＿＿＿＿＿＿＿＿＿＿＿＿＿＿＿＿＿＿＿＿＿＿＿＿＿＿＿＿＿＿＿＿＿＿

＿＿＿＿＿＿＿＿＿＿＿＿＿＿＿＿＿＿＿＿＿＿＿＿＿＿＿＿＿＿＿＿＿＿

＿＿＿＿＿＿＿＿＿＿＿＿＿＿＿＿＿＿＿＿＿＿＿＿＿＿＿＿＿＿＿＿＿＿

11466
台北市內湖區瑞光路 76 巷 65 號 1 樓
# 獨立作家讀者服務部　　　收

............................................................

（請沿線對折寄回，謝謝！）

姓　　名：_____　年齡：_____　性別：□女　□男

郵遞區號：□□□□□

地　　址：_____

聯絡電話：(日) _____(夜) _____

E-mail：_____